Gaspard-Hubert LONSI KOKO

Les Noirs lumineux du XVIᵉ au début du XXᵉ siècle

DU MÊME AUTEUR :

- *La conscience bantoue*, L'Atelier de l'Égrégore, collection Démocratie & Histoire, Paris, mai 2020 – ISBN : 979-10-91580-42-7.
- *Les figures marquantes de l'Afrique subsaharienne - 3* – L'Atelier de l'Égrégore, collection Démocratie & Histoire, Paris, 2020 – ISBN : 979-10-91580-38-0 ;
- *Mais quelle crédibilité pour les Nations Unies au Kivu !* collection Démocratie & Histoire, Paris, 2019 – ISBN : 979-10-91580-40-3 ;
- *Le regard africain sur l'Europe* – L'Atelier de l'Égrégore, collection Démocratie & Histoire, Paris, 2020 – ISBN : 979-10-91580-36-6 ;
- *Pagaille à Mavoula !* – L'Atelier de l'Égrégore, collection Démocratie & Histoire – Paris, 2018 – ISBN : 979-10-91580-25-0 ;
- *Le justicier exécuteur* – L'Atelier de l'Égrégore, collection Crime & Suspense – Paris, 2016 – ISBN : 979-10-91580-07-6 ;
- *Au pays des mille collines* – L'Atelier de l'Égrégore, collection Crime & Suspense – Paris, 2016 – ISBN : 979-10-91580-05-2 ;
- *La chasse au léopard* – L'Atelier de l'Égrégore, collection Crime & Suspense – Paris, 2015 – ISBN : 979-10-91580-04-5 ;
- *Dans l'œil du léopard* – L'Atelier de l'Égrégore, collection Crime & Suspense – Paris, 2015 – ISBN : 979-10-91580-03-8 ;
- *Ma vision pour le Congo-Kinshasa et la région des Grands* Lacs, Éditions de l'Harmattan – Paris 2013 – ISBN : 978-2-343-02079-2 – EAN Ebook format Pdf : 9782336330327 ;
- *Congo-Kinshasa : le degré zéro de la politique*, Éditions de L'Harmattan – Paris, avril 2012 – ISBN : 978-2-296-96162-3 – ISBN13 Ebook format Pdf : 978-2-296-48764-2 ;
- *La vie parisienne d'un Négropolitain* – L'Atelier de l'Égrégore, collection Roman – Paris, 2012 – ISBN : 979-10-91580-06-9 ;
- *Drosera capensis* – L'Atelier de l'Égrégore, collection Roman – Paris, 2005 – ISBN : 979-10-91580-01-4 ;
- *Le demandeur d'asile* – L'Atelier de l'Égrégore, collection Document/Réalité – Paris, 2012 – ISBN : 979-10-91580-00-7 ;
- *La République Démocratique du Congo, un combat pour la survie* – Éditions de l'Harmattan – mars 2011 – ISBN : 978-2-296-13725-7 – ISBN Ebook format Pdf : 978-2-296-45021-9 ;
- *Socialisme : un combat permanent* – Tome I – *Naissance et réalités du socialisme* – L'Atelier de l'Égrégore, collection Démocratie & Histoire – 2ème édition, Paris, 2017 – ISBN : 978-2-916335-04-9 (coécrit avec Jacques Laudet) ;
- *Mitterrand l'Africain ?* – L'Atelier de l'Égrégore, collection Démocratie & Histoire – 2ème édition, Paris, 2017 – ISBN : 979-10-91580-02-.

Gaspard-Hubert LONSI KOKO

Les Noirs lumineux du XVIᵉ au début du XXᵉ siècle

Collection Démocratie & Histoire

L'Atelier de l'Égrégore

Illustrations : Marie-Pierrette Gandon
ISBN : 979-10-91580-44-1 – EAN : 9791091580441
© L'Atelier de l'Égrégore, 2020
http://www.atelieregregore.eu – Courriel : atelieregregore@gmail.com

À toutes les populations noires de différentes nationalités et citoyennetés, vivant hors du continent africain, ainsi qu'à toutes les personnes ayant des ascendants ébène !

« J'ai appris que le courage n'est pas l'absence de peur, mais la capacité de la vaincre. »
Nelson Mandela

« En faisant scintiller notre lumière, nous offrons aux autres la possibilité d'en faire autant. »
Nelson Mandela

« Vous avez la capacité et les dons pour faire tout ce que vous voulez. C'est votre tour maintenant de changer le monde. Oui, nous pouvons le faire ! »
Barack Obama

« Vouloir se souvenir, ça ne veut pas dire vouloir culpabiliser les gens. Vouloir se souvenir, c'est avant tout essayer de comprendre ce qui s'est passé et pourquoi nous sommes les fruits de cette histoire. »
Lilan Thuram

Prologue

Les « Noirs lumineux » ? Vaste sujet ! Controverse et mauvaise foi, inévitables. Tentative de récupération et falsification, une évidence. Prise et éveil de conscience, à n'en pas douter, pour les Noirs et les populations à l'ascendance ébène. Alors, une fois pour toutes, le sujet mérite d'être débattu jusqu'au paroxysme. Enfin, que les uns et les autres puissent avoir l'audace de s'appuyer sur les obstacles, ainsi que les préjugés, et non, comme à l'accoutumée, d'essayer stratégiquement, ou par hypocrisie, de les contourner.

Les Nègres lumineux, tel est le titre originel de cet ouvrage. Mais le changement de désignation en France du livre d'Agatha Mary Clarissa Miller (dite Agatha Christie) intitulé *Dix petits nègres*, à l'initiative des éditions du Masque, a contraint l'auteur au politiquement correct. Après tout, la sagesse incite à l'interprétation des signes des temps. Néanmoins, la révolution éditoriale ne doit en aucun cas occulter un pan de l'expression verbale, notamment l'usage et l'évolution du mot « nègre ».

Tout justement, le substantif « nègre », lequel est un dérivé de l'adjectif latin « niger », c'est-à-dire noir, désigne par métonymie l'homme à l'épiderme noir : c'est-à-dire la personne du type africain subsaharien. Raison pour laquelle, l'écrivain et naturaliste romain du Ier siècle, Pline l'Ancien, avait mentionné le fleuve Niger comme délimitation de l'Afrique habitée par des personnes à la peau claire et de l'Éthiopie peuplée de Noirs[1]. De nos jours, sauf pour des raisons particulières telles qu'une revendication intellectuellement identitaire par exemple (cf. la négritude), ce nominal est très souvent chargé de connotations négatives. En conséquence, par pharisaïsme, on recourt au mot ou au qualificatif « noir ».

Par rapport à la condition sociale des esclaves qui avaient été déportés lors de la traite des Noirs dans le monde occidental à partir du XVIe siècle, et, par analogie, le mot « nègre » désigne, depuis le XVIIe siècle, un individu que l'on fait travailler dans des conditions avilissantes et sans respect des droits fondamentaux, le plus souvent dans les champs ou comme domestique. Mais la traite des Noirs avait débuté plusieurs siècles avant le commerce triangulaire ou autre. Bien entendu,

> « on oublie que l'esclavage arabo-musulman était bien antérieur, à partir du VIIe siècle. Il n'a été aboli en Arabie saoudite qu'en 1962 et en Mauritanie il y a fort peu. Il n'y a pas de degrés dans l'horreur. C'est évident. Mais on peut dire que l'esclavage arabo-musulman a été le plus dévastateur, à un point tel qu'aujourd'hui aux États-Unis, au Brésil, il y a plus de 70 millions de Noirs ou de métis, alors que, du côté des pays arabo-musulmans ou dans les pays du Golfe, où il y a eu beaucoup d'esclaves, il n'y a pratiquement pas de Noirs ou de métis. Ils castraient les esclaves : 70 % de ceux qui subissaient cette mutilation en mourraient. Et on tuait les enfants nés dans les harems d'une mère noire. Castrations, infanticides, en termes modernes, c'est un génocide ! Les intellectuels africains, hélas, jettent un voile sur l'esclavage arabo-musulman pour des raisons de solidarité politique et religieuse. »[2]

Rappelons toutefois que, d'après un article à propos d'une étude qui a été mis en ligne sur le site Internet de l'*Agence France Presse* (AFP),

---

[1] In *La conscience bantoue*, Gaspard-Hubert Lonsi Koko, L'Atelier de l'Égrégore, Paris, 2020, p. 13.

[2] In *Au siècle des Lumières, il y avait déjà une élite noire européenne*, Emmanuel Dongala et Séverine Kodjo-Grandvaux, *Le Monde*, article mis en ligne le 18 janvier 2017 et consulté le 20 avril 2020. Voir le lien ci-dessous. https://www.lemonde.fr/afrique/article/2017/01/18/emmanuel-dongala-on-oublie-qu-au-siecle-des-lumieres-il-y-avait-deja-une-elite-noire-europeenne_5064825_3212.html.

des Afro-Américains ont fait l'objet soit de castration, soit de ligature tubaire pendant cinquante années en Caroline du Nord entre 1929 et 1974. En effet, révélée par la sérieuse *American Review of Political Economy*, une stérilisation chirurgicale a été imposée à près de 7 600 hommes, femmes et enfants, parfois âgés d'une dizaine d'années, dans le cadre d'un programme mené dans cet État du Sud-Est des États-Unis d'Amérique. Pour William Darity Jr, professeur à l'université Duke et co-auteur de l'étude,

> « l'utilisation disproportionnée de la stérilisation eugénique en Caro-line du Nord sur les citoyens noirs était un acte de génocide ».

Selon *Littré*, le premier sens du mot « nègre » renvoie à une déno-mination que l'on attribue en général aux habitants noirs du continent africain[3]. Son deuxième sens concerne l'esclavage des Noirs[4]. En guise

---

[3] « Louis XIII se fit une peine extrême de la loi qui rendait esclaves les nègres de ses colonies ; mais, quand on lui eut bien mis dans l'esprit que c'était la voie la plus sûre pour les convertir, il y consentit », in *De l'esprit des lois*, Montesquieu, XV, Genève, 1748, p. 4.
« Depuis qu'on transporte des nègres en Amérique, c'est-à-dire depuis environ 250 ans, l'on ne s'est pas aperçu que les familles noires qui se sont soutenues sans mélange ont perdu quelques nuances de leur teinte originelle », *in Histoire naturelle de l'homme*, Buffon, tome X, Quadrup. VII, Paris, 1763, p. 196. « On ne trouve des nègres que dans les climats de la terre où toutes les circonstances sont réunies pour produire une chaleur constante et excessive », in *Histoire naturelle de l'homme*, *op. cit.*, tome V, Quadrup. II, Paris, 1755, p. 225.
Cela concerne aussi des populations noires qui habitent l'Australie ; on les nomme encore nègres mélanésiens, océaniens.
[4] « Je voudrais bien, dit-il [Sénèque], que Caton rencontrât un de nos élégants, précédé de ses coureurs, de ses postillons, de ses nègres, tous enveloppés dans le même tourbillon de poussière… on se croirait presque sur la route de Versailles », in *Essai sur les règnes de Claude et Néron*, Denis Diderot, Vol. II, frère De Bure, Paris, 1778, p. 31.
Particulièrement, esclave noir employé aux travaux des colonies. « La première concession [en France] pour la traite des nègres est du 11 novembre 1673 », in *Dictionnaire philosophique*, Garnier, 1878. *Esprit des Lois*, Voltaire. « Les nègres sont bornés, parce que l'esclavage brise tous les ressorts de l'âme ; ils sont méchants, pas assez avec vous », in *Histoire philosophique et politique des éta-blissements et du commerce des Européens dans les deux Indes*, Guillaume-Thomas

de troisième occurrence, il est question de ce qui appartient à « la race des nègres »[5]. Quatrièmement, un nègre blanc est une appellation que l'on a attribuée par ignorance aux albinos, pour avoir d'abord cru que l'albinisme était particulier aux seuls Noirs et formait, parmi eux, une race distincte[6]. Enfin, cinquièmement, ce terme désigne un poisson du genre scombre[7].

De cette fonction servile, dans laquelle l'individu exploité n'avait droit à aucune reconnaissance, découlerait par analogie, au XVIIIe siècle, le sens d'auxiliaire effectuant le travail d'un commanditaire qui s'en attribuait le profit. Pour la langue française, notamment le Centre national de ressources textuelles et lexicales (CNRTL), il s'agit d'une personne anonyme qui, en principe, rédige pour une personnalité, compose les ouvrages d'un auteur connu avec des citations du XXe siècle : voir Georges Duhamel (1945), Jérôme et Jean Tharaud (1937). Pour le dictionnaire *Le Robert*, dans l'édition de 1757, sa première occurrence conforte ce sens sans préciser la source quant à l'auteur ou à l'œuvre. On aboutit alors à la définition moderne d'une pratique très ancienne, ayant été associée en guise d'illustration à l'écrivain Alexan-

---

Raynal, XI, 1770.

Familièrement, considérer quelqu'un comme un nègre, c'est le traiter avec beaucoup de dureté et de mépris. « Il [le duc de Gesvres] l'a traité [le marquis de Gesvres] et sa femme comme des nègres toute sa vie », Saint-Simon, 73, 195. « La duchesse de Berry traitait son père comme un nègre, tellement qu'il ne songeait plus qu'à l'apaiser », in *Mémoires complets et authentiques du duc de Saint-Simon*, 1830.

Faire travailler quelqu'un comme un nègre, c'est exiger de lui un travail pénible, le faire travailler sans relâche. On dit de la même façon : « travailler comme un nègre ».

[5] Nation, race nègre. Peuple nègre. « Bétancourt vit la chaumière de la femme nègre se changer en un hôpital magnifique », in *Le Génie du christianisme*, Chateaubriand, Migneret, Paris, 1802.

[6] « Nègres pies, nègres produits par le croisement d'une négresse blanche avec un nègre noir », in *Histoire naturelle de l'homme, op. cit.*, Œuvr. tome XI, p. 390.

[7] Papillon du genre satyre. NÈGRE, NOIR. Quand les Portugais découvrirent la côte occidentale de l'Afrique, ils donnèrent aux peuples noirs qui l'habitaient le nom de *negro*, c'est-à-dire noir. De là vient le mot « nègre ». L'usage a gardé quelque chose de cette origine. Tandis que « noir » se rapporte à la couleur, « nègre » renvoie aussi au pays ; et l'on dit plutôt les nègres, en parlant des habitants de la côte occidentale d'Afrique que les Noirs. Espagnol et italien « negro », du latin niger, noir (voy. NOIR).

dre Dumas (père), à propos du mot prêté à son fils : « Dumas ? Un mulâtre qui a des nègres. » Eugène de Mirecourt lancerait, en 1845, ledit terme dans son pamphlet sur Alexandre Dumas[8].

Dans le domaine littéraire, l'Office québécois de la langue française a fait remarquer que le qualificatif « nègre » provoque de nos jours des réticences en raison de sa très méprisable définition. Ainsi a-t-il suggéré l'utilisation des termes plus neutres comme « prête-plume » et « écrivain fantôme ». En tout cas, le substantif « nègre » est source de polémique à cause de sa signification avilissante, donc humiliante ou blessante, que l'on ne retrouve en aucun cas dans d'autres langues comme l'anglais (*ghostwriter*, à savoir *écrivain fantôme*) à défaut du plébiscite d'expressions comme « écrivain privé », « écrivain sous-traitant », « *rewriter* », ou d'euphémismes telles que « collaborateur » ou « documentaliste »[9].

À propos de l'adjectif « lumineux », son sens initial concerne quelque chose qui émet, répand de la lumière. Par extension, il signifie radieux, éclatant, clair ou compréhensif. C'est aussi le fait de briller. Bref, tout ce qui est rayonnant.

Dans le cadre de cette réflexion, l'oxymoron « Noirs lumineux » fait allusion aux femmes et hommes à la peau ébène ou saumonée comme François Makandal, Abraham Hannibal, Angelo Soliman, Olaudah Equiano, Joseph Bologne de Saint-George, Charles Ignatius Sancho, Wladyslaw Jablonowski, Toussaint Louverture, Louise Marie Thérèse (dite la Mauresse de Moret), le général Dumas, Francis Barber, Frederick Douglass, Sojourner Truth, Nathaniel Turner, Harriet Tubman, Booker Taliaferro Washington… Bien avant le XXe siècle, ils avaient œuvré contre leur gré en vue de la grandeur des puissances

---

[8] In *Pétition : et si l'Académie française supprimait le « nègre littéraire » ?*, Victor de Sepausy, *Actualitté*, 21 février 2017.

[9] En 2017, une pétition qui a été lancée à l'initiative de la journaliste Nelly Buffon afin d'obtenir le remplacement de cette locution dans le *Dictionnaire de l'Académie française*. En avril 2017, la Délégation générale à la langue française et aux langues de France a proposé d'utiliser l'expression « prête-plume », recommandation qui a été confirmée par le ministère de la Culture de l'époque, Franck Riester, le 13 novembre 2017 selon un courrier à l'attention du *Conseil représentatif des associations noires de France* (CRAN).

américaines et européennes. Des historiens et des activistes politiques ont occulté à dessein leurs prouesses, voire continue de les réduire en silence ou de les falsifier. En toute logique et judicieusement, il revient à leurs descendants de les réhabiliter en faisant connaître, sans accuser ni culpabiliser qui que ce soit, les douloureux et dramatiques parcours les concernant. On est parfois mieux servi par soi-même. De plus, les exploits de leurs aînés exportés comme des marchandises, ou alors nés esclaves loin de la terre ancestrale, ne peuvent que, aujourd'hui, consolider davantage leurs descendants dans la fierté d'assumer leur *blackossité*. Il leur revient désormais d'inverser la tendance, en apportant au substantif « *blackossitude* » une dimension en mesure de transformer le mal en bien, le négatif en positif. S'impose *de facto* une révolution à la fois culturelle et politique.

*

* *

Entre le XVIe et le XVIIIe siècle, l'Europe avait indéniablement dominé le monde. Le Portugal, l'Espagne, la France, la Hollande et la Grande-Bretagne avaient été les maîtres incontestés de la navigation. Les mers et les océans leur appartenaient. Ces pays avaient contrôlé des colonies qui leur assuraient richesse et puissance. Les cales toujours pleines d'esclaves, des bateaux partaient donc d'Afrique. En Amérique, l'affranchissement et la fuite constituaient les deux seuls moyens pour échapper à l'enfer qui avait été imposé par les cultivateurs blancs. En Europe, des ports de l'Atlantique devaient leur fortune à ce sinistre trafic. C'était le honteux commerce triangulaire, lequel avait réduit, voire rendu l'Homme noir à l'état d'animal ou de marchandise. La chosification ou bestialisation volontaire de l'humain, tout simplement ! Capitalisme assassin !

Certes, la traite des esclaves était à son apogée au XVIIIe siècle. L'ancrage profond de la discrimination liée à l'épiderme dans la culture et la politique britanniques avait encouragé la floraison d'images de Noirs sur les emballages de tabac, d'épices, de thé et de café. Des personnalités ségrégationnistes, à l'instar de l'écrivain britannique Edward

Long, n'avaient pas hésité à afficher en public leurs haineuses opinions. D'ailleurs dans sa brochure de 1772, relative aux *Réflexions sincères sur le jugement récemment rendu par la Cour du Banc du Roi sur ce qu'on appelle communément la cause nègre*, cet auteur avait écrit au sujet des enfants nés de filiation mixte que,

> « au cours de quelques générations de plus, le sang anglais [deviendrait] si contaminé par ce mélange jusqu'à ce que toute la nation ressemble aux Portugais et aux Morisques dans le teint de la peau et la bassesse de l'esprit »[10].

En réaction à cette position qui tenait coûte que coûte à les confiner dans l'infériorité, un groupe d'esclaves affranchis et instruits, ainsi que quelques personnes nées libres de parents esclaves, avaient préféré agir ou réagir. Par conséquent, mus par la lutte contre les inégalités et les traitements dégradants, ils avaient pris l'initiative de faire entendre haut et fort leur voix dans le monde littéraire et dans les structures britanniques de défense des droits fondamentaux de la personne. Ils l'avaient fait aux États-Unis d'Amérique à travers les luttes pour l'émancipation et les droits civiques, ainsi qu'en France par l'engagement dans l'armée et par la révolte dans les colonies d'outre-mer.

> « Habituellement, quand on s'intéresse aux Noirs du XVIIIe siècle, on ne parle que des esclaves. Et on oublie qu'il y avait une élite noire qui évoluait dans le milieu aristocratique. Elle fréquentait les salons et était intégrée, même s'il existait ce qu'on appellerait aujourd'hui un "plafond de verre". La direction de l'Opéra [échappa] au chevalier de Saint-George car il n'[était] pas Blanc, par exemple. Cette élite, souvent métisse, voulait tellement s'intégrer qu'elle avait fini par accepter la hiérarchie de la couleur de l'épiderme qui prévalait : plus vous étiez blanc, plus vous étiez considéré. Et elle ne voulait pas être associée aux autres Noirs. Vous savez, les mulâtres affranchis étaient souvent du côté des planteurs et possédaient eux-mêmes des esclaves. Des gens comme Saint-George, Dumas, etc. étaient pour la liberté des Noirs mais n'étaient pas des militants. Dans le monde anglo-

---

[10] In *Black roots : Francis Barber*, dans *Legagcies, UK History to you*, consulté le 20 avril 2020. Voir le lien ci-dessous.
http://www.bbc.co.uk/legacies/immig_emig/england/stoke_staffs/article_1.shtml.

saxon, c'[était] différent. Il y [avait] des grands noms – méconnus en France – comme Olaudah Equiano ou Ignatius Sancho qui [avaient écrit] une littérature militante contre l'esclavage très importante. »[11]

En effet, au milieu du XVIIIe siècle, des Africains qui vivaient en Grande-Bretagne avaient diversifié les moyens et les canaux de leurs actions militantes dans le but de faire connaître davantage leur combat. Ils s'étaient adonnés surtout à la littérature et avaient entretenu la correspondance avec les principaux personnages de la société anglaise sur des problématiques qui les concernaient directement. Rien n'avait donc été négligé. Quant aux autres activistes africains, notamment aux États-Unis d'Amérique, ils avaient osé braver les esclavagistes, au péril de leur vie par des conférences, des prêches, des manifestations civiques, des rébellions… Dans les colonies françaises des Antilles, en particulier à Saint-Domingue, l'affrontement direct avait été privilégié – Napoléon Bonaparte ne leur ayant pas du tout offert une autre possibilité. Ainsi la liberté devrait-elle s'obtenir par le soulèvement populaire ou par la lutte armée.

Il est donc faussé d'appréhender l'esclavage sous le seul aspect moral des droits fondamentaux de la personne. Il faudrait plutôt l'envisager dans un contexte économique. Qui avait besoin de main-d'œuvre ? Quelle en était la nature ? Ayons à l'esprit que le terme « esclave » vient du substantif « slave ». Ainsi les premiers esclaves étaient-ils des Blancs d'Europe de l'Est, vers 476, au service de Rome. Ils deviendraient ensuite des Noirs à partir du Caire, sur le delta du Nil, plus précisément en 641 à Fustat. Le rôle des Berbères, qui avaient été asservis par les Arabes, serait fondamental. Ils aideraient les maîtres dans la recherche des captifs au-delà de l'empire en créant, avec la complicité de quelques Africains à la peau noire, le réseau transsaharien. L'esclavage se développerait sur la dénégation de l'être humain et sur la violence en vue de l'humiliation.

Pour Yves Daudu, dans l'article intitulé « *L'esclavage préexistait aux traites en Afrique* » : *l'histoire de l'esclavage n'est pas celle de l'Afrique, mais de l'humanité*, lequel a été mis en ligne le 13 septembre sur le site Internet *marianne.net*,

---

[11] In *Au siècle des Lumières, il y avait déjà une élite noire européenne, op. cit.*

« Quand en 1448 le premier navire négrier portugais [accosta] aux Açores, avec quelques centaines d'esclaves africains destinés aux plantations, il [inaugura] certes un nouvel épisode tragique de l'aventure humaine. Mais la traite [était] déjà un long et cruel feuilleton dans l'histoire de l'humanité. Bien avant l'entrée en scène d'un quelconque Occidental. [...] On ne saurait répondre à ces questions par l'essentialisation, quelle qu'elle soit. L'histoire de l'esclavage n'est pas celle de l'Afrique, mais celle de l'humanité. On a longtemps pensé que les premières "grandes civilisations" avaient été le berceau de l'esclavage. On sait maintenant que les sociétés premières, souvent présentées comme des paradis perdus, n'hésitaient pas à y recourir… »

Quelques chiffres de cette période restent éloquents : entre 15 et 25 millions de captifs noirs ayant été transportés en Amérique ; 600 esclaves entassés dans un navire négrier censé en contenir 400 ; 220 000 esclaves ayant travaillé dans les colonies françaises en 1844 ; 16 heures ayant représenté la durée moyenne de journée de travail d'un esclave dans une plantation ; 9 400 livres investis comme capital de départ d'une société fondée en 1720 par un négociant de Bordeaux spécialisée dans le commerce colonial ayant passé, quarante années plus tard, à 200 000 livres. Abomination ! Horreur absolue ! Exploitation de l'Homme par l'Homme ! Le capitalisme dans toute son inhumanité et sa cruauté mercantile.

*
* *

Un bon nombre de personnes ont leur place dans cet ouvrage, dès lors que les critères choisis correspondent respectivement à leur situation. C'est le cas, parmi tant d'autres, de Joséphine Bakhita – cette ancienne esclave qui était devenue religieuse canossienne et canonisée en 2000 par le pape Jean-Paul II – dont l'auteur a dans un passé récent consacré tout un chapitre dans l'un de ses ouvrages[12]. Il en est de même pour Ota Benga, un jeune homme au destin unique… et tragique qui avait été exhibé en 1904 à l'Exposition universelle de Saint-Louis aux

---

[12] In *Les figures marquantes de l'Afrique subsaharienne – 3*, Gaspard-Hubert Lonsi Koko, L'Atelier de l'Égrégore, 3ème édition, Paris, 2020, pp. 151-155.

États-Unis d'Amérique en compagnie d'autres Pygmées venus tout droit de la forêt équatoriale située dans l'État indépendant du Congo (ÉIC). Cette ancienne possession du roi Léopold II depuis 1885 deviendrait, en 1908, une colonie belge au cœur de l'Afrique et, le 30 juin 1960, la République Démocratique du Congo dont la superficie équivaut, en grandeur, à quatre-vingts fois la Belgique et cinq fois la France métropolitaine. Effectivement, Ota Benga avait été exposé dans l'enclos d'un parc zoologique du Bronx en tant qu'« animal humain », afin de démontrer que les Pygmées constituaient un échelon intermédiaire entre l'être humain et le primate. Plus d'un siècle avant Ota Benga, en 1810, Saartjie Baartman, de son vrai nom Sawtche mais plus connue sous le pseudonyme de « Vénus hottentote », une jeune femme originaire du Cap Oriental en Afrique du Sud était transportée en Europe. Réduite en esclavage, la femme khoïsane serait exhibée pour son large postérieur. Le destin la porterait à l'écran en 2010 par le réalisateur, scénariste et acteur Abdellatif Kechiche (Abdel) dans *Vénus noire*.

Dans un article mis en ligne le 5 septembre 2020 sur le site Internet *lemonde.fr* intitulé *« Sauvages », les victimes des zoos humains, ces oubliés de l'histoire*, Pierre Lepidi a rappelé, à propos du film *Sauvages, au cœur des zoos humains* de Pascal Blanchard et Bruno Victor-Pujebet retransmis sur la chaîne franco-allemande Arte, que :

> « pendant tout le XIXe siècle et jusqu'à la seconde guerre mondiale, près de 35 000 personnes [avaient] pourtant été exhibées dans des cirques ou lors d'expositions universelles et coloniales en Europe et aux États-Unis. Devant un public avide de sensations fortes et assoiffé d'exotisme, des hommes, des femmes et des enfants [avaient] été présentés comme des bêtes sauvages ou des monstres sexuels.
> » Ce documentaire retrace la vie de Petite Capeline, Tambo, Moliko, Ota Benga ou Jean Thiam. Ils ont été arrachés au Congo, à la Guyane, à la Patagonie ou à l'Australie. [...] L'évolution des zoos humains [a montré] comment la société européenne est passée d'un racisme pseudoscientifique à un racisme de masse, les "sauvages" étant montrés comme des êtres inférieurs qu'il [faudrait] asservir et coloniser pour assurer leur développement. ».

C'est aussi le cas de Bilal Ibn Rabâh, un esclave arabe du clan Banu Jumah, dont la mère, une ancienne princesse abyssine, avait été capturée après la tentative par Abraham l'Abyssin de destruction de la Kabaa : à savoir le « cube » relatif à une pièce vide symbolisant le fait qu'il ne peut y avoir d'objet d'adoration pour les musulmans. Devenu premier muezzin, Bilal Ibn Rabâh serait sans conteste reconnu en son temps comme le patron des muezzins et de leurs corporations.

Un autre exemple très intéressant concerne Al-Jahiz, surnom signifiant « celui qui a la cornée saillante ». Cet esclave *zandj*[13] était né vers 776 à Bassorah et y était mort en décembre 867. Théologien, anthropologue, naturaliste, zoologue, philosophe, philologue, encyclopédiste et polygraphe arabe mutazilite[14], il avait développé, dans l'ouvrage intitulé *Kitāb al-hayawān*, des idées qui, toute honte complètement bue, seraient qualifiées bien plus tard de darwiniennes par les Européens.

George Moses Horton, qui était né esclave dans une plantation de tabac en Caroline du Nord, probablement en 1798, aurait pu, lui aussi, avoir droit à un chapitre de cette étude. De plus, il était l'auteur, en 1829, d'un premier livre, *The Hope of Liberty* (J. Gales & Sons), dont il espérait qu'il lui rapporterait suffisamment d'argent pour racheter sa liberté. Bien que ce ne fût pas le cas, il était toutefois devenu le premier auteur noir du Sud des États-Unis d'Amérique à avoir publié des souvenirs, et le seul Américain à avoir réalisé une telle prouesse tout en vivant en état d'esclavage. Il avait ensuite écrit deux autres volumes de poésie, *Poetic Works* (D. Heartt, 1845) et *Naked Genius* (William B. Smith, 1865), qu'il avait composés après avoir quitté la ferme de

---

[13] Le terme Zanj, Zandj, Zenj, ou Zendj, ou même Zinj selon la translittération, vient du persan « zang » et de l'arabe « zanj », voulant dire « Noir ». L'expression persane « zangi-bar » renvoie depuis l'Antiquité à la « Côte des Noirs » – racine que l'on retrouve dans « Malabar », côte occidentale de l'Inde. Ce mot était utilisé par les musulmans, comme le géographe Al Yaakubi en 880, pour désigner les peuples bantous du Sud-Est de l'Afrique, en particulier ceux de l'aire territoriale sur laquelle s'étend la culture swahiliphone, laquelle, au XVIIIᵉ siècle, s'était superposée avec celle du sultanat de Zanzibar.

[14] Une importante école de théologie musulmane apparue au VIIIᵉ siècle. Elle est aujourd'hui peu représentée dans la communauté musulmane, bien qu'elle en fût autrefois un courant majoritaire, notamment durant une période du califat abbasside.

son maître et rejoint l'*Union Army* en 1865.

Pareil pour Frances Ellen Watkins Harper. Cette abolitionniste afro-américaine, suffragiste, poétesse et auteure était née libre de parents ayant connu l'esclavage. Elle avait eu une longue et prolifique expérience depuis la publication à l'âge de 20 ans de son premier recueil de poésie jusqu'au succès de son roman *Lola Leroy*, écrit à l'âge de 67 ans. En 1850, elle était la première femme à enseigner la couture à l'*Union Seminary* dans l'Ohio. En 1851, aux côtés de William Still, le président de la *Pennsylvania Abolition Society*, elle avait aidé les esclaves en fuite tout le long du chemin de l'*Underground Railroad*[15] vers le Canada. Enfin, elle avait commencé en 1853 sa carrière de conférencière et militante politique après son adhésion à l'*American Anti-Slavery Society*.

Comment oublier Elizabeth Freeman, également connue sous les sobriquets de Bet, Mum Bett ou MumBet ? Elle avait été la première Afro-Américaine esclave à avoir porté plainte, en vue de l'obtention de son affranchissement, et gagné un procès dans l'État du Massachusetts. La décision de la Cour suprême, ayant été rendue en sa faveur, avait conclu que l'esclavage n'était pas conforme à la Constitution de 1780 dudit État. L'affaire judiciaire la concernant, *Brom and Bett vs. Ashley* (1781), avait été citée par la Cour suprême du Massachusetts lors de l'examen en appel du procès en liberté de Quock Walker, aussi connu sous le nom de Kwaku ou Quok Walker. Lorsque le tribunal avait confirmé la liberté de Quock Walker en vertu de la Constitution étatique, la décision avait été considérée comme ayant implicitement mis un terme à l'esclavage dans l'État concerné.

Et Joseph Emidy ? D'aucuns ne pourraient oublier ce professeur et interprète de renom. Il avait été capturé par les Portugais sur la côte guinéenne et vendu quelques mois après comme esclave au Brésil. Vers 1795, « Josh Emede », selon les registres du navire *Untiring*, avait été contraint par la marine britannique de jouer des moulinets et faire des gabarits pour l'équipage. Plus tard connu sous le nom de

---

[15] Un réseau de routes clandestines qui étaient utilisées par les esclaves noirs américains pour se réfugier au-delà de la ligne Mason-Dixon, frontière entre États libres et esclavagistes, ainsi que jusqu'au Canada avec l'aide des abolitionnistes qui avaient adhéré à leur cause.

Joseph Emidy, il s'installerait à Falmouth en Angleterre, une communauté cosmopolite à l'époque, où il gagnerait sa vie en tant que professeur de musique classique enseignant le piano, le violon, le violoncelle et la flûte. Les compétences de Joseph Emidy comme professeur et musicien de concert semblaient avoir été tellement recherchées que des journaux, *Falmouth* et *Truro* par exemple, avaient publié des textes sur ses connaissances en musique de concert.

Selon l'historienne Sylviane A. Diouf, « les villes noires étaient des refuges contre le racisme, mais Africatown était un refuge contre les Américains ». Partant de ce constat, l'auteur de cet essai ne pouvait que difficilement faire l'économie de quelques lignes à propos de Cudjo Lewis, né sous le nom de Kossola ou Oluale Kossola, décédé le 17 juillet 1935 et enterré au cimetière du Plateau à Africatown en Alabama dans le Sud-Est du territoire américain. L'un des survivants des navires négriers américains en provenance du Bénin, il avait fondé Africatown, ou AfricaTown USA et Plateau, avec trente-deux Africains de l'Ouest qui, en 1860, avaient été embarqués dans la dernière expédition illégale connue des esclaves aux États-Unis d'Amérique[16].

Que dire d'Edmond Albius, un Réunionnais né esclave à Sainte-Suzanne en 1829 et mort dans la même commune le 9 août 1880 ? Cet orphelin, qui avait été recueilli, puis initié à l'horticulture et à la botanique par Féréol Bellier Beaumont, était passé à la postérité, alors qu'il n'avait que 12 ans. Il avait découvert en 1841, à la suite de la première fécondation artificielle effectuée par Charles Morren en 1836, la pratique de la pollinisation de la vanille – à l'initiative des producteurs Ernest Loupy ct David de Floris –, également connue comme le procédé réunionnais (Raoul Lucas, dans *La Réunion île de Vanille*, 1990) ou « à l'eau bouillante ». Ainsi avait-il révolutionné la culture de cette épice et permis à l'île de la Réunion de devenir, pour longtemps, le premier producteur et le laboratoire ayant été à l'origine d'un nouveau savoir-faire. Et Philip Reid ? Cet esclave afro-américain avait appartenu à l'architecte autodidacte Clark Mills, puis avait été émancipé le 16 avril 1862. Il avait su déchiffrer en 1863 le puzzle relatif à la façon

16 In *Africatown*, Sylviane A. Diouf, *Encyclopedia of Alabama*, article publié le 6 décembre 2017 et mis à jour le 14 septembre 2017, consulté le 3 mai 2020 – http://www.encyclopediaofalabama.org/article/h-1402.

de séparer le modèle en plâtre de cinq pièces de la Statue de la Liberté trônant en toute noblesse sur le dôme du Capitole à Washington.

Il serait tout à fait impardonnable de ne pas mentionner Bilali Muhammad, un esclave ouest-africain qui avait été asservi dans une plantation sur l'île de Sapelo en Géorgie. Il était l'auteur d'un manuscrit, en arabe, sur la loi islamique ouest-africaine. La première traduction partielle dudit document a été entreprise en 1939 par le docteur Joseph Greenberg et publiée dans le *Journal of Negro History*. Depuis le début du troisième millénaire, ce texte a été successivement analysé par Ronald Judy, Joseph Progler, Allan D. Austin et Muhammed al-Ahari. Le manuscrit de Bilali Muhammad, appelé *Ben Ali Materials,* est conservé à la *Hargrett Rare Book & Manuscript Library* de l'université de Géorgie, dans le cadre des documents de Francis Goulding.

Quelques pages sont consacrés à Toussaint Louverture (cf. le chapitre XIV). Cela ne doit pour autant pas reléguer aux oubliettes Suzanne Belair, dite Sanité. Née en 1781 à Varrettes, une commune d'Haïti dans le département de l'Arbonite dans l'arrondissement de Saint-Marc, elle avait participé de manière active à la Révolution haïtienne et était devenue d'abord sergent, puis lieutenant de l'armée de libération au cœur de l'affrontement contre les troupes de l'expédition française de Saint-Domingue.

Cudjoe Queen Nanny était née en 1686 au Ghana, et avait été vendue enfant comme esclave avec ses trois frères. En Jamaïque, après s'être enfuis tous les trois, ils s'étaient établis dans les *Blue Mountains*, un massif montagneux occupant le tiers oriental de l'île et y avaient fondé, au bord d'un précipice qui rendait les attaques difficiles, un village : Nanny Town. D'autres marrons les rejoindraient. Nanny serait tuée en 1733 par un esclave qui avait agi de la sorte pour le compte des Britanniques. Son visage illustre désormais le billet de cinq cents dollars jamaïcains.

La mulâtresse Solitude, née vers 1772 sur la petite île de Sainte Lucie sur le bord oriental de la mer des Caraïbes, était « Libre de couleur » avant l'abolition de l'esclavage ayant été décrétée en juin 1794. Fille d'une captive africaine qui avait été violée dans le bateau en partance pour les Antilles, elle avait rejoint, aussitôt sa liberté acquise, une communauté de Marrons retranchés dans les mornes. Elle serait capturée le 23 mai 1802, alors qu'elle était enceinte, lors de l'attaque des troupes du général Jacques Nicolas Gobert contre le camp de Palerme. Condamnée à mort, elle serait exécutée, après la naissance de son enfant, le 29 novembre 1802. À l'issue du vote au Conseil de Paris, un jardin a porté le 26 septembre 2020 dans le XVᵉ arrondissement le nom de cette Guadeloupéenne. La future statue à son effigie, laquelle devrait être érigée quasiment à la place d'une autre, de nos jours disparue, ayant représenté le général mulâtre Dumas, ferait de Solitude la première femme noire à être honorée de la sorte.

Dans cette étude relative aux « Noirs lumineux », le cas de Sophie Charlotte de Mecklembourg-Strelitz relève d'une complexité, sujette à polémique sans le moindre intérêt. La reine d'Angleterre et d'Irlande, épouse de George III, consort électrice de Hanovre dans le Saint-Empire romain germanique et reine de Hanovre, était la fille du duc Charles Louis Frederick de Mecklembourg, dit le prince de Mirow, et d'Élisabeth Albertine de Saxe-Hildburghausen. L'illustration de sa situation est d'autant plus symbolique, quant au binôme blanc et noir, dès lors que, dans le livre *Sex and Race*[17] publié pour la première fois en 1940, l'écrivain jamaïcain-américain Joel Augustus Rogers a recouru au langage anthropométrique de l'ethnicisme soi-disant scientifique qui lui a permis d'affirmer que :

> « Charlotte Sophia, consort allemande de George III, avait les narines larges et les lèvres lourdes de "type négroïde blond" [Brunold Springer]. »

Comme l'ont attesté de nombreux historiens, moins de 0,004 % de gênes maures auraient coulé dans les veines de Sophie Charlotte de Mecklembourg-Strelitz. Pour l'historien Mario De Valdes y Cocom, dans une interview qu'il avait accordée au *Washington Post*, la reine Charlotte était en effet la descendante directe d'Alphonse III, roi de Portugal, et de sa concubine Madragana Ben Aloandro, originaire

---

[17] In *Sex and Race: Negro-Caucasian Mixing in All Ages and All Lands – The Old World*, Joel Augustus Rogers, Vol. 1, édité par Helga M. Rogers, University Press of New England, 2011.

d'Afrique. Raison pour laquelle Christian Friedrich Stockmar, méde-cin de la famille royale, l'avait qualifiée de « mulâtresse »[18]. Une « négresse », ou « mauresse ».

Horace Walpole, 4ème comte d'Orford, qui l'avait vue, avait écrit à son sujet qu'elle n'était :

> « ni grande ni belle ; pâle et très mince ; mais [semblait] raisonnable, et [était] distinguée. Ses cheveux [étaient] foncés et fins ; son front bas, son nez très bien, sauf les narines écartées trop largement ; sa bouche [avait] le même défaut, mais ses dents [étaient] bonnes. »[19]

Plus explicitement, presque quinze générations séparaient le roi Alphonse III de Portugal (surnommé le Boulonnais en tant que comte de Boulogne par son mariage avec la comtesse Mathilde de Dammartin ou Mathilde II de Boulogne), et sa maîtresse Madragana Ben Aloandro[20], de Sophie Charlotte de Mecklembourg-Strelitz. Cette dernière était grand-mère de la reine Victoria, c'est-à-dire l'aïeule de la reine Élisabeth II et de son époux, Philip Mountbatten, duc d'Édimbourg[21].

À l'heure où la première puissance mondiale, à savoir les États-Unis d'Amérique, a élu sans aucune ambiguïté et réélu un président mulâtre en la personne de Barack Hussein Obama, et assumé le fait d'avoir eu pendant huit années une Noire comme première Dame, en l'occurrence Michelle LaVaughn Robinson, l'ascendance ébène de Sophie Charlotte de Mecklembourg-Strelitz ne vaut pas du tout la peine de s'y attarder longtemps. Qu'y a-t-il de plus honteux à avoir

---

[18] In *Meghan Markle ne serait pas la première métisse de la famille royale britannique*, par *CNEWS*. Mis à jour le 22 mai 2018, consulté le 30 avril 2020 – https://www.cnews.fr/monde/2018-05-21/meghan-markle-ne-serait-pas-la-premiere-metisse-de-la-famille-royale-britannique.

[19] In *Les lettres d'Horace Walpole, comte d'Orford*, Horace Walpole, Vol. 3, 1891.

[20] In *Qui sont les princes et princesses métis d'Europe ? Origines étrangères des futurs souverains européens*, Nicolas Fontaine, dans *Histoires Royales*, article mis en ligne le 20 juin 2019, consulté le 20 avril 2020 – https://histoiresroyales.fr/origines-etrangeres-princes-princesses-metis-europe.

[21] Prince de Grèce et de Danemark, le duc d'Édimbourg est un descendant à la cin-quième génération de Charlotte de Mecklembourg-Strelitz.

du sang noir, quand on sait que le Ghanéen Kofi Annan a dirigé pendant neuf années l'Organisation des Nations Unies ? Et le Sénégalais Amadou-Mahtmar Mbow ? Il a été, durant treize années, le directeur général de l'Organisation des Nations Unies pour l'éducation, la science et la culture (Unesco). Les amoureux du ballon rond ont plébiscité Edson Arantes Do Nascimento, dit Pelé, Roi pour des siècles et des siècles. Muhammed Ali, anciennement Cassius Clay, a été désigné meilleur pugiliste de tous les temps.

En ce troisième millénaire, à propos de l'éventuelle négritude de la reine d'Angleterre, le fait de vouloir évoquer un quelconque révisionnisme relèverait de la mauvaise foi ou du simple souhait d'amuser la galerie. D'où vient l'être humain ? Qui sont ses plus lointains ancêtres ? Rappelons schématiquement que l'*Homo habilis* était descendu de l'australopithèque qui, lui-même, l'avait été du grand singe du groupe hominidé d'Afrique subsaharienne. L'*Homo erectus*, le descendant direct de l'*Homo rudolfensis*, ne s'était-il pas aventuré avec hardiesse vers l'Asie et l'Europe au climat froid grâce à la maîtrise du feu ? Sans vouloir s'approprier la reine d'Angleterre comme une personnalité noire, l'infime goutte de sang africain qui aurait circulé dans ses veines, aussi négligeable fût-elle, ne pourrait en rien lui ôter une ascendance ébène à une période donnée de sa généalogie. De toute manière, cela ne changerait rien du tout à l'avenir des Noirs et au devenir de l'Afrique subsaharienne.

Force est de constater que, en dehors de l'usage du substantif « race » dans les extraits empruntés à d'autres sources, l'auteur a eu de temps à autre recours au mot « ethnie » ou au qualificatif « ethnique ». De plus, la race humaine concerne des ethnies dont les membres peuvent se multiplier indépendamment de leurs groupes d'origine.

À travers le morceau *One Night at Birdland* qu'était en train de diffuser la chaîne musicale, le grand Charlie Parker (dit *Yardbird*, souvent résumé en *Bird*) a manifestement fait comprendre à l'essayiste en verve que le lecteur devrait prendre sans tarder son envol et aller à la rencontre de ses gens géniaux dans leur résistance à l'oppression, intrépides dans la lutte pour la dignité humaine, pragmatiques dans la révolte contre l'ordre ayant été injustement établi…

Paris XVe, le 26 avril 2020,
en plein confinement à cause de la Covid-19,
texte mis à jour le 27 septembre 2020.

I – Malik Ambar : guerrier et administrateur avisé

Malik Ambar vint au monde sous le nom de Chapu[22], ou Zara[23], en 1548[24] à Herar[25] dans le sultanat de l'ethnie des Oromo dans l'Est de l'Éthiopie[26]. Il s'en fut allé en 1626 à l'âge de 78 ans et inhumé à Khuldabad dans le district d'Aurangabad dans l'État indien de Maharashtra. Enfant éthiopien vendu par ses parents, il avait appartenu au groupe ethnique Maya lequel est maintenant éteint[27]. Chapu serait emmené

---

[22] In *African elites in India,* Kenneth X Robbins & John McLeod, Ahmedabad, Mapin Publishing, Ocean City, NJ : Grantha Corporation, 2006, p. 50, consulté le 26 avril 2020 – https://www.worldcat.org/title/african-elites-in-india/oclc/701823920.

[23] In *L'avant-garde nègre – XVIᵉ siècle : Malik Ambar,* Séverine Kodjo-Grandvaux, *Jeune Afrique,* article mis en ligne le 11 avril 2012, consulté le 27 avril 2020. Voir le lien ci-contre. https://www.jeuneafrique.com/141866/culture/l-avant-garde-n-gre-xvie-si-cle-malik-ambar.

[24] In *Malik Ambar : The Ethiopian slave who became a kingmaker in India,* article mis en ligne sur le site Internet de *TRT Word,* consulté le 26 avril 2020 – https://www.trtworld.com/magazine/malik-ambar-the-ethiopian-slave-who-became-a-kingmaker-in-india-33181.

[25] *Ibidem.*

[26] In *Military Manpower Armies and Warfare in South Asia,* Kaushik Roy, n° 8, Routledge, New York, 2016.

[27] In *Tourism potential in Aurangabad : with Ajanta,* Ellora And Daultabad, par Dulari Gupte Qureshi, Bharatiya Kala Prakashan, 1999, p. 6, consulté le 26 avril 2020. Voir le lien ci-dessous. https://books.google.ca/books?id=oKnpAAAAMAAJ&dq=malik+ambar+maya&focus=searchwithinvolume&q=+maya.

en Inde comme esclave. Au cours de son séjour lié à la déportation, il créerait une milice aguerrie qui compterait jusqu'à 1 500 hommes. Il s'installerait dans la région du Deccan où, en tant que chef militaire, il serait souvent recruté par des monarques locaux. Il deviendrait un Premier ministre populaire du sultanat d'Ahmadnagar, doté d'un sens aigu de l'organisation administrative. Considéré comme un fervent pionnier de la guérilla, il serait crédité d'avoir édicté et fait appliquer un règlement des revenus dans une grande partie du Deccan qui constituerait, à propos des salaires, la base d'accords ultérieurs[28]. Il serait vénéré par les Siddis[29] du Gujarat pour son opposition et sa résistance, avec vaillance, à la suprématie des Moghols. Il défierait Afshar Adil Shah de Bijapur et contribuerait beaucoup à la renommée de Murtaza Nizam Shah II[30].

> « Un peu comme une image incrustée dans un hologramme, la présence africaine dans l'histoire et la politique de l'Inde [était restée] généralement obscurcie. Ce n'[était] que lorsque le parchemin du passé [était retrouvé] et légèrement [déplié], à la manière d'un "faisceau de lumière cohérent" nécessaire pour [se pencher] sur un hologramme, que cette présence se [s'était révélée]. Ensuite, les noms [avaient commencé] à émerger, certains développements historiques [...] à prendre un sens et le rôle d'un certain nombre de

---

[28] Dont le règlement permanent du Bengale dû à un accord entre la *Compagnie des Indes orientales* et les propriétaires bengalis. Il fallait fixer les revenus à tirer des terres qui avaient des conséquences de grande importance sur les méthodes agricoles et la productivité dans tout l'Empire britannique, ainsi que sur les réalités politiques de la campagne indienne.

[29] Les Siddis, également connus sous la désignation de Sidi, Siddhi, Sheedi ou Habshi, constituent un groupe ethnique habitant l'Inde et le Pakistan dont les membres sont issus des peuples bantous d'Afrique de l'Est. Certains étaient des marchands, des marins, des serviteurs sous contrat, des esclaves et des mercenaires. Voir aussi *Siddis indiens : descendants africains avec mélange indien*, Anish M. Shahet..., *Journal américain de génétique humaine*, 89 (1): 154-161. doi: 10.1016 / j.ajhg.2011.05.030. 15 juillet 2011, PMC 3135801. PMID 21741027, consulté le 26 avril 2020. Voir lien ci-dessous. https://www.ncbi.nlm.nih.gov/pmc/articles/PMC3135801/.

[30] In *Architecture and Art of the Deccan Sultanates (The New Cambridge History of India)*, George Michell et Mark Zebrowski, Vol. I, 7, Cambridge University Press, Cambridge, 1999, p. 11-12.

personnages emphatiques [pouvaient] être [envisagé] dans une véritable perspective.

» Malik Ambar (1546-1626), qui [avait] joué un rôle si important dans l'histoire du Deccan, et [était] finalement devenu une telle épine dans la chair des Moghols, [était] l'une de ces figures emphatiques. Toute la carrière de cet homme extraordinaire, son ascension fulgurante, [était apparue] particulièrement surprenante car elle [semblait] aller à l'encontre de toutes les notions perçues du rôle et du statut des esclaves. »[31]

Entre le XIVe et le XVIIe siècle, période pendant laquelle le royaume chrétien abyssin était dirigé par la dynastie salomonique, les États musulmans voisins rassemblaient une grande partie de leurs esclaves dans des communautés non abrahamiques des régions comme Kambata, Damot et Hadya situées sur les flancs Sud de son territoire. Au sultanat d'Adal, l'un des propriétaires de Chapu le convertit, dans ce contexte, à l'islam. Il lui donna le nom d'Ambar[32], après avoir reconnu la supériorité de ses qualités intellectuelles[33], puis l'envoya à l'étranger pour servir en tant que guerrier[34]. Mais, selon le *Futuhat-i `Adil Shahi*, après avoir été vendu par ses parents, le jeune Chapu s'était retrouvé à al-Mukha au Yémen où il fut à nouveau vendu pour vingt ducats, acheminé au marché des esclaves à Bagdad et fit l'objet d'une transaction pour une troisième fois au profit du Qadi al-Qudat de La Mecque. Après avoir été transporté à nouveau à Bagdad, Mir Qasim al-Baghdadi l'acheta et l'emmena finalement sur le plateau du Deccan. Ce fut à cette époque que le marin et marchand de tissu néerlandais Pieter van den Broecke, qui était au service de la *Compagnie néerlandaise des Indes orientales* (*Verenigde Oostindysche Compagnie* ou VOC), le décrivit comme « un kafir noir d'Abyssinie avec un visage romain sévère ».

---

[31] In *Malik Ambar : A remarkable life*, dans *Spectrum*, le 13 août 2006, *The Tribune*, consulté le 27 avril 2020. Voir le lien ci-dessous.
https://www.tribuneindia.com/2006/20060813/spectrum/art.htm.
[32] D'après une légende, il avait lui-même choisi ce nom en référence à une fleur de la Mecque qui, pendant l'éclosion, embaumait de son parfum tout l'environnement.
[33] In *Slavery & South Asian history*, Indrani Chatterjee & Richard Maxwell Eaton, Indiana University Press, Bloomington, 2006.
[34] *In African elites in India, op. cit.*

Ambar fut ensuite acheté par Chengiz Khan, un ancien esclave des Habshis qui avait été peshwa, ou ministre régent, de Burhan Nizam Shah II du sultanat d'Ahmadnagar.

> « Au cours de cette période, Ambar [assuma] une responsabilité croissante au tribunal de Nizam [Shah II] où il [observa] et [apprit] la diplomatie, la stratégie militaire et l'organisation politique, une formation cruciale [qui lui servirait] dans sa vie d'homme libre. »[35]

Marié à une Siddi connue sous le nom de Bibi Karima, Ambar aurait quatre enfants : deux fils, Fateh Khan et Changiz Khan, et deux filles : Shahir Bano et Azija Bano[36]. Après son affranchissement en 1595, par la volonté de l'épouse de son nouveau maître lorsque ce dernier décéda[37], il servit quelque temps le sultan de Bijapur, Ibrahim Adil Shah II, et obtint le titre de « Malik » : c'est-à-dire le régent.

Au départ comme mercenaire, Malik Ambar commanda une force de cavalerie de cent cinquante hommes. Il structura toute une armée rebelle. Celle-ci serait, en fin de compte, composée de milliers d'individus. En 1599, il vola au secours de Chand Bibi, le régent des sultanats de Bijapur et d'Ahmadnagar, contre l'avancée des troupes d'Abu'l-Fath Jalal-ud-din Muhammad Akbar (dit le grand Moghol). Malgré tous les efforts fournis et les dispositifs déployés par les hommes de Malik Ambar, l'armée moghole encercla le fort d'Ahmadnagar où était retranché Chand Bibi. Ce dernier négocia alors avec les agresseurs et réussit à garder l'indépendance du sultanat, en contrepartie de la reconnaissance de la suzeraineté à l'empire du grand Moghol. Mais, tout compte fait, Chand Bibi décéda. On l'avait soit

---

[35] In *Malik Ambar (1548-1627)*, article mis en ligne le 30 août 2001, consulté le 26 avril 2020 – https://www.blackpast.org/global-african-history/ambar-malik-1548-1626.

[36] In *Malik Ambar : Power and Slavery Across the Indian Ocean*, Omar H. Ali, *The World in a Life Series*, Oxford University Press, 2016, p. 44.
Lire aussi *The African Dispersal in the Deccan : From Medieval to Modern Times*, Shanti Sadiq Ali, 1996, p. 99.

[37] In *India Moving : A History of Migration*, Tumbe Chinmay, Penguin Random House India, New Delhi, 2018, p. 29.

assassiné, ou alors il s'était suicidé[38].

En 1600, Malik Ambar devint dans le Deccan la figure de proue du mouvement de résistance à l'expansion de l'empire moghol. En ayant triomphé au combat contre les armées des deux empereurs moghols, Abu'l-Fath Jalal-ud-din Muhammad Akbar et Nur-ud-din Muhammad Salim (Jahangir de son nom impérial), ses troupes se distinguèrent. Elles rendirent pendant un quart de siècle, à ceux qui avaient résisté avec bravoure à la tentative d'occupation moghole du Sud de l'Inde, la dignité, tant espérée, dont ils avaient été longtemps privés.

Malik Ambar œuvra enfin comme Premier ministre et régent, depuis 1607, au service de l'armée de la dynastie Murtaza Nizam Shah I[39]. Pendant cette période, il renforça le pouvoir de Murtaza Nizam Shah II et leva, en peu de temps, une grande armée dotée d'une cavalerie d'au plus 7 000 hommes. Il revitalisa le sultanat d'Ahmadnagar, en nommant des sultans fantoches pour repousser les attaques mogholes du Nord[40]. En 1610, son armée se développa davantage, en incluant en son sein 10 000 Habshis et 40 000 Deccanis. Ainsi parviendrait-il à mieux combattre et repousser les tentatives de l'empereur moghol Nur-ud-din Muhammad Salim, et à prendre, enfin, le contrôle du royaume. Il déplaça la capitale de Paranda en Junnar à Khadaki, une nouvelle ville qu'il avait à peine fondée. Cette capitale serait encore une fois transférée à Aurangabad par l'empereur Muhi-ud-Din Muhammad, plus connu sous le sobriquet d'Aurangzeb, lorsqu'il envahirait vers 1658 le Deccan et l'occuperait jusqu'à sa mort en 1707.

L'un des partisans de la guérilla dans la région du Deccan, Malik Ambar aida Shahab-ud-din Muhammad Khurram, Shâh Jahân de son nom de règne, à lutter contre le pouvoir à Delhi de sa belle-mère, Nûr Jahân (*lumière du monde*), de son vrai nom Mihr un-Nisâ (*soleil parmi les femmes*), qui avait l'ambition de faire accéder au trône son gendre le prince Shahryar. Avec le soutien de Shahaji Bhosle, père de Chhatrapati Shivaji, Malik Ambar redonna de la crédibilité aux différents sultans d'Ahmadnagar, qui avaient été neutralisés par les précédents souverains moghols – Abu'l-Fath Jalal-ud-din Muhammad Akbar

---

[38] Les sources divergent, sur les événements survenus après sa reddition.

[39] In *Slavery & South Asian history, op. cit.*

[40] In *India Moving: A History of Migration, op. cit.*

ayant annexé la ville qui avait été fondée en 1494 par Ahmad Nizam Shâh Bahrî, sur le site d'une ancienne cité nommée Bhingar. Cependant, il serait vaincu plus tard lorsque Shâh Jahân attaquerait l'Ahmadnagar en voie de déclin. Mais, en signe de reddition, Malik Ambar abandonnerait aux Moghols le contrôle total de Berar et Ahmadnagar[41]. Cela ne l'empêcherait pas de battre le général moghol Khan Khanan, à plusieurs reprises, et d'attaquer souvent Ahmadnagar. Lakhuji Jadhavrao, Maloji Bhosale, Shahaji Bhosle et d'autres chefs Marathas acquirent une grande notoriété au cours de cette période. Avec l'aide de ces chefs Marathas, les hommes de Malik Ambar se répandirent sur les différents champs de bataille. Ils s'emparèrent du fort d'Ahmadnagar et de la ville des Moghols. Mais les Moghols finiraient par les déloger et obtiendraient le ralliement, dans la foulée, de nombreux chefs Marathas comme Lakhuji Jadhavrao et Ranoji Wable. Ainsi Shâh Jahân, que Malik Ambar avait pourtant aidé dans le passé, parviendrait-il de nouveau à lui porter un coup fatal et à affaiblir ses troupes. Mais la bataille de Samugarh survenue à partir du 29 mai 1658, pendant la guerre de succession moghole de 1658 à 1659, opposerait, entre eux, les fils de l'empereur moghol Shâh Jahân – souffrant d'une maladie grave depuis septembre 1657 – et de son épouse Arjumand Bânu Begam, surnommée Mumtâz-i Mahalet parfois simplifié en Mumtâz Mahal (en persan et ourdou, *la merveille du palais*). Les trois enfants s'affronteraient dans une bataille mortelle pour succéder à leur père. Dara Shikoh, le fils et héritier le plus âgé, ainsi que ses deux jeunes frères Aurangzeb (*ornement du trône* en persan) et Murâd Baksh. Dara Shikoh serait exécuté le 10 août 1659 pour apostasie et sa tête serait envoyée à son père. Vainqueur, connu aussi sous son titre régional comme *Alamgir Ier* (*Conquérant du monde* en persan), Aurangzeb confinerait son père Shâh Jahân au Fort d'Agra. Pris en charge par l'aînée de ses filles, la Bégum Jahanara, Shâh Jahân décéderait le 22 janvier 1666. Quant à Aurangzeb, une figure très contestée de l'histoire de l'Inde, il mourrait le 3 mars 1707 à Ahmadnagar.

---

[41] In *The Mugal Empire*, John F. Richards, Cambridge University Press, 1995, pp. 112-113.

À la mort de Malik Ambar le 13 mai 1626 à l'âge de 78 ans, son fils Fateh Khan Ambar prit la relève en tant que régent des Nizam Shah. Mais, ne possédant aucune qualité politique et militaire de son prédécesseur, il ne put éviter la chute du sultanat à cause d'une série de luttes internes au sein de la noblesse. À l'issue de quelques complots, Fateh Khan Ambar fit assassiner son neveu, le sultan Burhan Nizam Shah III, avant d'être lui-même empoisonné en 1629. Le défunt sultan était le fils de sa sœur, Shahir Bano Ambar. Cette dernière était mariée à un prince de la famille royale d'Ahmadnagar qui, dans le passé, sous le règne du sultan Murtaza Nizam Shah II, avait bénéficié du soutien de Malik Ambar pour accéder au trône[42]. Effectivement, à la suite des intrigues de Murtaza Nizam Shah II, qui avait fait exécuter la fille de Malik Ambar pour essayer de réduire l'influence paternelle dans le royaume, l'Africain s'était vengé, en lui ayant fait connaître le même sort, et avait placé sur le trône Burhan Nizam Shah II. Quant à Azija Bano Ambar, elle avait épousé un commandant circassien de l'armée d'Ahmadnagar, Muqarrab Khan de Golconde (surnommé Khan-Zaman Fath Jang), qui deviendrait général sous le règne d'Abul Hasan Qutb Shah (dit Abul Hasan Tana Shah), le huitième et dernier dirigeant de la dynastie Qutb Shahi. Muqarrab recevrait le titre de Rustam Khan Bahadur Firauz Jang[43]. Son implication dans plusieurs campagnes militaires importantes, telles que les guerres de Kandahar contre Shah Abbas 1er le Grand de Perse, le rendrait davantage célèbre.

Le corps de Malik Ambar repose dans une tombe à Khuldabad, près du sanctuaire du célèbre saint soufi Zar Zari Baksh (ou Shah Muntajab ud din)[44]. À son décès, Mutamid Khan, le chroniqueur substitut de l'empereur Jahangir, nota que :

---

[42] In *Slavery and South Asian History*, *op. cit.*, p.126.

[43] In *The Cambridge history of India*, Edward James Rapson, Vol. 1, S. Chand and Co., 1955, p. 189.
Lire aussi *A History of India*, John Cadgwan Powell Price, Th. Nelson & Sons, 1955, p. 313.

[44] In *Imbrication and Implication: Early Maratha Architecture and the Deccan Sultanates*, Pushkar Sohoni, *Archives d'art asiatique*, 1er avril 2018, 68 (1): 33-46. doi: 10.1215 / 00666637-4342393, consulté le 27 avril 2020.

« il n'[avait] pas d'égal dans la guerre, dans le commandement, dans
le jugement et dans l'administration ».

Des avis contradictoires du point de vue étatique, sur l'impact à long
terme du bilan de Malik Ambar à propos du Deccan et des États indiens
environnants, ont été bel et bien émis par les historiens. Les uns ont
souscrit au point de vue de Joseph E. Harris attribuant à l'ancien esclave
un héritage durable à mettre sur le compte des Africains qui avaient
accédé au pouvoir dans les régions orientales du monde, plus
précisément en Inde[45]. D'autres ont partagé les conclusions des historiens comme Richard Maxwell Eaton. À leurs yeux, les prouesses militaires de Malik Ambar ont constitué la véritable raison pour laquelle il
avait acquis une telle influence au cours de sa vie, alors qu'une série
de défaites décisives à la fin de son parcours avaient suscité la méfiance
et le ressentiment dans son entourage. Pour Richard M. Eaton et ses
partisans, l'administration de l'État par Malik Ambar, laquelle avait été
un indéniable succès, avait représenté une contribution non négligeable
pendant une courte période que l'on devait attribuer à la seule hardiesse
de l'Africain. *A contrario*, ils ont estimé que son manque de leadership
positif au cours des dernières années de son mandat l'avait empêché
de consolider son influence. Cela avait permis à ses successeurs et
détracteurs de faire oublier plus facilement ses réalisations administratives et politiques[46].

Indépendamment de toute considération ultérieure sur le Deccan,
en particulier, et l'Inde en général, Malik Ambar avait été un défenseur passionné de l'éducation, un administrateur avisé et un mécène
des arts. Les historiens Joseph E. Harris et Sheikh Chand ont évoqué
son soutien sans faille en faveur de la culture et son implication pour
l'apprentissage comme des brillants apports de son mandat dans

---

[45] In *The African Presence in Asia : Consequences of the East African Slave Trade*,
Joseph E. Harris, *Northwestern University Press Evanston*, Ex Library edition, 1971,
pp. 91-99.

[46] In *Malik Ambar (1548-1626) : The Rise and Fall of Military Slavery*, Richard
Maxwell Eaton, *The New Cambridge History of India*, edited by Gordon Johnson,
8th ed., Vol. 1, Cambridge University Press, 2005, pp. 104-130. *A Social History
of the Deccan*, 1300-1761 Eight Indian Lives.

l'administration du Deccan[47].

Malik Ambar avait une véritable vision créatrice. Malgré les critiques acerbes du sultan Nur-ud-din Muhammad Salim, l'œuvre de l'Africain bâtisseur avait modelé Aurangabad surtout sur le plan architectural. Mais, dans ses mémoires, Nur-ud-din Muhammad Salim (Jahangir) avait sans cesse fait allusion au fondateur de cette ville, par des qualificatifs davantage critiques et dépréciatifs : misérable, maudit, Habshi, Ambar Siyari, Ambar noir et Ambar Badakhtur (laid). En l'ayant fait représenter dans un tableau comme la personne qu'il fallait à tout prix abattre, l'empereur Jahangir – tirant une flèche dans la tête de l'Africain, pendant qu'il marchait sur le globe terrestre – avait désigné d'office Malik Ambar comme son seul rival sur terre. Certains historiens ont supposé que le sultan Nur-ud-din Muhammad Salim éprouvait de la haine pour l'Africain du fait de sa vaillante résistance aux puissants Moghols et de les avoir tenus longtemps à l'écart du Deccan[48].

En tout cas, n'en déplaise au sultan Nur-ud-din Muhammad Salim (alias Jahangir), Malik Ambar avait fondé et habité en 1610 la ville de Khirki[49]. Après la mort du fondateur de ladite agglomération, son fils, et héritier Fateh Khan Ambar, l'avait dénommée Fatehpur. Aussitôt le Deccan envahi en 1653, l'empereur moghol Muhi-ud-Din Muhammad (dit Aurangzeb) fit de Fatehpur sa capitale et la débaptisa Aurangabad. Depuis lors, il est connu sous cette appellation.

La marque indélébile de Malik Ambar reste particulièrement inaltérée surtout pour le Nahr ou « Neher », le système d'approvisionnement en eau du canal de la ville de Khadki, située sur les rives du Kham, maintenant connu sous le nom d'Aurangabad. Il avait achevé les travaux de la construction du Neher en quinze mois, après avoir dépensé la somme nominale de deux et demi lakh Rupiyahs[50]. Ainsi

---

[47] In *Malik Ambar : African Regent-Minister in India*, Joseph E. Harris, dans *The African Presence in Asia : Consequences of the East African Slave Trade, op. cit.*, pp. 91-99.

[48] In *Tourism Potential in Aurangabad, op. cit.*

[49] In *Malik Ambar, A Biography Based on original sources*, Jogindra Narji Chowdhuri, M. C. Sarkar, Calcutta, 1940 (reprint), p. 70.

[50] In *Tourism Potential in Aurangabad, op. cit.*

avait-il permis d'approvisionner la ville de Khadki en eau à partir du Panchakki[51] à travers le Nahr e Ambari (canal d'Ambar). Celui-ci avait relevé d'un exploit technique impressionnant, car il avait consisté en un tunnel de sept pieds de profondeur assez grand pour qu'un homme puisse y passer. Doté de cent quarante trous à hauteur d'homme, il avait fonctionné efficacement sans aucun entretien, ni nettoyage pendant trois cent vingt et un ans : à savoir jusqu'au premier nettoyage qui a été effectué en 1931[52].

Le crédit de Malik Ambar réside aussi dans la construction du fort de Janjira dans la région de Murud dans l'actuel Maharashtra en Inde. À la suite de son édification en 1567 après J.-C., le fort représentait le point stratégique des Sidis contre les diverses tentatives d'invasion des Marathas, des Moghols et des Portugais pour occuper l'État princier de Janjira[53]. D'aucuns n'oublieraient jamais que Malik Ambar avait été le premier à avoir rassemblé à ses côtés, sous un même drapeau, les musulmans, les hindous et les chrétiens (les Habshis) et fait vivre différentes communautés dans sa capitale Khadki. Il avait enfin enseigné les méthodes de guérilla aux Marathes qui l'appliqueraient avec Chhatrapati Shivaji, bien plus tard, contre les Moghols et les colons britanniques.

En tant que bâtisseur, Malik Ambar avait fait construire le *Town Hall monument* qui servait à la communauté chrétienne pour les réunions et la célébration des fêtes. Il avait aussi procédé de la sorte pour les hindous et les musulmans, mais ces édifices n'existent plus de nos jours. Il avait fait édifier la porte Bhadkal comme une sorte d'arc de triomphe, ainsi que le majestueux Naukhanda palace dont l'entrée principale est encore visible.

---

[51] Pan de Hindi paani signifie « eau » et Chakki veut dire « un tapis roulant ».

[52] In *Malik Ambar and his canal*, Mirza Salahuddin, *Pakistan Historical Society*, avril 2012, *Journal of the Pakistan Historical Society*, 60 (2): 101-102 – via ProQuest.

[53] In *The Invincible Fort of Murud Janjira*, Anita Kainthla, India Currents, août 2011, 25 (5): 56-57 – via ProQuest.

II – Sœur Louise Marie de Sainte Thérèse :
la Mauresse de Moret

Louise Marie Thérèse, ou encore sœur Louise Marie de Sainte-Thérèse, était appelée la « Mauresse de Moret ». Ce surnom était dû à sa peau. Pourtant, la présence d'une Noire sur le sol français ne devait pas relever de l'extraordinaire, dès lors que les premières personnes à l'épiderme à teint foncé étaient arrivées en France bien avant sa naissance, à l'époque des colonies et de l'esclavagisme. De nombreux Africains du Nord avaient combattu aux côtés des califes musulmans de la dynastie des Omeyyades qui avaient envahi l'Europe, notamment le royaume wisigoth qui s'étendait sur une grande partie de la péninsule ibérique jusqu'au Sud de la France. Ainsi les Français étaient-ils entrés, dès le VIIIe siècle, en contact avec ces hommes à la peau mate et de confession musulmane qualifiés de Maures ou Sarrasins. Une partie de ces guerriers s'étaient donc établis en territoire français. Ils avaient fondé des familles mixtes, la cohabitation n'ayant posé aucun problème. Le terme « Maure » finirait par désigner, avec le temps, tout individu à la carnation sombre. Il engloberait aussi bien les Noirs d'Afrique subsaharienne que les Arabes, ainsi que les Amérindiens. C'était dans un tel contexte que la seule religieuse mulâtresse du couvent de Moret avait été considérée comme une Mauresse. En plus, en ce temps, le fait d'accueillir une personne de couleur dans une communauté religieuse relevait de l'exceptionnel. Cela s'apparentait, pour les plus croyants, à de l'exotisme divin ! Un véritable don du ciel !

Cette religieuse française bénédictine du couvent de Villechasson-Moret, à Moret-sur-Loing dans le département de Seine-et-Marne en Île-de-France, naquit vers 1658 et mourut aux environs de 1730. Les nombreuses visites qu'elle avait reçues de la part de l'entourage royal, sous Louis XIV, contribuèrent au grand mystère ayant environné ses origines sociales. Les pronostics allèrent bon train sur sa naissance et son appartenance familiale, c'est-à-dire ses ascendants immédiats. Les spéculations ne cessèrent de prendre de l'ampleur. Elles se focalisèrent principalement autour des trois hypothèses.

Primo, la sœur Louise Marie de Sainte Thérèse était la fille illégitime des relations secrètement intimes entre la reine Marie-Thérèse d'Autriche, Infante du Portugal, et un page noir de la Cour. On pensait plutôt que la religieuse était, en réalité, Marie-Anne de France qui naquit le 16 novembre 1664 et fut déclarée dans *La Gazette de France*, le journal officiel au XVIIe siècle, comme étant décédée le 26 décembre de la même année. De plus, à l'issue d'une grossesse difficile, un mois avant terme, Marie-Thérèse d'Autriche avait en effet accouché, en public au Louvre, de son troisième enfant, une fille appelée Marie-Anne de France. Sa dépouille aurait été exposée dans la chapelle du Louvre, avant d'être inhumée dans la basilique de Saint-Denis, tandis que son cœur porté au Val-de-Grâce[55].

En tout cas, Françoise Bertaud, Dame de Motteville, aurait été présente lors de la naissance royale. Elle se serait écriée que « c'était une Mauresse dont elle [avait pensé] mourir ! » Les médecins avaient soutenu l'extrapolation selon laquelle la petite aurait été prise de convulsions et sa peau serait devenue d'abord grise, puis noire, par manque d'air. Plusieurs personnes, comme Marie-Anne de Bourbon (Mademoiselle de Blois), princesse de Conti et fille légitime du roi, conforteraient cette version des faits. D'après les écrits de l'historien André Castelot, Marie-Anne de France serait la même personne que Louise Marie Thérèse, la fille illégitime de la reine Marie-Thérèse d'Autriche et de son page maure qui, selon différentes sources, répondait au nom de Nabo ou Augustin. Ce dernier avait été ramené d'Afrique subsaharienne et

---

[55] In *Marie-Thérèse d'Autriche : Épouse de Louis XIV, Souverains et Souveraines de France*, Joëlle Chevé, département Flammarion, Éditions Pygmalion-Gérard Watelet, Paris, 2008.

offert en cadeau à la reine, probablement par le 2ème duc de Beaufort, François de Bourbon-Vendôme (dit « le roi des Halles »). Le page en question aurait mystérieusement disparu, quelques jours après la naissance de l'enfant Marie-Anne de France. Il aurait terminé son parcours terrestre soit embastillé, selon l'historien Pierre-Marie Dijol qui, en 1978, a vu en lui l'Homme au masque de fer[56] (et Louis de Bourbon, comte de Vermandois, un autre fils illégal de Louis XIV ?), soit tout simplement assassiné. Le jeune page aurait d'abord été incarcéré à la citadelle de Pignerol, au fort Sainte-Marguerite, puis à la Bastille sous le nom d'Eustache Danger. Il serait mort à la Bastille après trente-quatre années d'incarcération dans différentes prisons.

« À propos de confiance du roi et de ses domestiques intimes, il [fallait] réparer un autre oubli. On fut étonné à Fontainebleau cette année qu'à peine la princesse [Marie-Adélaïde de Savoie, ndlr] (car elle ne fut mariée qu'au retour) y fut arrivée ; que Mme [Françoise] de Maintenon la fit aller à un petit couvent borgne de Moret où le lieu ne [pouvait] l'amuser, ni aucune des religieuses dont il n'y en [avait] pas une de connue.

» Elle y retourna plusieurs fois pendant le voyage, et cela réveilla la curiosité et les bruits. Mme de Maintenon y [allait] souvent de Fontainebleau, et à la fin on s'y [était] accoutumé. Dans ce couvent [était] professe une Mauresse inconnue [de] tout le monde, et qu'on ne [montrait] à personne. [Alexandre] Bontemps, premier valet de chambre et gouverneur de Versailles [...] par qui les choses du secret domestique du roi [passaient] de tout temps, l'y [avait] mise toute jeune, [avait] payé une dot qui ne se [disait] point, et de plus [continuait] une grosse pension tous les ans. Il [prenait] exactement soin qu'elle eût son nécessaire, et tout ce qui [pouvait] passer pour abondance à une religieuse, et que tout ce qu'elle [pouvait] désirer de toute espèce de douceurs lui fût fourni. La feue reine y [allait] souvent de Fontainebleau, et [prenait] grand soin du bien-être du couvent, et Mme de Maintenon après elle. Ni l'une ni l'autre ne [prenaient] un soin direct de cette Mauresse qui pût se remarquer, mais elles n'y [étaient] pas moins attentives. Elles ne la [voyaient] pas toutes les fois qu'elles y [allaient], mais souvent pourtant, et avec une grande attention à sa santé, à sa conduite et à celle de la supérieure à son égard. Monseigneur y [avait] été quelquefois, et les princes ses enfants une ou deux fois, et tous

---

[56] In *Nabo ou le Masque de fer*, Pierre Marie Dijol, France-Empire, 1978, p. 266.

[avaient] demandé et vu la Mauresse avec bonté. Elle [était] là avec plus de considération que la personne la plus connue et la plus distinguée, et se [prévalait] fort des soins qu'on [prenait] d'elle et du mystère qu'on en [faisait], et quoi qu'elle vécût régulièrement, on s'[apercevait] bien que la vocation [avait] été aidée. [...] On [prétendait] qu'elle [était] fille du roi et de la reine, que sa couleur l'[avait] fait cacher et disparaître et publier que la reine [avait] fait une fausse couche, et beaucoup de gens de la Cour en [étaient] persuadés. Quoi qu'il en [fût], la chose [était] demeurée une énigme. »[57]

Pour d'autres rapporteurs, la Mauresse de Moret serait simplement l'enfant illégitime du roi. En 1695, la famille royale serait conviée par Madame de Maintenon, née Françoise d'Aubigné, à la prise de voile d'une jeune nonne noire, sœur Louise Marie Thérèse. Cette dernière n'hésiterait pas à affirmer à ses consœurs qu'elle était bien la fille de Louis XIV, dit Louis le Grand ou le Roi Soleil. Elle aurait une attitude familière avec le Dauphin et ses fils, ainsi qu'avec d'autres membres de la famille royale. Selon Saint-Simon, elle aurait dit, en voyant Louis de France, le Grand Dauphin, que « c'[était] [son] frère qui [chassait] »[58]. La religieuse aurait fait plusieurs autres allusions au fait qu'elle était de sang royal.

Secundo, une autre version laissait sous-entendre que Louise Marie Thérèse serait la bâtarde issue d'une rencontre entre Louis XIV et une femme noire. Le roi de France et de Navarre aurait eu d'autres enfants, mais qu'il n'avait pas reconnus, comme Louise de Maisonblanche[59], dont Claude de Vin des Œillets était la mère. Des recherches récentes dans différentes archives et sources[60] – notamment les importants

----

[57] In *Mémoires, Saint-Simon*, Paris, Texte établi par Adolphe Chéruel, Hachette, (vingt volumes in-8°), tome 2, chapitre IV, pp. 75-76, 1856.

[58] *Ibidem.*

[59] Fille naturelle de Louis XIV et de Claude de Vin des Œillets, dite Mademoiselle des Œillets, dame de compagnie ou femme de chambre d'Athénaïs de Montespan (Mme de Montespan). Elle était la petite-fille de Nicolas de Vin et d'Alix Faviot, son épouse, tous deux comédiens reconnus, ainsi que de Louis XIII et Anne d'Autriche.

[60] Documents des Archives nationales de France, d'Autriche et de Grande-Bretagne, des Archives générales d'Espagne, des Archives départementales de Seine-et-Marne et de l'Yonne, des Archives de la Bibliothèque Sainte-Geneviève et des Archives du Vatican.

documents des ambassadeurs étrangers en France en poste en 1664 et des Archives secrètes du Vatican – ont indiqué que la religieuse était plutôt la fille du roi Louis XIV née vers 1675. Ce dernier avait d'ailleurs ordonné dans des actes royaux le versement d'une pension, trois cents livres de dot tous les ans selon Serge Bilé. La mère de Louise Marie Thérèse aurait donc pu être une comédienne noire, vendue jeune enfant, au premier comédien de Louis XIII, pour jouer les rôles de « sauvagesse ». Il est surtout possible de noter les étranges origines de Louise Marie Thérèse, dite la Mauresse de Moret, que l'on essayait de dissimuler.

Tertio, d'après l'historien Jean-Christian Petitfils, Louise Marie Thérèse serait une jeune orpheline baptisée, parrainée et protégée par le couple royal[61]. À cet effet, l'historien Louis Hastier a rappelé l'existence à la Cour, et ce au moins depuis Henri IV, des personnes de couleur. Par conséquent, selon toute probabilité, la mère de la religieuse de Moret aurait été une comédienne à l'épiderme non pourpre.

La sœur Louise Marie de Sainte-Thérèse vécut la majeure partie de sa vie au couvent des bénédictines de Moret-sur-Loing, pendant cinquante années, à proximité du château de Fontainebleau. Parmi les personnalités qui lui avaient rendu visite figuraient Philippe de Courcillon (marquis de Dangeau), Louis de Rouvroy (duc de Saint-Simon), Élisabeth-Charlotte du Palatinat (la princesse palatine), Madame de Maintenon, Marie Adelaïde de Savoie en 1697, la reine Marie-Thérèse d'Autriche, le Grand Dauphin Louis de France et ses enfants, ainsi que les princes. Voltaire se présenterait au couvent en 1716 dans la seule intention de la voir. Selon certains auteurs et collectionneurs, comme Serge Aroles[62] ou E. Sollier[63], la maison du roi lui versait une pension. Des sommes encore plus importantes étaient données au couvent, alors que cet établissement religieux était « borgne », simple, pauvre et

---

[61] In *Les grands portraits d'Au cœur de l'histoire – La Mauresse de Moret*, Franck Ferrand et Jean-Christian Petitfils, sur *europe1.fr*, 15 décembre 2015.

[62] In *Louise Marie Thérèse, dite la « mauresse de Moret » (vers 1675-1731), op. cit.*

[63] In *Mémoires lus à la Sorbonne dans les séances extraordinaires du Comité Impérial des travaux historiques et des sociétés savantes tenues les 4, 5 et 6 avril 1866*, E. Sollier, *Histoire, Philologie et Sciences Morales*, Paris, Imprimerie Impériale, 1866, p. 17.

qu'aucune personne de sang noble, ou même seulement connue, n'y eût jamais résidé.

Le 30 septembre 1695 avait en effet eu lieu, selon Mme Françoise de Maintenon, l'officialisation, la consécration religieuse et l'entrée au monastère de Louise Marie Sainte Thérèse. Cette dernière s'était publiquement engagée à vivre selon les règles monastiques, c'est-à-dire celles de l'ordre de Saint-Benoît. Ce vœu lui aurait valu, quelque temps plus tard, le versement d'une pension de la part du Roi. D'après l'écrivain et journaliste ivoiro-français Serge Bilé, l'ultime trace écrite de la main de la « Sœur Louise Marie de Sainte Thérèse »[64] était une signature datée du 10 janvier 1730, alors que Saint-Simon situa son décès en 1732, mais 1730 serait la dernière date ayant été retenue.

De toute évidence, au-delà du mystère et de la notoriété de cette affaire, l'existence de la Mauresse de Moret n'avait fait aucun doute. À une époque où la noblesse s'épiait à la Cour, le moindre bruit et les rumeurs ayant alimenté les discussions, l'absence même de son acte de naissance au couvent de Moret et le silence des archives, ou leur dissimulation, avaient quand même paru inexplicables. La pochette vide en papier que l'on a gardée à la bibliothèque Sainte-Geneviève dans le Ve arrondissement de Paris, contenue dans le dossier Boinet 89 et portant l'inscription « Papiers concernant La Mauresque Fille de Louis 14 »[65], pourrait laisser plus d'un observateur pantois. À quia, face à l'inextricabilité du secret royal !

Pour Saint-Simon[66], ayant su parfaitement dissimuler ses opérations – étatiques et privées – quand il l'estimait nécessaire, Louis XIV aurait préféré garder secrète l'existence de cet enfant. Par conséquent, il aurait demandé à Alexandre Bontemps, son premier valet de chambre et confident connu pour sa très grande discrétion, de placer Louise Marie Thérèse en lieu sûr. Elle se retrouverait au couvent, probablement dès le printemps 1665.

---

[64] In *La Mauresse de Moret : la religieuse au sang bleu*, Serge Bilé, Pascal Galodé Éditions, 2012, p. 80.

[65] In *Le Cabinet de curiosités de la Bibliothèque Sainte-Geneviève : des origines à nos jours*, Françoise Zehnacker, Bibliothèque Sainte-Geneviève, Paris, 1989, p. 111.

[66] In *Les grands portraits d'Au cœur de l'histoire – La Mauresse de Moret, op. cit.*

Selon quelques sources, l'enfant noir, dont Marie-Thérèse d'Autriche aurait accouché au Louvre en public, ne serait pas mort. À l'enterrement, on aurait soit substitué un autre corps à celui du nouveau-né, soit officié sur un cercueil sans dépouille. Pour Serge Bilé, dans *La Mauresse de Moret : la religieuse au sang bleu*, l'enfant royal aurait été envoyé d'abord dans un établissement religieux en province, près de Cahors dans le département du Lot dans le Sud-Ouest de la France, ensuite chez les chanoinesses de l'abbaye Notre-Dame de Meaux, dans le département de Seine-et-Marne en région parisienne, avant d'être assigné définitivement à Moret.

Les médecins et l'entourage de la reine avaient tenté d'étouffer les rumeurs qui couraient sur la couleur de la peau dudit nourrisson. Ils avaient justifié, par moult explications, cette coloration soit par la consommation excessive de chocolat qu'appréciait beaucoup Marie-Thérèse d'Autriche, soit par le simple regard que la reine avait posé sur le page noir de la Cour. Spirituelle et royale opération ! Selon Georges Touchard-Lafosse, une anecdote évoquée dans la série dramatique et historique *Versailles* de Simon Mirren et David Wolstencroft, le chirurgien Félix de Tassy qui avait parlé à Louis XIV de ce regard contaminateur s'était entendu répondre avec acrimonie : « Un regard, hum ! il était donc bien pénétrant ! »[67]. On attribuerait ladite légende, contestée par plusieurs historiens, à Anne Marie Louise d'Orléans, dite la Grande Mademoiselle de Montpensier, cousine germaine du roi. Cette dernière n'était pas présente au moment de l'accouchement du 16 novembre 1664 mais l'aurait apprise par le truchement de son oncle. Elle estimerait plutôt que l'éloignement et le placement de l'enfant dans un couvent étaient dus à la couleur de sa peau, à sa difformité et aux moqueries dont la Reine aurait fait l'objet[68].

Si, parmi tant d'autres réfutations, il était difficile d'imaginer que le nain en question, en l'occurrence Nabo ou Augustin, ait pu être le père de Marie-Anne de France ou de la Mauresse de Moret du fait de son jeune âge (10 ou 11 ans), Serge Bilé a expliqué que l'ascendance

---

[67] In *Histoires secrètes de l'histoire*, Alain Decaux, J. Tallandier, Paris, 1973, p. 255.
[68] In *Mémoires de Mlle de Montpensier*, Duchesse de Montpensier, [...] collationnés sur le manuscrit autographique avec notes biographiques et historiques, A. Chéruel, 1858-1868, 2 vol. ; in-18 p., Paris, T II, p. 215.

royale de la nonne aurait été occultée pour couper court aux rumeurs et au scandale à propos de la supposée adultère de la reine. Mais il aurait été tout aussi possible que cette prétendue infidélité ait consisté à nier le fruit des relations extraconjugales de Louis XIV avec une servante ou une comédienne noire. En tout cas, à la même époque, une autre femme à l'épiderme ébène, Dorothée, ursuline à Orléans, bénéficia également d'une pension du roi. Il pourrait s'agir de la sœur, ou demi-sœur, de Louise Marie Thérèse[69]. N'en déplaise à la reine de France, les femmes noires plaisaient-elles au roi ? À moins que ce soit elle qui avait une forte appétence pour les hommes aux caractéristiques bien négroïdes. À moins que le couple royal ait eu un même penchant pour l'érotisme exotique !

Quel que soit le géniteur réel de Louise Marie Thérèse, connu ou non, le Roi-Soleil était le père juridique. Par conséquent, l'explication la plus plausible, ou la plus accommodante, conforterait l'assertion selon laquelle elle fut une fille illégitime de Louis XIV. Sinon, quelle autre ascendance aurait poussé la famille royale, y compris Madame de Maintenon, à s'occuper précieusement de la jeune religieuse, au point de lui allouer une rente aussi importante ?

Du 15 juillet au 22 septembre 2019, une exposition s'est tenue au *Musée Charles-de-Bruyères* à Remiremont, intitulée *La Mauresse de Moret (vers 1658-1730), fille métisse cachée de Louis XIV ?* Cette manifestation a réuni les trois tableaux représentant la sœur Marie Louise de Sainte Thérèse et d'autres documents en rapport avec sa personne. Cette controverse historique aurait donné naissance à Moret-sur-Loing aux *Mauresses de Moret*, des carrés fondants de chocolat noir[70], et, dans cette même ville, à la chocolaterie *La Mauresse*[71] qui a été fermée en 2018.

---

[69] In *Louise Marie Thérèse, dite la « mauresse de Moret » (vers 1675-1731)*, Serge Aroles, sur le site Internet *archives.seine-et-marne.fr*, consulté le 14 avril 2020 – https://archives.seine-et-marne.fr/louise-marie-therese-1675-1731.

[70] In *Petit Futé Seine-et-Marne,* Laëtitia Planchon et Jean-Paul Labourdette, Petit Futé, 2008, p. 42.

[71] In *Moret-sur-Loing : Matthias Bois, l'éclair du génie,* Pascal Villebeuf, sur le site Internet *leparisien.fr*, 25 octobre 2016, consulté le 14 avril 2020.

Le décès de la Mauresse fut attesté par de nombreuses confirmations, dont un témoin oculaire, Laurent Bouchet, le vicaire de l'Église Saint-Germain-l'Auxerrois à Paris, dans l'actuel Ier arrondissement. Ce dernier, qui fut ensuite curé de Nogent-le-Roi dans le département d'Eure-et-Loir, affirma avoir assisté aux derniers moments de la sœur Louise Marie de Sainte Thérèse.

Comme rappelé *supra*, seulement trois représentations de la Mauresse de Moret existent de nos jours. Un portrait, lequel a été attribué à l'un des peintres attitrés de l'aristocratie de la Cour à Versailles en la personne de Pierre Gobert, fait partie des collections du musée de Melun. Un autre encore est conservé à la bibliothèque Sainte-Geneviève (AD77, 2FI12972) à Paris et un tableau retrouvé au musée de Remiremont, derrière lequel il est inscrit : « La princesse noire religieuse de Moret ».

III – Louis Jean Aniaba : le diplomate audacieux

Aniaba s'orthographie aussi Anabia ou Anniaba. Prince d'Assinie dans le Sud de l'actuelle Côte d'Ivoire, il appartenait au peuple ehotilé. Fils du chef de cette ethnie et de la princesse Ba, lors de l'arrivée des Français sur cette côte ouest-africaine[72], il serait envoyé en Europe en mai 1688.

> « Son père tué, sa mère [fut] capturée et épousée par Zena, roi de l'ethnie essouma. Un peu plus tard, le jeune homme [arriva] en France sous la garde du chevalier d'Amon représentant la *Compagnie de Guinée.* »[73]

Avec le dénommé Banga[74], à qui l'on avait également attribué le sang noble, et sur les conseils d'un certain sieur Hyon, marchand de

---

[72] In *Aniaba, un Assinien à la Cour du roi soleil*, Emmanuel Ahounou, article mis en ligne le 29 septembre 2004 sur le site Internet *grioo.com*, consulté le 24 avril 2020 – https://www.grioo.com/info2056.html.

[73] In *Prince noir et Roi-Soleil,* Nathalie Levisalles, article mis en ligne le 16 juillet 2003 sur le site *liberation.fr*, consulté le 24 avril 2020. Voir le lien ci-dessous. https://www.liberation.fr/cahier-special/2003/07/16/prince-noir-et-roi-soleil_439901.

[74] In *Un Ivoirien d'Assinie à la cour de Louis XIV*. Sources et documentation : *Mémoire de la Côte d'Ivoire*, consulté le 20 avril 2024 sur le blog du *Réseau Ivoire* – https://www.rezoivoire.net/ivoire/patrimoine/725/un-ivoirien-dassinie-a-la-cour-de-louis-xiv.html#.XqKj7pMzZt8.

perles de la rue du Petit-Lion près de la rue Saint-Sauveur dans la capitale française, Aniaba entra dans la cathédrale Notre-Dame de Paris sur l'île de la Cité, siège de l'archidiocèse de Paris dédié à la Vierge Marie.

> « Ce qu'il y vit le pénétra si fort que, sur-le-champ, il alla trouver le sieur Hyon, qui le présenta au roi, à qui il raconta les motifs de son voyage, et lui dit ensuite que ce qu'il avait senti dans Notre-Dame faisait qu'il le priait instamment de lui donner quelqu'un qui pût l'instruire de la religion des Français, qu'il croyait l'unique bonne et véritable. »[75]

Aussitôt dans l'une des dix rangées de la nef principale de Notre Dame, Aniaba fut saisi d'une grande émotion spirituelle[76] qui amplifia alors l'intérêt de la Cour de Versailles auprès de laquelle, projet ayant probablement été prévu par le microcosme régnant en Afrique de l'Ouest en vue des échanges commerciaux, il se représenta comme héritier présomptif de la couronne d'Assinie. Cela correspondait également à certains objectifs stratégiques de la France[77].

En effet, à la suite du miraculeux événement qui s'était produit dans la cathédrale Notre-Dame de Paris, le sieur Hyon avait intercédé auprès de Madame de Maintenon. La dame de la haute société avait présenté Aniaba au Roi. Le jeune Africain raconta au monarque français, à cette occasion, les motifs de son voyage. Converti au catholicisme sous les prénoms de Louis Jean, Louis XIV étant l'un de ses parrains, Aniaba vivrait en France, en région parisienne, pendant une dizaine d'années. D'après l'extrait de son acte de baptême, on pouvait constater que :

> « par permission expresse de monseigneur l'archevêque [avait] été baptisé en la chapelle du séminaire des Missions étrangères Louis Jean Aniaba, âgé d'environ vingt ans, fils du [roi] d'Issigny (Assinie) en Guinée, en Afrique. Parrain : M. Jean-Baptiste de Lagny, intendant général du commerce de France, conseiller-secrétaire du

---

[75] *Ibidem.*

[76] *Ibid.*

[77] In *Le voyageur françois ou la connoissance de l'Ancien et du Nouveau Monde*, *op. cit.*, p. 6.

[roi], sire de Bugandières. Marraine : Mme [Paule] Bidaut, son épouse. Au nom et par ordre du [roi], ledit baptême [avait] été célébré en présence du curé de cette paroisse par l'évêque de Meaux ».[78]

Selon l'abbé Joseph de La Porte, Aniaba avait été évidemment baptisé à Paris par M. Jean-Jacques Bénigne Bossuet, surnommé l'Aigle de Meaux, à qui l'Africain avait fait valoir être d'une famille chrétienne d'Ispahan ayant fui une invasion[79]. Il avait donc été béni le 1er août 1691 dans l'église des Missions Étrangères (MEP), une société de vie apostolique, de surcroît catholique, domiciliée à Paris. Cette institution avait pour but l'évangélisation dans les pays non chrétiens, spécialement ceux du continent asiatique[80]. Aniaba communia de la main du cardinal Louis-Antoine de Noailles[81].

Officiellement arrivé en France à l'âge de 15 ans ou de 18 ans pour apprendre son métier de futur Roi, Aniaba deviendrait en très peu de temps une personnalité emblématique à la Cour de Versailles au point d'être nommé, d'après quelques sources, conseiller culturel du roi Louis XIV. En compagnie d'un autre Assinien nommé Banga, qui était en réalité son cousin[82], ils avaient débarqué un beau jour au port de La Rochelle munie d'une recommandation du père Gonzalves, un missionnaire dominicain[83].

[78] In *Aniaba, un Assinien à la cour de Louis XIV*, Henriette Diabaté et Gilles Lambert, coll. Grandes Figures africaines, C.L.E., Paris, 1975.

[79] Ce qui lui valut le sobriquet de chevalier tartare.

[80] Cf. *Correspondance de Bossuet*, Nouvelle édition augmentée de lettres inédites et publiée avec des notes, ainsi que des appendices, sous le patronage de l'Académie française, consulté le 24 avril 2020. Voir le lien ci-dessous.
https://archive.org/stream/correspondancede15boss/correspondancede15boss_djvu.txt.

[81] In *Le voyageur françois ou la connoissance de l'Ancien et du Nouveau Monde*, Tome XV, mis à jour par l'abbé De Laporte, chez L. Cellot, Paris, 1773, Paris.

[82] In *Un Ivoirien d'Assinie à la cour de Louis XIV, op. cit.*

[83] In *Bossuet baptise un prince de Côte d'Ivoire*. Source : *herodot.net*, consulté le 20 avril 2020. Voir le lien ci-dessous.
https://www.hérodote.net/1er_aout_1691-evenement-16910801.php.
Article repris par le site Internet *Réseau Ivoire*, consulté le 24 avril 2020. Cf. le lien ci-dessous.
https://www.rezoivoire.net/ivoire/patrimoine/771/bossuet-baptise-un-prince-de-cote-

« Les marchands de la *Compagnie de Guinée*[84], qui [étaient] portés à croire que l'[Assinie regorgeait] d'or, [misèrent] sur Aniaba pour ouvrir le royaume à leur commerce. Les missionnaires [entrevoyaient] de leur côté la christianisation du pays. »[85]

Le mot « Guinée », dont l'origine exacte reste incertaine, vient du portugais « guine ». Il avait émergé au milieu du XVe siècle pour désigner la région habitée par les Guineus, terme générique désignant les peuples africains qui vivaient au Sud du fleuve Sénégal par rapport aux Berbères Sanhadjas du Nord, également appelés Zenagas ou « Maures ». Une théorie affirme que les Portugais avaient emprunté le nom de « guineus » au mot berbère « ghinawen » (souvent arabisé comme Guinauha ou Genewah), signifiant « brûlé les gens ». De même, le terme berbère « aginaw » ou « Akal-n Iguinawen » veut dire « noir » ou « pays des Noirs ». Quant à la Côte-de-l'Or, c'est la côte africaine donnant sur le golfe de Guinée entre le cap des Trois-Pointes à l'Ouest et le cap Saint-Paul à l'Est, dans l'actuel Ghana : c'est-à-dire entre la Côte d'Ivoire et la côte des Esclaves. Cette appellation fut donnée par rapport aux « ressources » que le littoral offrait aux puissances commerciales de l'Europe occidentale.

Les principaux objectifs de la *Compagnie de Guinée* consistaient effectivement au développement de la traite négrière à destination de Saint-Domingue. Cette activité devrait donc s'exercer :

« seule à l'exclusion de tous les autres, le commerce des nègres, de la poudre d'or [et] de toutes autres marchandises qu'elle [pourrait] traiter [sur les] côtes d'Afrique, depuis la rivière Sierra Leone inclusivement, [jusqu'au] Cap de Bonne-Espérance ».[86]

---

divoire.html#.XqKg15MzZt8.

[84] Créée en 1684 par Louis XIV, la *Compagnie de Guinée* était l'une des plus importantes sociétés de la traite négrière et du commerce triangulaire entre Nantes et l'île de Saint-Domingue.

[85] In *Bossuet baptise un prince de Côte d'Ivoire, op. cit.*

[86] In *Tableau chronologique contenant un recueil en abrégé des ordonnances*, édits, déclarations, et lettres patentes des rois de France, Guillaume Blanchard, chez Charles de Sercy, Paris, 1687, p. 611.

Dans cette optique, en mars 1685, selon les clauses du tristement célèbre *Code noir*[87], Louis XIV prit un édit « touchant la police des îles de l'Amérique française […] pour y régler ce qui [concernait] l'état et la qualité des esclaves dans [lesdites] îles ».

> « Asseny Massem ou Rivière d'Accosse, Bassam et Bocco [étaient] dépendants du royaume d'Assinie]. C'[était] où [commençait] la traite de l'or et dans le lieu de la côte où incontestablement il y en [avait] le plus. C'[était] l'asile de tous les interlopes où ils [faisaient] la plus grande partie de leur commerce [ayant été] au vent et éloigné des forteresses ; les vaisseaux de la *Compagnie d'Angleterre* y [négociaient] aussi en passant, auparavant d'aborder dans leur établissement. Il y [avait] une rivière audit lieu que les nègres [appelaient]… et [assuraient] aller fort loin et qu'on [pouvait] remonter facilement, et qu'en peu de jours l'on [abordait] dans les endroits où se [trouvait] l'or. L'on y [avait] débarqué cette année, six Français avec un peu de marchandises pour tenter dans la suite un établissement et l'on [avait] reçu en otage deux jeunes nègres, l'un fils du roi et l'autre d'un seigneur. L'on [pouvait] conjecturer que de ces trois endroits, il [sortait] annuellement 12 à 1 500 marcs d'or. »[88]

---

[87] Il existe trois édits différents connus sous l'appellation de Code noir. Le premier, préparé par le ministre Jean-Baptiste Colbert (1619-1683) et terminé par son fils, Jean-Baptiste Antoine Colbert, le marquis de Seignelay (1651-1690), daté de 1685, avait été, à l'origine, une ordonnance promulguée en mars par le roi Louis XIV. Un seul manuscrit de ce texte est actuellement connu. Conservé aux Archives nationales d'outre-mer, il est dit « Ordonnance ou édit de mars 1685 sur les esclaves des îles de l'Amérique ».

Le second et troisième édits concernent respectivement les Mascareignes et la Louisiane. Ils avaient été rédigés sous gouvernement de Philippe d'Orléans (dit le Régent), promulgués aux mois de décembre 1723, puis de mars 1724 par le roi Louis XV, alors âgé de 13 ans. Le contenu juridique et la numérotation des articles avaient été en partie modifiés par rapport à l'Édit de mars 1685. C'était sous la Régence que les premières autorisations royales pour pratiquer la traite d'esclaves avaient été données à des armateurs de ports français.

[88] In *Relation du Sr. Du Casse sur son voyage de Guinée avec la Tempeste en 1687 et 1688*, cité par Paul Roussier, dans *L'établissement d'Issiny 1687-1702 et Voyages de Ducasse, Tibierge et D'Amon à la Côte de Guinée*, publiés pour la première fois et suivis de la *Relation du voyage d'Issiny* du Père Godefroy Loyer, Paris, 1935, pp. 7-8.

Le père Godefroy Loyer confirma ces intentions en ces termes :

> « le 28 août 1687, le R. Père Gonzalves, de notre Ordre, natif du Puy
> en Vellay, s'embarqua du port de La Rochelle avec quelques autres
> religieux, compagnons de ses travaux apostoliques, pour les missions
> de la Guinée en Afrique. Le 24 décembre de la même année, étant
> arrivé au pays d'[Assinie], il y fut très favorablement reçu [par le] roi
> Zena, qui pour lors gouvernait ce petit État. Ce prince lui donna deux
> jeunes nègres, un desquels il supposa être son fils, [et] qui [avaient]
> paru en France sous les noms d'Aniaba [et] de Banga. Il les y envoya
> par les bateaux de la *Compagnie royale de Guinée*, [et] ce religieux
> ayant laissé à [Assinie] un de ses compagnons nommé le P. Henri
> Cerizier, qui y mourut saintement après quelques années, il se rendit
> avec les autres au royaume de Juda [Ouidah]. »[89]

Selon certaines sources, le jeune Aniaba aurait été emmené en
France comme simple valet, après la réception en novembre 1687 du
chevalier d'Amon et du navigateur Jean-Baptiste Ducasse à Aboisso,
capitale du royaume du Sanwi, par le roi Zena de Krindjabo. D'après
le père Godefroid Loyer, à son arrivée à Paris, Aniaba avait 15 ans, le
visage d'un Maure. Il était païen. Aucune attention particulière ne fut
accordée à sa naissance royale qui serait reconnue par la suite[90].

> « En 1687, soit deux ans après la révocation de l'édit de Nantes, un
> certain Ducasse, envoyé de Louis XIV, accomplit sa mission d'explo-
> rateur sur la côte de la Guinée. Dans le rapport que le navigateur
> [remit] aux autorités françaises, il [insista] sur l'impérieuse nécessité
> de créer des établissements fixes dans la région qui [s'appelait] déjà
> la Côte de l'Or. Il [indiqua] les lieux qu'il [convenait] de choisir pour
> élever trois forteresses : Assinie, Commendo et Accra.
> » Louis XIV [envoya] donc de nouveau une expédition pour visiter la
> Côte de Guinée. La mission [fut] confiée cette fois au chevalier
> d'Amon. Ce dernier s'[arrêta] à Assinie où il conclut avec le souverain
> local un traité très favorable aux Français. Ils [eurent] le droit de
> construire un ou plusieurs forts à leur gré et ils [bénéficièrent] pour

---

[89] In *Relation du voyage du royaume d'Issiny, Côte d'Or, Païs de Guinée, en
Afrique*, P. Godefroid Loyer, chez Arnoul Seneuze / Jean-Raoul Morel, Paris, 1714,
pp. 14-15.
[90] In *Un Ivoirien d'Assinie à la cour de Louis XIV, op. cit.*

leur commerce de la protection du roi Zena. D'Amon [laissa] à Assinie quatre de ses compagnons avec quelques marchandises et un pavillon blanc qui, planté au bord de la mer, [devait] faire connaître aux autres nations l'alliance conclue entre le roi et Louis XIV. »[91]

Entre novembre 1687 et février 1688, le lieutenant de vaisseau Jean-Baptiste Ducasse – n'ayant aucun lien familial et poétique avec Isidore Lucien Ducasse (dit le comte de Lautréamont) et ses *Chants de Maldoror* – croisa donc sur la côte de Guinée, avec une double mission : combattre le commerce informel et reconnaître les lieux propices à l'installation des établissements français.

En tout cas, Louis Jean Aniaba avait été le protégé du monarque français Lois XIV, le Soleil personnifié, dont il portait désormais, à l'issue du baptême, le prénom. On lui apprit les langues classiques et il excellerait en latin. Son don de guérison lui aurait valu le surnom du « nègre sorcier de Versailles ». Une communauté religieuse, l'*Ordre de l'Étoile-Notre-Dame*, à ne pas confondre avec l'*Ordre de Notre-Dame de l'Étoile* ayant été créé par Robert II le Pieux en août 1022, verrait même le jour en 1701 à l'intention de l'Africain.

> « Un aventurier du nom d'[Aniaba] et [ayant pris] le titre de roi d'[Assinie], qui avait été donné en otage au roi de France Louis XIV, créa cet ordre, qui n'eut aucune suite et fut considéré comme une mystification. »[92]

À cette occasion, Louis Jean Aniaba fit don à la cathédrale Notre-Dame de Paris d'un tableau qui avait été exécuté par le peintre du Roi Soleil, Augustin-Oudart Justinat, le montrant en présence du roi de France et de l'Aigle de Meaux. L'Africain remit également à cet artiste un diplôme qui serait acquis plus tard par Jean-Baptiste Gaignare, le baron de Joursanvault.

---

[91] In *Ibidem*.

[92] In *Dictionnaire historique des ordres de chevalerie créés chez les différents peuples depuis les premiers siècles jusqu'à nos jours*, Henri Gourdon de Genouillac, E. Dentu, 1860, p. 65.

> « Louis Aniaba, par la grâce de Dieu, roi d'[Assinie], à la Côte d'Or
> [... institua], sous la protection de la très sainte Vierge, un ordre de
> chevalerie sous le nom de l'*Ordre de l'Étoile de Notre-Dame*, et [ayant
> voulu] laisser en France, après son départ, des [monuments] de sa
> dévotion et reconnaître les services qui lui [avaient] été rendus par
> Oudar-Augustin Justinat, auteur du grand tableau qu'il [avait] donné
> à l'église Notre-Dame de Paris, où il [était] représenté à genoux devant
> la sainte Vierge et son enfant Jésus qui lui [remit] le collier de son dit
> ordre, en présence du roi de France, son bienfaiteur et parrain, et de
> M. l'évêque de Meaux [Bossuet], il [institua] ledit Justinat, chevalier
> de son ordre (Paris, 12 février 1701). »[93]

Mais le tableau disparaîtrait finalement, puisque, hélas,

> « la *Compagnie de Guinée* se [désintéresserait] bientôt de cette loin-
> taine installation ; les deux dominicains s'[éloigneraient] de ces
> parages dès le mois de mars 1703, avec le chagrin d'avoir vu
> Aniaba retourner à ses fétiches ; n'osait-il pas, même, dire au Père
> Loyer qu'il estimait plus les trompettes de chez lui que les hautbois
> du Roi à Versailles ? De Notre-Dame le tableau [avait disparu], la
> conversion du royaume d'Assinie était ajournée. »[94]

Durant son séjour en France, Louis Jean Aniaba avait profité des
meilleurs précepteurs. Il était devenu officier d'un régiment de cavalerie, c'est-à-dire « le premier officier noir de l'armée française », bien
avant Joseph Bologne de Saint-George et le général Dumas, avec une
rente annuelle de 12 000 mille livres[95].

À la mort du roi Zena, la Cour du roi de France mit à profit ce triste
événement. Elle se décida à accompagner Louis Jean Aniaba en Afrique pour accéder au trône et prendre enfin possession de ses États. Elle

---

[93] In *Catalogue analytique des archives de Monsieur le baron de Joursanvault*,
J. B. A. G. Joursanvault, Tome 1, J. Techener, 1838, p. 138.

[94] In *L'histoire du prince Aniaba,* dans *Histoire générale comparée des Missions*, le
baron Édouard Eugène François Descamps, Paris-Bruxelles-Louvain, 1935, pp. 475-
476 ; et aussi *Relation du voyage du royaume d'Isygny : Côte d'Or, païs de Guinée,
en Afrique, op. cit.*
Voir également *Voyage du Chevalier des Marchais en Guinée*, R. Père Jean-Baptiste
Labat, tome I, chez Saugrain, Paris, 1730, pp. 299 et suiv.

[95] In *Prince Ébène*, Frédéric Couderc, Presses de la Renaissance, Paris, 2003.

serait aidée, dans cette démarche, par la *Compagnie de Guinée*. Celle-ci espérait évidemment en tirer quelque bénéfice.

> « La *Compagnie* ne [doutait] pas qu'il n'appuyât de toutes ses forces le dessein d'un établissement considérable qu'elle [voulait] faire à [Assinie], [et] que sous sa protection, quand même il ne [serait] pas Roi, elle ne poussât bien loin [et] avantageusement son commerce. »[96]

Accompagné de missionnaires et de marchands de la *Compagnie de Guinée*, à bord du navire *Le Poly*, Louis Jean Aniaba repartit pour l'Afrique le 18 avril 1701. Il parviendrait à destination le 25 mai de la même année, tandis qu'une autre source a situé cette arrivée en terre africaine au 5 juillet 1701.

> « Le 18 avril 1701, Aniaba [repartit] de la Rochelle [pour] Aboisso. À son retour, trois mois plus tard, le fort Louis [serait] construit à Assinie et Aniaba [serait] relégué au fond du village. »[97]

Reçus à leur arrivée, par le roi Akasini, Louis Jean Aniaba n'eut droit à aucune marque de considération. Après quelques tractations, les marchands français obtinrent néanmoins du tout nouveau souverain l'autorisation de construire une forteresse, le fort Saint-Louis, ainsi que la permission, pour le père dominicain Godefroy Loyer, d'évangéliser en tant que préfet apostolique. Le Révérend Père en tirerait un récit de voyage qui serait publié en 1714 sous le titre de *Relation du voyage du royaume d'Issyny : Côte d'Or, païs de Guinée, en Afrique*.

Selon de nombreuses sources, pour des raisons d'ordre coutumier, Louis Jean Aniaba n'avait absolument détenu aucun pouvoir à son retour. En réalité, il était du point de vue coutumier un héritier mâle dans un régime matrilinéaire. En effet, dans l'ethnie Krindjabo, basée au centre du Royaume du Sanwi, le pouvoir se transmettait au fils de

---

[96] In *Voyage du chevalier Des Marchais en Guinée, isles voisines, et à Cayenne, op. cit.*, p. 233.

[97] In *Histoire des lagunes à Abidja*n ; extrait des *Lagunes de Côte d'Ivoire*, d'Assinie à Sassandra, Nabil Zorkot, éditions Profoto, 2004, p. 127 ; mis en ligne sur le site de la *Fondation Atef Omais*, consulté le 20 avril 2020. Voir le lien ci-dessous. http://fatom.org/fatom_ci/?fp=a17.

la sœur utérine : c'est-à-dire le neveu du monarque[98]. Cette tradition était majoritairement courante chez les Bantous.

Mais d'autres versions ont, en revanche, rapporté l'hypothèse selon laquelle Louis Jean Aniaba n'appartenait pas du tout à la famille royale. Il occupait plutôt un statut social très inférieur, voire propre à celui d'un esclave. Comme il était particulièrement doué, il aurait reçu l'ordre de se présenter en France sous les meilleurs auspices, afin d'inciter les autorités françaises à investir dans cette partie du continent africain. Favorable à une telle thèse, le Hollandais Willem Bosman, dans sa publication *A new and accurate description of the coast of Guinea, divided into the Gold, the Slave and the Ivory Coasts*, a rapporté qu'il n'aurait jamais été que l'esclave d'un Kabaschir, à savoir un chef de canton sur la Côte des Esclaves[99], et aurait été reconnu à son retour à Assinie, perdant alors tout honneur[100].

> « Il y a quelques années, les Français avaient l'habitude de saisir tous les Noirs qui montaient à bord et de les vendre comme esclaves aux Antilles, parmi lesquels se trouvait le dénommé Lewis Hannibal, baptisé par les Français ; mais le trouvant doté d'un génie plus vif que ses compatriotes, au lieu de le vendre, ils l'amenèrent à la cour de France, où cet [imposteur] se fit passer pour le fils et l'héritier présomptif du roi d'[Assinie], ce qui lui permit de s'insinuer dans la bonne opinion de la Cour, et le roi lui fit plusieurs cadeaux [de grande valeur], et le

---

[98] Cf. *Us et coutumes*, un article du site Internet de la ville d'Abois, consulté le 24 avril 2020. Voir le lien ci-dessous.
http://archive.wikiwix.com/cache/index2.php?url=http%3A%2F%2Faboissomairie.com%2Fus-et-coutumes%2F. Lire *La conscience bantoue, op. cit.*, pp. 84-88.

[99] In *Dictionnaire complet des langues française et allemande*, Vol. 2, Dominique-Joseph Mozin, MM. François Guizot, J. Th. Biber, Hölder, Courtin et Deutscher Theil, par Adolphe Peschier, Stuttgart et Tubingue, 1842, p. 161.

[100] In *A new and accurate description of the coast of Guinea, divided into the Gold, the Slave and the Ivory Coasts*, Willem Bosman, Cambridge University Press, 1705, version numérique 2011.
Voir aussi *Histoire générale des voyages...*, John Green (Géographe), Antoine-François Prévost (dit Prévost d'Exiles), Alexandre Deleyre..., Tome 3, Chez Didot, 1747, Paris, p. 416, consulté le 24 avril 2020 – https://books.google.fr/books?id=2b4-AAAAcAAJ&lpg=PA413&ots=Zr_447aVmK&dq=akasini&pg=PA416#v=onepage&q=akasini&f=false.

renvoya dans son propre pays [...]; mais à son arrivée sur la côte, on découvrit qu'il n'était que l'esclave d'un caboteur d'[Assinie]. »[101]

Une autre version a plutôt privilégié l'éloignement. Bien qu'ayant été apparenté à la famille royale, Louis Jean Aniaba se trouvait trop loin du territoire ethnique pour prétendre au trône[102]. Mais, l'écrit ayant pris le dessus sur l'oralité, la version relative à l'imposture perdurerait au détriment de la réalité propre aux us et coutumes locaux.

« J'ai appris d'un Français qui [était] un de ceux qui restèrent en otage parmi ces peuples, que cet Aniaba n'était point prince ni de la famille royale ; que sa mère avait seulement épousé en secondes noces un parent du roi. »[103]

Par la suite, selon Emmanuel Ahounou,

« [le] héros, fils de la princesse déchue Ba, héritier présomptif du trône d'Assinie, se trouva privé de ses droits légitimes... Adopté par le roi et son épouse, l'enfant fut en effet aussitôt associé à la famille régnante. Ses droits à la succession perdus, il devint néanmoins un fils Essouma, un Aniaba, puisque tel était le vrai nom des nouveaux souverains. »[104]

Après avoir renoué avec l'animisme, en tant que croyance à un esprit vital animant les êtres vivants, Louis Jean Aniaba prit fait et cause pour les Hollandais et les Anglais[105] en se faisant appeler en 1704 Lewis Hannibal, et passer pour un conseiller du roi de Quita (actuel Togo), ou bien Keta, au Ghana[106].

---

[101] *Ibidem.*

[102] In *Dictionnaire des ordres religieux, ou Histoire des ordres monastiques, religieux et militaires et congrégations séculaires de l'un et de l'autre sexe*, par le R. P. Hélyot, (et le R. P. Bullot); mise par ordre alphabétique, corrigée et augmentée par Marie-Léandre Badiche, et par M. l'abbé Jean-Baptiste-Philémon-Benoît Tochou ; publ. par l'abbé Jacques-Paul Migne, [Edition de 1847-1863].

[103] *Ibidem.*

[104] In *Aniaba, un Assinien à la Cour du roi soleil, op. cit.*

[105] In *Histoire Générale des Voyages..., op. cit.*, p. 413.

[106] In *Prince noir et Roi-Soleil, op. cit.*

« On le [soupçonnait] même d'entretenir des intelligences secrètes avec les [Hollandais, et] de soutenir leurs intérêts [...]. Comme cette conduite ne [pouvait] venir que d'une ingratitude monstrueuse, le Chevalier d'Amon qui [était] chargé de lui faire quelques [présents] lorsqu'il [serait] monté sur le trône, aima mieux les distribuer au Roi Akasini, au Capitaine Yamoké son frère, [et] au Capitaine Emon son neveu, qui [marquaient] plus d'attachement pour les [Français] que cet apostat... *Le Mercure de l'Europe* de l'année 1701, imprimé à Paris, [représenta] cet imposteur, sous le nom de Louis Annibal... »[107]

Lâché par les Français et les Assiniens, Louis Jean Aniaba disparut d'Assinie et mourut peu après, âgé de 28 ans, à Keta au Ghana. D'après certaines sources bien documentées, il serait retourné en France en 1703, plus précisément à Libourne, une commune du Sud-Ouest dans le département de la Gironde.

« Mais lorsqu'on fut informé que le jeune Aniaba était né sur la Côte-d'Or, en Afrique, Louis XIV, qui désirait y former un établissement, le fit embarquer au mois d'avril 1701, sur un bâtiment commandé par le chevalier d'Amon, qui aborda sur la Côte-d'Or, au royaume d'Issim, le 25 mai 1701 ; il y débarqua le jeune Aniaba. Il paraît que ce jeune homme s'y conduisit fort mal sous tous les rapports, et qu'il renonça même à la religion chrétienne. Le capitaine d'Amon l'abandonna, en 1704, à sa mauvaise destinée ; apparemment Aniaba s'ennuya de son sort, et regretta l'existence qu'il avait en France, puisque la lettre de Bossuet nous [avait appris] qu'il était revenu à Libourne en 1703. »[108]

Mais selon l'article *Éducation en Côte d'Ivoire*, Louis Jean Aniaba aurait plutôt été frappé de cécité, laissant supposer qu'il ne serait jamais retourné en Europe. Dès 1740, son histoire constitua la trame d'un ouvrage anonyme, *Histoire de Louis Aniaba : Roi d'Essenie en Afrique sur la Cote de Guinée*, ayant fait d'Aniaba le premier héros noir d'un roman français. L'ouvrage fictif *Prince ébène* de Frédéric Couderc, paru à Paris en 2003 aux Presses de la Renaissance, est inspiré de cette histoire.

[107] In *Histoire Générale des Voyages..., op. cit.*, p. 413.
[108] In *Œuvres complètes de Bossuet, évêque de Meaux*, Jacques Bénigne Bossuet, Vol. 1, l'abbé Jacques-Paul Migne, Petit-Montrouge, 1867.

À la suite de l'incendie de Notre Dame de Paris survenu le 15 avril 2019, le roi du Krindjabo, la capitale du Swani dans le Sud-Est de la Côte d'Ivoire, a souhaité faire un don pour la reconstruction de la cathédrale parisienne en remerciement du baptême d'Aniaba dans les années 1700. Le roi Amon N'Doffou V a entrepris, à cet effet, une consultation avec les notables régionaux.

IV – Abraham Hannibal : le Vauban au visage noir

Abraham Petrovitch Hannibal, ou Hanibal, était un Afro-Russe. Il naquit en 1696 en Afrique centrale et mourut le 14 mai 1781 à Saint-Pétersbourg en Russie. À l'âge de 7 ans, il fut capturé en 1703 par des esclavagistes arabes et acheminé à Constantinople, capitale de l'Empire ottoman, à la cour du sultan Moustapha II. Il y fut racheté en 1704 pour le compte de Piotr Alekseïevitch Romanov, c'est-à-dire Pierre Ier ou Pierre le Grand. Sa sœur Lahan, emmenée elle aussi comme captive en même temps que son frère, mourut durant le voyage. L'envoyé de l'ambassadeur russe, Savva Vladislavitch, convoya le jeune homme jusqu'en Russie sur ordre de ses supérieurs dont l'un d'eux était l'arrière-grand-père de l'écrivain Léon Tolstoï en la personne de Piotr Andreïevitch Tolstoï.

« Parmi les œuvres qu'Alexandre Pouchkine [laisserait] inachevées, à la suite du duel [au cours duquel] il [trouverait] la mort le 27 janvier 1837, [figurerait] un roman dont seuls les sept premiers chapitres [seraient] rédigés. Il [serait] intitulé *Le nègre de Pierre le Grand (Arap Pietra Velikova)* [rapportant] la vie assurément peu banale du bisaïeul de l'écrivain. [Ce dernier] était en effet un Africain, né vers 1696 à Logone, sur le bord du fleuve du même nom, dans le Nord de l'actuel Cameroun. Fils du roitelet local, il avait été enlevé par des marchands d'esclaves et emmené à Constantinople où, après avoir été fait musulman sous le nom d'Ibrahim, il [était] affecté au service du palais du sultan Ahmed III. Un an plus tard, il [était] racheté secrètement par un négociant russe, pour le compte du chancelier [Fiodor Alexeïevitch] Golovine agissant au nom du tsar Pierre Ier Alexeïevitch. »[109]

Les origines d'Abraham Petrovitch Hannibal restent donc incertaines. Les premiers écrits ont situé sa naissance en 1696 dans un village connu sous l'appellation de Lagon, la capitale d'une province mineure d'Éthiopie sur le « côté Nord du fleuve Mareb… »[110], à savoir à une grande partie de la frontière située de nos jours entre l'Éthiopie et l'Érythrée. Ce lieu n'a jamais pu être formellement identifié.

« À travers les documents laissés par Hanibal, son gendre et biographe estonien [Adolf Reinhord von Rothkirch, dit Adam Karlovitch] et Pouchkine nous [ont livré] quelques indications imprécises sur [son] pays d'origine. Il s'agirait d'une cité appelée Logone. Pour Rothkirch et les premiers anthropologues russes, il s'agirait de l'Abyssinie au sens restreint du terme, qui inclut l'Éthiopie et l'Érythrée actuelles.

» Pour l'historien béninois Dieudonné Gnammankou[111], il s'agirait de l'Abyssinie au sens large, c'est-à-dire de presque toute l'Afrique au Sud de l'Égypte. Pour lui, la seule ville d'Afrique appelée Logone serait celle de Logone-Birni, au Nord de l'actuel Cameroun. Cette cité d'ethnie kotoko, située près d'un fleuve, était la cible fréquente de razzias de la part de royaumes puissants entretenant des relations commerciales avec l'empire ottoman, ce qui pourrait expliquer qu'Hannibal [s'était] fait enlever par voie fluviale, puis retrouvé à la cour du Sultan à Constantinople en 1703.

» Une autre hypothèse[112], apparemment inconnue du milieu aca-

---

[109] In *Abraham Hannibal et l'Estonie*, Bernard Le Calloc'h, article publié le 17 janvier 2008 sur le site Internet de l'association *France-Estonie*, consulté le 14 avril 2020 – https://www.france-estonie.org/abraham-hannibal-et-lestonie.

[110] In *Hannibal and Russian Arms*, Homer Smith, *Ethiopia Observer*, vol. 6, juillet 1957. Voir également *Pushkin's Ethiopian Ancestry*, Henri Troyat, *Ethiopia Observer*, vol. 6, 1957.

[111] Compte rendu d'Alain Rouaud sur l'ouvrage de Dieudonné Gnammankou intitulé *Abraham Hanibal, l'aïeul noir de Pouchkine*, in *Journal des africanistes*, vol. 67, n° 1, 1997, pp. 183-185.

[112] In *Le général Abraham Hannibal, Alexander S. Pushkin et les descendants*, article paru dans le blog d'Issayas (Bienvenu), lien consulté le 16 avril 2020 – http://kemey.blogspot.fr/2008_11_01_archive.html.

démique, aurait vu la redécouverte d'un village appelé "Lagwen" en Érythrée, qui aurait gardé dans la tradition orale et écrite la mémoire d'un Abraha Zerai, dont elle rapporte la vie depuis son enlèvement jusqu'à sa mort en Russie. »[113]

En tout cas, Abraham Petrovitch Hannibal aurait été le fils d'un gouverneur ou d'un seigneur de guerre.

> « Comme les autres fils avaient été apportés à leur père les mains attachées avec une corde, il se réjouit de la liberté avec laquelle son plus jeune fils nageait dans les fontaines de son père »[114].

Selon l'historien Dieudonné Gnammankou, Hannibal viendrait plutôt du sultanat de Logone-Birni, situé au Cameroun, au Sud du lac Tchad en Afrique de l'Ouest. Il aurait été capturé par le sultan Abd El Kader à Baguirmi, ancien État sahélien localisé au Sud-Est du Tchad, puis vendu à des marchands d'esclaves[115].

De loin, la tendance étant à l'époque favorable à la présence, voire à la possession, des enfants noirs à la cour des souverains européens, l'opération fut menée selon les directives personnelles de Pierre Ier le Grand. Le fait que la fille de l'empereur, Ielizaveta Petrovna, la future tsarine Élisabeth Ière, s'était fait représenter accompagnée d'un des petits compagnons d'infortune du jeune Hannibal, prouva, selon le juriste sénégalais Doudou Diène, l'existence d'autres enfants noirs à la cour des monarques d'Europe[116]. La principale motivation ayant animé le tsar n'avait pas forcément trait à l'exotisme ou à la mode en cours. Au-delà du cliché selon lequel les Noirs étaient alors considérés en Europe comme non civilisés, voire comme des animaux, Pierre Ier aurait agi de la sorte pour des raisons d'ordre éducatif. Il aurait voulu prouver que ces enfants noirs étaient aussi doués pour les arts et les sciences

---

[113] In *Abraham Hanibal, génie africain en Russie et ancêtre de Pouchkine*, Sandro Capo Chchi, article mis en ligne le 29 août 2016 et consulté le 16 avril 2020 – https://www.nofi.media/2016/08/abraham-hanibal/30696.

[114] Voir les notes de Pouchkine à Eugène Onéguine.

[115] In *Abraham Hanibal, l'aïeul noir de Pouchkine, op. cit.*

[116] In *La Chaîne et le lien : une vision de la traite négrière*, Doudou Diène, Éditions Unesco, Paris, 1998.

que leurs pairs russes[117]. Ainsi avait-il tenu à démontrer, par l'intégration du jeune Abraham, la supériorité de l'acquis sur l'inné[118] – les études pouvant permettre à quiconque, indépendamment de sa naissance et de la couleur de son épiderme, de s'élever dans la société et de servir utilement son pays.

Le baptême du jeune Hannibal, survenu le 13 juillet 1705 en l'église Saint-Paraskeva de Vilnius, fit de Pierre Ier le Grand son parrain. Même en portant désormais le nom de Piotr Petrov Petrovitch, l'Africain continua à se faire appeler Abraham. Cela lui rappelait son prénom de naissance : Broua.

Effectivement, d'après Alexandre Sergueïevitch Pouchkine, et Bernard Le Calloc'h,

> « peu de temps après son arrivée en Russie, le jeune enfant noir fut baptisé dans la religion chrétienne selon le rite orthodoxe, en présence de son parrain, qui n'était autre que le tsar lui-même. Il reçut alors comme prénom de baptême celui de son illustre parrain mais continua pourtant à lui préférer Abraham, la forme chrétienne du prénom musulman qui lui avait été donné initialement. Cela se passait à Vilnius le 13 juillet 1705, on était alors en pleine guerre avec la Suède. L'armée suédoise avait battu les Russes à Narva en novembre 1700, mais quelques années plus tard, à Poltava, le 27 juin 1709, la Russie prenait sa revanche. Le roi Charles XII était contraint de s'enfuir précipitamment en Turquie et ses soldats emmenés par dizaines de milliers en captivité. Le jeune filleul noir de Pierre Ier, alors tambour au régiment Préobrajenski, avait pris part à la bataille[119], cependant que dans le camp des vaincus le capitaine Johann Philip von Strahlenberg allait plus tard se faire connaître des historiens et des linguistes en démontrant pour la première fois l'existence d'une famille de langues ressemblant à la fois les Finnois et les Ougriens. »[120]

---

[117] In *Du nouveau sur l'ancêtre de Pouchkine*, Henry Tourneux, *Afrique & histoire*, vol. 6, n° 2, 1er décembre 2006, pp. 225-234.

[118] In *Une autre histoire*, Claude Ribbe, Le Cherche Midi, Paris, 2016, p. 28.

[119] Au lendemain de la victoire remportée sur la flotte suédoise, Hannibal fut dépêché en secret à Tallinn pour en informer les autorités de la ville au nom du tsar.

[120] In *Abraham Hannibal et l'Estonie, op. cit.*

Devenu le « secrétaire de nuit » de l'empereur Pierre Ier le Grand, après une instruction réussie de 1705 à 1717, Abraham Hannibal fut chargé de noter les pensées oniriques du souverain lorsque ce dernier se réveillait entre minuit et six heures du matin. Le monarque russe tenait à décortiquer ce que, aurait dit l'académicien français d'origine argentine Hector Bianciotti, la nuit racontait au jour.

Avec les années, Abraham Hannibal ne tarda pas à révéler des dons indubitables pour le dessin et les sciences exactes. Cela incita l'empereur à vouloir en faire bientôt un officier spécialisé dans l'artillerie et la construction des places fortes. De ce fait, Hannibal fut envoyé en France, afin d'y poursuivre son instruction dans les domaines des arts, des sciences et de la guerre. Dans ce pays, il apprit plusieurs langues et se découvrit de grandes prédispositions pour les mathématiques, notamment pour la géométrie. En 1720, il étudia à l'école d'artillerie de La Fère, aujourd'hui dans le département de l'Aisne. Il obtint le brevet d'ingénieur du roi. Il combattit ensuite dans les armées de Louis XV contre celles de son oncle Philippe V d'Espagne (dit *el Animoso*, à savoir « le brave ») et reçut le grade de capitaine. Durant son séjour en France, il adopta un autre nom en l'honneur du très célèbre général carthaginois Hannibal Barca. À Paris, il se lia d'amitié avec plusieurs figures des Lumières. Voltaire l'aurait qualifié d'« étoile noire des Lumières »[121].

Ses études s'étant achevées en 1722, Abraham Petrovitch Hannibal écrivit au tsar. Ce dernier l'autorisa à emprunter la voie terrestre, et non maritime, pour rentrer en Russie. De plus, à cause de son enlèvement en terre africaine et de l'acheminement à l'Est de l'Europe qui s'ensuivit, l'Africain avait une phobie des bateaux. D'après certaines sources, à quelques kilomètres avant Moscou, il s'entretint personnellement avec Pierre Ier le Grand. Le filleul redeviendrait son secrétaire particulier et superviserait des chantiers de forteresses militaires. Il réussirait si bien dans la discipline de l'architecture militaire, qu'il serait désormais reconnu comme l'un des meilleurs spécialistes russes dans l'art des fortifications à l'instar du Français Sébastien Le Pestre de Vauban. Il finirait par atteindre le sommet de la hiérarchie de

---

[121] In *Gannibal : The Moor of Petersburg,* Hugh Barnes, Londres, 2005, p. 4.

l'armée, en devenant général en chef et l'un des artisans du génie militaire russe.

Pierre Ier le Grand décéda en 1725. Catherine Ière, qui lui succéda au trône, mourut le 17 mai 1727. Pierre II prit le relais, mais rendit l'âme le 19 janvier 1730. Il fut remplacé par sa nièce Anna Ivanovna (Anne Ière de Russie) qui régnerait du 5 février 1730 au 28 octobre 1740. Exilé en 1727 en Sibérie, puis gracié en 1730 pour ses qualités en ingénierie militaire, la nouvelle souveraine ayant enfin reconnu les talents du basané à la peau noire, Abraham Hannibal fut affecté en Estonie dans l'équipe du comte Burckhardt Christoph von Münnich (Khristofor Antonovitch Minikh). Ce dernier était depuis 1727 le général en chef de l'armée du génie et le grand maître des fortifications.

Abraham Hannibal se marierait à deux reprises : la première fois, le 17 janvier 1731, avec une Grecque qui s'appelait Eudoxie Dioper et la seconde fois, en 1736, à Reval (aujourd'hui Tallinn) avec Christina Regina Siöberg. Cette dernière était la fille d'un capitaine suédois passé en Russie. Par son père, elle descendait de plusieurs familles nobles de Scandinavie et d'Allemagne : Siöberg (Suède), Galtung (Norvège) et Grabow (Danemark et Brandebourg)[122]. Abraham Hannibal et Christina Regina Siöberg eurent dix enfants dont l'un d'eux, Ossip Hannibal, serait le père de la mère d'Alexandre Sergueïevitch Pouchkine en la personne de Nadejda Ossipovna Pouchkina[123].

> « Pouchkine, surnommé par ses contemporains "le singe" – à cause de ses traits africains prononcés – [avait] toujours revendiqué sa double origine russe et africaine et ce, dès son premier roman *Le nègre de Pierre Le Grand*, et tout au long du XIXe siècle jusqu'à sa mort. »[124]

S'agissant d'Ivan Hannibal, le fils aîné d'Abraham, il deviendrait un officier de marine accompli. Il fonderait en 1779 la ville de Kher-

---

[122] In *Ancêtres d'A. S. Pouchkine en Allemagne et en Scandinavie : Descendant de Christina Regina Siöberg (Hanibal) de Claus von Grabow zu Grabow*, Elin Galtung Lihaug, *Revue généalogique*, Saint-Pétersbourg, vol. 27, novembre 2006, p. 31-38.

[123] In *Entre la Russie et l'Afrique : Pouchkine, symbole de l'âme russe*, Dieudonné Gnammankou, dans *Diogène*, n° 179, juillet-septembre 1997.

[124] In *La Russie rattrapée par son passé nègre*, article publié par la rédaction d'*Afrik.com* le 19 juillet 2001.

son pour le compte du prince Grigori Aleksandrovitch Potemkine. Il finirait sa carrière militaire en 1798 comme général en chef, le deuxième grade militaire le plus élevé en Russie.

> « La tsarine Anna Ivanovna [mourut] le 17 octobre 1740, après dix ans de règne. Son favori, [Ernst Johann von Biron], qui s'[était] proclamé régent, [fut] bientôt renversé par une conjuration d'officiers supérieurs que [dirigea le comte] Münnich, et remplacé par Anna Leopoldovna, qui [gouverna] au nom de son fils mineur, le petit Ivan VI. Quatre mois plus tard, Abraham Hannibal [serait] promu lieutenant-colonel et la régente lui [offrirait] à vie le village de Rahula, au Sud de Saue, à une dizaine de kilomètres de Tallinn, ainsi que huit familles de serfs, avec des domaines trois fois plus étendus qu'à Karjaküla. Nommé en même temps commandant de l'artillerie de Tallinn, il y [prit] aussitôt ses fonctions, cessant d'être le simple propriétaire foncier qu'il était devenu entre-temps. Il [fut] placé sous les ordres du baron danois Waldemar de Loewendal, gouverneur de l'Estonie, qui [deviendrait] un jour maréchal de France. Pour l'heure il s'[entendait] mal avec ce personnage cassant et manifestement raciste, qui lui [chercha] noise au point de lui faire poser des traquenards par le commandant de la place, le Français Debrigny. Heureusement, ce dernier [fut] bientôt remplacé par le Russe Philosophov qui le [tenait] en haute estime et [refusa] de le harceler. »[125]

Le renversement d'Anna Leopoldovna et d'Ivan VI après seulement quatorze mois de règne permit à Ielizaveta Petrovna (Élisabeth Ière), la fille de Pierre le Grand âgée de 32 ans, de monter sur le trône des Romanov en 1741. Abraham Hannibal devint alors un personnage éminent à la cour, à la suite de l'avènement de la nouvelle tsarine. Élevé au grade de major-général le 12 janvier 1742, Abraham serait, en peu de temps, le premier chef militaire d'Estonie et la deuxième personnalité officielle après le gouverneur. Moins de deux mois plus tard, le gouverneur Loewendal recevrait l'ordre de se rendre en Finlande où se déroulaient des opérations militaires. Abraham Hannibal assumerait l'intérim pendant sept mois. Finalement, il occupa à titre provisoire le poste de gouverneur de Tallinn de 1742 à 1752, à la place de Philosophov qui fut nommé à Riga. Entre-temps, l'impératrice Élisabeth Ière,

---

[125] In *Abraham Hannibal et l'Estonie, op. cit.*

dite la Clémente, l'anoblit. Elle lui accorda le 12 juillet 1742 en jouissance perpétuelle, avec des centaines de serfs à son service, des terres dans la province de Pskov – le domaine de Mikhaïlovskoïe – où il se retirerait en 1762[126].

> « Depuis 1748, l'ancien esclave racheté à Constantinople [était] entré dans la noblesse en devenant chevalier lorsque l'impératrice lui [avait] remis le cordon de l'*Ordre de Sainte Anne* en témoignage de reconnaissance pour ses exceptionnelles qualités de mathématicien, d'ingénieur et d'hydraulicien. Et son ascension se [poursuivit] à l'occasion de la guerre de Sept Ans. En août 1757, il [prit] la présidence de la commission nationale chargée de l'inspection des forteresses de l'empire, ce qui lui [ouvrit] l'accès aux plus grands secrets de l'État. Le 23 octobre 1759, il [fut] promu général en chef de l'armée du génie et un an plus tard, le 30 août 1760, il [recevrait] le cordon rouge de l'*Ordre d'Alexandre Nevski*, la plus haute distinction russe. »[127]

À Tallinn, principale ville de l'Estonie et port situé sur la côte du golfe de Finlande, Abraham Hannibal s'était installé avec sa famille dans la « maison du commandant » (Komandandi maja) au numéro 1 de la rue Toompea dans le centre historique de la ville.

> « En raison de la guerre qui se [poursuivit] avec la Suède, il s'[employa] à développer les défenses côtières, à renforcer les positions d'artillerie, à construire ou à consolider les forts qui [protégeaient] la ville face à la mer ; mais il se [heurta] à ceux qui, en ce temps-là, [dominaient] complètement la vie publique estonienne, à savoir les propriétaires germano-baltes et les commerçants allemands des anciennes villes hanséatiques de Pärnu et de Tallinn. Ils [étaient] en effet pro-suédois, à la fois par sympathie germanique et par intérêt économique, mais aussi parce qu'ils [tenaient] les Russes pour des barbares et [préféraient] la Suède lointaine à la Russie trop proche. Il n'en [poursuivit] pas moins une politique active de grands travaux d'intérêt militaire, [ayant mis] en place aux endroits stratégiques des tours de surveillance et [multiplié] les batteries de canons

---

[126] In *Abraham Hanibal, l'aïeul noir de Pouchkine*, Dieudonné Gnammankou, Présence Africaine, Paris, 1996, p. 129. Lire aussi *Gannibal : The Moor of Petersburg, op. cit.*, p. 219.

[127] In *Abraham Hannibal et l'Estonie, op. cit.*

à longue portée. Ses efforts pourraient bien avoir eu sur les Suédois un effet dissuasif, ce qui les [contraignit] finalement à signer la paix à Åbo-Turku le 16 juillet 1743. Loewendal [quitta] alors la Russie pour se mettre au service du roi de France, mais Abraham Hannibal [resterait], quant à lui, encore dix ans à Tallinn. »[128]

Pendant cette période, Abraham Hannibal intenta un procès, lequel eut un effet retentissant, à un universitaire. En effet, le professeur Joachim von Tiren avait violé la condition expresse stipulée dans le contrat de location. Celle-ci concernait l'exploitation agricole de Rahula, relative au non-usage des sévices sur les serfs d'Hannibal. Il fit condamner Tiren par la justice et obtint la rupture du contrat de fermage. L'ancien esclave Abraham gagna le procès, mais la servitude ne serait abolie que soixante-treize années plus tard : en Estonie en 1816, puis en Livonie en 1819, mais bien plus longtemps encore en Russie où elle aurait toujours eu cours en 1861.

Alors qu'il dirigeait toujours les travaux des ports et des fortifications, Abraham Hannibal fut nommé en 1755 général-lieutenant, puis général en chef d'armée en 1759. Cette promotion le plaça au troisième rang de la hiérarchie militaire et civile[129].

Selon un bon nombre de sources, le général Alexandre Vassiliévitch Souvorov, ce tacticien hors pair n'ayant perdu aucune bataille[130], devait son cursus militaire à Abraham Hannibal qui aurait convaincu son père, le général Vassili Souvorov qui était le filleul de l'empereur Pierre Ier le Grand, de le laisser s'engager dans l'armée.

Hannibal se retira à l'âge de 66 ans, le 9 juin 1762, du service actif. Il prit sa retraite dans sa propriété de Souïra, près de Gatchina, au Sud-Ouest de Saint-Pétersbourg. Il apprendrait avec joie en 1755, dans sa belle et grande demeure dans la capitale de Pierre le Grand, la naissance de sa petite-fille prénommée Nadejda Ossipovna. Cette dernière donnerait naissance en 1799 à l'un des plus grands poètes russes en la per-

---

[128] *Ibidem.*

[129] In *Entre la Russie et l'Afrique : Pouchkine, symbole de l'âme russe, op. cit.*

[130] À l'instar d'Alexandre le Grand, du général romain Lucius Cornelius Sulla (Sylla), du général Khalid Ibn al-Walid, du fondateur de l'Empire mongol Gengis Khan, de l'amiral coréen Yi Sun-sin et du général français Louis Nicolas Davout.

sonne d'Alexandre Sergueïevitch Pouchkine.

Le filleul de Pierre le Grand décéda, à l'âge de 85 ans, le 20 avril 1781. Au-delà de la richesse financière et foncière, ainsi que des titres militaires, Abraham Hannibal serait auréolé de la considération universelle, après avoir atteint le sommet de la hiérarchie militaire russe. Ainsi celui que l'on avait qualifié à juste titre de « Vauban au visage noir » avait-il à jamais imprimé, dans son pays d'adoption, la marque de son génie de l'architecture défensive.

> « De tous les Africains qui vécurent en Europe au XVIIIe siècle, A. P. Hanibal fut celui qui exerça les plus hautes responsabilités. Certes, le philosophe Anton [Wilhelm] Amo (1707-[vers] 1753), originaire du Ghana actuel, auteur de plusieurs livres, fut conseiller d'État à Berlin. [Adolf] Badin (1760-1822), secrétaire à la Cour de Suède. Et à Vienne, en Autriche, un autre Africain, Angelo Soliman (1731-1796), fut le précepteur du fils du prince Franz Joseph du Liechtenstein. À Londres, Olaudah Equiano (1755-1797), importante figure du mouvement abolitionniste, fut en 1789 l'auteur d'une autobiographie qui fut un véritable succès d'édition (neuf éditions de son vivant). Mais, malgré les succès et la popularité qu'ils connurent, il faut reconnaître avec Léonid Arinshtein "qu'aucun autre Africain au XVIIIe siècle ne reçut autant de marques d'honneur en Europe" qu'Abraham Pétrovitch Hanibal, le protégé noir de Pierre le Grand, en Russie. »[131]

Dans une supplique officielle ayant été soumise en 1742 à l'impératrice Élisabeth Ière, Abraham Hannibal avait sollicité l'octroi d'un rang anoblissant et d'armes nobiliaires. Par conséquent, il avait souhaité la représentation d'un éléphant sur celles-ci et la devise : « FVMMO », laquelle pourrait signifier « la patrie » en langue moderne kotoko. L'éléphant, animal tutélaire des Kotoko – populations vivant au Cameroun, au Tchad et au Nigeria –, fit également penser au même animal portant l'aigle royal de François Lefort, autre compagnon notoire de Pierre le Grand qui était décédé avant l'arrivée officielle d'Hannibal en Russie. Cependant, « FVMMO » est aussi l'acronyme de l'expression latine *Fortuna Vitam Meam Mutavit Oppido*, à savoir « le Destin

---

[131] In *Entre la Russie et l'Afrique : Pouchkine, symbole de l'âme russe, op. cit.*

a entièrement changé ma vie ».

Le 2 juin 2001, à Petrovskoé dans la région de Pskov en Russie, un Musée a été consacré à Abraham Petrovitch Hannibal. Il rassemble des objets ayant appartenu au « personnage numéro 4 de la Russie au XVIIIe siècle ».

V – Francis Williams : le poète latiniste

Francis Williams vit le monde vers 1700 à Kingston en Jamaïque où il le quitterait, presque soixante-dix années plus tard, en 1770. Le plus jeune des trois fils de John et Dorothy Williams, un couple de Noirs libres, était jumeau. Il deviendrait un savant, mathématicien et poète. Il s'installerait en Europe et prendrait une autre citoyenneté. Vers 1720, il retournerait en Jamaïque, où il œuvrerait bénévolement pour des enfants noirs.

Le père de Francis, John Williams, avait en effet été libéré en 1699 par la volonté de son ancien maître[132]. La famille Williams, du fait d'avoir été composée de Noirs affranchis et propriétaires, ne pouvait laisser indifférents les autres habitants de la Jamaïque qui, en ce début du XVIIIe siècle, étaient principalement des colons britanniques et des esclaves africains. La propriété de la famille Williams s'était agrandie sur le plan foncier et avait prospéré en quantité d'esclaves. Les Williams exportaient aussi du sucre et des produits tropicaux vers l'Angleterre, d'où ils importaient des vêtements pour les esclaves, ainsi que diverses fournitures pour des plantations[133].

---

[132] In *Journals of the Assembly of Jamaica*, Vol. 2, 19 novembre 1724, pp. 509-512.

[133] In *Francis Williams : un portrait d'un des premiers écrivains noirs*, article mis en ligne sur le site Internet du *Musée Victoria & Albert*, consulté le 24 avril 2020. Voir le lien ci-dessous.
http://www.vam.ac.uk/content/articles/f/francis-williams-a-portrait-of-an-early-black-writer.

« Dans une société qui considérait la plupart des personnes d'ascendance africaine comme des instruments humains, seul un nombre limité de Noirs libres étaient en mesure d'accumuler des biens ou d'acquérir un statut social. Les personnes libres de couleur [étaient] devenues de plus en plus nombreuses au cours du XVIIIe siècle. Par exemple, en 1703, [presque à] l'année de la naissance de Francis Williams, environ 45 000 esclaves vivaient en Jamaïque. En 1778, [pendant] la décennie au cours de laquelle il mourut, ce nombre était passé à 205 261. Le statut de la famille Williams [était] donc extraordinaire car, grâce au système de loi d'intérêt privé de l'Assemblée de la Jamaïque, elle [avait] acquis des droits accordés presque exclusivement aux Blancs. "Ceux qui se situaient au sommet de l'échelle sociale", selon [William James] Gardner. »[134]

Sur les cent vingt-huit lois qui avaient été promulguées en Jamaïque par la législature au XVIIIe siècle – en 1708, 1711 et 1716 – par un gouvernement qui était sans aucun doute réticent à accorder des privilèges juridiques à tout Noir, seules quatre textes avaient trait aux droits des hommes blancs. Le premier de ces projets de loi avait été adopté en 1708 et ne concernait que le père de Francis Williams. « [Ayant agi] sur la pétition de John Williams », le législateur lui avait concédé le droit d'être « jugé selon les lois, coutumes et privilèges connus des Anglais »[135]. John Williams avait-il atteint une importance digne d'une attention particulière pour une raison quelconque, mais non sans toutefois susciter une certaine rancœur ?

Bien qu'il eût été très rare pour les personnes noires au XVIIIe siècle de s'instruire ou de bénéficier de l'éducation, ne serait-ce que les bases fondamentales, les enfants du couple Williams pouvaient se permettre une scolarité idoine en raison de la fortune familiale. Francis se rendrait même en Europe en 1721[136], comme boursier, et serait deux années plus tard naturalisé citoyen britannique, un statut difficile à acquérir pour les individus qui avaient été réduits en esclavage et leurs des-

---

[134] In *Mathematicians of the African Diaspora*, Université d'État de New York à Buffalo, Département des Mathématiques, article consulté le 24 avril 2020 – http://www.math.buffalo.edu/mad/special/Williams_Francis1700-70.html.

[135] *Ibidem.*

[136] In *Who was Francis Williams ?*, Vincent Carretta, University of North Carolina Press, Vol. 38, n° 2, 2003, p. 220.

cendants. Quelques témoignages, notamment celui de l'administrateur colonial Edward Long, confirmèrent que le fils de John Williams était l'heureux bénéficiaire d'une expérimentation sociale dans le domaine de l'enseignement supérieur. Cette initiative aurait été entreprise grâce à John Montagu, 2ème duc de Montagu, pour déterminer si une éducation adéquate pouvait conduire Francis Williams à égaler les réalisations intellectuelles de ses contemporains blancs.

> « Ce genre d'"expérience sociale" était en vogue en Angleterre à ce moment-là. Williams, cependant, n'était pas seul. Peut-être 50 garçons noirs [avaient] fait le même voyage pour les mêmes raisons au cours du XVIIIe siècle. Quelques années plus tard, le duc de Montagu et sa duchesse [parraineraient] deux autres Noirs. Le premier était "Job Ben Solomon, qui avait été racheté de l'esclavage dans le Maryland à la découverte de son statut royal et de son alphabétisation en arabe". Le second, Ignatius Sancho, "dont les œuvres littéraires [avaient] fourni l'un des événements d'édition les plus discutés de la période", comptait Lawrence Sterne parmi ses correspondants. »[137]

Francis Williams avait donc bénéficié d'une subvention qui avait été allouée par John Montagu afin de fréquenter un lycée anglais, puis poursuivre ses études à l'Université de Cambridge. Cela aurait été probablement dû aux relations qu'entretenait le 2ème duc de Montagu avec Job Ben Solomon (voir le chapitre VI) et Ignatius Sancho (voir le chapitre XI). Cependant, quant à la scolarité de Francis Williams, aucune trace de sa présence ne figurerait sur les archives de l'université de Cambridge. En tout cas, la famille Williams aurait pu en toute aisance financer les études de leur fils à l'étranger sans le parrainage du 2ème duc de Montagu[138]. La vie semblait en effet offrir aux Williams de bien meilleures perspectives. Ainsi Francis finit-il, la fortune familiale ayant aidé, par prêter le serment de citoyenneté britannique en 1723[139].

À la mort de son père en 1723, qui avait laissé un domaine d'une valeur de 12 000 livres sterling jamaïcains, Francis Williams quitta

---

[137] In *Mathematicians of the African Diaspora, op. cit.*

[138] In *Francis Williams : un portrait d'un des premiers écrivains noirs, op. cit.*

[139] In *Journals of the Assembly of Jamaica, op. cit.*

l'Angleterre dans l'optique de gérer les biens familiaux et de siéger à l'Assemblée de la Jamaïque. Mais le gouverneur en place, Edward Trelawny, ne fut pas de cet avis à propos du volet politique. Il s'opposa à ce projet. Par conséquent, Francis Williams mit un terme à ses ambitions publiques. En guise d'occupation, il créa à Spanish Town un établissement scolaire pour dispenser, à titre gracieux, l'enseignement aux enfants noirs. À cette époque, la plupart des écoles gratuites n'étaient ouvertes qu'aux seuls enfants blancs des parents pauvres, ainsi qu'aux enfants des hommes de couleur évolués, grâce aux donations des planteurs riches[140]. Dans son établissement scolaire, Williams enseignerait la lecture, l'écriture, le latin et les mathématiques[141].

Mais, même en étant quelqu'un d'excellente condition du point de vue social et intellectuel, le racisme n'épargnerait guère Francis Williams. Selon le révérend William James Gardner, auteur de l'ouvrage *A History of Jamaica*, les droits du directeur d'école devenu citoyen anglais semblaient être en 1724 de moins en moins garantis. Il avait, en effet,

> « peu de temps après presque perdu le statut social [que son père avait] ainsi acquis en raison du mécontentement d'un membre de la chambre de l'assemblée. Ce dernier l'avait qualifié de "nègre noir". Williams… [avait] simplement répliqué en appelant son antagoniste un "nègre blanc". Pourtant, la réplique [avait] été jugée suffisamment importante pour attirer l'attention d'éminents législateurs, dont certains [avaient] proposé [d'abroger] la loi de 1708, dans la mesure où elle concernait le coupable. »[142].

Le substantif « nègre », dans ce cas précis, signifiait pourtant « homme » ou « individu » indépendamment de la couleur de sa peau. Bref, l'être humain. Ainsi pouvait-on être soit un « nègre blanc », soit un « nègre marron ».

---

[140] In *Education in the British Caribbean : The Legacy of the Nineteenth Century*, Ruby King, Errol Miller ed., *Education Reform in the Commonwealth Caribbean*, 1999, pp. 25-45.

[141] In *Francis Williams : un portrait d'un des premiers écrivains noirs, op. cit.*

[142] In *Mathematicians of the African Diaspora, op. cit.*

Francis Williams ne se laissa pas du tout intimider par les adeptes de l'inégalité raciale et de l'injustice judiciaire. Étant un homme noir libre, fit-il savoir avec « force et vigueur », il ne pouvait pas être jugé pour voies de fait, comme cela aurait été le cas à l'égard des esclaves noirs qui auraient frappé un homme blanc. Il assuma, sans l'assistance d'un avocat, sa défense (cf. *Journaux de l'Assemblée de la Jamaïque*, vol. 2, 19 novembre 1724, pp. 509-512).

L'Assemblée, qui comprenait seulement des planteurs blancs élus, fut convaincue par la brillante plaidoirie de Francis Williams. Elle rejeta l'accusation du plaignant William Brodrick. Craignant néanmoins que « le comportement de Williams puisse encourager les nègres de l'île en général », l'Assemblée veilla à ce que ne se produise un tel outrage. Les élus décidèrent, par conséquent, de réagir en 1730. Ainsi prirent-ils la résolution de présenter, dans le strict respect de la légalité et de l'État de droit,

> « un projet de loi interdisant à toute personne noire de Jamaïque de frapper une personne blanche, même en état de légitime défense »[143].

Francis Williams protesta auprès du Conseil privé de Londres. Il insista sur le fait qu'il était déjà « notoire qu'aucun Noir libre [ne pouvait] porter une épée ou avoir sur lui des pistolets à part sa propre personne ». En novembre 1732, le Conseil recommanda à la Jamaïque d'abroger sa nouvelle loi[144].

Les fervents partisans de l'esclavage, comme Edward Long, ne désarmèrent pas pour autant. Ils tentèrent de minimiser, par tous les moyens possibles et à n'importe quelle circonstance, les réalisations éducatives de Francis Williams[145].

Ce qui a été fait grand Alexandre

---

[143] In *Journals of the Assembly of Jamaica, op. cit.*

[144] In *Francis Williams, Man and Symbol*, article mis en ligne sur le blog *Boston 1775* le 28 février 2009, consulté le 18 mai 2020. Voir le lien ci-dessous. http://boston1775.blogspot.com/2009/02/francis-williams-man-and-symbol.html.

[145] In *Black London : Life before Emancipation*, Gretechen Holbrook Gerzina, Rutgers University Press ; Reprint edition, London, le 1er septembre, 1995, pp. 40-41.

Les lecteurs pouvaient découvrir dans *The history of Jamaica*, écrit par Edward Long, une note sur l'attribution possible de *Welcome, welcome, Brother Debtor* (voir l'extrait ci-dessus), à Francis Williams ou à Wetenhall Wilkes, un air qui était très populaire en Grande-Bretagne au XVIIIe siècle[146].

« Rapidement embrassée par le décor littéraire de Londres, Williams [était] devenu assez célèbre, notamment pour une ballade qu'il [avait] composée intitulée *Welcome, welcome, Brother Debtor*. Il était si populaire à Londres que certains compositeurs mineurs, jaloux de son succès, [avaient] tenté de revendiquer la chanson comme la leur. »[147]

D'aucuns ont gardé de Francis Williams l'image d'un poète méritant, spécialisé dans le vers latin. Il adorait composer des odes latines pour chaque nouveau gouverneur de la Jamaïque. L'un de ses meilleurs morceaux, *An Ode to George Haldane*, avait été écrit au moment où Haldane avait pris ses fonctions de gouverneur :

---

[146] In *L'histoire de la Jamaïque : Ou, étude d'ensemble de l'état ancien et moderne de cette île ; avec des réflexions sur sa situation, ses établissements, ses habitants, son climat, ses produits, son commerce, ses lois et son gouvernement*, Edward Long, Londres, 1774, p. 476.
[147] In *Mathematicians of the African Diaspora, op. cit.*

Lorsque le révérend Robert Boucher Nicholls, doyen de Middle-ham, avait lu *Ut pictura poesis*, l'ode que Francis Williams avait dédiée à George Haldane, pour avoir su assumer la gouvernance de l'île, sa fureur contre les colons blancs qui avaient comparé les Noirs aux singes était si forte qu'il s'était exclamé :

> « Je n'ai jamais entendu un orang-outan avoir composé une ode. Parmi les défenseurs de l'esclavage, nous ne trouvons pas la moitié du mérite littéraire de Francis Williams. »[148]

Les lignes ci-dessous, traduites d'un de ses poèmes en latin, expriment mieux la vision universaliste qui aurait naturellement animé le poète humaniste Francis Williams :

> *La divinité généreuse, d'une main puissante et ferme,*
> *a donné la même âme aux hommes de toutes races,*
> *rien ne s'opposant à lui.*
> *La vertu elle-même et la prudence sont exemptes de couleur ;*
> *il n'y a pas de couleur dans un esprit honorable,*
> *pas de couleur dans l'habileté.*

À son décès en 1770, à l'âge d'à peu près 70 ans, l'inventaire des biens de Francis Williams révéla qu'ils se composaient essentiellement de seize esclaves et s'élevaient à 69 419 livres sterling jamaïcains : à presque cinq cents livres sterling[149].

---

[148] *Ibidem.*

[149] In *Francis Williams : un portrait d'un des premiers écrivains noirs, op. cit.*

VI – Ayuba Suleiman Diallo : l'érudit arabophone

Ayuba Suleiman Diallo naquit en 1701 à Boundou au Sénégal et décéda, à l'âge de 72 ans, en 1773 en Gambie. Également connu sous le nom de Job Ben Solomon, il était un éminent musulman et esclave victime de la traite négrière atlantique. Ses mémoires seraient catalogués parmi les premiers récits autobiographiques d'esclaves, c'est-à-dire une narration à la première personne sur le parcours de quelqu'un ayant perdu la liberté, et publiés par l'avocat Thomas Bluett dans l'ouvrage intitulé *Some Memories of the Life of Job: The Son of Solomon the High Priest of Boonda in Africa*. Lors de sa détention à Annapolis, Ayuba Suleiman Diallo avait en effet reçu la visite de Thomas Bluett. Impressionné par ce détenu à la peau noire, grâce au truchement d'un autre esclave africain comme interprète, le juriste britannique contribuerait à l'écriture de cette biographie. Celle-ci serait éditée à Londres en 1734. Asservi depuis environ deux années dans l'État du Maryland au Nord-Est des États-Unis d'Amérique, Ayuba Suleiman Diallo parviendrait à retourner dans son pays natal. Une version du récit de sa vie serait publiée en mandinka[150]. La partie concernant son inattendu retour en Afrique de l'Ouest figurerait dans *Travels into the Interior Parts of Africa* de l'écrivain et géographe Francis Moore. Cet ouvrage paraîtrait en 1738.

---

[150] Une langue mandingue et l'une de ses variantes. Elle est parlée en Guinée, au Sénégal, en Gambie et en Guinée-Bissau.

Ayuba Suleiman Diallo était issu d'une importante famille fulbé[151] de chefs religieux musulmans. Son grand-père avait fondé la ville de Boundou, dans une région du Sénégal oriental, et grandi avec Samba Geladio Diegui, l'héritier (*kamalenku*) du royaume du Fouta-Toro. En 1730, âgé de 29 ans, Ayuba Suleiman, pourtant fils d'un vendeur d'esclaves, serait victime d'un rapt. Cet acte était très souvent commis dans la région de la Sénégambie. Il se trouvait, en compagnie de son interlocuteur Loumein Yoas[152], près du fleuve Gambie pour échanger des esclaves contre du papier. Sur le chemin du retour, Ayuba Suleiman et Loumein Yoas furent capturés par des envahisseurs mandingues[153]. Aussitôt maîtrisés, on leur rasa la tête afin de les faire passer pour des prisonniers de guerre, donc légalement voués à l'esclavage et pouvant être commercialisés, contrairement à la condition de personnes enlevées comme otages en vue d'une transaction financière ou d'une rançon. Les deux hommes furent donc vendus à des représentants de la *Royal African Company* (RAC)[154].

---

[151] Il s'agit des Peuls, appelés aussi Foulani, Fulbhés, Fulfulde, Pular ou encore Fellata selon les pays. Ils constituent un peuple traditionnellement pasteur établi dans toute l'Afrique de l'Ouest et au-delà de la bande sahélo-saharienne, soit au total une quinzaine de pays différents et représentant environ 40 millions de personnes. Très nombreux au Nigeria, au Niger, dans le Nord du Cameroun, au Mali, au Sénégal, en Mauritanie et en Guinée, on les trouve également présents au Tchad, en Gambie, en Guinée-Bissau, en Sierra Leone, au Ghana, en Côte d'Ivoire et au Togo. Ils sont souvent minoritaires, à l'exception de la Guinée où ils représentent la communauté la plus importante avec 32,1 % de la population.
Ayant emprunté (et déformé) le nom que leur ont donné les Wolofs, les Français ont dénommé Peuls – jadis orthographié Peulhs – ceux qui s'appellent eux-mêmes Fulbé (Pullo au singulier), que les Anglo-Saxons, après les Haoussas, ont nommé Fulanis et à propos desquels les auteurs allemands ont parlé de Fulas et de Ful. À cela se sont ajoutées les multiples appellations qu'en ont données les diverses communautés linguistiques africaines avec lesquelles ils sont entrés en contact.
[152] Également orthographié Lamine Jay, Lahamin Joy, Lahmin Jay, Lamine Ndiaye ou Loumein Ybai.
[153] In *Islam in the African-American Experience*, Richard Brent Turner, Indiana University Press, 2003, pp. 25-26.
Lire aussi *African Muslims in Antebellum America : transatlantic stories and spiritual lutts*, Allan D. Austin, Routledge, Londres, 1997, p. 61.
[154] Société commerciale anglaise qui avait été créée par la famille royale Stuart et

Captif à peine ayant été l'objet d'une vente, Ayuba Suleiman Diallo mit sans tarder le capitaine anglais, un certain Pike, au courant de son rang social élevé. Il lui rappela qu'ils avaient eu l'occasion de commercer quand il vendait, lui-même, des esclaves pour le compte de sa famille. L'arroseur était-il arrosé ? Bref, il affirma que son père pouvait s'acquitter de la somme souhaitée en vue sa libération, ou fournir de la marchandise en compensation de sa captivité. Ainsi, convaincu par les arguments du captif, le capitaine Pike se montra-t-il compréhensif. Il autorisa Ayuba Suleiman à faire parvenir un mot aux siens. Mais, ne voyant toujours pas l'émissaire dont le retour serait tardif, le commandant Henry Hunt, qui était le supérieur de Pike, donna l'ordre de lever l'ancre. Ayuba Suleiman Diallo et Loumein Yoas se retrouveraient outre-Atlantique à Annapolis, dans le Maryland, où ils seraient réceptionnés par Vachell Denton, le responsable local de la RAC, et livrés aux acquéreurs. Acheté effectivement en Amérique par le sieur Tolsey de l'île Kent, Ayuba Suleiman Diallo fut dans la foulée affecté au travail dans les champs de tabac. Ce fut donc dans cette circonstance que l'Africain apprit à son nouveau maître la traduction biblique de son nom : Job Ben Solomon[155].

Toutefois, après avoir été jugé inapte à une telle tâche, Ayuba Suleiman Diallo fut concerné par une autre affectation. Il s'occupa dorénavant du bétail. Durant sa détention en sa qualité d'esclave, il allait prier dans le bois. Ayant été un jour victime d'humiliation de la part d'un enfant au cours de la prière, il s'enfuit en 1731. Il fut ensuite rattrapé et retenu dans une geôle du tribunal du comté de Kent. Par malheur, la raison de l'échappée d'Ayuba Suleiman ne serait comprise que lorsqu'un traducteur d'origine africaine serait tardivement trouvé. Diallo fit entre-temps la connaissance, au tribunal, de l'avocat britannique Thomas Bluett, qui était aussi le révérend de l'*Anglican Society for the Propagation of the Gospel.* Ce dernier se trouvait en voyage d'affaires en Amérique. Aussitôt le motif de la fuite connue, son maître, en l'oc-

---

des marchands de la ville de Londres pour pratiquer le commerce le long de la côte occidentale de l'Afrique. Elle était dirigée par le duc d'York, James Stuart, qui était le frère de Charles II d'Angleterre et le futur James II d'Angleterre.

[155] In *Muslims in America : A Short History*, Edward E. Curtis, Oxford University Press, 1970 (2009).

currence son propriétaire le sieur Tolsey, réserverait un espace de prière pour que, à son retour à la ferme, le précieux esclave ne soit plus du tout dérangé[156].

Après la traduction des propos du détenu en wolof, une langue séné-gambienne, on découvrit alors qu'Ayuba Suleiman Diallo était du sang noble. Ayant profité de l'occasion, il demanda à M. Tolsey l'autorisation d'écrire une lettre à l'attention de son père qui se trouvait en Afrique, de l'autre côté de l'océan Atlantique.

> « Quand Job fut resté quelque temps enfermé, un vieux nègre, qui vivait dans le voisinage et parlait le wolof, la langue que Job comprenait, alla vers lui et ils conversèrent. Par ce nègre, le gardien fut informé sur l'identité de son propriétaire et quelle était la cause de son départ. Sur ce, le gardien écrivit à son maître qui bientôt le ramena à la plantation et fut encore plus aimable avec lui qu'auparavant. Il lui permit de prier à un certain endroit et lui octroya d'autres commodités pour que son esclave soit aussi bien que possible. Encore que l'esclavage et le confinement n'étaient pas agréables à Job qui n'était pas habitué à cela. Il écrivit cependant une lettre en arabe à son père pour l'informer de ses mésaventures et espérant qu'il pourrait trouver les moyens de le racheter. »[157]

Dans ledit courrier en langue arabe, Ayuba Suleiman Diallo avait surtout précisé que :

> « il n'y [avait] rien de bon dans le pays des chrétiens pour un musulman et annoncé à tous les musulmans de Boundou qu'il [était] vivant, il [lança] un appel aux [notables du royaume du Fouta-Toro] et à sa famille pour s'assurer que ses deux épouses ne [s'étaient pas remariées] »[158].

---

[156] *Ibidem.*

[157] In *Some Memories of the Life of Job : The Son of Solomon the High Priest of Boonda in Africa*, Thomas Bluett, imprimé par Richard Ford, London, 1734.

[158] In *Letter by Ayuba Suleiman Diallo, manuscript*, British Library, Collection items, Add MS 20783a, site Internet consulté le 26 avril 2020. Voir le lien ci-dessous. https://www.bl.uk/collection-items/ayuba-suleiman-diallo-letter.

L'avocat et révérend Thomas Bluett fut donc très impressionné par la capacité du détenu à l'épiderme noir à communiquer en langue arabe. Ainsi déclarerait-il que lors de leur conversation au tribunal, tout en s'adressant à l'Africain à l'aide de signes,

> « il [avait] écrit une ligne ou [deux] devant [eux], et quand il l'[avait] lu, [avait] prononcé les mots Allah et Mahomet ; par lequel, et son refus d'un verre de vin [qu'ils] lui [avaient] offert, [ils avaient] perçu qu'il était un [musulman], mais n'[avaient pas pu] imaginer de quel pays il était, ni comment il y était arrivé ; car, par [son aisance et la douceur de] son visage, [ils pouvaient] voir qu'il n'était pas un esclave ordinaire ».

Finalement, la lettre d'Ayuba Suleiman Diallo atterrit sur le bureau de James Edward Oglethorpe. Ce dernier était un soldat britannique, membre du Parlement, philanthrope et fondateur de la Géorgie. Après que l'orientaliste français John Gagnier, le président de la chaire d'arabe à Oxford, eut décrypté ladite missive, Oglethorpe fut à son tour séduit par son intelligence. Il se proposa d'acheter l'esclave pour quarante-cinq livres par l'intermédiaire du directeur local de la *Royal African Company*, Vachell Denton.

> « Il envoya cette lettre à M. Vachell Denton [du comté de Kent], désirant qu'elle soit [apportée] en Afrique par le capitaine Pike, mais ce dernier étant parti pour l'Angleterre, M. Denton [adressa] la lettre à M. [William] Hunt résidant en Angleterre, lui demandant de [la confier] au capitaine Pike pour qu'il l'emporte en Afrique, mais ce dernier était [déjà] parti pour l'Afrique quand la lettre arriva chez M. Hunt qui la garda jusqu'à une possible opportunité de l'expédier. Il arriva que cette lettre [eût] été vue par James [Edward] Oglethorpe (un anglais philanthrope [fondateur de] la Géorgie) qui, avec une bonté et une générosité habituelle, fut pris de compassion pour Job [Ben Solomon], donna à M. Hunt une certaine somme pour [s'acquitter de] l'achat et [du] voyage de Job en Angleterre. M. Hunt écrivit et [fit parvenir] l'argent à M. Denton qui acheta Job à son maître qui fut très disposé pour cette affaire. »[159]

---

[159] In *Some Memories of the Life of Job : The Son of Solomon the High Priest of Boonda in Africa, op. cit.*

Selon ses propres dires, James Edward Oglethorpe fut ému après avoir pris connaissance des souffrances qu'Ayuba Suleiman Diallo avait endurées. Oglethorpe l'acheta donc et souhaita le faire venir, dans le meilleur délai, en Angleterre dans les locaux du bureau de Londres de la *Royal African Company* fondée le 27 septembre 1672 par Jacques II d'Angleterre, le frère du roi Charles II, et qu'il ne faudrait pas confondre avec la *Compagnie royale d'Afrique* ayant été créée en 1560 en France.

Thomas Bluett et l'esclave partirent pour l'Europe en 1733, à bord du *William*. Au cours du voyage, Ayuba Suleiman Diallo apprit à s'exprimer en anglais. Malgré l'émotion que les lettres de l'Africain auraient réellement suscitée en lui, James Edward Oglethorpe, qui était déjà reparti pour l'Amérique, n'était pas aussi consciencieux au point de laisser des instructions précises au bureau londonien de la RAC à propos de la situation d'Ayuba à son arrivée en Europe prévue. Selon toute probabilité, le bateau au bord duquel voyageait Suleiman Diallo allait accoster à un port londonien à la fin du mois d'avril de l'année 1733.

Le capitaine Henry Hunt, ou peut-être son frère William Hunt, fut l'un des premiers activistes quant à la tentative en vue du maintien d'Ayuba Suleiman Diallo dans l'asservissement. Il s'arrangea pour loger l'Africain dans une maison à la campagne. Pourtant, Ayuba Suleiman avait eu vent des rumeurs selon lesquelles l'un des frères Hunt prévoyait de le vendre à des commerçants à son arrivée en Angleterre. Ces derniers, qui étaient prêts à l'acquérir, avaient même affirmé que la livraison se ferait au domicile du supposé vendeur. Ayant voulu se mettre à l'abri d'une mauvaise surprise, Ayuba Suleiman Diallo se confia au révérend Bluett et à d'autres personnes qu'il avait rencontrées dans le bateau à destination de Londres. Par conséquent, Thomas Bluett s'arrangea pour le séjour d'Ayuba, qu'il logerait à Cheshunt dans le Hertfordshire. La RAC, compte tenu des directives tardives de James Edward Oglethorpe données en partie à la suite des demandes persistantes d'acheteurs qui avaient été intéressés par l'acquisition d'Ayuba Suleiman Diallo, se contenta de procéder au remboursement des sommes déjà versées en guise d'acompte.

Même si, selon Thomas Bluett, tous les honorables hommes, qui s'étaient engagés en sa faveur, avaient promis de ne guère le rendre à l'état d'esclavage, l'Africain implora de nouveau l'avocat révérend de ne pas l'abandonner entre les mains de potentiels esclavagistes. Rien ne lui garantissait donc le fait de ne plus être asservi. Pour le rassurer, le révérend Thomas Bluett et d'autres sympathisants de la lutte contre l'asservissement lui versèrent la somme de « cinquante-neuf livres, six shillings et onze pence et demi ». Par la suite, les Londoniens et leurs compatriotes des provinces environnantes se mobilisèrent pour l'affranchissement de l'esclave. Ils collectèrent des fonds dans le but d'obtenir sa « liberté en bonne et due forme ». Ils exigèrent de la RAC un document officiel et scellé. Il fallait en plus dédommager William Hunt pour les quarante livres qu'il avait déboursés dans le cadre des tractations relatives à l'achat d'Ayuba Suleiman, ainsi que les vingt livres concernant les frais de voyage et d'hébergement. Il fallait aussi couvrir les dépenses de Thomas Bluett par rapport au séjour de Diallo à Cheshunt. Pour Bluett, après la régularisation de la situation vis-à-vis de la RAC et la certitude d'avoir évité une éventuelle surprise désagréable,

> « l'esprit de Job [Solomon] étant désormais parfaitement apaisé, il pouvait fraterniser avec l'élite de Londres, obtenant de nombreux cadeaux et de nouvelles amitiés, tout en rendant service à [Sir] Hans Sloane grâce à sa capacité nouvellement acquise de traduire l'arabe en anglais ».

Au service de Hans Sloane, médecin, naturaliste et collectionneur irlandais d'origine écossaise, Ayuba Suleiman Diallo structura notamment la collection de manuscrits arabes du *British Museum*. Au cours de son séjour sur le sol anglais, il fréquentait de nombreuses autres personnalités, dont les membres de la famille royale et John Montagu, 2ème duc de Montagu, ainsi que son épouse Mary Churchill, la duchesse de Montagu. Cela lui valut d'être introduit dans la *Spalding Gentleman's Society*[160].

---

[160] Une société savante encore active à Spalding, à Lincolnshire, en Angleterre. Elle fut fondée en 1710 par l'antiquaire Maurice Johnson à Ayscoughfee Hall sur la

En Angleterre, pendant tout ce temps, Ayuba Suleiman Diallo s'adonnait régulièrement à la prière. Il avait conservé ses croyances islamiques. Des sujets de Sa Majesté, qui avaient fourni beaucoup d'efforts pour le convertir au christianisme, lui offrirent une version en arabe du Nouveau Testament. Mais l'Africain n'était pas ignorant de la conception de la croyance chrétienne, ayant déjà appris l'existence de Jésus en tant que prophète, mais il ne se sentait guère en communion avec le concept de la Sainte Trinité. Sa perception monothéiste de la religion était incompatible avec la mystique chrétienne au nom du « Père », du « Fils » et du « Saint-Esprit ». De plus, d'intenses recherches lui avaient confirmé que le terme « trinité » ne figurait nullement dans le Nouveau Testament. Non partisan de la représentation humaine au regard de Dieu, il refusa d'adhérer au concept du catholicisme romain, ni au culte de l'idolâtrie chrétienne[161].

En juillet 1734, Ayuba Suleiman Diallo retourna en homme libre en Gambie. À ce propos, le révérend Thomas Bluett confirma que :

> « vers la fin du mois de juillet dernier, il [avait] embarqué à bord d'un des navires de la *Compagnie africaine*, à destination de la Gambie »[162].

Le révérend Bluett et les personnes qui avaient connu Ayuba Suleiman Diallo espérèrent qu'il était arrivé en toute sécurité à destination, « à la grande joie de ses amis et à l'honneur de la nation anglaise »[163]. Une fois en terre gambienne, Ayuba Suleiman Diallo apprit malheureusement le décès de son père. Une autre mauvaise nouvelle s'ajouta à cette douloureuse réalité, l'une de ses épouses, n'ayant nullement eu la patience de Pénélope – la fille d'Icarios et l'épouse d'Ulysse –, s'était remariée après avoir prétexté le naufrage du navire au bord duquel

---

rivière Welland dans le district de Hollande méridionale du Lincolnshire. Le musée de la Société à Broad Street, à Spalding, ouvrit ses portes en 1911 ; des ajouts furent faits en 1925 et en 1960. Les panneaux extérieurs sculptés furent réalisés par Jules Tuerlinckx de Malines, réfugié belge pendant la Première Guerre mondiale.

[161] In *Muslims in America : A Short History op. cit.*

[162] In *Some Memories of the Life of Job : The Son of Solomon the High Priest of Boonda in Africa, op. cit.*

[163] *Ibidem.*

voyageait son mari. En l'absence de l'exilé involontaire, sa patrie avait été ravagée par la guerre. Mais, homme prospère et optimiste, Diallo retrouva très vite son ancien train de vie.

En Europe, les mémoires d'Ayuba Suleiman Diallo avaient été publiés par Thomas Bluett en langues anglaise et française. Très intelligent et très entreprenant dans le domaine commercial, l'ancien esclave était parvenu à rentrer en Afrique de l'Ouest en juin 1736. Après avoir été privé de ses droits sur le sol américain, il fut emprisonné en Gambie pendant une année par les Français peut-être en raison de ses relations avec les Britanniques alors que ses compatriotes avaient opté pour l'indépendance du joug anglais. Laissé enfin en liberté conditionnelle, il s'adressa par courrier à la RAC de Londres, à maintes reprises, dans l'optique de séjourner à nouveau en Angleterre mais sans aucun succès. Son décès survenu en 1773 serait annoncé dans les archives de la *Spalding Gentleman's Society*[164].

Au cours des premières années du XIXe siècle, majoritairement, les défenseurs de l'abolition de l'esclavage plébiscitèrent Abuya Suleiman Diallo comme une figure incontournable de l'affirmation des droits fondamentaux des Noirs.

> « Le portrait de Diallo par William Hoare est le plus ancien portrait britannique à l'huile d'un esclave libéré et le premier portrait à honorer un sujet africain en tant qu'individu et égal. Peint à l'époque où il y avait un nouvel intérêt pour la culture et la foi islamiques en Grande-Bretagne, il offre un aperçu fascinant de la réponse du XVIIIe siècle à d'autres peuples et religions. »[165]

En effet, une représentation de l'Africain avait été reproduite sous la forme d'un tableau peint en huile sur toile par William Hoare of Bath en 1733. Auparavant connu uniquement grâce à une estampe, on avait cru que l'original avait été perdu. Il a fort heureusement refait surface un beau jour de l'année 2010, lorsqu'il a été prêté à la *National Portrait Gallery of London*. Cet établissement a lancé un appel à don pour

---

[164] In *Muslims in America : A Short History, op. cit.*, p. 61.

[165] In *Ayba Sueleiman Diallo*, Archives d'affichage passées, 20 janvier - 30 juillet 2011, Salle 15, *National Portrait Gallery*, Londres – site Internet consulté le 26 avril 2020.

récolter, la date limite ayant été fixée au 25 août 2010, la somme de 554 937 livres en vue de son acquisition. La majeure partie de cet argent a été offerte par le *Heritage Lottery Fund* et l'*Art Fund*. Il restait à réunir 100 000 livres. À défaut de la finalisation de l'opération, la Galerie a recouru à un appel public. En attendant, le portrait y était exposé jusqu'en 2015[166].

---

[166] Cf. *Ayuba Suleiman Diallo Appeal*, site du *National Portrait Gallery* et *BBC News* mis en ligne le 12 août 2010, consulté le 25 avril 2020. Voir le lien ci-dessous. https://www.npg.org.uk/index.php?id=5747.

VII – Anton Wilhelm Amo : le philosophe à la peau noire

Anton Wilhelm Amo vint au monde vers 1703 à Awukena dans la région d'Axim, sur la côte ouest-africaine, au Ghana. Il y décéda à l'âge de 52 ans vers 1753, probablement, à Fort San Sebastian. Philosophe allemand d'origine ghanéenne, professeur aux universités de Halle, de Wittemberg et d'Iéna en Allemagne, il est sans l'ombre d'un doute la première personne d'Afrique subsaharienne à avoir étudié dans une université européenne.

> « Selon l'Évêque constitutionnel de Blois, l'Abbé Grégoire, qui [cita] une source américaine[167], la cour de Berlin lui avait conféré le titre de "Conseiller d'État", mais on ignore s'il [avait séjourné] effectivement à Berlin dans le cadre de cette fonction. »[168]

Issu du groupe ethnique N'zima[169] et du peuple Akan, le petit Amo fut embarqué en 1707, à l'âge de 4 ans, par la *Geoctroyeerde Westindische Compagnie* (GWC), une *Compagnie néerlandaise des Indes occidentales* et à une côte d'une région colonisée en ce temps par le *Groß Friedrichsburg*[170], sous la gouvernance de l'État de Brandebourg-

---

[167] In *The Monthly Magazine*, New York, 1800, tome I, p. 453 et suivantes.

[168] In *Anthony William Amo, sa vie et son œuvre*, Yoporeka Somet, Teham Éditions, Le Plessis-Trévise, 2016, p. 21.

[169] Un peuple Akan établi en Côte d'Ivoire et au Ghana, ayant pour dénomination le terme de « kôtôkô », dont le symbole totémique est le porc-épic.

[170] La Côte-de-l'Or brandebourgeoise, devenue plus tard la Côte-de-l'Or prussienne,

Prusse[171]. On l'offrirait en cadeau au duc Anton Ulrich von Braun-schweig-Wolfenbütte. D'après les historiens, trois thèses possibles pou-vaient justifier sa présence à la Cour de Braunschweig-Wolfenbütte. *Primo*, il avait été enlevé par des pirates qui l'emmenèrent tout de suite en Europe. *Secundo*, il avait été acheté comme esclave, puis transporté au Pays-Bas. *Tertio*, on l'avait envoyé à Amsterdam pour y recevoir une formation de pasteur dans l'Église réformée[172]. Son frère jumeau nommé Atta, que l'on avait également acheminé *recta* vers le continent européen, s'était retrouvé comme esclave au Surinam dans la côte Nord-Est de l'Amérique du Sud.

Pareil cadeau, très prisé et courant au XVIIIe siècle, semblait avoir surtout été motivé par les bonnes relations qu'entretenait le duc Anton Ulrich von Braunschweig-Wolfenbütte avec la *Geoctroyeerde Westindische Compagnie*. Une fois en Europe en 1707, d'après les registres de la Chapelle de Braunschweig-Wolfenbütte, le jeune Amo fut baptisé le 29 juillet de la même année sous les prénoms d'Anton Wilhelm, en présence de ses deux parrains qu'étaient le duc Anton Ulrich et son fils August Wilhelm.

La jeunesse d'Anton Wilhelm Amo resterait méconnue. Apparem-ment, aucun tuteur n'ayant pu être trouvé pour son instruction aux Pays-Bas, il fut donc envoyé en Allemagne, en Basse-Saxe[173]. Pourtant asservi, faut-il reconnaître, il ne fut pas assigné aux tâches domestiques. Bien au contraire, il fut instruit et reçut une excellente éducation. Les documents financiers du château de Braunschweig-Wolfenbütte men-

---

était la partie de la côte ouest-africaine qui avait été colonisée par le Brandebourg.

[171] Une union personnelle conclue en 1618 par la marche de Brandebourg et la Prusse ducale, un ancien État du Saint-Empire romain germanique qui avait été fondé le 11 juin 1157, ayant regroupé les deux États sous l'autorité du souverain de la dynastie des Hohenzollern. À la suite de la paix de Westphalie en 1648, cette union se matéria-lisa le 18 janvier 1701 lors du couronnement à Königsberg du margrave Frédéric III de Brandebourg comme premier en Prusse, devenant ainsi François Ier de Prusse.

[172] In *Le philosophe connu pour sa peau noire : Anton Wilhelm Amo*, Christine Damis, *Rue Descartes*, Vol. 2, n° 36, 2002, pp. 115 à 127.

[173] In *Anton Wilhelm Amo, A Black Philosopher in 18th Century Europe*, Temitope Ajileye, *Media History*, article mis en ligne 11 août 2018, consulté le 25 mai 2020 – https://medium.com/@temitopeajileye/anton-wilhelm-amo-a-black-philosopher-in-18th-century-europe-16d29ff3f165.

tionnèrent les deux dons qui lui avaient été alloués dans les années 1716-1717 et 1719-1721 pour, selon toute vraisemblance, financer ses études. On ignore les véritables raisons pour lesquelles on l'envoya à l'école, au lieu de s'en servir en tant que serviteur ou domestique. Certains auteurs, tels que Reginald Bess[174], ont évoqué l'exemple d'Abraham Hannibal en guise de motivation d'un tel choix. En effet, Abraham Hannibal, esclave noir qui avait été libéré par le tsar Pierre Ier le Grand (voir le chapitre IV), avait servi la tsarine Élisabeth Ière, la nièce du duc Anton Ulrich von Brunswick-Wolfenbültel.

En 1727, l'inscription d'Anton Wilhelm Amo fut enregistrée au Collège de Philosophie et de Sciences Humaines à l'université de Halle. Il serait licencié en droit en 1729, après avoir présenté un mémoire sur les droits fondamentaux de la personne, intitulé *De Jure Maurorum in Europa* (*Du droit des Maures en Europe*).

« Ici [à Halle avait] résidé pendant un certain temps un Africain du nom d'Antonius Wilhelmus Amo qui était au service de cette Altesse Royale, le Duc régnant de Wolfenbüttel, et comme il avait auparavant appris à fond la langue latine, il [avait] étudié ici avec beaucoup de diligence et de succès à l'école de droit privé. C'[était] ainsi qu'il [était] devenu un homme très accompli dans ce domaine. Ainsi, avec la connaissance et le consentement de ses mécènes qui l'avaient jusqu'alors gardé, il s'[était] inscrit publiquement auprès du doyen [Johann Pieter] von Ludewig pour défendre une thèse sous sa direction. Afin que l'argument de la thèse puisse convenir à son statut et à sa situation, ils lui donnèrent le thème "de jure Maurorum in Europa" : en d'autres termes, "sur les droits des Africains". Là, non seulement il [avait] montré, en [s'étant basé] sur le droit et l'histoire, que les rois des Africains [avaient] été à une époque [vassaux] de l'empereur romain, et que chacun d'entre eux [détenait] un brevet impérial, que Justinien avait lui aussi accordé, mais il [avait] surtout examiné dans quelle mesure la liberté ou la servilité des Africains en Europe, qui avaient été achetés par des chrétiens, était conforme aux lois communément acceptées à cette époque. »[175]

---

[174] In *A. W. Amo : First Great Black Man of Letters*, Reginald Bess, *Journal of Black Studies*, Vol. 19, n° 4, 1er juin 1989, pp. 387-393. Consulté le 25 mai 2020 – https://journals.sagepub.com/doi/10.1177/002193478901900401.

[175] In *Weekly Newspaper of the University of Halle*, 28 novembre 1729.

Le 2 septembre 1730, Anton Wilhelm Amo intégra l'université de Wittemberg, où il s'inscrivit aux cours de médecine, tout en suivant des études des lettres et de philosophie. D'ailleurs, le 17 avril 1734, il soutiendrait sa thèse intitulée *De Humanae mentis apatheia* (*De l'Apathie de l'impossibilité de l'esprit*); il deviendrait ensuite le premier Africain noir à avoir obtenu un doctorat en lettres et philosophie dans une université européenne.

> « Quand, en avril 1734, l'université saxonne de Wittenberg accorda le titre de docteur en philosophie à Anton Wilhelm Amo, cela fut un événement extraordinaire. En général, le XVIIIᵉ siècle peut être caractérisé comme une période où les relations entre Afrique et Europe se limitaient à la traite des esclaves. [...] L'émergence, au XVIIIᵉ siècle, d'un docteur en philosophie venant du continent africain, lointain et inconnu, [avait donc constitué] un point fort remarquable et, de nos jours encore, on en souligne la particularité. »[176]

L'université de Halle nomma Anton Wilhelm Amo professeur en 1736. Il y publia en 1738 son deuxième ouvrage, *Tractatus de arte sobrie et accurate philosophandi* (*De l'art de philosopher avec sobriété et précision*). Dans cet ouvrage, il développa une épistémologie empirique assez proche de celles de John Locke et de David Hume. En 1740, il occupa une chaire de philosophie à l'université d'Iéna.

L'un des principaux penseurs des *Aufklärung* (Lumières) en Allemagne, Anton Wilhelm Amo avait notamment collaboré avec le juriste et philosophe Christian Thomasius, ainsi qu'avec le juriste, historien du droit, archiviste et professeur d'université Johann Peter von Ludewig. Il reprit les thèses du philosophe, juriste et mathématicien Christian Wolff, ainsi que celles du philosophe et scientifique Gottfried Wilhelm Leibniz, qu'il traita, surtout dans *Tractatus de arte sobrie et accurate philosophandi*. Il les étudia et critiqua lors des conférences.

Dans le domaine de la médecine, Anton Wilhelm Amo s'était positionné entre deux écoles : rationaliste et piétiste. Dans *De humanae mentis apatheia*, il ne nia pas l'existence de l'âme en tant que mécanisme corporel, mais osa suggérer une nette prépondérance des effets

---

[176] In *Le philosophe connu pour sa peau noire : Anton Wilhelm Amo*, op. cit.

chimiques et physiques sur la matière. Il fit favorable à la distinction, chère à Emmanuel Kant dans *Kritik der reinen Vernunft (Critique de la Raison Pure)*, entre les impressions sensorielles et la raison au regard des jugements *a priori*. Bien évidemment, dans la controverse générale en cours au sein de l'intelligentsia allemande en ce temps entre le « rationalisme » des Lumières et le « piétisme »[177] des partisans de la morale religieuse, défendu par Johann Joachim Lange, ainsi que par tant d'autres sommités comme Christian Thomasius et August Hermann Francke, Anton Wilhelm Amo avait fait son choix. Il s'était rangé du côté des Lumières, dont Christian Wolff était l'un des précurseurs.

> « [...] les médecins [s'étaient] regroupés en deux sectes [...], si l'on [pouvait] parler dans un tel monde. Il y [avait] d'abord les Mécanistes, et ensuite les Stahliens[178]. Les premiers [s'efforçaient] de maintenir que les actions vitales du corps humain [avaient] leur origine et [agissaient] pour la plupart dans [les domaines de] la santé comme la maladie, mécaniquement et en utilisant la physiologie du corps. Ils [disaient] même que les médicaments appliqués [agissaient] de manière mécanique dans le corps ; et donc que l'âme ne [contribuait] pas ou peu à tout cela. Les Stahliens [étaient] d'avis contraire, à savoir que l'âme humaine [était] le moteur principal du corps et que le corps, de par sa structure physiologique, n'[était] qu'un instrument mobile, et que les médicaments appliqués [n'étaient] que des stimulants qui [incitaient] l'âme à bouger. »[179]

Dans sa thèse publiée sous le titre *De l'absence de la sensation dans l'esprit humain et de sa présence dans notre corps organique et vivant*,

---

[177] Un important mouvement religieux protestant fondé par Philipp Jacob Spener (1635-1705), un pasteur luthérien alsacien qui s'était établi à Francfort-sur-le-Main. Étymologiquement, le piétisme est dérivé du mot « piétiste », traduction de l'allemand « pietist » qualifiant de manière péjorative les participants des *collegia pietatis* du pasteur Spener, afin de moquer ceux qui voulaient être plus pieux que les autres ; les membres du mouvement avaient choisi, quant à eux, le substantif latin *pietas, pietatis*, pour désigner leur principal exercice spirituel.

[178] Partisan de la doctrine de Georg Ernst Stahl, médecin allemand du XVIIIe siècle, qui admettait que chaque phénomène de la vie et chaque maladie étaient conditionnés par l'âme, le corps étant considéré comme inerte.

[179] In *Vollstandinge Historie der Gelehrh*, Nikolaus Hironymus Gundling, Frankfurt / Leipzig, 1734.

Anton Wilhelm Amo avait plutôt plaidé contre le dualisme cartésien. Il avait privilégié une description largement matérialiste de la personne. Il avait aussi admis et trouvé correct le fait de parler du rôle de l'esprit ou de l'âme, mais soutenu avec conviction que c'était le corps, et non l'esprit, qui percevait et ressentait les sensations.

L'intelligence d'Amo lui valut, par le truchement du juriste Johann Gottfried Kraus, recteur de l'université de Wittemberg, une comparaison élogieuse avec les grandes figures africaines de l'antiquité de la trempe du poète comique latin, vraisemblablement d'origine berbère, Térence de Carthage, ainsi que de l'écrivain, orateur et philosophe médio-platonicien Apulée de Madaure…

Resté profondément africain durant son long séjour en Europe, outre la défense des droits fondamentaux à travers *De Jure Maurorum in Europa*, Anton Wilhelm Amo n'était nullement complexé du fait de la couleur de son épiderme. Il était, bien au contraire, très fier de son africanité. Il signait, de ce fait, tous ses écrits avec l'ajout « Afer », c'est-à-dire « qui vient d'Afrique » en latin : Amo-Guinea Afer, Antonius Guilielmus Amo Afer (Anton Wilhelm Amo d'Afrique), ou encore Amo-Guinea Africanus. Le général et homme d'État romain Publius Cornelius Scipio n'était-il pas très fier en 201 avant J.-C. d'avoir été surnommé l'*Africanus major*, sans compter le Second Africain en la personne de Scipion Émilien (*Africanus minor*) qui hérita dudit qualificatif en 146 avant l'heure chrétienne ? François Mitterrand, le Florentin de Jarnac, ne le deviendrait-il pas au XXᵉ siècle au point de rendre complètement jaloux Artaban, ce personnage du roman intitulé *Cléopâtre* écrit par Gautier de Costes de La Calprenède ?

Dans les années 1740, la famille Braunschweig-Wolfenbütte se désintéressa peu à peu de la philosophie des Lumières, et, tout compte fait, des travaux de leur cher protégé Anton Wilhelm Amo. La montée de l'ethnicisme, les guerres, les nationalismes de tous genres en cours dans l'Europe de la fin de la première moitié du XVIIIᵉ siècle, sans compter la perte de la protection du duc, auraient peut-être joué un rôle déterminant dans le choix du retour de l'ancien esclave africain au Ghana. Pour l'abbé Grégoire,

« après la mort du prince de Brunswick, son bienfaiteur, Amo, tombé dans une mélancolie profonde, [se] résolut de quitter l'Europe qu'il avait habitée pendant trente ans, et de retourner dans sa terre natale à Axim, sur la [Côte-de-l'Or]. Il y reçut, en 1753, la visite du savant voyageur et médecin David-Henri Gallandat, qui en [parla] dans les *Mémoires de l'Académie de Flessingue*, dont il était membre »[180].

En tout cas, confronté à une campagne désagréable de la part de certains de ses détracteurs les plus perspicaces, y compris un pamphlet public qui avait été mis en scène dans un théâtre de Halle, Anton Wilhelm Amo reprit un navire de la *Geoctroyeerde Westindische Compagnie* en direction du pays de ses aïeux en Afrique. Il arriva à bon port vers 1747 et retrouva son père et sa sœur qui vivaient toujours en Côte-de-l'Or, dans l'actuel Ghana. À partir de 1751, il travailla comme orfèvre, jusqu'à sa mort survenue vers 1784 au fort néerlandais San Sebastian de Shama. En effet, selon au moins un rapport officiel, il aurait été emmené sans son consentement dans une forteresse hollandaise avant 1760, peut-être pour l'empêcher de monter son peuple contre la présence coloniale.

Les réflexions philosophiques d'Amo seraient tout à fait ignorées par d'autres intellectuels allemands de la mouvance Jena, très enclins à l'idéalisme et au romantisme saxons, comme Friedrich Schiller, Johann Gottlieb Fichte, Friedrich Schelling, Georg Hegel, Clemens Brentano, les frères Friedrich et August Schlegel. Si quelques auteurs s'étaient audacieusement hasardés à mentionner ses travaux, surtout dans le but de prouver la valeur potentielle des Noirs pour balayer des sempiternelles critiques en matière de performance sportive, la perception philosophique d'Anton Wilhelm Amo avait été tout à fait occultée. En 1787, dans *Von den Negern (Des Nègres)*[181], Johann Friedrich Blumenbach, biologiste de renom, eut l'outrecuidance de citer Amo parmi d'autres Africains pour prouver l'égalité intellectuelle

---

[180] In *De la littérature des Nègres ou recherches sur leurs facultés intellectuelles, leurs qualités morales et leur littérature*, Abbé Grégoire, 1ère édition en 1808, Perrin, Paris, 1990, Introduction et notes de Jean Lessay, p. 201.

[181] In *Einige Naturhistorische Bemerkungen Bey Gegelegenheit Einer Schweizerreize, von Den Negern*, Johann Friedrich Blumenbach, *Magazin für das Neuste aus der Physik und Naturgeschichte*, Vol. 4, n° 3, 1787, pp. 1-12.

entre Noirs et Blancs[182]. Il en était de même de l'abbé Grégoire qui, en 1808, dans le dix-huitième chapitre de l'ouvrage *De la littérature des Nègres*, présenta des « Notices de Nègres et de Mulâtres [qui s'étaient] distingués par leurs talents et leurs ouvrages »[183]. Ainsi déclara-t-il que :

> « l'université de Wittemberg [n'avait pas], sur la différence de couleurs, les préjugés absurdes de tant d'hommes qui se [prétendaient] éclairés »[184].

En 1916 et en 1918, ayant surtout mis l'accent sur l'exceptionnalité de son caractère, le bibliothécaire Wolfram Suchier a consacré deux biographies à Anton Wilhelm Amo[185]. En 1946, Beatrice Jackson Fleming et Marion Jackson Pryde ont publié *Distinguished Negroes Abroad* dans lequel elles ont aussi évoqué son parcours, exercice auquel s'est également attelé, dans son autobiographie, Kwame Nkrumah, l'ancien président de la République et le père de l'indépendance du Ghana. Quelques tentatives de récupération politique, en période de guerre froide, ont eu cours. Si les dirigeants de l'ancienne Union des républiques socialistes soviétiques (URSS) se sont servis de la notoriété de l'ex-Premier ministre congolais, Patrice Lumumba, en ayant attribué son nom, de 1961 à 1992, à un établissement d'enseignement supérieur – l'actuelle université russe de l'Amitié des Peuples (URAP) – dans l'optique de damer les pions en Afrique aux Occidentaux, les autorités de l'ex-République démocratique allemande (RDA) se sont appuyées, quant à elles, sur l'université de Halle, laquelle était située en Allemagne de l'Est. Cette académie avait mis en avant le fait d'avoir accueilli en Europe l'un des premiers étudiants noirs. Dans cette optique, s'étant

---

[182] *Ibidem.*

[183] In *De la littérature des Nègres ou recherches sur leurs facultés intellectuelles, leurs qualités morales et leur littérature, op. cit.*, p. 197.

[184] *Ibidem*, p. 200.

[185] In *A. W. Amo. Ein Mohr Als Student Und Privatdozent Der Philosophie in Halle*, Wolfram Suchier, Wittemberg, und Jena, 1727-1749, Akademische Rundschau, 4 Jahrg. H 9/10, Leipzig, 1916.
Voir aussi *Weiteres Über Den Mohren Amo*, Wolfram Suchier, dans *Altsachen Zeitschrift des Altsachenbundes und Heimatkiunde*, Holzminden, 1918, pp. 7-8.

positionné en contre-exemple de la politique coloniale à l'instar de l'archéologue et spécialiste du Proche-Orient Burchard Brentjes[186], l'université de Halle a élevé une statue, œuvre de Gerhard Geyer, en l'honneur d'Anton Wilhelm Amo.

De nos jours, dans le cadre de la promotion des actions en faveur des droits des Noirs ou de l'égalité intellectuelle, depuis 1994, l'université Martin Luther de Halle-Wittemberg remet le prix « Anton Wilhelm Amo » destiné aux étudiants étrangers.

Anton Wilhelm Amo a laissé à la postérité quelques écrits :
– *Dissertatio inauguralis de jure Maurorum in Europa*, 1729 ;
– *Dissertatio de humanae mentis apatheia (De l'impassibilité de l'esprit)*, Wittenberg, 1734 ;
– *Disputatio philosophica continens ideam distinctam eorum quae competunt vel menti vel corpori nostro vivo et organico*, Wittenberg, 1734 ;
– *De Humanae mentis apatheia : Tractatus de arte sobrie et accurate philosophandi*, Halle, 1738 – version en français sous le titre *Traité de l'art de philosopher avec précision et sans fioritures*, textes originaux traduits, annotés et commentés par Simon Mougnol, L'Harmattan, Paris, 2013.

Pour être plus complet, quant aux publications d'Amo, il faudrait ajouter à cette liste le texte intitulé *Disputatio philosophica continens ideam distinctam eorum quae competunt vel menti vel corpori nostro vivo et organico (Discussion philosophique contenant l'idée distincte des attributs qui appartiennent respectivement à notre esprit, et à notre corps vivant et organique)*.

Les poèmes d'Anton Wilhelm Amo étaient parus dans l'annexe de la thèse du mathématicien juif Abraham Wolff (1710-1795) que les experts soupçonnèrent d'avoir résolu le dernier écart du mathématicien et physicien suisse Leonhard Euler relatif au nombre de Pierre Fermat (à savoir un numéro de la forme $F_n = 2^{2^n} + 1$ avec un entier $n \geq$ à 0). Ce mémoire avait été publié à Halle en 1737.

---

[186] In *Anton Wilhelm Amo. Der schwarze Philosoph in Halle*, Burchard Brentjes, Leipzig, Koehler & Amelang, 1976.

VIII – Jupiter Hammon :
l'expert de la littérature afro-américaine

Le monde vit Jupiter Hammon pour la toute première fois le 17 octobre 1711 dans une maison du Queen's Village – ayant fait partie intégrante d'une propriété connue aujourd'hui comme le *Lloyd Manor House* –, à Lloyd Harbor, non loin de Huntington, dans l'État de New York. Il le quitta de manière discrète avant 1806. Le plus ancien poète afro-américain[187] à avoir publié aux États-Unis, il naquit et mourut esclave. Chrétien dévoué, auteur de poèmes et de sermons, il était considéré, selon le docteur Cedrick May[188], comme l'un des fondateurs

[187] Les Afro-Américains, également désignés comme Noirs américains ou plus rarement Africains-Américains, représentent le groupe ethnique formé par les citoyens des États-Unis d'Amérique d'ascendance totale, ou partielle, d'Afrique noire. La plupart d'Afro-Américains sont des descendants d'esclaves qui avaient été déportés entre le début du XVIe siècle et le début du XIXe siècle.

[188] Un courant littéraire des États-Unis d'Amérique qui avait été produit par des écrivains afro-américains de la fin du XVIIIe siècle, tels que Phillis Wheatley et Olaudah Equiano. Cette littérature avait atteint son apogée grâce aux témoignages sur l'esclavage et à la Renaissance de Harlem dans l'entre-deux-guerres. De nos jours, des auteurs comme Chloe Ardelia Wofford Morrison (dite Toni Morrison), Marguerite Johnson (alias Maya Angelou) et Walter Mosley ont traité des thèmes très divers, de la place des Noirs dans la société américaine, du racisme, de l'esclavage et de l'égalité. La littérature afro-américaine puise son inspiration dans les formes d'expression orale et musicale comme le *Negro-spiritual*, les sermons, le *gospel*, le *blues* ou, plus récemment, le rap.
En fait, selon l'historienne Joan Brown Wettingfeld, Lucy Terry avait été la première poétesse noire en Amérique. Cette esclave avait écrit son seul poème connu, *Bars

et aussi un expert de la littérature afro-américaine du XVIIIe siècle[189]. Ses parents avaient fait partie, en 1687, du premier convoi d'esclaves des Lloyd. Contrairement à la plupart des personnes asservies, Obadiah Hammon, le père de Jupiter, était instruit. Il avait été détenu par quatre générations successives de la famille Lloyd, laquelle était basée dans le Queens, sur Long Island dans le comté de Suffolk.

Les Lloyd encouragèrent Jupiter Hammon à fréquenter l'école en compagnie de leurs enfants. Il y apprit à lire et à écrire. Adulte, il travailla comme serviteur, clerc, artisan et ouvrier agricole pour le bénéfice de la famille de son maître. Lors des négociations d'affaires, il assistait Henry Lloyd, le chef de famille. Ce dernier appréciait l'efficacité de son esclave qu'il attribuait au désir d'un travail rapidement exécuté et proprement fait. Valet polyvalent et commis préféré de son propriétaire, Jupiter Hammon devint un fervent croyant, pendant la grande renaissance chrétienne du XVIIIe siècle, comme l'étaient d'ailleurs les membres de la famille Lloyd.

> « À la mort d'Henry Lloyd en 1763, la propriété de Hammon [fut] transférée [à son] fils, Joseph, qui était actif comme patriote pendant la guerre de la Révolution [américaine au cours de laquelle il trouva la mort]. La propriété de [fut] ensuite transférée à John Lloyd, Jr. »[190]

Le premier poème de Jupiter Hammon, daté du 25 décembre 1760, ne parut qu'en 1761. Il s'intitula *An Evening Thought. Salvation by Christ with Penitential Cries: Composed by Jupiter Hammon, a Negro belonging to Mr Lloyd of Queen's Village, on Long Island*[191]. En 1778,

---

Fight, en 1746.

Lire *To Shatter Innocence: Teaching African American Poetry*, Jerry W. Ward Jr, dans *M. Graham, Teaching African American Literature*, Routledge, 1998, p. 146.

[189] In *Jupiter Hammon of Lloyd's teck, Long Island: African American poet of the Revolutionary Era*, Susan Ingalls Lewis, New York Residscovered Blog, consulté le 28 avril 2020 – https://sites.newpaltz.edu/nyrediscovered.

[190] In *Hammon, Jupiter*, l'encyclopédie en ligne, consultée le 27 avril 2010 – https://www.encyclopedia.com/history/encyclopedias-almanacs-transcripts-and-maps/hammon-jupiter.

[191] In *About Jupiter Hammon, Academy of American Poets*, sur *poets.org*, consulté le 28 avril 2020 – https://fr.wikipedia.org/wiki/Jupiter_Hammon#cite_note-1.

dix-huit années après sa première œuvre, Jupiter Hammon publia le poème *An Address to Miss Phillis Wheatley*. Écrite, alors qu'il s'était provisoirement installé avec d'autres esclaves de la famille Lloyd à Hartford dans le Connecticut du fait de la guerre d'Indépendance américaine, l'allocution à l'attention de Miss Phillis Wheatley (voir le chapitre le XXI) était composée de vingt et un quatrains, dont chacun était accompagné d'un verset de la Bible. Ayant estimé que l'écriture de la poétesse avait succombé à des influences paganistes, l'oraison qu'il lui consacra, espéra-t-il, lui permettrait de revenir dans le droit chemin : c'est-à-dire, dans ce contexte précis, à une foi chrétienne[192]. Plus tard, il publierait deux autres poèmes et trois sermons. La qualité de son style, sa capacité à écrire et son talent d'orateur firent de Jupiter Hammon le prédicateur des esclaves pendant plusieurs générations[193].

« Son écriture [reflétait] ses efforts pour évangéliser ses frères noirs à une époque où la plupart des Afro-Américains n'étaient pas chrétiens. Il [était] calviniste traditionnel. Il [connaissait] l'Afrique et l'expérience du passage du milieu. Sans surprise, son utilisation de la rhétorique évangélique traditionnelle [suggérait] profondément les implications politiques que ce discours pourrait avoir dans le travail des futurs écrivains. »[194]

Rappelons qu'un homonyme, le Briton Hammon, qui était un esclave d'origine africaine ayant vécu en Amérique du Nord britannique au milieu du XVIIIᵉ siècle, avait également publié en 1760 un récit d'aventures et de souffrance sous le titre *A Narrative of the Uncommon Sufferings, and Surprizing delivrance of Briton Hammon*. Voir les Collections numériques de la Bibliothèque du Congrès américain, consulté le 29 avril 2020 – http://lcweb2.loc.gov/cgi-bin/ampage?collId=rbc3&fileName=rbc0001_2008amimp09041page.db&recNum=5.

[192] In *Hammon, Jupiter*, Duncan F. Faherty, *Academy of American Poets*, sur *poets.org*, article consulté le 28 avril 2020.

[193] In *Little Known Black History Fact : Jupiter Hammon*, Tonya Pendleton, *Black America Web*, consulté le 28 avril 2020. Voir le lien ci-dessous.

https://blackamericaweb.com/2017/10/17/little-known-black-history-fact-jupiter-hammon.

[194] In *Jupiter Hammon (1711-1806?)*, William H. Robinson et Phillip M. Richards, consulté le 28 avril 2020. Voir le lien ci-dessous.

https://faculty.georgetown.edu/bassr/heath/syllabuild/iguide/hammon.html.

Étant toujours l'esclave de John Lloyd Jr, Jupiter Hammon aurait participé à la guerre d'Indépendance américaine dans différents groupes dont le *Spartan Project* de l'*African Society* de New York. Mais, selon une autre source, lorsque les troupes britanniques avaient envahi Long Island, Hammon se serait enfui avec la famille Lloyd à Hartford, où il resterait jusqu'à la fin des hostilités[195]. En tout cas, âgé de 76 ans, lors de l'inauguration publique de l'*African Society* de New York, il prononça le 24 septembre 1786 un vibrant discours intitulé *Address to the Negroes do the State of New York*[196]. Ce texte serait connu comme le *Discours de Hammon* :

> « Si jamais nous arrivions au ciel, nous ne trouverions personne pour nous reprocher d'être des Noirs ou des esclaves. »[197]

Néanmoins, ajouta Jupiter Hammon, si lui-même n'avait pas le désir de devenir libre, il souhaitait la liberté pour les autres personnes de sa condition, surtout les jeunes.

En effet, dans le cadre des recherches universitaires, plus précisément la documentation en vue du doctorat sous la direction du professeur Cedrick May de l'université du Texas dans le comté de Tarrant, Julie McCown a découvert en 2013 un poème inédit de Jupiter Hammon. Daté de 1786, ce texte avait été conservé dans la bibliothèque des Manuscrits et Archives de l'université de Yale – cet établissement privé situé à New Haven dans le Connecticut. Pour Sandra Gustafson, la rédactrice en chef d'*Early American Littérature* qui éditerait ce poème en juin 2013,

> « c'[était] une découverte importante pour [quelques] raisons. Il [a élargi] le très petit nombre d'œuvres connues d'Afro-Américains

---

[195] In *Amont, Jupiter, op. cit.*

[196] In *An Address to the Negroes do the State of New York*, Jupiter Hammon, édité par Paul Royster, University of Nebraska-Lincoln, 1787, consulté le 20 avril 2020 – https://digitalcommons.unl.edu/etas/12.

[197] *Ibidem, op. cit.*, University of Virginia Library, consulté le 28 avril 2020. Voir le lien ci-dessous.
https://web.archive.org/web/20091128185140/http://etext.lib.virginia.edu/readex/204 00.html.

asservis écrites au XVIIIᵉ siècle. Le poème [exprimait] une critique forte et directe de l'esclavage. »[198]

Le professeur en devenir Julie McCown a donc décrit ce texte comme étant un phénomène nouveau, à savoir le point de basculement de l'auteur au regard de l'esclavage.

Le discours de Jupiter Hammon était basé sur des paradigmes chrétiens et des éléments théologiques. De plus, selon l'auteur asservi, les Noirs devraient préserver leur haute moralité. Dans cette optique, le fait d'être esclave leur assurait une place au paradis et la libération, pourtant progressive, mettrait un terme à l'asservissement[199]. D'après certains universitaires, en son for intérieur, Hammon pensait que la libération massive et immédiate de tous les esclaves serait difficile à obtenir. Ce fut dans ce contexte que les Quakers[200] de New York, favorables à l'abolition de l'esclavage, se permirent de publier le *Discours de Hammon* avant d'être ensuite repris et réimprimé par plusieurs groupes abolitionnistes, dont la *Pennsylvania Society for Promoting the Abolition of Slavery*.

Pour l'anthropologue Rosemary Joyce, le poème que l'on a découvert, à savoir *An Essay on Slavery,* avait été écrit à peu près à la même époque que les autres, c'est-à-dire en 1786. Selon les chercheurs de l'université de Texas à Arlington, ce texte était toutefois très différent dans le ton :

---

[198] In *Jupiter Hammon should be a household name,* Rosemay Joyce, *Berkley Blog,* consulté le 28 avril 2020 – https://blogs.berkeley.edu/2013/02/17/jupiter-hammon-should-be-a-household-name.

[199] In *Hammon, Jupiter, op. cit.*

[200] On considère les Quakers comme ayant constitué le premier groupe organisé à avoir activement aidé les esclaves qui s'étaient échappés. George Washington s'était même plaint, en 1786, qu'ils avaient tenté de « libérer » l'un de ses esclaves. En effet, au début des années 1800, l'abolitionniste Quaker Isaac Tatem Hopper avait mis en place, à Philadelphie, un réseau qui avait assisté les esclaves en fuite. Dans le même temps, les Quakers de Caroline du Nord avaient créé des groupes abolitionnistes. Ceux-ci avaient jeté les bases de routes et d'abris pour les évadés.

L'Église épiscopale méthodiste africaine, établie en 1816, était un autre groupe religieux proactif qui secourrait aussi les esclaves fugitifs.

Le jour était sombre et lugubre
quand l'esclavage a commencé
Toutes les pensées humbles ont été mises de côté
Ensuite, les esclaves ont été fabriqués par l'Homme.

Cela a poussé le docteur Cedrick May et le futur professeur Julie McCown à conclure que ce poème de Jupiter Hammon n'avait jamais été publié à cause du ton accablant l'esclavage. Dans ce texte, se dégageait une dénonciation claire et nette. Quant à Sandra Gustafson, elle a mis l'accent sur l'importance de ce poème résidant dans « le dialogue poétique continu de Hammon avec Phillis Wheatley sur des questions de foi chrétienne et de justice sociale »[201].

À l'avènement d'un nouveau gouvernement, deux décennies après la guerre d'Indépendance, les États du Nord abolirent l'esclavage. Au Sud, surtout dans les États limitrophes, quelques propriétaires affranchirent leurs esclaves, ayant *de facto* fait passer la proportion d'Afro-Américains libres de moins de 1 % en 1790 à plus de 10 % en 1810 : 186 446 personnes, soit 13,5 % d'Afro-Américains[202].

Rien n'étant apparu dans les registres officiels, on situe le décès du poète vers 1806 à l'âge de 95 ans. Mort esclave, l'inhumation de la dépouille de Jupiter Hammon aurait eu discrètement lieu dans la propriété de la famille Lloyd dans une tombe quelconque.

À l'instar de Phillis Wheatley, esclave qui publia son premier recueil de poèmes à Londres, les textes de Jupiter Hammon n'avaient cessé de faire notoriété dans les anthologies consacrées aux Afro-Américains et aux auteurs noirs américains. Sur le fond et la forme, d'aucuns ont reconnu que :

« les poèmes de Hammon [suivaient] un schéma et un compteur stricts et mécaniques et, comme ses sermons, [exhortaient] le lecteur à rechercher le salut en obéissant à la volonté de Dieu. Il [semblait] avoir étendu cette notion de piété chrétienne à sa situation [de] domestique et refusé de dénoncer publiquement l'esclavage. Cependant, alors même qu'il exhortait les Afro-

---

[201] In *Amont, Jupiter, op. cit.*

[202] In *American Slavery : 1619-1877*, Peter Kolchin, Hill and Wang, New York, 1993, p. 81.

Américains à "obéir à [leurs] maîtres", il se demandait si l'esclavage était "juste et légal aux yeux de Dieu". »[203]

L'appel de Jupiter Hammon n'était donc pas une excuse à l'avantage du système esclavagiste. Il était, plutôt, une évaluation modulée et astucieuse des relations sociales et de rapport de force entre les Noirs et les Blancs dans la première République américaine. Ainsi l'auteur avait-il rappelé, avec justesse, que :

> « cette liberté [était] une grande chose que [les Noirs pouvaient] connaître par [leurs] propres sentiments, et [ils pouvaient] également en juger par la conduite des Blancs, à la fin de la guerre. Combien d'argent [avait] été dépensé, et combien de vies [avaient] été perdues, pour défendre leur liberté. »[204]

Jupiter Hammon avait espéré que Dieu interpellerait la conscience des Blancs, alors qu'ils s'étaient tant engagés pour la liberté, afin qu'ils puissent penser à la situation des pauvres Noirs. Il leur montrerait leur inhumanité pour mieux les plaindre. De plus, « il n'y [avait] qu'un seul Ciel pour les Blancs et les Noirs, et un seul Enfer… »[205] Par rapport à la mort, esclaves et personnes libres étaient tous égaux.

La vie et les écrits de Jupiter Hammon avaient offert, aux dires de l'archéologue et anthropologue historique Sarah Kautz, « une vision exceptionnellement nuancée de l'esclavage et de la liberté à Long Island avant et après la Révolution américaine »[206] dont les œuvres étaient très importantes. En plus, la littérature et les documents se rapportant à l'histoire du XVIIIᵉ siècle n'avaient pas été écrits du point de vue d'un esclave.

---

[203] In *Amont, Jupiter, op. cit.*

[204] In *Jupiter Hammon should be a household name, op. cit.*

[205] *Ibidem.*

[206] In *The Life and Works of Jupiter Hammon (1711-before 1806)*, Sarah Kautz, *Preservation Long Island*, consulté le 28 avril 2020. Voir le lien ci-dessous. https://preservationlongisland.org/the-life-and-works-of-jupiter-hammon-1711-before-1806.

Sans conteste, Jupiter Hammon avait livré aux futures générations « un aperçu puissant de l'expérience de l'esclavage »[207], en s'étant abreuvé dans les complexités ethniques qui avaient constitué, à la fois dans la douleur et dans l'insouciance, les États-Unis d'Amérique.

> « Le recours systématique aux listes de divinités est un fait frappant qui rappelle fortement le classement raisonné de divinités mis au point par [Jules] Toutain au début du siècle dernier. Les divinités sont présentées séparément – Jupiter, Mercure, Mars, Bacchus, Neptune, Esculape, Junon-Caelestis – ou en association. En effet, dans la mesure où il [a tenté] d'étudier ce qu'il y [avait] de plus africain dans la divinité, [Marcel] Bénabou [a regroupé] arbitrairement certaines divinités qui lui [sont apparus] liées sur les documents iconographiques ou épigraphiques. Saturne, par exemple, [était] associé à Jupiter en même temps qu'à Jupiter Hammon. »[208]

Le fait qu'une grande partie de la littérature noire américaine, ainsi que de la musique, utilisait souvent une dualité de langage pour diffuser des idées dans un environnement hostile, pourrait laisser penser que les poèmes de Jupiter Hammon étaient peut-être codés. Incitaient-ils, en réalité, les esclaves à se comporter différemment des Blancs qui privaient de liberté les êtres humains, alors qu'ils prêchaient l'amour du prochain ?

---

[207] *Ibidem.*

[208] In *La résistance africaine à la romanisation*, Marcel Bénabou, Maspero, Paris, 1976, p. 335, référence citée dans *La résistance africaine : une approche libératrice ?* Meriem Sebaï, *Afrique & histoire*, 2005/1, Vol. 3, pp. 39-56.

IX – Le légendaire François Makandal

Le nom de ce légendaire personnage s'écrit différemment : François Mackandal, Macandal, Makandal ou, en créole haïtien, Franswa Makandal. Il sera adopté, dans cet ouvrage, l'orthographe Makandal – *makanda* étant les clans *(kanda* au singulier) chez les Bantous *(Muntu* au singulier), plus précisément chez les Bakongo *(Mukongo* au singulier). De plus, pour les initiés, les *makandala* renvoient aux liens spirituels qui protègent un clan.

François Makandal, qui vint au monde en 1728 en Afrique centrale, mourut le 20 janvier 1758 au Cap-Français dans l'actuel Cap-Haïtien. Esclave marron[209], il serait directement impliqué dans plusieurs rébellions dans le Nord-Ouest de l'île de Saint-Domingue. Ce « bossale »[210] serait parfois décrit comme un prêtre vaudou ou houngan[211]. Accusé de « séduction, profanation et empoisonnement »[212] par l'autorité colo-

---

[209] Le marronnage concernait la fuite d'un esclave hors de la propriété de son maître en Amérique, aux Antilles ou dans les Mascareignes, à l'époque coloniale. Le fugitif lui-même était appelé marron ou nègre marron, negmarron, voire cimarron (selon le terme initial espagnol).

[210] C'est-à-dire un esclave originaire d'Afrique.

[211] Houngan, ou hougan, est un chef spirituel de la religion vaudoue. En tant qu'organisateur des cérémonies officiant dans l'Oufo, le temple autour du potomitan, il sert de canal aux esprits (lwas) qui désirent transmettre un message au monde des vivants. Son équivalent féminin est la *mambo* ou *manbo*.

[212] In *Macandale, chef des noirs révoltés, arrêt de condamnation par le Conseil supérieur du Cap-Français à Saint-Domingue (1758)*, Archives nationales d'outre-

niale française, il serait condamné à mort par un arrêt du 20 janvier 1758 et exécuté le jour même sur le bûcher. Son personnage, sur lequel continuent à planer bien des mystères, finirait par donner lieu à de nombreuses interprétations ou légendes.

Selon plusieurs sources, notamment celles des anthropologues américains Mark Davis et Wyatt Mac Gaffey[213], ainsi que des professeurs spécialistes des études afro-américaines à l'université de Boston, Linda Heywood et John Thornton, à qui il faudrait associer David Patrick Geggus de l'université de Floride, François Makandal était originaire du Royaume du Kongo. D'aucuns ont toutefois rapporté, sans aucun élément probant, qu'il était un musulman pratiquant. ils ont même situé son origine au Sénégal, au Mali ou en Guinée[214].

Comme la plus grande majorité d'esclaves, François Makandal fut capturé à l'âge de 12 ans en Afrique subsaharienne, probablement lors d'une razzia, et embarqué vers les Amériques où il arriva dans la colonie française de Saint-Domingue. Pour le chercheur congolais Arsène Francoeur Nganga, s'étant appuyé sur la linguistique, le nom de Macandal provient du terme « makandala » francisé du phonème /K/ en /C/ et ayant perdu le segment final /A/[215]. Ainsi a-t-il réfuté, toujours du point de vue de la langue, la reconversion de Makandal à la religion musulmane. En effet, au vu des arguments développés *supra*, il était un descendant des Bakongo. De plus, l'ethnographie de ses pratiques religieuses, ou spirituelles, renvoie sans aucune ambiguïté au rite petro-lemba[216] du vaudou haïtien qui est d'obédience kongo. D'ail-

---

mer, côte FR ANOM COL E 295.

[213] In *Kongo Political Culture. The Conceptual Challenge of the Particular*, Wyatt Mac Gaffey, Bloomington, Indiana University Press, 2000, p. 139.

[214] In *Histoire d'Haïti*, Thomas Madiou, Port-au-Prince, J. Courtois, 1848.

[215] In *Les origines Kôngo d'Haïti, Première République noire de l'Humanité*, Arsène Francoeur Nganga, préface du professeur Pierre Buteau, col. Racines, Diasporas noires, Dakar, 2019.

[216] Le vaudou haïtien naquit du mélange de croyances des religions du royaume du Kongo, du Dahomey et du pays Yoruba (Nigeria). Cette religion nouvelle est donc composée de deux branches : la rada, pratiquée par les individus en provenance d'Aradan sur la côte du Dahomey, ainsi que la petro-lemba. Celle-ci est appelée soit tout simplement petro, d'après le nom d'un personnage messianique, Don Pedro, originaire de la péninsule du Sud d'Haïti de nos jours ; soit petro-lemba, en associant le

leurs, force est de constater que son acolyte se nommait Mayombe, dénomination faisant penser à la forêt du Mayombe, ou Mayumbe, située dans la région occidentale de l'Afrique centrale : de l'embouchure du majestueux fleuve Congo au Sud, jusqu'à la rivière Kouilou-Niari au Nord – s'étendant sur les territoires du Congo-Kinshasa, de l'Angola, du Congo-Brazzaville et du Gabon. Quant au diplomate et auteur Pierre Pluchon, il a décrit les pratiques de Makandal relatif à l'utilisation de l'eau bénite et de quelques ingrédients comme étant propres aux coutumes kongo. Mieux, François Makandal avait vécu dans le Nord de la République d'Haïti à dominante kongo. Si dans les archives il est écrit que Makandal était né en Guinée, il faudrait avoir à l'esprit que ce terme générique représentait l'Afrique subsaharienne de l'Ouest dans les normes administratives en cours jadis à Haïti.

Selon les informations qui avaient été fournies trente années après les faits par l'historien Louis-Élie Moreau de Saint-Méry, François Makandal devint esclave au Limbé dans une propriété du commissaire ordonnateur Sébastien-François-Ange Le Normant de Mézy. À la suite de la perte de l'une de ses mains, prise dans un moulin à cannes, Makandal se verrait confier la garde des animaux[217]. Un récit de la même époque racontait qu'il aurait séduit une jeune esclave noire dont le maître blanc était follement épris. Par conséquent, le courroux du propriétaire et rival malheureux aurait été la cause principale des mauvais traitements à l'encontre de l'esclave. Ce dernier se serait donc enfui, pour éviter les terribles conséquences de la jalousie, et aurait marronné[218] pendant dix-huit années, période durant laquelle il aurait organisé la révolte contre les maîtres français. Il empoisonnerait les puits et utiliserait le vaudou contre les Blancs – ayant fait ébranler, dans l'absolu, l'autorité de l'Église catholique. La magie noire s'imposerait d'emblée à la magie blanche. Se considérant lui-même comme

---

petro au lemba, laquelle est, à l'origine, une structure de commerçants et de guérisseurs du Nord du Kongo.

[217] In *Description topographique, physique, civile, politique et historique de la partie française de l'isle Saint-Domingue*, Louis-Élie Moreau de Saint-Méry, Tome 1, Philadelphie-Paris-Hambourg, Dupont, 1797-1798, p. 651.

[218] In *Makandal, histoire véritable*, Larival, sous les initiales « M de C. », Mercure de France, 15 septembre 1787, pp. 102-114.

un houngan, et, surtout, un immortel, il impressionnerait, positivement ou négativement, ses semblables haïtiens.

> « "Le moment Mackandal", moment historique concret. Mackandal [était] un marron endurci (18 ans d'expérience vécue de marronnage !), qui [parvint] à la conscience de l'affranchissement général au milieu du [XVIIIᵉ] siècle, objectif qu'il recherche à travers un complot pour supprimer tous les maîtres par le poison. C'[était] encore du marronnage, mais arrivé à maturité de l'action collective concertée et clandestine pour un but global. »[219]

Devenu un chef charismatique, François Makandal fédéra les bandes d'esclaves marrons et créa un réseau d'organisations secrètes dans les plantations contre lesquelles il menait systématiquement la nuit plusieurs expéditions punitives, à la lueur des flambeaux. Celles-ci occasionneraient la mort d'un grand nombre de propriétaires. Trahi par l'un de ses proches, il serait capturé et jugé par le Conseil supérieur du Cap-Français qui le déclarerait, le 20 janvier 1758,

> « [dûment] atteint [et] convaincu de s'être rendu redoutable parmi les nègres et les avoir corrompus et séduits par des prestiges et fait [de] se livrer à des impiétés et des [profanations] auxquelles il se serait [lui-même] livré en [mêlant] des choses saintes dans la composition à l'usage de paquets prétendus magiques, et tendant à maléfices, qu'il faisait et vendait aux nègres, d'avoir en outre composé, vendu et distribué de ce poison de toutes espèces »[220].

François Makandal, dit Makandal Nèg Mawon, fut condamné à faire amende honorable[221]. Il délivra les noms de ses complices, après avoir été soumis à la question ordinaire et extraordinaire : à savoir la

---

[219] In *Ayiti : Signification, impact et portée de la Révolution Haïtienne d'Indépendance (1789-1803), hier et aujourd'hui*, Leslie François Manigat, site Internet *Potomita* – www.potomitan.info/ayiti/ayiti7.html, consulté le 15 avril 2020.

[220] In *Macandale, chef des noirs révoltés, arrêt de condamnation par le Conseil supérieur du Cap-Français à Saint-Domingue (1758), op. cit.*

[221] Cf. notes de l'article *Amende honorable*, Joseph-Nicolas Guyot, dans *Répertoire universel et raisonné de jurisprudence civile, canonique et bénéficiale...*, Tome premier, Visse, Paris, 1784, p. 365.

torture. Il fut brûlé vif sur la place publique du Cap-Français. Mais, selon certaines versions, il se serait démené dans le brasier, le poteau auquel il fut attaché aurait cédé. Makandal aurait sauté hors du bûcher et aurait pris la poudre d'escampette. Le sorcier, doublé d'un prêtre du vaudou, serait réputé avoir échappé au supplice en s'étant métamorphosé en moustique.

> « Le hasard ayant voulu que le poteau où l'on avait attaché la chaîne qui le [maintenait] fût pourri, les efforts violents, que lui faisaient fuir les tourments du feu, arrachèrent le piton et il culbuta par-dessus le bûcher. Les Nègres crièrent: "Macandal sauvé"; la terreur fut extrême; toutes les portes furent fermées. Le détachement de Suisses qui gardait la place de l'exécution la fit évacuer; le geôlier Massé voulait le tuer d'un coup d'épée, lorsque, d'après l'ordre du procureur général, il fut lié sur une planche et lancé dans le feu. Quoique le corps de "Macandal ait été incinéré, bien des Nègres croient, même à présent, qu'il n'a pas péri dans le supplice". »[222]

L'écrivain cubain Alejo Carpentier y Valmont, cité par la doctorante Marine Cellier[223], a surtout mis l'accent sur la crédulité des Blancs, en ayant souligné l'ambiguïté de manière focale à travers un jeu dans l'alternance des points de vue des colons et des esclaves:

> « Que savaient les Blancs des histoires des Noirs? […] Au moment décisif, les liens du Mandingue n'ayant plus de corps à serrer dessineraient une seconde silhouette d'un homme aérien avant de retomber le long du poteau. Et Mackandal, transformé en moustique, irait se poser sur le tricorne même du chef des troupes, pour jouir de la confusion des Blancs. Voilà ce que les maîtres ignoraient. Aussi avaient-ils gaspillé tant d'argent pour organiser ce spectacle inutile, qui révélerait leur totale impuissance contre un homme qui était l'oint des grands Loas. »[224]

---

[222] In *Description topographique, physique, civile, politique et historique de la partie française de l'isle Saint-Domingue, op. cit.*, p. 341.

[223] In *Construire le mythe pour se réapproprier l'histoire: la figure de Mackandal dans quelques œuvres caribéennes*, Marine Cellier, dans *Cahiers d'Histoire*, vol. 34, n° 2, 2017, *Mythes, légendes et Histoire: la réalité dépassée?*, pp. 71-93.

[224] « ¿ Que sabían los blancos de cosas de negros? […] En el momento decisivo, las ataduras del mandinga, privadas de un cuerpo que atar, dibujarían por un segundo

Le personnage de François Makandal bascula, tout à coup, dans la sphère à la fois mystique et mythique – participant, *de facto*, à la construction d'une légende noire autour d'un individu.

> « L'histoire de Mackandal [a connu] ainsi un certain nombre "d'invariants"[225] : déportation depuis l'Afrique ; mutilation ; entrée en marronnage et empoisonnements ; arrestation et exécution publique sur le bûcher. À partir de ce schéma général, on [a assisté] à des variations significatives entre les récits du XVIIIe siècle français et ceux du XXe siècle caribéen, à partir desquelles on [pouvait] observer la manière dont le personnage [a acquis] une dimension mythique. »[226]

Ainsi François Makandal inspira-t-il, selon Louis-Élie Moreau de Méry, plus de terreur que d'admiration auprès des esclaves noirs eux-mêmes. Ils appelleraient par la suite « macandals » les poisons et les empoisonneurs. Ce nom deviendrait « l'une des plus cruelles injures qu'ils puissent s'adresser entre eux »[227].

En tout cas, référence christique en filigrane, l'exécution de François Makandal en 1758 précéda de trente-trois années la Révolution haïtienne de 1791. Cette première révolte d'esclaves noirs serait une grande réussite, prélude à l'établissement, en 1804, d'Haïti en tant que première République noire libre du monde – soit quarante-trois années avant la création du Liberia et plus d'un siècle avant les décolonisa-

---

el contorno de un hombre de aire, antes de resbalar a lo largo del poste. Y Mackandal, transformado en mosquito zumbón, iría a ponerse en el mismo tricornio del jefe de las tropas, para gozar del desconcierto de los blancos. Eso era lo que ignoraban los amos ; por ello habían despilfarrado tanto dinero en organizar aquel espectáculo inútil, que revelaría su total impotencia para luchar contra un hombre ungido por los grandes Loas ». In *Le Royaume de ce monde*, Alejo Carpentier, traduit par René L.-F. Durand, Paris, Gallimard, coll. « Du monde entier », 1954 ; réédition, Gallimard, coll. « Folio » n° 1248, 1980, Paris, p. 51 ; in *El reino de eiste de mundo*, Alejo Carpentier, 1949, p. 48.

[225] In *Le mythe de Don Juan*, Jean Rousset, Armand Colin, Paris, 1978, p. 8.

[226] In *Construire le mythe pour se réapproprier l'histoire : la figure de Mackandal dans quelques œuvres caribéennes, op. cit.*

[227] In *Description topographique, physique, civile, politique et historique de la partie française de l'isle Saint-Domingue, op. cit.*, p. 340.

tions. De nos jours, le criminel étant désormais devenu un héros[228], François Makandal est le plus souvent considéré comme un symbole de la lutte des Noirs anti-esclavagistes. La *macandalisation* des esprits étant due à l'inconscient culturel en rapport avec la mystique bantoue, d'aucuns n'ont cessé de le considérer désormais comme un être supérieur à qui il faudrait faire appel dans des situations particulières : guerre, adversité, maladie grave… Il est resté en effet l'un des précurseurs de la Révolution haïtienne de 1791 dont le personnage a engendré de nombreuses légendes populaires dans le folklore de l'île. Il fut surtout jugé très dangereux, par les Blancs, pour avoir été « pendant longtemps la terreur de Saint-Domingue »[229] et avoir « utilisé des vendeurs ambulants comme messagers dans le but d'organiser une rébellion »[230]. À travers ce portrait, d'aucuns comprendront l'affirmation du romancier, poète et philosophe martiniquais Édouard Glissant, selon laquelle « la véritable genèse des peuples de la Caraïbe, c'est le ventre du bateau négrier »[231].

---

[228] Au point de pousser, dans *Monsieur Toussaint*, Édouard Glissant à transformer Toussaint Louverture en l'héritier de Makandal et la réincarnation d'un Makandal initiateur de la résistance contre les colons.

[229] In *Encyclopedia of Slave Resistance and Rebellion*, Junius P. Rodriguez, Westport, Greenwood Press, 2007, pp. 302-304.

[230] In *Africa in America : Slave Acculturation and Resistance in the American South and the British Caribbean, 1736-1831*, Michael Mullin, Urbana, University of Illinois Press, 1992, pp. 223-224.

[231] In *Traité du tout-monde*, Édouard Glissant, Gallimard, Paris, 1997, p. 36.

X – Lucy Terry : l'avocate de la cause familiale

Lucy Terry vint au monde vers 1730 quelque part en terre africaine et le quitta, à l'âge de 97 ans, le 11 juillet 1821 à Sunderland dans le Vermont en Nouvelle-Angleterre. À l'époque où elle était acheminée dans cet État du Nord-Est des États-Unis d'Amérique, le trafic rhum-esclave-mélasse[232] de Newport ou Bristol dans l'État de Rhode Island, concernant l'Afrique et les Antilles était encore à ses débuts. Parfois appelée Lucy Terry Prince en référence à son nom de mariage, Luce de Bijah (Abijah) ou Luce (Lucy) Abijah, elle était une esclave affranchie et auteure américaine. Le seul poème qu'elle écrirait, *Bars Fight*, serait transmis oralement pendant plus d'un siècle avant sa publication. Il est de nos jours considéré comme le premier texte littéraire ayant été composé par une personne afro-américaine[233].

> « Si l'on doit le premier grand roman (sentimental) relatif à l'escla-
> vage à la plume d'une Blanche[234], la littérature africaine-américaine
> proprement dite est en réalité née un siècle plus tôt, avec un poème,

---

[232] Rappelons que le rhum avait été utilisé sur les côtes d'Afrique comme monnaie d'échange pendant la traite des esclaves.

[233] In *L'épopée culturelle des Africains-Américains (1) : la conquête des lettres*, Nicolas Michel, *Jeune Afrique*, article mis en ligne le 16 juillet 2009 et consulté le 29 avril 2020 – https://www.jeuneafrique.com/202312/culture/l-pop-e-culturelle-des-africains-am-ricains-1-la-conqu-te-des-lettres.

[234] En l'occurrence Harriet Beecher Stowe qui, en 1852, avait publié *Oncle Tom's Cabin (La Case de l'oncle Tom)* dans le *National Era* sous forme de feuilleton.

Le 25 août 1746, lorsque Lucy Terry avait 22 ans, les membres des deux familles blanches, qui habitaient dans les maisons voisines de celle de son maître, étaient tués. Ce meurtre avait été commis à l'issue d'une attaque des Indiens dans une prairie de Deerfield, connue sous le nom de « Bars » et située à 1,6 kilomètre ou plus au Sud du village portant la même dénomination.

« Cela [avait] suivi de près la prise du Fort Massachusetts (North Adams) le 9 août, par un groupe de Français et d'Indiens sous la direction de Pierre François Rigaud de Vaudreuil. "Après la reddition, soixante Abénakis [s'étaient] précipités sur le Hoosac par le sentier des Indiens, qui [était] approximativement l'actuel sentier des Mohawks, et [avaient] descendu la vallée de Deerfield, à la recherche d'autres captifs. En voyant le dimanche qu'un peu de foin non préparé gisait dans la prairie près de Stillwater de Deerfield River, ils [avaient] attendu et regardé jusqu'au lendemain matin". »[236]

Plus tard, Lucy Terry consacrerait un texte court, *Bars Fight*, à cet atroce événement[237]. En précisément vingt-huit lignes en tétramètre iambique irrégulier, elle narrerait donc la commémoration en l'honneur des colons blancs qui avaient été tués en 1746 lors d'une confrontation avec des Indiens. Ce poème serait publié en 1855, trente-quatre années après le décès de l'écrivaine, à la suite de plus de cent années de transmission orale[238]. Quelques documents officiels existent, bien sûr, sur

---

[235] In *L'épopée culturelle des Africains-Américains (1) : la conquête des lettres, op. cit.*

[236] In *New England Captives Carried to Canada Between 1677 and 1760 During the French and Indian Wars*, Emma Lewis Coleman, *The Southworth Press*, Vol. II, Portland, 1925, p. 211.

[237] In *Lucy Terry, African American Poet,* article mis en ligne sur le blog *History of American women*, consulté le 29 avril 2020. Voir le lien ci-dessous. http://www.womenhistoryblog.com/2008/09/lucy-terry-prince.html

la description de ce qui s'était passé dans cette prairie de la Nouvelle-Angleterre. Mais, le texte de Lucy Terry constitue le seul témoignage contemporain à propos de ce drame.

On pourrait situer la naissance de Lucy Terry en 1724 en Afrique subsaharienne de l'Ouest. Alors qu'elle était enfant, la petite fille fut enlevée vers 1728. Elle fut transportée jusqu'à Rhode Island à Enfield dans le Connecticut où Ebenezer Wells, un habitant de Deerfield dans les Massachusetts, en deviendrait l'heureux acquéreur moyennant finance. Les circonstances de l'achat de la toute jeune Africaine par cet homme n'ont jamais été connues. On sait seulement qu'il avait acquis en 1717 une maison et une grange dans l'artère principale de Deerfield. En 1720, il avait épousé Abigail Barnard qui était la fille de Joseph Barnard et de Sarah, née Strong. Ebenezer Wells était très investi dans les affaires de la ville, et avait occupé divers postes. En 1730, il était manifestement bien loti et propriétaire de deux esclaves : Cesar, dont on a su peu de choses, et Lucy[239]. Entre 1747 et 1752, il obtiendrait une licence pour exercer le métier d'aubergiste, de tavernier et de vendeur au détail d'alcool fort.

Il serait possible que Lucy Terry eût fait partie de la succession du colon Samuel Terry, comme Phillis, l'une des trois « bonnes » noires de l'héritage du révérend Nehemiah Bull de Westfield, dans le Massachusetts[240]. Effectivement, le 4 février 1741, Oliver Partridge et Elizabeth Bull, exécuteurs testamentaires de la succession de Nehemiah Bull, avaient vendu à Timothy Childs (1720-1781) de Deerfield, « pour la somme de cent livres de lettres de crédit en cours… une certaine fille noire nommée Phillis, âgée d'environ neuf ans »[241]. Le trio dans l'in-

---

[238] In *L'épopée culturelle des Africains-Américains (1) : la conquête des lettres*, *op. cit.*

[239] In *Lucy Terry, African American Poet, op. cit.*

[240] In *Hampshire County, Mass. Probate Court Registry*, Book VI (1739-1745) 121. Northampton, MA, Hampshire County Probate Court, microfilm chez *Historic Deerfield Library*, Deerfield, MA, cité dans *Lucy Terry Prince : « Singer of History »*, David R. Proper, *Black Studies*, Vol. 9, Special *Double Issue : African American, Double Conscious*, 1992, p. 190.

[241] In *Papers, letters, correspondence… manuscript collections*, Thomas Williams, *New York Historical Society*, New York ; microfilm chez *Historic Deerfield Library* ; Susan Robeson McGowan, *Agreeable to His Genius*, John Partridge Bull (1731-

ventaire de Nehemiah Bull de l'année précédente avait été évalué à cent quatre-vingt-quinze livres ; l'augmentation de trente-cinq livres de la valeur dans le cas de Phillis était due à une spirale inflationniste qui s'était produite dans toute la Nouvelle-Angleterre coloniale. Le 12 juillet 1744, Timothy Childs épousa Mary, née Wells, fille du révérend et juge Jonathan Wells, propriétaire de la plus grande famille d'esclaves de Deerfield.

Ephraim Williams Jr (1715-1755), grâce à qui le *Williams College* avait été fondé, avait payé le 25 septembre 1750 un prix encore plus élevé, deux cent vingt-cinq livres « vieux ténor », pour un garçon noir nommé Prince, « âgé d'environ 9 ans, serviteur à vie »[242]. Auparavant, Israel Williams (1709-1788), de Hatfield dans le comté de Montgomery en Pennsylvanie, n'avait déboursé que, le 22 mai 1734, environ quatre-vingt-dix livres pour « une certaine fille noire nommée Kate âgée d'environ 8 ou 9 ans »[243]. La vente et l'échange de biens d'esclaves en Nouvelle-Angleterre, même dans les circonstances les plus humaines, à défaut de la vente publique, étaient toujours une réalité surtout dans les affaires de successions.

> « Étant donné que la plupart des Noirs n'[avaient] pas été nommés avant d'être achetés et transportés chez leurs propriétaires, Lucy [avait] probablement été appelée Terry par le biais d'une association avec Samuel Terry, l'un des premiers colons et fondateurs d'Enfield. »[244]

1813), Deerfield, Massachusetts, *Thesis Submitted* in *Partial Fulfillment of the Requirements for the Degree of Master of Arts*, Trinity College, Hartford, CT, 1988, Appendix I, cité dans *Lucy Terry Prince : « Singer of History »*, op. cit., p. 207.

[242] In *A History of Deerfield, Massachusetts ; The Times When and The People By Whom It Was Settled, Unsettled and Resettled, With a Special Study of the Indian Wars in the Connecticut Valley, With Genealogies*, George Sheldon, Deerfield, MA : *Pocumtuck Valley Memorial Association*, 1896, Vol. II, 112 : Moon, pp. 7-8.

[243] In *Master and Servant : Slavery in 18th Century Deerfield*, Jennifer Moon, *Historic Deerfield Summer Fellowship Program*, Deerfield, MA : 1987, 14 ; accession number L04.074 dans Digital Collection.

[244] *Ibidem.*

Ebenezer Wells fit baptiser Lucy Terry, durant la grande vague d'évangélisation, dans la *Puritan Church* de Deerfield. Selon un acte de cette église concernant son baptême dont la cérémonie s'était déroulée le 15 juin 1735, Lucy, âgée de moins d'une douzaine d'années, avait été servante chez Ebenezer Wells. Elle avait été baptisée à la demande de son maître[245] en même temps que Pomey qui était servant chez le juge Jonathan Wells, Adam et Peter servants du juge Thomas Wells et Cesar servant chez Ebenezer Wells[246].

Ebenezer Wells et Abigail, née Barnard, favorisèrent, après l'acquisition, l'instruction de leur esclave par l'apprentissage de la lecture et de l'écriture. Ils agirent de la sorte peut-être parce qu'ils étaient sans enfant. En tout cas, la jeune fille noire, qui aidait aux travaux ménagers et s'adonnait aux corvées, faisait davantage partie de la famille. Elle devint à 20 ans, le 19 août 1744, membre à part entière de la maison locale de Dieu, la *Puritan Church*[247].

Lucy Terry épousa en 1756 Abijah Prince, un Afro-Américain libre avec qui elle aurait plus tard six enfants[248]. Au printemps 1757, après son mariage, Abijah Prince acheta à Joseph Barnard un ouvrage pour dix shillings[249], probablement *The Secretary's Guide,* ou, *Young Man's Companion*, ayant été compilé par William Bradford et publié en de nombreuses éditions[250]. Il s'était agi d'un manuel de grammaire, d'orthographe et de formes d'écriture. Cette acquisition par Abijah Prince, qui signait tous ses actes connus d'une croix de Saint André, un « X », aurait peut-être été destinée à son propre perfectionnement ou, éventuellement, à celui de son épouse dont l'activité littéraire était plus

---

[245] In *Records of the Church in Deerfield, 1731-1810...*, First Church of Deerfield, Collection de la bibliothèque de la *Pocumtuck Valley Memorial Association*, Deerfield, MA.

[246] *Ibidem.*

[247] In *Lucy Terry*, sur le site de l'*Encyclopedia Britannica*, consulté le 20 avril 2020 – https://global.britannica.com/biography/Lucy-Terry.

[248] In *Lucy Terry Prince,* sur le site d'*Africans in America*, consulté le 29 avril 2020 – https://www.pbs.org/wgbh/aia/part2/2p15.html.

[249] In *Account Book, July 1738-1769, manuscript*, Joseph Barnard, *Collection of the Pocumtuck Valley Memorial Association Library*, Deerfield, MA.

[250] In *Head of Readers Services*, Joanne D. Chaison, *American Antiquarian Society*, Worcester, MA, to David R. Proper, septembre 17, 1988, manuscript letter.

avancée. Vers 1760, la famille Prince déménagea à Guilford dans le comté de New Haven dans l'État du Connecticut. On n'est pas du tout certain que madame Prince eût racheté sa liberté, ou que le sieur Ebenezer Wells la lui eût accordée. On sait seulement qu'elle était restée esclave dans la maison de son maître jusqu'à son mariage[251].

Lucy Terry Prince était surtout connue pour son éloquence. On peut notamment lire sur son épitaphe qu'elle avait su protéger les intérêts de sa famille dans diverses circonstances. En effet, en 1785, elle avait assuré la défense des droits des siens devant les administrateurs du *Williams Collège* à travers un discours de trois heures argumenté par des notions de droit. Mais la demande d'admission de son fils dans cet établissement scolaire, pourtant appuyée par le gouverneur du Vermont Isaac Ticknor, serait refusée. Plus tard, après que le colonel Eli Bronson avait tenté de s'approprier la terre que détenaient Abijah et Terry Prince, Lucy s'opposerait avec une conviction pertinente devant le tribunal. Dans cette affaire, la Cour suprême lui donnerait gain de cause contre deux des principaux avocats de l'État, dont l'un deviendrait plus tard juge en chef du Vermont. Le juge Samuel Chase déclarerait que la plaidoirie de Lucy Terry était la meilleure de toutes celles qu'il avait entendues des avocats du Vermont.

Abijah Prince mourut en 1794 et, en 1803, Lucy Terry Prince déménagea à Sunderland, dans le Vermont en Nouvelle-Angleterre, pour se rapprocher de la tombe de son défunt époux. Elle parcourait à peu près cent quarante-quatre kilomètres, chaque année, jusqu'à la fin de son existence, pour visiter la sépulture maritale[252]. D'après l'avis de décès qui avait été publié le 21 août 1821 dans le journal *The Greenfield Herald*, dans le Massachusetts, on avait appris, avec beaucoup de tristesse, à l'aide des registres de l'église et de la ville où elle résidait auparavant, que :

> « [...] le 11 juillet, Mme Lucy Prince, une femme de couleur [...], [avait] été amenée de Bristol, Rhode Island, à Deerfield, Massachu-

---

[251] In *Lucy Terry, op. cit.*

[252] In *Lucy Terry Prince, poet, abolitionist, orator born*, site de l'*African American Registry*, consulté le 29 avril 2020 – https://aaregistry.org/story/lucy-terry-prince-poet-abolitionist-orator-born.

setts, à l'âge de quatre ans, par M. Ebenezer Wells : qu'elle avait 97 ans – qu'elle [avait] été très tôt consacrée à Dieu dans le baptême : qu'elle s'[était] unie à l'église de Deerfield en 1744. Elle [avait] été mariée à Abijah Prince, le 17 mai 1756, par Elijah Williams, Esq. et qu'elle avait été mère de six enfants. Chez cette femme remarquable, il y avait un assemblage de qualités rarement trouvé [chez les personnes du sexe féminin]. Sa volubilité n'[avait] été dépassée par personne, et en général la fluidité de son discours n'était pas dénuée d'instructions et d'éducation. Elle était très respectée parmi ses connaissances, qui la traitaient avec une certaine déférence. »[253]

La *Vermont Gazette of Bennington* avait publié une longue nécrologie, qui avait été réimprimée en partie par le *Franklin Herald of Greenfield*, dans le Massachusetts, et peut-être aussi par d'autres journaux. Néanmoins, aucun avis de décès ou d'enterrement concernant Lucy Terry Prince ne figure dans les dossiers des archives publiques et des registres de l'état civil de l'État du Vermont à Montpelier, dans le *Vermont D.A.R. Book of Records of Sunderland cemeteries* de la *Vermont Historical Society*, ni dans les *Vital Statistics of Sunderland* de Vermont, ni d'ailleurs dans *Record of Gravestones, Taken from All Available Source*s, un manuscrit dactylographié à la *Vermont Historical Society*, compilé par Susan Fisher et J. M. McCabe. Dans ce dernier document, il y était mentionné que les registres de la ville, de la période située entre 1820 et 1870, pourraient être manquants.

Depuis sa composition en 1746 jusqu'à sa publication en 1855 par Josiah Gilbert Holland dans son *History of Western Massachusetts*, *Bars Fight* est resté un mystère. Josiah G. Holland aurait appris l'existence de ce poème par George Sheldon, ancien juge de paix et futur sénateur, qui aurait fait sa connaissance dans les années 1850, lorsque l'homme de Deerfield était employé comme agriculteur à Chicopee dans le Massachusetts. Aucune des notes de G. Sheldon conservées par la *Pocumtuck Valley Memorial Association*, qu'il avait pourtant fondée en 1870, ne contenait ledit poème. Rien n'en fit non plus allusion[254].

---

[253] In *Lucy Terry Prince : « Singer of History »*, op. cit., p. 188.
[254] *Communication à David R. Proper, l'auteur de Lucy Terry Prince : « Singer of History »*, par Mrs. Mary Ball de Deerfield, vers 1974.

D'aucuns ont assimilé le triomphe final de Lucy Terry Prince à une vie de dur labeur, d'âpres controverses et de déceptions. Il s'est agi, en réalité, d'un legs à double héritage : sa courageuse force de caractère tirée de l'histoire des Afro-Américains et l'opportunité, à l'occasion de ses funérailles, d'une importante déclaration sur l'esclavage par le révérend Lemuel Haynes, intitulée l'*Homme noir le plus important d'Amérique avant l'émergence de Frederick Douglass*[255].

En 2014, l'auteur de bande dessinée suédois, Joakim Pirinen, a publié une adaptation de *Bars Fight*, éditée en France dans l'anthologie *Le Couple Mort et ses « amis »* de la maison d'éditions *L'Association*.

---

[255] In *Lemuel Haynes, A Bio-bibliography*, Richard Newman, (New York : Lambeth Press, 1984), 3.

XI – Angelo Soliman : le barbare glorifié, puis déshumanisé

Mmadi Make, connu sous le nom d'Angelo Soliman, naquit au sein du peuple kanouri dans la première moitié du XVIIIe siècle au Nord-Est de l'actuel Nigeria en Afrique occidentale. À la suite d'un conflit armé à dimension régionale, il fut capturé, réduit en esclavage et embarqué dans un navire négrier qui le débarqua à Marseille, ville portuaire du Sud-Est de la France, alors qu'il était âgé de moins de 10 ans. Vendu à une aristocrate sicilienne à Messine, cette dernière se chargea de son éducation. Animiste de naissance à tendance musulmane, Mmadi Make fut converti au christianisme par la marquise Sallima. Par conséquent, on le baptisa sous le nom d'Angelo Soliman. Une autre source rapporte qu'il avait adopté le prénom d'Angelo, par affection pour une domestique que l'on appelait Angelina. En 1734, il fut offert au prince Johann Georg Christian von Lobkowitz, gouverneur de l'île de Sicile, dont il deviendrait le valet et le confident. Il accompagnerait son maître dans des campagnes militaires en Hongrie et lui sauverait la vie lors d'une bataille. Son destin prendrait alors un autre tournant.

En 1753, Maria Theresia Walburga von Habsburg, connue sous le nom de Marie-Thérèse d'Autriche, remercia le prince Lobkowitz pour ses services. De ce fait, le très courtisé Angelo Soliman fut repris, à Vienne, par le prince souverain Joseph Wenzel de Liechtenstein. Il ferait de l'Africain un valet et son partenaire de conversation. Angelo l'accompagna, notamment à Francfort en 1765 pour l'élection de

Joseph de Lorraine – futur Joseph II et frère de Marie-Antoinette de Habsbourg-Lorraine, à savoir Marie-Antoinette d'Autriche –, en tant qu'empereur des Romains après la mort de son père François de Lorraine (François Ier). Pendant ce séjour, Angelo Soliman gagna une fortune au jeu, l'équivalent de cent fois sa pension annuelle. Il investirait cette somme, à son retour dans la capitale autrichienne, dans les mines de cobalt. Il se rendrait aussi avec son maître et employeur en Italie lors du voyage de ce dernier, en tant que mandataire de Joseph II, afin d'assurer l'escorte d'Isabelle de Bourbon-Parme jusqu'à Vienne pour la cérémonie du mariage. Le prince de Liechtenstein aurait effectivement comme mission de veiller, pendant le trajet, sur la future épouse de l'empereur.

> « [Soliman] est donc représenté dans le tableau qui enregistre l'entrée de la mariée dans la ville, une œuvre qui fait partie d'une série représentant les célébrations de mariage qui [était] toujours accrochée à Schönbrunn. On peut le voir déambuler directement à côté du carrosse liechtensteinois, vêtu d'un étrange costume oriental qui devait probablement souligner son caractère exotique et, malgré la haute estime sociale dont il jouissait, le présenter comme une pièce maîtresse. »[256]

En tout cas, Angelo Soliman avait été instruit et éduqué. Il avait bénéficié d'une relative liberté de mouvement. Grâce à son esprit raffiné, on lui confia une tâche très importante : faire en tant que précepteur l'éducation du prince héritier, Aloys Ier, futur prince de Liechtenstein, fils de Franz Joseph Ier et Léopoldine von Sternberg. Il jouerait même au tarot avec l'empereur Joseph II et battrait les Altesses aux jeux d'échecs.

Angelo Soliman se maria secrètement en 1768 avec Magdalena von Kellermann, demoiselle d'excellente famille et sœur du futur général François Christophe Kellermann, dans la cathédrale Saint-Étienne, où Wolfgang Amadeus Mozart avait épousé Constance Weber. En effet, s'étant déroulée sans l'accord de son maître, la célébration du mariage ne devait pas être divulguée. Dans *La Sonate à Bridgetower* (*op. cit.*, pp. 288-289), Emmanuel Dongala s'est interrogé sur les faits ayant

---

[256] In *Angelo Soliman*, Martin Mutschlechner, dans *Les noms de Habsbourg*.

motivé la confidentialité d'une telle clause :

> « Était-ce par peur de hérisser la bonne société de Vienne qui n'allait pas voir d'un bon œil cette dame issue de la noblesse strasbourgeoise et de surcroît sœur du général François Kellermann, très célèbre depuis qu'il avait donné à la France révolutionnaire sa première victoire en [ayant écrasé] l'armée prussienne à Valmy, convoler à justes noces avec un "Maure" ? »

Très mécontent, après qu'il eut toutefois appris la nouvelle de l'union de son valet avec la demoiselle de la très haute société, le prince Joseph Wenzel de Liechtenstein licencia sans tarder Soliman.

> « Son intimité avec l'empereur lui causa par la suite des problèmes lorsque ce dernier, par une indiscrétion involontaire, trahit [son] employeur [à cause de] son mariage secret avec Magdalena von Kellermann en 1768. Le prince, qui exigeait l'obéissance absolue de ses serviteurs, même en ce qui [concernait] leur vie privée, ne [pardonna] pas à Soliman son "acte non autorisé" et le [chassa]. »[257]

Mais, reconnaissant tout le talent de l'Africain, et conscient de l'important réseau dont il disposait, le souverain le rappellerait à ses côtés quelques années plus tard.

Angelo Soliman était reçu dans le beau monde, où il avait d'ailleurs croisé la reine de France, Marie-Antoinette, et s'était donc lié d'amitié avec son frère Joseph II dont il deviendrait l'intime. Cultivé, libre et habillé des vêtements des plus grands couturiers, il était l'invité et la coqueluche de tous les cercles intellectuels de Vienne. S'exprimant en six langues et habile maître d'épée, il était également un excellent navigateur. À la cour, comme à son domicile, il ferait la connaissance de certains des plus importants hommes d'État d'alors, tels que le célèbre maréchal et comte autrichien Franz Moritz von Lacy.

En 1783, père d'une fille prénommée Joséphine, Angelo Soliman intégra la Franc-Maçonnerie viennoise, en se faisant initier à la Respectable Loge *Zur wahren Eintracht (Pour une véritable harmonie)*. Plus qu'un simple Apprenti, il gravit de manière fulgurante les échelons et

---

[257] *Ibidem.*

se retrouva l'adjoint du Grand Maître des Cérémonies. Dans l'univers maçonnique, il côtoyait beaucoup de grands auteurs et lettrés de l'époque, comme le poète hongrois Ferenc Kazinczy, ainsi que le minéralogue et écrivain Ignaz Elder von Born – ce dernier ayant d'ailleurs été parrainé en Franc-Maçonnerie par Soliman, alors précepteur des princes Lobkowitz et Liechtenstein. Il fréquentait surtout Joseph Haydn et Wolfgang Amadeus Mozart dont il serait le modèle pour le personnage de Bassa Selim dans l'opéra *Die Entführung aus dem Serail (L'enlèvement du sérail)*. Il se permit de composer quelques titres de musique classique, lesquels seraient appréciés.

En fin de compte, à propos de son parcours maçonnique, Angelo Soliman accéda au premier plateau de la Respectable Loge *True Harmony*. En sa qualité de Vénérable Maître, d'après Tom Steele, il contribua à l'amélioration du rituel par l'introduction des éléments savants[258]. Ces apports sur le plan rituélique influencèrent très vite la pratique de la Franc-Maçonnerie en Europe. À en croire Keith Moore, l'auteur de l'ouvrage *Freemasonry, Greek Philosophy, The Prince Hall Fraternity and the Egyptian (African) World Connection*, Soliman était toujours célébré à propos des rites, en tant que « Père de la pensée maçonnique pure », avec son nom généralement translittéré comme « Angelus Solimanus ». L'écrivain Robert Musil, dans son roman sur la fin de la monarchie autrichienne, intitulé *Der Mann ohne Eigenschaften (L'homme sans qualités)*, représenta du point de vue fictif Angelo Soliman.

L'abbé Henri Grégoire rappela dans un chapitre de son ouvrage *De la littérature des nègres*, que :

> « quoi qu'Angelo Soliman n'ait rien publié, il [méritait] une des premières places entre les Nègres qui [s'étaient] distingués par un haut degré de culture, par des [connaissances] étendues, et plus encore par la moralité et l'excellence de son caractère ».

Pour l'abbé Grégoire, Angelo Soliman aurait présenté,

---

[258] In *The Rise and Fall of European Popular Education Mouvements*, 1848-1939, Tom Steele, Peter Lang, Bern, 2007, p. 35.

« toute la délicatesse de la vertu unissant un jugement sain, relevé par des connaissances étendues et solides, il [possédait] six langues, l'italien, le français, l'allemand, le latin, le bohémien, l'anglais, et [parlait] surtout avec pureté les trois premières ».

Angelo Soliman mourut le 21 novembre 1796 d'un arrêt cardiaque, lors d'une balade habituelle dans les rues de Vienne. Dans un journal viennois, *Zeitung für die Elegante*, le lecteur put lire le gros titre sur la page de garde et, dans l'une des pages intérieures que :

« Le Nègre Angelo Soliman [avait] été retrouvé mort le 21 novembre d'une apoplexie dans une rue près de la cathédrale Saint-Étienne. »

C'était tout, s'est étonné Emmanuel Dongala dans *La Sonate à Bridgetower* (*op. cit.*, p. 260). Juste un entrefilet d'une ligne. Pas plus. Une manière cavalière d'annoncer le décès d'un homme qui avait été le chouchou de la capitale du Saint-Empire romain germanique.

Une amnésie aussi soudaine qu'inhumaine frappa, alors, non seulement le tout Vienne, mais surtout ses propres Frères Francs-Maçons. « Serais-tu condescendant avec moi, mon frère ? Me reconnais-tu ? » Ainsi chanterait au XXᵉ siècle le musicien jamaïcain James Chambers, mondialement connu sous le pseudonyme de Jimmy Cliff.

À la stupeur de sa fille Joséphine, l'épouse de l'ingénieur militaire Ernst von Feuchtersleben, la dépouille d'Angelo Soliman fut transportée dans un laboratoire pour y être tout simplement désossée. En effet, dépourvu de sépulture chrétienne, on enterra ses organes et confia sa peau au sculpteur Franz Thaller, afin de mieux la tendre et de s'en servir pour habiller un modèle en bois. Sa fille Joséphine Soliman von Feuchtersleben demanda, mais en vain, que les restes du corps du défunt soient restitués à la famille. Formatés à l'aide et pour des théories tout à fait racistes, les taxidermistes viennois l'empaillèrent. Ils le couvrirent ensuite de plumes et de coquillages pour mieux l'exposer dans une vitrine du Cabinet impérial-royal de la Cour d'histoire naturelle, tel un trophée symbolisant la victoire de la civilisation européenne sur la culture africaine. Son corps serait longtemps exhibé, avec les cadavres des deux autres Africains et animaux exotiques.

Dans *La Sonate à Bridgetower* (*op. cit.*, p. 327), le bon lecteur a pu constater que :

> « Angelo Soliman était empaillé. Sa peau, tendue sur un moule en bois, était parée de plumes et de cauris. Deux autres Noirs l'entouraient, une fillette de six ans et un jardinier en tenue, le tout au milieu d'animaux exotiques, tous également naturalisés. Voilà ce que cet homme éminent qui, sa vie durant, avait incarné pour ces Européens la "perfectibilité" de l'Africain postulée par leurs philosophes, le "sauvage" qui, à force d'éducation, de travail et de dévouement, s'était "civilisé" et s'était si parfaitement intégré qu'il était considéré comme un pair par l'élite de la société, était maintenant exposé comme le type même du "sauvage", à moitié nu, avec des plumes et des coquillages ! »

Le corps d'Angelo Soliman serait ainsi exposé pendant cinquante-deux années.

Le docteur István Cseppentö, dans un article fort intéressant relatif à la métaphore de la communication entre l'Europe de l'Est et celle de l'Ouest, s'est penché sur l'ouvrage de Gregely Péterfy, intitulé *Le Barbare empaillé*,

> « afin d'illustrer comment la littérature [pourrait] aider à comprendre les causes profondes des malaises actuels des sociétés de l'Europe centrale. À travers deux destins parallèles de la fin du XVIIIe et du début du XIXe siècle, le roman présente un réquisitoire contre le racisme, l'obscurantisme, l'esprit grégaire et le refus des valeurs occidentales, attitudes qui, encore de nos jours, rendent difficile, empêchent même parfois, la communication avec l'Europe de l'Ouest. La fin tragique d'Angelo Soliman – un Africain dont le corps, après sa mort, fut exposé au Musée d'histoire naturelle de Vienne –, ainsi que le drame de son ami, l'intellectuel réformiste hongrois Ferenc Kazinczy – victime à la fois du mépris des Viennois et de l'incompréhension de son peuple – dénoncent le même mécanisme primitif de la culpabilisation, ainsi que l'ignorance qui l'engendre. L'article [a mis] en évidence les références directes à la réalité actuelle hongroise, souvent perçue comme porteuse de haines séculaires, freinant le processus d'une réelle intégration morale à l'Europe. »[259]

---

[259] In *Le Barbare empaillé, métaphore de la communication entre Est et Ouest*, István

Parmi les bibelots d'une exposition sur l'Afrique dans un cabinet de curiosités, le corps d'Angelo Soliman fut détruit par les flammes après une explosion. Le bâtiment fut en effet endommagé, pendant la révolution autrichienne de 1848, lors du combat qui se déroula le 31 octobre. L'incendie baissa à jamais le rideau et mit fin à la macabre mise en scène, l'odieux spectacle, qui se déclinait naturellement en ce lieu depuis plus d'un demi-siècle.

> « Le sort d'Angelo Soliman, qui [avait] acquis une renommée considérable en tant que "prince maure" à Vienne au XVIIIᵉ siècle, est caractéristique de la manière dont la "société éclairée" traitait les étrangers ou les exotiques. En Europe centrale, les personnes à la peau noire étaient considérées comme des accessoires exotiques et décoratifs sur la scène extravagante qu'était la mode rococo. »[260]

Qualifié au cours de toute son existence de modèle d'assimilation et de perfectibilité des Noirs d'Afrique subsaharienne, Angelo Soliman était littéralement transformé, une fois mort, en un spécimen de la « race africaine ». Ainsi les sociologues Iris Wigger et Katrin Klein distinguèrent-elles quatre aspects de Soliman : le « Maure royal », le « Maure noble », le « Maure physionomique » et le « Maure momifié » – les deux premières catégories se référant aux années qui avaient précédé son décès.

L'expression « Maure royal » classa d'emblée Angelo Soliman dans le contexte des Maures asservis dans les tribunaux européens. Leur infériorité étant matérialisée par la couleur de l'épiderme, ils y figuraient comme des symboles de statut témoignant du pouvoir et de la richesse de leurs propriétaires. Privé, dès sa tendre enfance, de ses ancêtres et de sa civilisation d'origine, Angelo Soliman fut relégué, après avoir rendu l'âme, au rang d'un trophée, d'un objet, d'un simple bien exotique valorisant la position sociale de son seigneur. Humilié, même à titre posthume, il fut dépourvu de toute existence personnelle. Ainsi fut-il carrément déshumanisé.

Cseppentö, dans *Hermès, La Revue* 2017/1 (n° 77), pp. 151 à 156.
[260] In *Angelo Soliman, op. cit.*

La désignation « Maure noble » décrivit Angelo Soliman comme un ancien Maure de cour dont l'ascension dans l'échelle sociale, grâce à son mariage avec une aristocrate, en l'occurrence Magdalena von Kellermann, avait rendu possible. À titre personnel, sa qualité d'être humain lui fut enlevée. On n'a fait que, dans l'absolu, jeter la peau après avoir bien pressé le citron.

Malgré l'humiliation, tel Abraham Hannibal en tant que grand-père d'Alexandre Sergueïevitch Pouchkine, Angelo Soliman léguerait à l'Autriche un merveilleux joyau. Effectivement, Eduard von Feuchtersleben, ingénieur minier et écrivain autrichien né à Cracovie, était son petit-fils. L'ancien esclave continuerait donc, tel un faisceau médian permanent, à illuminer d'une certaine manière l'Europe de l'Est.

L'anthropologue Franz Joseph Gall a le mérite d'avoir découvert un buste d'Angelo Soliman avec ceux des sept autres Africains dans le *Rollettmuseum* à Baden, près de Vienne, où ce plâtre est toujours exposé. Ainsi a-t-il indirectement suscité la première biographie de l'Africain viennois.

Il y a de quoi être indigné, n'est-ce pas ? Tout à fait. Pour Marie-José Freling, présentatrice de la chronique sur les Francs-Maçons célèbres, dans l'émission *Pierres de touche* de la *Grande Loge Mixte de France*, animée par Élise Ovart-Baratte, ayant été retransmise le 28 juin 2020 sur les ondes du réseau mondial, ou la Toile, de *Radio Delta* émettant sur Internet,

> « il faudrait agir davantage. L'indignation, hélas, ne devrait pas s'arrêter à la simple dénonciation du triste sort qui avait été inhumainement réservé au cadavre d'Angelo Soliman. De plus, en cette moitié de la première partie du troisième millénaire, trop d'injustice, d'exclusion, de discrimination et d'oppression existe encore, au détriment de l'universalisme, dans la plus grande majorité des pays supposés démocratiques et républicains, qualifiés de "Terres d'asile", des "pays des Droits de l'Homme et du Citoyen". »

Force est en effet de constater que, sous le couvert des valeurs républicaines censées assurer l'égalité entre les individus, les exclusions de toutes sortes ne cessent de s'amplifier au regard de la couleur de peau, des origines géographiques et socioculturelles, du sexe, sans que l'on réagisse vraiment, sans que l'on dénonce avec « force et vigueur » l'inadmissible. « Que fait-on donc des proclamations humanistes ? » s'est d'ailleurs interrogée, en toute compassion, Marie-José Freling.

XII – Charles Ignatius Sancho : le nègre extraordinaire

Né dans un navire négrier en 1729 lors de la traversée de l'océan Atlantique en route de la Guinée vers les Antilles espagnoles, dans ce qui était connu comme le passage du milieu, Charles Ignatius Sancho, surnommé « le nègre extraordinaire », mourut le 14 décembre 1780 à Londres en Angleterre. Peu de temps après sa naissance, sa mère décéda dans la colonie espagnole de Nouvelle-Grenade. Celle-ci englobait les territoires de la Colombie, de l'Équateur, du Panama et du Venezuela de nos jours. Son père s'était suicidé plutôt que de vivre comme un esclave.

L'Évêque de Cartagena en Colombie actuelle, Don Gregorio de Molleda y Clerque, baptisa l'enfant Ignatius en 1729 ou 1730. Ainsi fut-il converti à la religion catholique, et serait, probablement, prénommé Ignatius en souvenir du prêtre et théologien basque-espagnol Ignace de Loyola, fondateur et premier Supérieur général de la Compagnie de Jésus : à savoir la société des jésuites, SJ en sigle, acceptée par le pape Paul III le 27 septembre 1540 dans la bulle *Regimini militantis ecclesiae*. Mais, plus tard, Charles Ignatius Sancho deviendrait un anglican convaincu.

Encore très jeune orphelin de père et de mère à peine âgé de 2 ans, le propriétaire emmena au Royaume-Uni son esclave, poupon exotique, et le donna à trois sœurs célibataires[261] qui vivaient non loin de Green-

---

[261] Mesdames Elizabeth, Susanna et Barbara Legge étaient des parents de William

wich. Elles l'appelèrent Sancho, en raison d'une ressemblance présumée avec le personnage de Miguel de Cervantès : le robuste écuyer de Don Quichotte de la Manche, l'analphabète Sancho Panza. Ces trois sœurs croyaient que l'ignorance des esclaves noirs garantissait foncièrement leur obéissance. Le jeune homme vécut presque avec elles de 1731 à 1749. À l'âge de 18 ans, il s'enfuit de la maison et se réfugia chez le second duc de la première création, en la personne de John Montagu (1690-1749), Grand Maître de la Grande Loge d'Angleterre. Impressionné par ses qualités intellectuelles, sa franchise et son amabilité, le duc l'encouragea à lire et à étudier. Il lui prêta également des livres de la bibliothèque de sa demeure personnelle de Blackheath situé dans un district du Sud-Est de Londres.

De 1749 à 1751, John Montagu étant décédé le 5 juin 1749, le jeune Charles Ignatius Sancho travailla à *Montagu House* comme majordome. Pendant deux années, il s'y était épanoui grâce à la musique, la poésie, la lecture et l'écriture. Elle était au service de Mary Montagu, née Churchill, la duchesse de Montagu, qui mourut en 1751. À la suite de ce douloureux événement, il reçut une rente de trente livres et bénéficia d'une année de salaire. Il dilapiderait cette somme en un temps record. En effet, il perdrait son argent aux jeux de hasard et au théâtre, mais aussi en compagnie de femmes.

Pendant qu'il se trouvait au service des Montagu, Charles Ignatius Sancho s'était attelé en parallèle à un vaste réseau de correspondants. Cela lui vaudrait d'être connu, plus tard, comme écrivain épistolaire, auteur de comptes et critiques, dans le domaine culturel, ainsi qu'analyste politique et spécialiste du XVIIIᵉ siècle.

Charles Ignatius Sancho se maria avec Ann Osborne, une femme d'origine antillaise, le 17 décembre 1758 à *Saint Margaret's Church* à Westminster. Ils auraient sept enfants : Frances Joanna (1761-1815), Ann Alice (1763-1805), Elizabeth Bruce (1766-1837), Jonathan William (1768-1770), Lydia (1771-1776), Katherine Margaret (1773-1779) et William Leach Osborne (1775-1810)[262]. Lors de la naissance

---

Legge, 1ᵉʳ comte de Dartmouth. Elles résidaient à Blackheath, près de Greenwich. Elles avaient été désignées par Ann Dingsdale comme les « sœurs vierges » qui étaient les « propriétaires » de Sancho dans son enfance.

[262] Son fils William Leach Osborne Sancho transformerait la boutique familiale de

de leur troisième fille, Sancho devint le valet de chambre du sieur Henry Scott, le gendre de George Montagu (comte de Cardigan, 1er duc de Montagu appelé Lord Brudenell jusqu'en 1732). Son nouvel employeur était le premier duc de Montagu de la deuxième création, 3ème duc de Buccleuch et 5ème duc de Queensberry, ainsi que beau-frère de John Montagu par le mariage avec sa sœur Elizabeth Montagu. Ignatius resta jusqu'en 1773 à son service.

Charles Ignatius Sancho s'adressa par écrit en 1766, six années après son mariage, au révérend Lawrence Sterne, romancier et pasteur anglican – auteur de l'ouvrage *The Life and Opinions of Tristram Shandy, Gentlemen*, et du livre *A Sentimental Journey Through France and Italy* – pour l'encourager à utiliser sa plume au profit de la cause abolitionniste. Dans la réponse de Lawrence Sterne du 27 juillet 1766 à la sollicitation de Charles Ignatius Sancho, laquelle fut largement diffusée et deviendrait une partie intégrante de la littérature abolitionniste du XVIIIe siècle, le lecteur de l'époque apprit l'existence d'« une étrange coïncidence dans les petits événements (ainsi que dans les grands) de ce monde ». De plus, Lawrence Sterne avait écrit, en cette période, un tendre récit à propos des souffrances d'une pauvre négresse sans amis :

> « et mes yeux avaient à peine fait le tour de la question, lorsque votre lettre de recommandation au nom de tant de ses frères et sœurs, m'est parvenue – mais pourquoi ses frères ? ou les vôtres, Sancho ! pas plus que les miens ? C'est par les teintes les plus fines, et les dégradés les plus insensibles, que la nature descend du plus beau visage de Saint-Jacques, au plus beau teint de l'Afrique : à quelle teinte de ceux-ci, est-ce, que les liens du sang doivent cesser ? et combien de nuances devons-nous descendre plus bas encore dans l'échelle, "avant que la pitié ne disparaisse avec elles" ? – mais il n'est pas rare, mon bon Sancho, qu'une moitié du monde utilise l'autre moitié comme des brutes, et s'efforce ensuite de les rendre ainsi. »[263]

Westminster en une entreprise d'impression et d'édition. En 1803, il publierait la cinquième édition des *The Letters of the Late Ignatius Sancho, an African*.
[263] In *The Norton Anthology of English Literature : The Major Authors*, Stephen Greenblatt, WW Norton & Co, 2018.

La publication de cette correspondance ferait sans conteste connaître Charles Ignatius Sancho au grand public, en tant qu'homme de lettres. En plus,

> « Sancho [avait] composé de la musique, [était] apparu sur la scène, [avait] diverti de nombreuses figures célèbres de Londres littéraire et artistique, et son portrait [avait] été peint par Thomas Gainsborough. »[264]

En 1768, le peintre Thomas Gainsborough livra en effet une représentation de Charles Ignatius Sancho, en même temps que Mary Churchill, duchesse de Montagu, faisait faire son portrait.

> « Gainsborough dépeignit Sancho comme un personnage sympathique, détendu et sûr de lui. Son gilet rouge brique et le riche fond marron du tableau dégageaient une chaleur qui était révélatrice du caractère modèle. C'était un individu, pas un type. Bien qu'il fût au service de la famille Montagu, Sancho n'était pas peint en livrée, mais dans un gilet à la mode avec liseré de brocart doré et une cravate. Sa "main dans le gilet", fréquente dans les portraits de messieurs anglais du XVIIIᵉ siècle, révéla qu'il [était] un homme de certain rang social. »[265]

Selon Reyahn King[266], conservatrice et directrice de musée britannique, une inscription de l'antiquaire William Stevenson au dos de ladite toile indiqua que Thomas Gainsborough avait achevé le portrait (huile sur toile, 73,7 x 62,2 cm) en une heure et quarante minutes le 29 novembre 1768. William Stevenson correspondait le plus souvent avec Sancho[267]. Sur cette annotation, on pouvait réaliser que :

[264] In *Ignatius Sancho : An African Man of Letters*, Brycchan Carey, article publié sur le site Internet de l'auteur.

[265] In *The Black Figure in 18ᵗʰ-century Art*, David Dabydeen, *Thomas Gainsborough*, février 2011, sur le site Internet de la *BBC*, article consulté le 21 mai 2020. Voir le lien ci-dessous.
http://www.bbc.co.uk/history/british/abolition/africans_in_art_gallery_04.shtml.

[266] In *Ignatius Sancho : The Man and His Times*, Reyahn King, *National Portrait Gallery*, Londres, 1997 : pp. 28-29.

[267] Voir *Portrait of Ignatius Sancho by Thomas Gainsborough, 1768*, National Gallery of Canada, Shelfmark : 58, consulté le 26 avril 2020. Voir le lien ci-dessous.
https://www.bl.uk/collection-items/portrait-of-ignatius-sancho-by-thomas-gainsborough-1768.

« les représentations de sujets africains [reflétaient] généralement la vision idéologique de l'artiste sur l'esclavage. Peu de personnes africaines [avaient] été dépeintes avec la profondeur de sentiment évoquée dans ce portrait. Gainsborough [avait transmis] à la fois la chaleur et l'humour de la personnalité de Sancho et ses qualités raffinées de gentleman. Il [s'était agi] d'un contraste frappant avec les images stéréotypées contemporaines des peuples africains. Pour cette raison, le portrait de Gainsborough [reste] exceptionnel. [Reyahn] King a fait valoir que le portrait de Sancho [était] le portrait le plus accompli d'un Africain dans le portrait britannique de l'époque[268]. La gravure de 1781 de Bartolozzi basée sur le portrait de Sancho de Gainsborough [avait] été utilisée comme frontispice lors de la publication des lettres de Sancho. »

Cette illustration avait donc servi de prototype à une gravure de Francesco Bartolozzi, qui avait d'ailleurs figuré en 1782 dans l'édition imprimée des *Letters of the Late Ignatius Sancho*[269]. Selon Markman Ellis dans l'ouvrage intitulé *The Politics of Sensibility : Race, Gender and Commerce in the Sentimental Novel*, Charles Ignatius Sancho était déjà devenu un personnage accompli et considéré par beaucoup de gens, à la fin des années 1760, comme un homme raffiné.

« Sancho [écrivit] de la poésie, des pièces de théâtre et une théorie de la musique, et [composa] des chansons et des menuets pour violon, mandoline, flûte et clavecin. Une rente qui lui [avait] été laissée par la duchesse [de Montagu] lui [avait] permis d'ouvrir une épicerie à Charles Street, à Westminster. La boutique [était] devenue un lieu de rencontre pour les artistes, les musiciens et les écrivains. »[270]

Pour lui permettre de soigner la crise de goutte ayant occasionné une forte corpulence, la famille Montagu avait en effet aidé en 1774 Charles Ignatius Sancho. Cette contribution lui avait alors permis d'ouvrir une épicerie qui proposerait des articles principalement produits

---

[268] *Ibidem*, 1997, p. 30.

[269] In *Letters of the late Ignatius Sancho, an African*, 1ère édition, 1782, *British Library*, RB.23.a.26252, consulté le 26 avril 2020 – https://www.bl.uk/collection-items/~/link.aspx?_id=2DB26246E72843F2B250CBB46BAF175E&_z=z.

[270] In *La figure noire dans l'art du XVIII* siècle, op. cit.

par des esclaves – le tabac, le sucre, le thé… – au 19 Charles Street à Mayfair, dans l'arrondissement de Westminster à Londres.

Grâce à son activité commerciale, Charles Ignatius Sancho pouvait s'adonner aussi à d'autres activités. Il disposa de plus de temps pour correspondre avec ses nombreux amis et partager son plaisir de la littérature. De nombreuses personnes fréquentaient sa boutique. Il publia une théorie de la musique et deux pièces. À cette époque, il écrivait également pour des journaux, à la fois sous son vrai nom et le pseudonyme d'Africanus. Favorable aux idées de la monarchie, il appuya les forces britanniques pendant la guerre d'Indépendance américaine.

Compositeur, acteur et écrivain, auteur de plusieurs pièces, Charles Ignatius Sancho fut le seul Britannique d'origine africaine connu pour avoir été éligible et voté aux élections législatives de 1774 et 1780. Lors de la campagne du 11 au 26 septembre 1774, il avait soutenu les candidatures d'Algernon Percy, 1er comte de Beverley, et de Lord Thomas Pelham-Clinton, 3ème duc de Newcastle-under-Lyne, qui s'étaient opposés au parti au pouvoir de Lord Frederick North. Ces candidats avaient remporté le scrutin dans la circonscription consternée. Malgré ces défaites dans ladite zone géographique, Lord North avait obtenu le plus de députés sur le plan national et avait été réélu Premier ministre. Sancho avait accompli ce devoir civique grâce aux titres de propriété et à son autonomie sur le plan financier. Mais le fait d'avoir été un électeur africain à Westminster et vécu en Grande-Bretagne depuis l'âge de 2 ans, faisait de lui « seulement un locataire, et à peine cela ». En effet, il était très souvent arrêté et insulté gratuitement du fait de la noirceur de sa peau.

Charles Ignatius Sancho recevait beaucoup de visiteurs de premier plan dans la boutique sise Charles Street, parmi lesquels figurait l'homme d'État et abolitionniste Charles James Fox. Cette personnalité du Parti whig parviendrait à faire voter par le Parlement une résolution anti-esclavagiste. La loi sur le commerce des esclaves étrangers qu'il superviserait, au printemps 1806, interdirait aux sujets de Sa Majesté de contribuer au commerce des esclaves avec les colonies qui appartenaient aux ennemis de la Grande-Bretagne. Cela permettrait *de facto* de réduire des deux tiers la production d'esclaves qui transitaient par les ports britanniques. Des personnes célèbres telles que l'artiste peintre Thomas Gainsborough, l'acteur shakespearien David Garrick, le violoniste et virtuose Felice Giardini, le peintre John Hamilton Mortimer, le prédicateur Dr William Dodd, le célèbre sculpteur Joseph Nollekens et le romancier Lawrence Sterne, l'auteur du roman anti-esclavagiste *Tristan Shandy*, figuraient parmi ses connaissances. L'un des meilleurs sculpteurs britanniques du XVIIIe siècle, Joseph Nollekens, l'immortaliserait en 1790 à l'aide d'une fonte de plâtre.

> « Maître écrivain et rhétoricien, il [avait] utilisé ses talents comme un outil pour gagner le respect et pénétrer les cercles sociaux auparavant inaccessibles aux hommes noirs.
> » [...] Le fait que les lettres de Sancho comprenaient une telle ouverture [une authenticité de sentiment, ndlr, alors que les publications tout aussi importantes d'autres écrivains noirs tels qu'Olaudah Equiano et Frederick Douglass ne l'[avaient] pas fait, [... avait fourni] la preuve d'un statut et d'une haute estime qui, autrement, seraient difficiles à comprendre aujourd'hui. C'[était] la preuve d'une réputation établie pour l'esprit et l'art qui l'[avait] précédé même dans la mort. »[271]

En 1780, Charles Ignatius Sancho écrivit un récit dramatique sur les émeutes de Gordon, une vague d'agitations populaires et destructrices qui avaient eu lieu à Londres pour protester contre l'abrogation des lois discriminatoires à l'encontre des catholiques romains. Depuis la vitrine de sa boutique sise Charles Street, il apprit à son ami John Spink qu'il se sentait obligé de lui donner même un « croquis très imparfait des individus les plus [déraisonnables] dont les temps les plus fous n'aient jamais été en proie » (Vol. 2, Lettre LXVII, 6 juin 1780). L'extrait mentionné ci-dessous, tiré d'une des lettres publiées en 1782, a permis de mettre en évidence la pertinence de ses arguments et de dénoncer :

---

[271] In *Portrait of a Black Intellectual : The Life and Letters of Ignatius Sancho*, Kiana Webster, dans *Le blog des livres rares de Chapel Hill*, article mis en ligne le 20 septembre 2019, consulté le 26 avril 2020. Voir le lien ci-dessous.
https://blogs.lib.unc.edu/rbc/index.php/2019/09/20/portrait-of-a-black-intellectual-the-life-and-letters-of-ignatius-sancho.

« [...] le trafic abominable des chrétiens pour les esclaves et la cruauté horrible et la trahison des rois africains – encouragés par leurs clients chrétiens qui leur [apportaient] des armes à feu pour leur fournir les moyens infernaux de tuer et kidnapper. »

Charles Ignatius Sancho mourut des suites de la goutte le 14 décembre 1780. Il fut la première personne d'origine africaine connue à avoir eu droit à une nécrologie dans la presse britannique, entre autres, la *Gazetteer and New Daily Advertiser* :

« Vers six heures hier matin, [était] décédé subitement M. Ignatius Sancho, épicier et marchand de thé, de Charles-street, Westminster, un homme dont la générosité et la bienveillance dépassaient largement son humble condition. Il fut honoré de l'amitié du regretté révérend M. Sterne, et de plusieurs des [personnalités] littéraires de l'époque. »

Charles Ignatius Sancho serait enterré, le troisième jour ayant suivi son décès, au cimetière de *Saint Maragaret's Church* à Westminster.

The Letters of the Late Ignatius Sancho, an African seraient éditées et publiées, à titre posthume, deux années après sa mort par son fils William Leach Osborne Sancho. Cet ouvrage est l'un des premiers récits de l'esclavage africain écrit en anglais par un ancien affranchi. Ce recueil, qui connut un large succès, finit par figurer dans l'*Encyclopédie africaine*. Pour les abolitionnistes britanniques du XVIIIe siècle, Charles Ignatius avait symbolisé l'humanité des Africains et l'immoralité de la traite des esclaves.

Le 15 juin 2007, Nick Raynsford, député de Greenwich, a dévoilé sur un pan du mur restant de *Montagu House*, à la limite Sud-Ouest de Greenwich Park, une plaque à la mémoire de Charles Ignatius Sancho. Celle-ci a été financée par les *Friends of Greenwich Park* pour commémorer le bicentenaire de la loi sur l'abolition de la traite des esclaves, ayant été promulguée en 1807. Une seconde plaque à sa mémoire se trouve au ministère britannique des Affaires étrangères et du Commonwealth. Avec la collaboration de l'historien Steven Ian Martin (SI), la *National Portrait Gallery* de Londres, le Palais de Westminster, la *Tate Britain*, les archives du district de Westminster et le *Westminster City Council*, ont bien évidemment contribué à l'inclusion du 19 Charles Street dans le programme de cet historique événement. Charles Ignatius Sancho figure désormais sur la liste des *100 Great Black Britons*.

Dans un numéro du magazine *Apollo*, lequel était paru en août 2006, on a appris que l'emblématique *Portrait of an African* (huile sur toile 61,8 x 51,5 cm, c. 1757-59), tableau conservé au *Royal Albert Memorial Museum* à Exeter dans le Devon, représente probablement Ignatius Sancho, alors que l'on pensait auparavant qu'il s'agissait d'Olaudah Equiano. Cette œuvre est maintenant attribuée à Allan Ramsay (1713-1784). En plus, selon un compte rendu complet, lequel a été publié dans l'article *The lost African*, cette découverte a confirmé l'identification de Sancho.

En 2015, une pièce de théâtre sur la vie de Charles Ignatius Sancho intitulée *Sancho : An Act of Remembrance*, écrite et jouée par Paterson Joseph, a été programmée à Oxford et Birmingham au Royaume-Uni, ainsi qu'à la *Brooklyn Academy of Music* à New York.

> « *Sancho : An Act of Remembrance* est un regard surprenant, plein d'esprit et émouvant sur la petite mais dynamique communauté afro-britannique d'Angleterre dans les années 1700. »[272]

La première de cette représentation a eu lieu, du 4 au 16 juin 2018, à Londres au *Wilton's Music Hall*.

L'écrivain et interprète britannique Paterson Joseph a su décrire, à travers cette pièce de théâtre, comment ses recherches sur l'histoire des Noirs britanniques l'ont influencé dans sa toute première réalisation :

> « Mon vrai point de départ était, bien sûr, de voir son portrait pour la première fois. J'ai trouvé que bien que ses lettres nous en disent, quoique prudemment, sur son caractère, pour moi son portrait révélât presque tout. Son équilibre, son humour, sa curiosité et sa profonde intelligence transparaissent. Sa conscience de soi est également évidente, et on sent qu'il n'était pas intimidé par sa

---

[272] In *Sancho : Un Acte de Souvenir. Source : Archives BAM Hamm*, Fondation Leon Levy (*levyarchive.bam.org*).

connaissance de la "place" qu'il était censé occuper dans la société britannique du XVIIIᵉ siècle. »[273]

Paterson Joseph a rappelé, à juste titre, que Charles Ignatius Sancho avait été un modèle de survie véritablement britannique, sans héroïsme manifeste. Il avait surtout été infatigable, sans amertume. Un précurseur afro-britannique, environ deux cent vingt années avant que le *HMT Empire Windrush* n'embarque pour la Grande-Bretagne depuis Montego Bay, en Jamaïque, avec ses deux cent quarante-neuf voyageurs… dont, surtout, un passager clandestin. De plus, il avait un regard d'historien sur la durée de la politique d'ethnicité et d'immigration. Il avait su saisir le moment de contester et de jouer de la musique ; il avait refusé, en réalité, d'être obligé de s'asseoir et de se taire. Il avait plutôt choisi d'écrire, de chanter, de danser et, en fait, de jouer…[274]

---

[273] In *Preface to Sancho : An Act of Remembrance*, Paterson Joseph, article mis en ligne par *British Library*, consulté le 21 avril 2020 – https://www.bl.uk/restoration-18th-century-literature/articles/preface-to-sancho-an-act-of-remembrance.
[274] *Ibidem.*

XIII – Francis Barber : le professeur d'école

Francis Barber vint au monde esclave, sous le nom de Qua-shey[275], vers 1735[276] sur une plantation de sucre en Jamaïque. Celle-ci appartenait à la famille Bathurst. Après qu'il eut été amené en 1750 en Angleterre à l'âge de 15 ans par le colonel Richard Bathurst Sr, il devint à Londres, en 1752, valet de chambre de Samuel Johnson (dit docteur Johnson). Ce dernier était le grand ami du fils de cet officier de la *Royal Navy*. D'aucuns avaient considéré cet homme comme l'un des principaux auteurs de la littérature britannique en tant que poète, essayiste, biographe, lexicographe, traducteur, pamphlétaire, journaliste, éditeur, moraliste, polygraphe et critique littéraire. Bref, il avait été l'une des personnalités des plus réputées d'Angleterre. Certainement, étant très occupé par ses différents projets, Samuel Johnson ne pouvait s'acquitter convenablement seul des tâches domestiques. Par conséquent, Richard Bathurst (fils), médecin et essayiste membre du *Literary Club*[277], ou *The*

---

[275] In *Samuel Johnson's Slave*, Kathryn Sutherland, dans *The Times Literary Supplement*, consulté le 19 avril 2020. Voir le lien ci-dessous.
https://www.3quarksdaily.com/3quarksdaily/2015/07/samuel-johnsons-slave.html.
[276] Dans une interview qui avait été réalisée en octobre 1799, Francis Barber avait écrit qu'il était né à « Jamaco aux Antilles », vers 1735, in *Racines noires : Francis Barber, op. cit.*
[277] Une assemblée littéraire qui avait été fondée à Londres en février 1764 par Samuel Johnson et le peintre Joshua Reynolds sur le modèle de l'Académie française. Leur

Club, auquel appartenait Samuel Johnson, le poussa à prendre un esclave plus ou moins affranchi pour remplir ces tâches[278].

Francis Barber arriva à son lieu de travail deux semaines après le décès à l'âge de 63 ans de l'épouse du docteur Johnson, Elizabeth Porter née Jarvis (ou Jervis) qui, selon l'écrivain et avocat écossais James Boswell, avait épousé en premières noces le négociant de Birmingham Henry Porter. La mort d'Elizabeth, dite Tetty ou Tetseyn, avait plongé Samuel Johnson dans une dépression que, par la suite, Barber décrirait de manière remarquable à James Boswell. Ancien écrivain et avocat, il s'inspirerait de ses indications dans *The Life of Samuel Johnson*[279].

Francis Barber travailla ensuite, à l'âge de 19 ans, chez un pharmacien de Cheapside. Il s'engagea après, pendant deux années sur divers navires, dont le *HMS Stag*[280] de la *Royal Navy*, ainsi que dans la frégate légère *Captain Angel* dans la mer du Nord jusqu'à ce qu'il fût rappelé par Samuel Johnson.

Son bref engagement maritime fut notamment évoquée par James Boswell dans son ouvrage *The Life of Samuel Johnson*, en ayant expliqué que :

> « passé quelque temps en mer, non pas pressé comme on le supposait[281], mais avec son propre consentement, il [était apparu],

dessein avait consisté à former une société d'excellence grâce aux meilleurs spécialistes dans tous les domaines – littéraire, philosophique, scientifique ou artistique –, comme le philosophe Edmund Burke, l'acteur David Garrick, l'historien Edward Gibbon, le naturaliste Joseph Banks, l'économiste Adam Smith, Bennet Langton…

[278] In *Oxford Dictionary of National Biography*, Henry Bate, 1977, pp. 325-326.

[279] Cf. *Life of Johnson*, Oxford University Press, 1980 ; ou *Vie de Samuel Johnson*, L'Âge d'homme, Lausanne, 2002, 841 pages.

[280] Une frégate de classe Niger de trente-deux canons lancée le 4 septembre 1758. Réduite à un sixième taux de vingt-huit canons en 1777, mais rétablie comme cinquième taux de trente-deux canons en 1779, elle fut démantelée en juillet 1783 dans le chantier naval de Deptford, un quartier du sud-est du Grand Londres de nos jours, faisant partie du borough de Lewisham sur la rive Sud de la Tamise.

[281] Un système de recrutement pour la marine qui consistait à enlever de force des individus qui étaient ramassés au hasard dans les ports, (cf. *La Royale ou l'Extraordinaire Renaissance de la Marine Française sous Louis XIV*). En 1670, Jean-Baptiste Colbert mit fin à ce système, en lui ayant substitué le régime de l'inscription maritime

d'après une lettre du Dr Smollet[282] à John Wilkes, que son maître s'[était] aimablement intéressé à obtenir sa libération d'un état de vie dont Johnson [avait] toujours exprimé la plus grande répugnance. Il [avait] dit : "Aucun homme ne sera un marin qui a assez d'artifice pour se mettre en prison ; car être sur un navire, c'est être en prison, avec le risque de se noyer". Et à un autre moment, "un homme en prison a plus de place, de la nourriture et, en général, une meilleure compagnie". »

Le docteur Tobias Smollet s'était donc adressé le 16 mars 1759 pour la seconde fois, à la demande de Samuel Johnson, dans une lettre écrite dans la ville de Chelsea à l'attention de Johnson Wilkes en ces termes :

> « Cher Monsieur,
> » Je m'adresse de nouveau à vous, au nom de ce grand Cham de la littérature, Samuel Johnson. Son domestique noir, dont le nom est Francis Barber, a été emmené sous la pression à bord la frégate légère *Captain Angel* et notre lexicographe se retrouve dans la plus grande détresse. Il dit que ce garçon est un jeune homme maladif, d'une constitution délicate et particulièrement sujet à une maladie de la gorge, ce qui le rend absolument impropre au service de Sa Majesté. Vous savez quelle animosité ledit Johnson a contre vous ; et j'ose croire que vous ne désirez nulle autre occasion de le lui faire sentir que de faire de lui votre obligé. Il a eu assez d'humilité pour souhaiter mon aide en cette occasion, même si lui et moi n'avons jamais été de grands amis ; et je lui ai laissé comprendre que je transmettrais la requête à mon ami Mr Wilkes, qui, peut-être, par l'intérêt qu'il porte au D[r] [George] Hay et à Mr Elliot, serait peut-être capable d'obtenir la libération de son domestique. Il n'est pas besoin d'en dire davantage sur ce sujet, que j'abandonne à votre entière décision ; mais je ne saurais laisser passer cette occasion de proclamer, cher Monsieur, que je suis avec la plus haute estime et l'attachement le plus indéfectible.
> » Votre très humble et très obéissant serviteur,
> » T. Smollet. »

John Wilkes contacta, dans le plus bref délai, son ami Sir George Hay, qui était alors l'un des Lords Commissioners de l'Amirauté. À

(voir *Colbert, père de la Retraite*) qui subsista plus longtemps en Angleterre.
[282] En l'occurrence l'écrivain Tobias Smollett, auteur du roman intitulé *Roderick Random* paru en 1748, dont le héros avait été victime de la « pression ».

la suite de l'intervention du lord-maire de Londres, Francis Barber fut libéré, selon James Boswell, sans avoir jamais rien demandé lui-même. Il retrouva son vieux maître à Chambers dans l'auberge d'Inner Temple, une association de membres non constituée en société existant depuis le XIVe siècle et réintégra, toujours comme domestique, son service.

D'après James Boswell, la sollicitude sincère de Samuel Johnson envers Francis Barber lui donna l'envie de le faire progresser. Il l'envoya pour un montant de trois cents livres, de 1767 à 1772, alors que son fidèle domestique était âgé de plus de trente années, à la *Bishop's Stortford Grammar School* dans le Hertfordshire dans l'optique d'acquérir des connaissances indispensables à la tâche d'assistant. À la fin de la formation idoine, le maître s'appuya de plus en plus sur Francis Barber, non seulement comme valet de chambre, mais aussi en tant que secrétaire. À ce titre, il organisa des voyages, reçut des documents et tint le journal de Samuel Johnson.

Francis Barber bénéficia en 1785 par une personne de confiance, à savoir l'écrivain Bennet Langton, une année après le décès de son maître, d'un legs de soixante-dix livres (équivalant à 9 000 livres en 2019) par an à condition de quitter Londres pour s'établir à Lichfield, lieu de naissance de Samuel Johnson, dans le Staffordshire. Ce legs contenait aussi des ouvrages, des manuscrits et une montre en or de son défunt maître. De plus, au cours des années précédentes, Francis Barber avait aidé le docteur Johnson dans la révision de son célèbre *Dictionary of the English Language* et de ceux d'autres travaux.

Même si la validité juridique de l'esclavage en Angleterre n'était pas du tout claire à l'époque, il le deviendrait toutefois à la suite de l'*affaire Somersett* de 1772 qui préciserait l'inexistence de l'esclavage sur le sol anglais[283]. Samuel Johnson avait lui-même été un fervent

---

[283] James Somersett, ou Somerset, était un esclave noir afro-américain. Libéré en 1772 par l'arrêt Somersett, dans lequel il avait été jugé par le *Lord Chief of Justice* William Murray (Lord Mansfield). Selon le verdict ayant été rendu, le maître d'un esclave ne pouvait l'obliger à quitter l'Angleterre contre sa volonté. Cet arrêt Somersett serait néanmoins considéré comme ayant *de facto* marqué l'abolition de l'esclavage en Angleterre bien avant son abolition *de jure* en 1833. Les personnes concernées ne pouvaient donc pas être expulsées de Grande-Bretagne contre leur gré.

adversaire de l'esclavage, aussi bien en Angleterre que dans les colonies américaines. Richard Bathurst senior, qui décéderait deux années plus tard, accorderait à Barber sa liberté dans son testament, avec un petit legs de douze livres.

Au moment de la rédaction de son testament, Samuel Johnson avait demandé à Sir John Hawkins, qui deviendrait son premier biographe, les dispositions à prendre en faveur de Francis Barber. Après que Sir Hawkins lui eut appris la donation annuelle par un noble de cinquante livres à son ancien esclave, Johnson avait répliqué qu'il serait alors « noblissimus » en lui léguant soixante-dix livres par an. Johnson avait laissé, à cet effet, sept cent cinquante livres (équivalant à 9 200 livres en 2019)[284]. Ce qu'avait désapprouvé John Hawkins qui, après la mort de Samuel Johnson, critiquerait sa « générosité ostentatoire et cette faveur faite à des nègres ». Cet héritage avait reçu, effectivement, un vaste écho dans les publications vers le milieu de la seconde moitié du XVIIIe siècle.

Le vœu du défunt Samuel Johnson fut donc exaucé, car le légataire s'installa à Lichfield, une petite ville célèbre pour sa cathédrale à trois flèches dans Staffordshire, où, d'après un correspondant du *Gentleman's Magazine*, il passait son temps « à pêcher, à cultiver quelques pommes de terre et à lire un peu ». Plus tard, il ouvrirait une petite école de village dans la ville de Burntwood dans la région du Midlands de l'Ouest dans le Staffordshire. Finalement, il s'investit dans un magasin de tissus et se maria avec une native de la région. Après avoir dilapidé l'argent de l'héritage, il vendit son commerce de souvenirs pour

---

En 1772, selon des estimations qui avaient été faites lors de cette célèbre affaire judiciaire, la population britannique noire s'élevait entre 14 000 et 15 000 individus. Ces personnes étaient des esclaves. Elles avaient été ramenées des Caraïbes pour travailler comme domestiques non rémunérés dans les maisons des anciens propriétaires de plantations, des fonctionnaires et des marins. Comme Angelo Soliman, Ignatius Sancho, Olaudah Equiano, Francis Barber était l'un de ces esclaves.

[284] In *Langton, Bennet (bap. 1736, d. 1801)*, Leslie Stephen, révisé par Michael Bevan, *Oxford Dictionary of National Biography*, Oxford University Press, 2004, consulté le 19 avril 2020. Voir le lien ci-dessous.
https://www.oxforddnb.com/view/10.1093/ref:odnb/9780198614128.001.0001/odnb-9780198614128-e-16038.

rembourser ses dettes[285]. Par ailleurs, les biographes de Samuel Johnson, Sir John Hawkins et Hester Piozzi, étaient très critiques par rapport au mariage de Barber en 1776 avec la femme blanche nommée Elizabeth Ball, avec qui il eut un fils Samuel (prénom donné en souvenir de Johnson) et une fille Ann[286]. Ce couple mixte, comme tant d'autres à cette époque, était très souvent l'objet de comportements discriminatoires. D'ailleurs, Olaudah Equiano avait déjà écrit dans le journal londonien *Public Advertiser* sur cette thématique :

> « Pourquoi ne pas établir des mariages mixtes à la maison et dans nos colonies, et encourager l'amour ouvert, libre et généreux sur le plan large et étendu de la nature, soumis uniquement à la rectitude morale, sans distinction de couleur de peau ? »[287]

Particulièrement virulent, Sir John Hawkins refusa de comprendre que la couleur de l'épiderme ne puisse pas constituer un obstacle au mariage. Comment Elizabeth Ball avait-elle pu, se demanda-t-il, se fourvoyer dans une telle relation ? Un lecteur raciste du *London Chronicle* avait même accusé les Noirs de recourir à dessein aux mariages mixtes pour « laver le Blackamoor blanc »[288]. Le substantif « Blackamoor » désignait un style d'art européen du début de la période moderne relative à la représentation des personnages hautement stylisés, généralement des hommes africains mais parfois d'autres peuples non européens, sous une forme subordonnée ou exotique. En tout cas, les critiques les plus perspicaces n'hésitèrent pas à comparer ces jeunes mariés à Othello et Desdémone, personnages principaux de la tragédie *Othelo, the Moor of Venise* (*Othelo, le Maure de Venise*) de William Shakespeare inspiré d'une histoire de Giovanni Baptista Giraldi Cinthio et ayant été jouée pour la première fois en 1604.

---

[285] In *Laissez-nous déjeuner dans la splendeur*, Charles Nicholl, *The London Review of Books*, vol. 37, n° 14, 16 juillet 2015, consulté le 19 avril 2020 – https://www.lrb.co.uk/the-paper/v37/n14/charles-nicholl/let-us-breakfast-in-splendour.

[286] In *Black London : Life before Emancipation, op. cit.*

[287] In *Racines noires : Francis Barber, op. cit.*

[288] *Ibidem.*

De Francis Barber, il existe au moins deux versions d'un portrait
–dont l'une pourrait se trouver de nos jours dans la Maison du docteur
Samuel Johnson. Certains historiens d'art les plus récents ont supposé
que ce tableau avait probablement été peint par James Northcote, ou
peut-être par son maître, Sir Joshua Reynolds, qui était l'élève de Thomas Hudson et le professeur de William Turner, l'un des tuteurs de
Francis Barber en conformité aux dispositifs testamentaires. Selon une
opinion alternative, laquelle a été récemment exprimée dans une émission de la *BBC*, il serait bien l'œuvre de Reynolds lui-même, mais
représenterait son propre domestique noir et non Barber[289].

Ayant survécu à Samuel Johnson qui était décédé le 13 décembre
1784, la vie de Francis Barber dans le Staffordshire, comté du centre
de l'Angleterre, ne fut pas des plus heureuses. Après s'être adonné à
l'alcool, il mit fin à ses jours le 13 janvier 1801 à Stafford, ville située
entre Wolverhampton et Stoke-on-Trent, où il exerçait la profession de
professeur d'école, à la suite d'une opération infructueuse au *Staffordshire Royal Infirmary*[290]. Ses descendants[291] s'occuperaient de sa propriété près de Lichfield. Son fils Samuel Barber deviendrait un prédicateur laïc méthodiste, tandis que Mme Elizabeth Ball Barber et sa fille
Ann Barber ouvriraient une petite école. Les deux petits-enfants mulâtres de Francis Barber épouseraient des personnes à la peau blanche[292].

---

[289] L'existence d'un bon nombre de versions de cette œuvre peut s'expliquer par le
fait que Sir Joshua Reynolds avait encouragé ses élèves à la reproduire. D'autres
exemplaires avaient été réalisés lors de son exposition à la *British Institution* au début
du XIXe siècle. La version originale avait été probablement peinte dans les années
1770, période pendant laquelle la traite des esclaves était toujours en vigueur dans
les colonies.

[290] In *Black London : Life before Emancipation, op. cit.*

[291] In *Slaves, Sinners and Saints*, Cedric Barber, Publications Berith, 2008, 232
pages. Lire aussi *Esclaves, pécheurs et saints*, article consulté le 19 avril 2020.
Voir le lien ci-dessous.
http://www.bbc.co.uk/stoke/content/articles/2009/02/27/cedric_barber_feature.
shtml.

[292] In *Black London : Life before Emancipation, op. cit.*

XIV – Toussaint Louverture : le libérateur de l'oppression

François-Dominique Toussaint Louverture s'appelait, en réalité, Toussaint de Bréda. Il naquit vers 1743 près du Cap-Français, l'actuel Cap-Haïtien, et mourut en captivité le 7 avril 1803 à La Cluse-et-Mijoux dans le Doubs en France métropolitaine. Général et homme politique français des Antilles, il était un descendant d'esclaves noirs. Son combat pour la liberté déboucherait sur la fondation de la République d'Haïti. À ce titre, ce pays, où le reste de ses cendres seraient déposées en 1983, revendiquerait officiellement le fabuleux personnage tandis que la France lui rendrait hommage au Panthéon, sous la forme d'une inscription commémorative[293]. Après s'être lui-même affranchi, en tant que chef de la Révolution haïtienne de 1791 à 1802, cet Afro-caribéen jouerait un rôle historique de premier plan au regard d'une indépendance étatique et deviendrait, sans conteste, l'une des grandes figures des mouvements anticolonialistes, abolitionnistes et d'émancipation des Noirs.

Dans un article intitulé *Toussaint Louverture, le Spartacus noir*, lequel a été mis en ligne sur le site Internet *nouvelsobs.com* le 18 juillet 2020, la journaliste Doan Bui a écrit :

---

[293] Par anachronisme, de quelques mois par rapport à sa mort, Toussaint Louverture est très souvent présenté comme Haïtien, considérant la République d'Haïti en tant qu'enfant posthume du personnage.

« C'est un papier jauni avec une liste écrite d'une plume soignée. Elle dénombre les "esclaves nègres" de la plantation Bréda, en décembre 1785, à Saint-Domingue (aujourd'hui Haïti). [...]

» Ce fascinant document, exhumé en 2013 des cartons des Archives nationales d'Outre-Mer, à Aix-en-Provence, par les historiens Philippe Girard et Jean-Louis Donnadieu, l'est devenu encore plus quand, au détour de la liste, ils ont reconnu ce prénom : Toussaint.

» "Créole, gardien de mulets, sujet intelligent et entendu pour les pansements des animaux, doux mais bigot aimant catéchiser et à faire des prosélytes. Ce nègre est marié avec Suzanne [Simon-Baptiste], sœur du commandeur."

» Toussaint ? Oui, il s'agit bien de celui qui se donnerait plus tard le nom de Toussaint Louverture, le Spartacus qui mènerait la révolte des esclaves de Saint-Domingue en 1791, émerveillant [Alphonse de] Lamartine – "Cet homme [était] une nation !" – qui lui [consacrerait] une pièce. »

« Pourquoi, dans notre inconscient, la figure de l'esclave doit-elle être blanchie pour devenir reconnaissable et prendre une dimension universelle ? » Judicieuse question du journaliste Julien Suaudeau dans un article intitulé *Toussaint Louverture n'est pas le Spartacus noir*, mis en ligne le 24 juillet 2020 sur le site *slate.fr*. Louverture doit-il forcément être associé au gladiateur de Thrace pour mériter une perspective héroïque ? Le chef de la révolte des esclaves de Saint-Domingue ne pouvait avoir d'existence autonome, ou alors son propre cheminement ?

De toute façon, alors que d'autres historiens nuanceraient son opposition au système colonial ayant forcément contribué à la gloire de l'Ancien Régime, l'historiographie haïtienne et l'œuvre de l'abolitionniste Victor Schœlcher[294] érigeraient Toussaint Louverture en

---

[294] Le discours abolitionniste de Victor Schœlcher avait évolué au cours de sa vie. En 1830, dans un article de la *Revue de Paris*, intitulé *Des Noirs*, après avoir fait une description terrible de la situation des esclaves, et montré comment l'esclavage avait transformé ces hommes en brutes, il s'était prononcé contre l'abolition immédiate, car, pour lui, « les nègres, sortis des mains de leurs maîtres avec l'ignorance et tous les vices de l'esclavage, ne seraient bons à rien, ni pour la société ni pour eux-mêmes » ; « je ne vois pas plus que personne la nécessité d'infecter la société active (déjà assez mauvaise) de plusieurs millions de brutes décorées du titre de citoyens, qui ne seraient en définitive qu'une vaste pépinière de mendiants et de

modèle de libérateur de l'oppression. Quelques chercheurs livreraient plutôt une vision davantage contrastée du personnage de Toussaint Louverture, nostalgique d'un Saint-Domingue « perle des Antilles » dans lequel il avait grandi et prospéré. Auraient-ils sciemment oublié que la Révolution avait porté cet ancien esclave noir, affranchi, dans les plus hautes strates du pouvoir militaire, puis politique, de la colonie française de Saint-Domingue jusqu'à sa chute face à l'armée du général Charles Victoire Emmanuel Leclerc envoyée par le Premier Consul Napoléon Bonaparte qui, parallèlement, avait rétabli l'esclavage en 1802 ?[295] Qui était réellement cet homme noir qui oserait défier, sans aucun complexe, la puissance coloniale napoléonienne ?

> « On croit savoir que c'[était] le fils d'un chef africain du Bénin qui [avait] été déporté comme esclave. Son lieu de naissance lui [valut] d'être d'abord appelé Toussaint de *Bréda*. »[296]

D'après des informations qualifiées de mythologique, Toussaint serait né esclave au début des années 1740 à Saint-Domingue, l'actuelle République d'Haïti, qu'il ne faudrait surtout pas confondre avec la capitale de la République dominicaine. Son existence d'homme libre en Afrique aurait été impossible, car il avait occupé des fonctions de domestique, très certainement de cocher. Or, cette faveur n'était réser-

---

prolétaires » ; « la seule chose dont on doive s'occuper aujourd'hui, c'est d'en tarir la source, en mettant fin à la traite ». L'ambivalence ayant caractérisé la position, certes évolutive, de Victor Schœlcher par rapport à l'esclavage a eu des conséquences à retardement en Martinique où, en mai 2020, deux statues le concernant ont été brisées par des manifestants anti-héritage colonial.

[295] L'expédition de Saint-Domingue avait débuté en décembre 1801 et s'était achevée en novembre 1803. Elle avait été décidée par le Premier Consul Napoléon Bonaparte qui avait envoyé un corps expéditionnaire dans la colonie de Saint-Domingue, sous l'influence des milieux d'affaires et du lobby colonial dont étaient membres le Deuxième Consul Jean-Jacques de Cambacérès, ex-avocat des planteurs, le conseiller d'État pour les Affaires coloniales, le marquis François de Barbé-Marbois et le planteur Pierre-Victor Malouët.

[296] In *Toussaint Louverture (1743-1803) : L'héritier noir des Lumières*, Fabienne Manière, article publié sur le site internet *herodote.net*, consulté le 17 avril 2020 – https://www.herodote.net/L_heritier_noir_des_Lumieres-synthese-403.php.

vée qu'aux seuls créoles[297]. À propos de ses origines, à en croire une rumeur ayant d'ailleurs circulé de son vivant, il aurait été le fils de Gahou Deguénon, un prince africain dont le père, le roi d'Allada dans l'actuel Bénin, s'appelait Kokpon. Selon l'historien français du XIXᵉ siècle Antoine Marie Thérèse Métral,

> « en l'an X, quand la perte de Toussaint Louverture fut jurée, on lui reprocha dans les journaux d'[avoir été] le descendant d'un roi d'Afrique (voyez les journaux de vendémiaire et de brumaire de ce temps) »[298].

L'historien Bernard Gainot a expliqué, dans son cours magistral enseigné à la Sorbonne, que ce mythe d'une ascendance royale africaine pourrait trouver peut-être son origine dans le fait que Toussaint savait lire et écrire. Cela impressionnait les autres esclaves. Pourtant, il n'avait été alphabétisé que tardivement. En 1779, il avait déclaré dans un acte administratif ne savoir « ni signer, ni écrire »[299]. Savait-il au moins épeler? Son instruction avait donc été indépendante de ses origines sociales.

Toussaint servit tout d'abord comme esclave à l'habitation *Bréda*, laquelle était située sur le Haut du Cap dans la partie septentrionale de l'île. Protégé par le gérant Bayon de Libertate, qui lui aurait accordé une « liberté de savane », il était donc libre de tout mouvement sans l'affranchissement officialisé[300],

> « ce qui lui [permit] de ne jamais travailler dans les champs mais à l'habitation, auprès de son maître. Il s'[occupait] des bêtes, [devint] cocher et, à 33 ans, en 1776, [obtint] d'être affranchi »[301].

---

[297] In *Toussaint Louverture et l'indépendance d'Haïti : témoignages pour un bicentenaire*, Jacques de Cauna, Paris, éditions Karthala, 2004, p. 189.

[298] In *Histoire de l'expédition des Français à Saint-Domingue : sous le consulat de Napoléon Bonaparte*, Antoine Marie Thérèse Métral et Isaac Toussaint Louverture, Paris, Fanjat aîné, 1825, p. 325.

[299] In *Toussaint Louverture et l'indépendance d'Haïti : témoignages pour un bicentenaire, op. cit.*, p. 64.

[300] *Ibidem*, p. 189.

[301] In *Toussaint Louverture (1743-1803) : L'héritier noir des Lumières, op. cit.*

Ainsi se libéra-t-il du joug de l'esclavagisme. Curieuse coïncidence, cela se passa l'année de la déclaration d'indépendance des États-Unis d'Amérique. Cette émancipation se serait en réalité produite en 1776, selon les historiens Marie-Antoinette Menier, Gabriel Debien et Jean Fouchard[302]. Mais l'incertitude à propos de cette date concernerait un acte d'une autre personne affranchie. De plus, sachant que Toussaint était totalement libre en 1776, son affranchissement aurait pu remonter à la fin des années 1760 ou au début des années 1770.

> « Les affranchis ou [hommes] libres de couleur n'[avaient] pas les mêmes droits que les colons. Le port de l'épée et le titre de Monsieur leur [étaient] interdits, de même que certaines professions. Mais ils [bénéficiaient] d'une certaine aisance, [étaient] très dynamiques et [possédaient] même un quart à un tiers des esclaves ! »[303]

En tant que personne désormais affranchie, Toussaint se serait attribué le patronyme de « Bréda », correspondant à la dénomination de l'habitation où il avait vécu comme esclave. En 1779, Toussaint de Bréda géra une propriété produisant du café au Petit-Cormier, dans une parcelle d'une quinzaine d'hectares que lui avait louée son gendre. Cette concession avait accueilli au moins quinze esclaves, parmi lesquels se trouvait un certain Jean-Jacques Dessalines[304] qui deviendrait son successeur et futur empereur Jacques 1er.

> « Il [épousa] une jeune noire libre, Suzanne Simon-Baptiste, qui [avait] déjà un enfant métis, Placide. Le couple s'[installa] dans une plantation de 13 hectares, avec une vingtaine d'esclaves, ce

---

[302] In *Toussaint Louverture avant 1789 : légendes et réalités*, Jean Fouchard, Marie-Antoinette Menier et Gabriel Debien, vol. 177, *Notes d'histoire coloniale*, Conjonction, 1977.

[303] In *22 août 1791 : Révolte des esclaves à Saint-Domingue*, Joseph Savès, article publié sur le site internet *herodote.net*, consulté le 17 avril 2020. Voir le lien ci-dessous.
https://www.herodote.net/22_aout_1791-evenement-17910822.php.

[304] In *Toussaint Louverture et l'indépendance d'Haïti : témoignages pour un bicentenaire, op. cit.*, p. 63.

qui lui [valut] une honnête aisance. Il [aurait] au moins deux enfants, Isaac et Saint-Jean. »[305]

Comme un bon nombre de Noirs, Toussaint de Bréda bénéficia dans une certaine proportion d'une ascension sociale sous l'Ancien Régime. Sa situation, à l'aube de la Révolution française, était plutôt confortable. Or, ce mouvement révolutionnaire ne pouvait que représenter, à n'en pas douter, une menace à l'ordre socio-économique fatalement défavorable aux Noirs affranchis.

> « Le 15 mai 1791, à Paris, l'Assemblée nationale [accorda] timidement le droit de vote à certains [hommes] libres de couleur. Cette demi-mesure [inquiéta] les planteurs blancs de Saint-Domingue qui [songeaient] à proclamer leur indépendance pour préserver leur île des idées séditieuses venues de Paris.
> » Elle ne [satisfit] pas davantage les intéressés, qui, tel Vincent Ogé, [réclamèrent] une véritable égalité de droit avec les colons, tout en restant fidèles au roi. Les négociants blancs, qui [bénéficiaient] de l'exclusif (protection douanière), [demeuraient] comme les affranchis fidèles à la monarchie et s'[opposaient] en cela aux planteurs.
> » Affranchis mulâtres, négociants et planteurs blancs [commencèrent] à s'affronter, n'hésitant pas à associer leurs esclaves noirs à leurs querelles et à leur confier des armes. Dans un deuxième temps, ils [pousseraient] les esclaves de l'autre camp à la révolte. Dans un troisième temps, enfin, ils leur [promettraient] la liberté.
> » Toutes les conditions de la révolte [ayant été] réunies, le culte vaudou et le marronnage [provoqueraient] l'explosion. »[306]

Deux conceptions historiographiques se sont toujours confrontées, à propos du véritable rôle de Toussaint de Bréda dans la révolte des esclaves du Nord de l'île de Saint-Domingue en 1791.

Le plus important courant historique, soutenu par Jacques de Cauna, a présenté Toussaint de Bréda comme l'un de principaux instigateurs de l'insurrection, dont il fut l'organisateur auprès des ateliers dans le Nord de l'île[307]. Céligny Ardouin, historien haïtien du XIXe siècle, a

---

[305] In *Toussaint Louverture (1743-1803) : L'héritier noir des Lumières, op. cit.*

[306] In *22 août 1791 : Révolte des esclaves à Saint-Domingue, op. cit.*

[307] In *Toussaint Louverture et l'indépendance d'Haïti : témoignages pour un bicente-*

rapporté des témoignages d'anciens vétérans, selon lesquels Toussaint de Bréda aurait été contacté par les royalistes dans le but de fomenter l'insurrection. Ces derniers cherchaient à porter atteinte, par ce truchement, au mouvement des patriotes autonomistes qu'étaient des petits Blancs. Une fois l'insurrection lancée, la première réaction de Toussaint de Bréda avait consisté à mettre aussitôt à l'abri son ancien maître Bayon de Libertate. Pourquoi une telle précaution de sa part ? Soit il n'aurait pas envisagé que le mouvement puisse se retourner contre les grands planteurs blancs, soit il n'aurait tout simplement pas été l'un des instigateurs de l'insurrection.

Le second courant historiographique est représenté par Pierre Pluchon[308]. Pour cet auteur et diplomate, Toussaint de Bréda n'était pas évidemment en phase avec ce mouvement insurrectionnel qui n'arrangeait pas du tout sa situation. Cette initiative le menaçait d'abord en tant que maître d'esclaves et propriétaire de biens. Dans ce cas, notamment dans la confusion de probables représailles quasi-imminentes des Blancs, il pourrait être la cible des insurgés. Pour éviter d'être une victime de la répression, Toussaint de Bréda aurait joué avec habileté un double jeu. Par contre, dans l'hypothèse du choix ayant consisté à mettre à l'abri son ancien maître Bayon de Libertate, l'ancien esclave aurait privilégié le fait d'avoir un protecteur influent auprès des autorités coloniales. De plus, en approchant les insurgés en tant que médecin connaisseur des plantes, il aurait eu l'assurance de protéger ses propres biens.

> « Toussaint [était] un catholique fervent, réputé aussi pour ses talents médicaux et sa connaissance des herbes médicinales. Mais bien qu'étranger au culte vaudou, il se [montra] bouleversé par l'insurrection des esclaves du Bois-Caïman, dans la nuit du 22 au 23 août 1791, à l'initiative d'un prêtre vaudou, et [rejoignit] les insurgés.
> » [Ces derniers battaient] la campagne sous les ordres de plusieurs chefs fantasques, [Dutty] Boukman ou encore Georges Biassou. »[309]

---

naire, op. cit., pp. 191-192.

[308] *Ibidem*, p. 158.

[309] In *Toussaint Louverture (1743-1803) : L'héritier noir des Lumières, op. cit.*

Cette duplicité stratégique permettrait peut-être à Toussaint de Bréda de servir, *a posteriori*, d'intermédiaire entre les royalistes et les insurgés. Sa personne étant connue des autorités par le biais de Bayon de Libertate, il aurait apporté au mouvement une éventuelle honorabilité. Ainsi serait-il l'un des signataires de l'adresse à l'Assemblée coloniale du 4 décembre 1791 qui proposerait, en vain, une amnistie générale en faveur des deux meneurs du soulèvement qu'étaient Georges Biassou et Jean-François Papillon[310]. Pour l'historienne et maître de conférences Florence Gauthier, dont la vision a été critiquée par beaucoup d'universitaires, l'enlisement marqué par l'extension du mouvement autonomiste et la relative paralysie des propriétaires européens, ainsi que mulâtres, l'auraient impliqué encore plus dans la rébellion afin de canaliser les insurgés et de se transformer, enfin, en meneur d'hommes[311].

Le brillant organisateur et discipliné militaire qu'était Toussaint de Bréda, en plus d'occuper des fonctions de médecin traditionnel auprès des rebelles, offrit ses services de conseiller à Georges Biassou qu'il jugea plus malléable que Jean-François Papillon[312], le chef suprême[313]. Il lui organisa, peut-être pour des raisons de survie d'après l'historien Bernard Gainot, une garde à l'européenne disciplinée qui trancha avec la totale désorganisation des insurgés. De plus, le fait de s'être retrouvé à la tête d'un mouvement structuré lui était sans doute avantageux pour sa propre protection physique et la sauvegarde de ses biens. Cela lui éviterait surtout de faire face à une horde d'insurgés abandonnés à eux-mêmes. Finalement,

> « le 27 novembre 1791, trois commissaires [débarquèrent] au Cap. Ils [amenèrent] de Paris un décret par lequel l'Assemblée nationale [était

---

[310] In *Toussaint Louverture et l'indépendance d'Haïti : témoignages pour un bicentenaire, op. cit.*, p. 165.

[311] Un compte rendu de Gauthier Florence sur l'ouvrage de Pierre Pluchon, paru dans *Annales historiques de la Révolution française*, numéros 293-294, 1993, pp. 556-558. Voir aussi *Toussaint Louverture – Un révolutionnaire noir d'Ancien Régime*, Pierre Pluchon, Fayard, Paris, 1989.

[312] Dénommé le plus souvent Jean-François, parfois surnommé par les Haïtiens Jean-François Pétécou et par les Espagnols Jean-François Orozco.

[313] In *Toussaint Louverture et l'indépendance d'Haïti : témoignages pour un bicentenaire, op. cit.*, p. 162.

revenue] sur l'égalité des droits accordée le 15 mai précédent aux hommes de couleur nés de parents libres.

» Du coup, les mulâtres libres se [rangèrent] du côté des esclaves noirs. La guerre civile [menaça] de se généraliser quand [survint] un nouvel ordre de Paris : par la loi du 4 avril 1792, la Législative [accorda] la citoyenneté à tous les [hommes] libres.

» Au terme de ces volte-face successifs, qui [exclurent] toujours la libération des esclaves, toute la colonie [sombra] dans l'anarchie. Les Blancs ne [tenaient] plus guère que les villes avec le concours incertain des mulâtres. Ces derniers *"avaient adhéré à la Révolution française, tant qu'ils avaient attendu d'elle la fin du privilège blanc. Mais dès que la France eut aboli l'esclavage, elle leur fut ennemie"*. »[314]

L'arrivée à l'automne 1792 d'un commissaire de la Convention, Léger-Félicité Sonthonax, durcit davantage la situation.

« Cet avocat éclairé de la *Société des Amis des Noirs*, qui vit en ménage avec une mulâtresse, [proclama] le 29 août 1793 [que] "tous les nègres et sang-mêlé, actuellement dans l'esclavage, [étaient] déclarés libres pour jouir de tous les droits attachés à la qualité de citoyen français..." Il [traqua] sans pitié les planteurs en lesquels il [voyait] des suppôts de l'Ancien Régime. »[315]

Au printemps 1793, les Espagnols offrirent un sanctuaire et la liberté aux révoltés qui combattraient à leurs côtés. Les qualités stratégiques de Toussaint de Bréda et le fait d'être à la tête d'une armée de 3 000 à 4 000 révoltés lui valurent d'être promu lieutenant-général. Ainsi Toussaint troqua-t-il de manière officielle son nom Bréda pour Louverture. L'appropriation de ce surnom qui, bien qu'ayant fait l'objet de spéculations diverses, aurait pu être envisagée comme une sorte d'ingéniosité tactique en vue de profiter, le moment venu, d'une brèche dans les rangs de l'adversaire, ainsi que chez divers concurrents, et de mieux asseoir des ambitions politiques.

En effet, éminent politique, Toussaint Louverture saisit l'opportunité qui s'offrit à lui vis-à-vis de la conduite de la Révolution domin-

---

[314] In *Toussaint Louverture (1743-1803) : L'héritier noir des Lumières, op. cit.*
[315] *Ibidem.*

guoise. Il sut adopter, par rapport aux Espagnols, une attitude à la fois pragmatique et séditieuse. Après s'être très vite émancipé de la gênante tutelle des deux chefs historiques du mouvement, en l'occurrence Jean-François Papillon et Georges Biassou, ainsi que de celle des Espagnols, il développa des relations directes avec les Français, en ayant rallié, le 18 mai 1794, le camp républicain sur la base de l'offre du 5 mai 1794 du gouverneur général Étienne Maynaud de Bizefranc de Laveaux. Certains historiens ont cru longtemps, contrairement à leur confrère américain John Garrigus, que cette décision avait été motivée par l'officialisation de l'abolition de l'esclavage, par la Convention, le 4 février 1794. En plus, ladite mesure n'avait pas encore été confirmée sur l'île. Néanmoins, la proclamation en août 1793 de la liberté générale sur l'île par le commissaire de la République pour Saint-Domingue, Léger-Félicité Sonthonax, avait rendu le camp français plus attractif, pour les anciens esclaves devenus cultivateurs indépendants, que le camp espagnol.

En mai 1794, Maynaud de Bizefranc de Laveaux prit ses précautions. Il arma de nombreux cultivateurs, en leur distribuant les 30 000 fusils qu'il avait reçus de la deuxième commission civile. Une fois l'armée française passée à l'offensive, ayant peut-être pensé à survivre plus tard sur le plan politique et à échapper aux éventuelles représailles de la part de ses supérieurs, Toussaint Louverture rejoignit donc les abolitionnistes. Une autre raison l'ayant poussé à choisir le camp français avait trait à un conflit ouvert avec ses supérieurs. De plus, la responsabilité de l'attentat contre sa personne avait été attribuée à Jean-François Papillon et ses relations avec Georges Biassou avaient empiré[316].

En 1796, à l'aune de cette subversive tentative d'assassinat, Toussaint Louverture déclara, dans les colonnes de *La Gazette nationale*, que :

> « l'attentat le plus horrible et le complot le plus infâme [venaient] d'éclater dans la ville du Cap ; la souveraineté nationale [était] outragée [...] ; le coup le plus funeste [était] porté aux principes de

---

[316] In *La colonie française de Saint-Domingue : de l'esclavage à l'indépendance*, François Blancpain, Karthala, Paris, 2004, p. 139.

la convention nationale, à la liberté et à l'égalité ; et si le projet des factieux eût eu le plein succès qu'ils en attendaient, c'en était fait de la race blanche européenne dans cette partie de la République [...] ; et l'esclavage allait succéder à la liberté ; mais l'Être-Suprême, qui [veillait] sans cesse sur les bons, n'[avait] pas permis que le crime fût consommé ».

Ainsi Dieu aurait-il protégé Toussaint Louverture en l'ayant épargné des pièges qui avaient été tendus contre sa personne. De plus, il devait s'atteler « à mettre en usage tous les moyens » qui lui étaient « confiés, et à assurer à la France », au péril de sa vie, « les restes précieux de cette colonie ». De toute évidence, sa défection du camp espagnol marqua son engagement en faveur de l'abolition de l'esclavage. Ce choix lui donnerait raison, puisque l'Espagne capitulerait l'année suivante.

Le ralliement de Toussaint Louverture, lequel avait permis à Étienne Maynaud de Bizefranc de Laveaux de disposer sans le moindre effort d'un contingent de 4 000 hommes entraînés à l'européenne et disciplinés, fut un apport décisif. Il permit aux républicains de reprendre en main le Nord de Saint-Domingue. En 1795, vaincus, les Espagnols capitulèrent. Ils signèrent la paix avec la France et lui cédèrent Santo Domingo. Toussaint Louverture régna alors dans la province septentrionale, à l'exception du Cap-Français qui était sous le contrôle du général mulâtre Jean-Louis Villatte[317]. En récompense de ses services, Toussaint Louverture bénéficia de la promotion du 23 juillet 1795 qui permit l'accès à de nombreux officiers de couleur au grade de général de brigade.

La figure de Toussaint Louverture, laquelle était particulièrement appréciée du gouverneur Maynaud de Bizefranc de Laveaux, entrava l'ascension du général Jean-Louis Villatte. Ce dernier, las de cette situation qui lui était défavorable, fomenta en mars 1796 un coup d'État en faisant arrêter le gouverneur Maynaud de Bizefranc de Laveaux. Sans tarder, Toussaint Louverture intervint et fit échouer le projet du conspirateur. Pour sa loyauté, en plus d'être promu général de division, Toussaint fut nommé le 31 mars 1796 lieutenant-gouver-

---

[317] In *La France et ses esclaves*, Frédéric Régent, Grasset, Paris, 2007, p. 255.

neur de Saint-Domingue. Il occupa *de facto* le second rang, après le gouverneur Étienne Maynaud de Bizefranc de Laveaux[318]. Le 11 septembre 1796, grâce aux consignes données par Toussaint Louverture au corps électoral majoritairement formé de soldats, le gouverneur Maynaud de Bizefranc de Laveaux et le commissaire civil Léger-Félicité Sonthonax furent élus députés. Le 3 mai 1797, Sonthonax nomma Toussaint Louverture commandant en chef de l'armée de Saint-Domingue en remplacement de Maynaud de Bizefranc de Laveaux. Une fois la promotion obtenue et devenu titulaire, en août 1797, Louverture expédia presque *manu militari* Léger-Félicité Sonthonax. Il le força à aller siéger en métropole. Le député nouvellement élu lui portait ombrage, surtout auprès des Noirs qui l'appréciaient beaucoup. Début de la manifestation du pouvoir très personnalisé, de la part de Toussaint Louverture?

Presque seul maître à bord, le général de division Toussaint Louverture négocia en août 1798 la reddition des Britanniques qui occupaient encore l'Ouest de l'île. L'accord signé entre les deux parties prévit notamment l'ouverture des ports de Saint-Domingue aux navires de commerce britanniques, alors que la guerre entre la Grande-Bretagne et la France battait encore son plein[319]. Aussitôt au courant d'une telle clause, le général Gabriel de Hédouville, qui était en poste depuis mars 1798, fut furieux en tant que supérieur hiérarchique de Toussaint Louverture. La dégradation des relations entre les deux officiers poussa l'insubordonné Louverture à organiser, en octobre 1798, une révolte populaire qui contraignit son supérieur à quitter précipitamment l'île. La veille de son départ forcé, le général Gabriel de Hédouville déchargea le général André Rigaud, qui contrôlait le Sud de l'île, de toute dépendance à l'égard de Toussaint Louverture.

Très mécontent de la décision du général Gabriel de Hédouville, Toussaint Louverture déclara la guerre au général Rigaud. Alors que le conflit entre les deux généraux n'avait aucun rapport avec la couleur de la peau, cette « guerre du Sud », « guerre d'extermination »[320]

---

[318] *Ibidem*, p. 256.

[319] *Ibid.*, p. 257.

[320] In « *Sur fond de cruelle inhumanité* » : *les politiques du massacre dans la Révolution de Haïti*, Bernard Gainot, dans *Cahiers de l'Institut d'histoire de la*

déclenchée par Toussaint Louverture selon Bernard Gainot, serait vue comme un conflit entre la « caste » des Noirs, représentée par Louverture, et la « caste » des mulâtres, soutenue par André Rigaud. Il était plutôt question, à vrai dire, d'une véritable lutte pour le pouvoir et le contrôle du territoire. Cet affrontement occasionna de lourdes pertes dans le camp des mulâtres du Sud : entre 5 000 et 10 000 morts, des soldats désarmés pour la plupart, selon les différentes sources. En juillet 1800, Toussaint Louverture sortit vainqueur de cette épreuve de forces[321] entre les différentes factions dans le camp des abolitionnistes. Il infligea une défaite cuisante au général André Rigaud.

Convaincu de sa supériorité militaire, Toussaint Louverture envahit, six mois plus tard, la partie espagnole qui était officiellement française depuis 1795. Nommé le 13 ventôse an IX (4 mars 1801) par Napoléon Bonaparte capitaine-général de Saint-Domingue, c'est-à-dire le deuxième personnage de la colonie après le représentant légal de la France sur place, le général de division Toussaint Louverture se distingua. Il promulgua le 14 messidor an IX (3 juillet 1801), en guise de réponse au Premier Consul de France, une Constitution autonomiste sur la base de la revendication coloniale. Il profita donc du coup d'État de Bonaparte, lequel plaça les colonies sous un régime d'exception, pour tenter de changer la donne politique. Le « Premier des Noirs » mit aussitôt au courant le « Premier des Blancs », par lettre, de son entreprise.

> « Citoyen consul,
> » Le ministre de la Marine [...] a dû vous soumettre ma proclamation du 16 pluviôse dernier, portant convocation d'une assemblée centrale, qui pût, dans un moment où la réunion de la partie espagnole à la partie française venant de s'opérer, ne formait plus de Saint-Domingue qu'un seul et même pays soumis au même gouvernement, fixer ses destinées par des lois sages, calquées sur les localités et les mœurs de ses habitants.
> » J'ai aujourd'hui la satisfaction de vous annoncer que la dernière main vient d'être portée à cet ouvrage, et qu'il en est résulté une

---

Révolution française, revue *La Révolution française* n° 3, 8 janvier 2011, article consulté le 17 avril 2020 – http://lrf.revues.org/239.

[321] In *La France et ses esclaves, op. cit.*, p. 258.

constitution qui promet le bonheur aux habitants de cette colonie, si longtemps infortunés, je m'empresse de vous l'adresser pour avoir votre approbation et la sanction de mon gouvernement [...].
» Salut et profond respect,
Toussaint Louverture »

La nouvelle Constitution s'inspira de celle de l'an VIII, particulièrement pour la prééminence de l'exécutif et du militaire. Louverture se nomma lui-même gouverneur à vie de Saint-Domingue, en se gardant la possibilité de désigner son successeur, et consacra le catholicisme comme religion d'État. Il supprima l'esclavage, tout en maintenant la traite dans la mesure où la reconnaissance de la liberté générale n'avait en aucun cas exclu, à terme, la possibilité de recourir de nouveau à une main-d'œuvre africaine. La non-suppression du recours au commerce humain s'avérerait une erreur fatale. Elle lui coûterait très cher.

Ainsi le chef militaire autodidacte Toussaint Louverture, célébré à la fois par les Noirs et les Blancs, parvint-il, en moins d'une décennie, à se hisser politiquement à la tête de Saint-Domingue. Sous son impulsion, la révolution dominguoise instaura un nouvel ordre inspiré du modèle colonial de l'Ancien Régime mais profitant aux militaires de couleur, surtout aux Noirs.

Sous son primat, auquel les Blancs participèrent nombreux, Toussaint Louverture restaura un bon nombre de « symboles » et moult « valeurs morales ». La rigueur régnait et la pompe de l'Église catholique, cette cérémonie d'Ancien Régime glorifiant la lutte contre le protestantisme anglais, fut donc rétablie. Le divorce, qui avait été légalisé sous la Révolution, reprit cours. Les émigrés, ces planteurs blancs qui avaient fui cette Révolution, étaient rappelés pour leurs compétences techniques.

Dès 1795, Toussaint Louverture obligea les anciens esclaves non engagés dans l'armée à reprendre le travail. Cela provoqua des soulèvements, les cultivateurs craignant le rétablissement de l'esclavage. Sans attendre, les troupes disciplinées d'ex-personnes asservies matèrent ces révoltes[322]. Les propriétés et les domiciles furent placés sous administration militaire, et les officiers, comme Jean-Jacques Dessalines et

---

[322] *Ibidem*, p. 251.

Henri Christophe, futur roi d'Haïti, appliquèrent de manière drastique les « règlements de culture » sur le critère des deux entités : celle des militaires et celle des cultivateurs assignés à leurs anciennes habitations[323]. Une forme de servage, qualifiée par les historiens de « caporalisme agraire », s'instaura d'emblée.

L'occupation en 1801 par Toussaint Louverture de la partie espagnole suscita le courroux de Napoléon Bonaparte qui était en train d'œuvrer pour une réconciliation franco-espagnole. L'autonomie dominguoise constitua, à ses yeux, un dangereux affront[324]. En conséquence, le Premier Consul de France prit l'option d'envoyer un corps expéditionnaire pour mettre un terme à cette émancipation administrative. L'entrée en paix entre la France et la Grande-Bretagne, en octobre 1801, permit tout justement l'intervention armée à Saint-Domingue de ce corps expéditionnaire, sous le commandement du général Charles Victoire Emmanuel Leclerc, composé d'officiers issus des colonies comme Donatien de Rochambeau, et d'officiers de couleur ayant été depuis peu défaits par Toussaint Louverture à l'instar d'André Rigaud, Alexandre Sabès, connu sous le nom de Pétion, et Jean-Louis Villatte. L'expédition Leclerc, laquelle quitta la France en décembre 1801 avec 17 000 hommes, serait renforcée entre mars et mai 1802 par 6 000 hommes. Elle devrait donc affronter l'armée de Toussaint Louverture qui disposait de 20 000 hommes répartis entre l'infanterie, la cavalerie et le génie, ainsi que de sa garde nationale, véritable troupe aguerrie. Celle-ci comptait près de 10 000 hommes.

> « 23 000 soldats [débarquèrent] donc à Saint-Domingue au début de l'année 1802 sous les ordres du général Charles Leclerc. Leur arrivée [provoqua] un soulèvement des anciens esclaves, sous la conduite de Toussaint Louverture. »[325]

---

[323] *Ibid.*, p. 259.

[324] In *Toussaint Louverture et l'indépendance d'Haïti : témoignages pour un bicentenaire, op. cit.*, p. 171.

[325] In *18 novembre 1803 : Haïti chasse les Français*, article publié sur le site internet *herodote.net*, consulté le 17 avril 2020 – https://www.herodote.net/18_novembre_1803-evenement-18031118.php.

Le général Leclerc procéda en février 1802 à un débarquement simultané dans tous les grands ports, avant une offensive finale pour écraser les rebelles. Cette manœuvre permit de défaire en très peu de temps les troupes de Toussaint Louverture. Par conséquent, assaillis de toutes parts, les forces rebelles adoptèrent une tactique défensive. Ils pratiquèrent la stratégie de la terre brûlée, laquelle ne parvint pas du tout à stopper l'offensive d'envergure qui était menée par le corps expéditionnaire en provenance de France. En dépit des pertes importantes dans les rangs adverses, les hommes de Louverture ne furent pas en mesure de prendre le dessus. L'attaque lancée par les troupes métropolitaines occasionna les défections des officiers dans l'armée de Toussaint Louverture. Parmi les déserteurs figuraient les généraux tels que Jacques Maurepas et Henri Christophe.

Toussaint Louverture en voudrait beaucoup au général Leclerc qui, à la tête de ce corps expéditionnaire, mena en toute déloyauté, considéra-t-il, l'attaque contre ses troupes :

> « Pourquoi avant son débarquement ne m'a-t-il pas fait part de ses pouvoirs ? […] N'est-ce pas lui qui a commis les premières hostilités ? […] N'a-t-il pas cherché à soulever les cultivateurs, en les persuadant que je les traitais comme des esclaves et qu'il venait pour rompre leurs fers ? […] Si j'ai fait travailler mes semblables, c'était pour leur faire goûter le prix de la véritable liberté sans licence ; c'était pour empêcher la corruption des mœurs ; c'était pour le bonheur général de l'île, pour l'intérêt de la République. »[326]

Le 6 mai 1802, Toussaint Louverture fut contraint de capituler. Il signa le lendemain un accord avec le général Leclerc. Mais ce dernier, après avoir offert à Louverture une retraite paisible et lui avoir assuré que l'esclavage ne serait pas rétabli, l'assigna à résidence dans sa propriété dans l'île. Reniant ses promesses, le général vainqueur n'hésiterait pas du tout à faire arrêter le général vaincu, le 7 juin 1802, avec toute sa famille.

---

[326] In *Mémoires*, Général Toussaint Louverture, Mercure de France, col. *Le Temps retrouvé*, Paris, 2016.

> « Les Français lui [tendirent] un piège : ils le [firent] venir en prétextant vouloir discuter avec lui, puis le [capturèrent] de façon déloyale. »[327]

Trop progressiste et trop réactionnaire[328], le régime de Toussaint Louverture n'était satisfaisant pour personne, à l'exception de la nouvelle élite de militaires de couleur, grande bénéficiaire du nouvel ordre politique. Cela n'était ni avantageux pour Napoléon Bonaparte, ni favorable aux cultivateurs dans la mesure où la Constitution de 1801 avait en réalité fait de Saint-Domingue le premier territoire du Nouveau-Monde à abolir l'esclavage, alors que la France ne mettrait définitivement fin à cette inhumaine condition que quarante-sept années plus tard. Cette Constitution avait proclamé l'élimination des obstacles qui avaient été érigés par le système ségrégationniste sur le marché du travail et consacré l'égalité entre tous les habitants de l'île.

> « L'Assemblée centrale, si elle n'avait pas l'initiative législative, disposait du pouvoir d'adopter ou de rejeter les propositions de loi formulées par le gouverneur. Les décisions des tribunaux étaient souveraines et ne dépendaient pas du pouvoir exécutif, lequel ne pouvait prononcer aucune amnistie. L'État de droit y était proclamé avec l'interdiction de toute arrestation non motivée par la loi et non effectuée par un fonctionnaire assermenté. »[329]

Acheminés et déportés finalement en France dans une certaine indifférence le 7 juin 1802, en dépit des promesses faites en échange de sa

---

[327] In *18 novembre 1803 : Haïti chasse les Français, op. cit.*

[328] Article 3 de la Constitution de 1801 : « Il ne peut exister d'esclaves sur ce territoire, la servitude y est à jamais abolie. Tous les hommes y naissent, vivent et meurent libres et Français ».

Article 4 : « Tout homme, quelle que soit sa couleur, y est admissible à tous les emplois ».

Article 5 : « Il n'y existe d'autre distinction que celle des vertus et des talents, et d'autre supériorité que celle que la loi donne dans l'exercice d'une fonction publique. La loi y est la même pour tous, soit qu'elle punisse, soit qu'elle protège ».

[329] In *Toussaint Louverture, la dignité révoltée,* Salim Lamrani, deuxième partie, article publié sur le site Internet *humanite.fr*, consulté le 18 avril 2020 – https://www.humanite.fr/toussaint-louverture-la-dignite-revoltee-673181#_ftn1.

reddition, Toussaint Louverture et une centaine de ses proches furent embarqués sur la frégate *La Créole* et transbordés au large du Cap-Haïtien sur *Le Héros* qui les transporta à Brest. Il aurait dit, paraît-il, avant de monter à bord, que, en le renversant,

> « on n'[avait] abattu à Saint-Domingue que le tronc de l'arbre de la liberté, mais il [repousserait] car ses racines [étaient] profondes et nombreuses »[330].

Cette citation devrait néanmoins être restituée dans une certaine historiographie en considération d'une légende dorée ayant associé Toussaint Louverture au « Spartacus noir » qu'avait vivement prophétisé l'abbé Guillaume-Thomas Raynal[331]. Ce dernier avait réfléchi sur le fait que :

> « il ne [manquait] aux nègres qu'un chef assez courageux pour les conduire à la vengeance et au courage. Où [était-il], ce grand homme, que la nature [devait] peut-être à l'honneur de l'espèce humaine ? Où [était-il] ce Spartacus nouveau, qui ne [trouverait] point de [Marcus Licinius] Crassus ? Alors [disparaîtrait] le *Code noir*. Et que le Code blanc [serait] terrible, si le vainqueur ne [consultait] que le droit de représailles ».

Après avoir été maintenu aux arrêts en rade à bord du *Héros* pendant toute la traversée, Toussaint Louverture fut débarqué le 25 thermidor an X (13 août 1802) à bord d'une chaloupe vers Landerneau dans le Finistère en Bretagne et conduit sous bonne escorte composée de deux compagnies de cavalerie, avec son fidèle serviteur Mars Plaisir[332], au fort de Joux où ils arrivèrent le 23 août 1802. Selon le révérend John Relly Beard, Mars Plaisir, dont la cellule était voisine de celle de son maître, fut transféré le 7 septembre 1802 par arrêté

---

[330] In *Mémoires et cultures : Haïti, 1804-2004 : actes du colloque international de Limoges*, 30 septembre-1er octobre 2004, Michel Beniamino et Arielle Thauvin-Chapot (dir.), Presses Universitaires de Limoges (Pulim), 2006, p. 114.

[331] In *Histoire philosophique et politique des deux Indes*, Guillaume-Thomas Raynal, (1780, 3ème édition), Maspero, 1981, avertissement et choix des textes par Yves Benot.

[332] Le domestique de Toussaint Louverture quitta le Fort de Joux sur ordre du Ministère de la Guerre. Il aurait été encore vivant après 1815.

express du gouvernement français. Lors de la séparation, Toussaint Louverture aurait dit :

> « Adieu, mes derniers adieux à ma femme, mes enfants et ma nièce. Pourrais-je te consoler sous cette cruelle séparation : soyez assuré de mon amitié et du souvenir que je garderai toujours conserve tes services et ton dévouement. »[333]

Mars Plaisir aurait été donc enchaîné et envoyé à Nantes, où il serait jeté en prison. Mais il passerait à travers les barreaux et se fraierait un chemin à travers les murs. Après avoir été repris, il serait davantage surveillé, de peur qu'il révèle des faits, avant la disparition physique de son maître, qui pourraient être gênants ou entraver les ambitieux desseins de Napoléon Bonaparte[334].

Toussaint Louverture, qui avait d'abord été interné à la prison du Temple à Paris, où le général de Brigade Maximilien de Caffarelli du Falga, l'un des aides de camp du Premier Consul, lui avait rendu plusieurs visites[335], dans le seul but de lui extorquer les informations sur la cachette où il avait mis en sûreté ses trésors. Le détenu aurait ensuite été envoyé le 25 août 1802 au fort de Joux. Il y mourut le 7 avril 1803 à l'âge de 60 ans, d'apoplexie et de pleuro-péripneumonie, après un hiver rude à La Cluse-et-Mijoux dans le Doubs. Il serait inhumé dans l'enceinte de ce fort, sans avoir pu connaître la proclamation d'indépendance d'Haïti. Celle-ci surviendrait le 1er janvier 1804, sous la houlette de son ancien lieutenant Jean-Jacques Dessalines.

---

[333] In *Toussaint L'Ouverture : une biographie et une autobiographie*, John Relly Beard, James Redpath éditeur, 221 Washington Street, 1863 ; 2ème édition (version numérique), Université de Caroline du Nord, Chapel Hill, 2001.

[334] *Ibidem.*

[335] D'autres sources ont plutôt situé ces visites au fort de Joux. Elles auraient eu lieu à la suite de la déclaration de Toussaint Louverture sur des révélations à faire dans l'espoir de négocier l'amélioration de sa situation personnelle. Après avoir reçu, à partir du 16 septembre 1802, plusieurs visites du général Caffarelli, il aurait compris que la décision de Bonaparte était irrévocable. Le renforcement des consignes de sécurité, la privation de ses papiers et l'interdiction d'écrire auraient permis son confinement dans un isolement total que rompraient seulement les fouilles inopinées.

« Son adjoint Jacques Dessalines lui [avait succédé]. Il s'[était rallié] aux Français pour mieux éliminer ses rivaux, avant de se retourner contre eux.

» Le temps [jouerait] pour Dessalines, car les soldats français [seraient] décimés par la fièvre jaune, y compris leur commandant qui [serait mort] en novembre 1802. Les renforts amenés par le général Rochambeau, 10 000 hommes, ne [permettrait] pas de rétablir la situation des Français. Affaiblis à l'extrême, ils [finiraient] par capituler le 18 novembre 1803, au Fort Vertières.

» Des deux corps expéditionnaires, il ne [resterait] guère plus de 2 000 hommes. Suite à la victoire des insurgés, les garnisons françaises se [rendraient] l'une après l'autre, permettant à l'ex-colonie de proclamer son indépendance le 1er janvier 1804. Elle [prendrait] alors le nom d'Haïti. »[336]

En effet, à Saint-Domingue, les Noirs s'étaient soulevés une nouvelle fois après avoir appris le rétablissement de l'esclavage en Guadeloupe par le général en chef Antoine Richepanse. Sous la conduite de Jean-Jacques Dessalines et Henri Christophe, ils finiraient par avoir raison des troupes de Charles Victoire Emmanuel Leclerc et Donatien de Rochambeau. Pour Aimé Césaire,

« jusqu'au bout la situation de Toussaint [était demeurée] ambiguë. Il [était] toujours général français. Les forces qu'on [avait envoyées] contre lui [étaient] prétendument pour le soutenir. Les positions [n'étaient] pas franchement déclarées. L'équivoque [avait permis] de le ménager, pour mieux le prendre au piège.

» Le mystère, c'[était] qu'il [irait] lui-même se mettre dans ce piège, en toute connaissance de cause. »[337]

S'étant préoccupé de psychologie, Aimé Césaire a cru au sacrifice de Toussaint Louverture par sa propre volonté.

« Non point sacrifice mystique : politique. Au point où les choses en étaient venues, il [avait] eu conscience que sa disparition et peut-être son martyre précipiteraient la victoire qu'il tenait pour

---

[336] In *18 novembre 1803 : Haïti chasse les Français, op. cit.*
[337] In *Toussaint Louverture vu par Aimé Césaire*, Yves Florenne, *Le Monde Diplomatique*, août 1960, p. 6.

certaine ; la victoire à laquelle il n'était plus nécessaire ; à laquelle, vivant et présent, il était plutôt un obstacle en ce qu'il incarnait des divisions passées. »[338]

Après l'autopsie du cadavre de Toussaint Louverture, qui avait trouvé la mort des suites de maladie pulmonaire, le corps fut inhumé dans la précipitation sous l'ancienne chapelle Saint-Louis. Celle-ci serait entièrement rasée en 1879, lors d'importants travaux de modernisation. Les ossements, que l'on découvrirait, seraient versés dans les traverses de terre des nouvelles fortifications, avant le transfert symbolique en 1982 d'une pelletée de cette terre de Joux en Haïti.

Il avait donc fallu attendre la fin de la Révolution haïtienne pour constater l'aboutissement de l'œuvre de Toussaint Louverture et assister à son accession à la postérité en tant que héros national haïtien. De plus, en 1817, Napoléon Bonaparte reconnaîtrait son erreur dans l'affaire de Saint-Domingue. Celle-ci avait été « une grande sottise de [sa] part », « la plus grande faute » qu'il n'ait « commise en administration ». Il aurait « dû traiter avec les chefs Noirs comme avec les autorités d'une province, laisser Toussaint vice-roi, ne point y envoyer de troupes, laisser tout aux Noirs [...] ». Ce cinglant aveu de la part du « Napoléon Blanc » à propos du « Napoléon Noir » de Chateaubriand cachait en réalité ce que le Premier Consul de France n'osa reconnaître en public. Son attitude était plutôt guidée par le fait que, à la fin du XVIIIe siècle, la colonie de Saint-Domingue, possession française depuis les traités de Ryswick[339] de 1697, était la plus riche des Antilles. La valeur de ses exportations dépassait même celle des États-Unis d'Amérique. Les cultures de la canne à sucre et du café employaient alors près de 500 000 esclaves noirs. Le reste de la population était composé de 32 000 colons blancs, ainsi que de 28 000 mulâtres et affranchis. Il était difficile, pour la prospérité de l'économie française, de se séparer de cette colonie. De plus, cet eldorado avait permis à la France de devenir le premier producteur mondial de sucre dès les

---

[338] *Ibidem.*

[339] Les traités de Ryswick, signés les 20 et 21 septembre 1697 à Ryswick, ville hollandaise des faubourgs de La Haye, mirent fin à la guerre entre Louis XIV et la Ligue d'Augsbourg, sous la médiation du diplomate suédois Nils Lillieroot.

années 1740. Ce produit, dont on ne pouvait que difficilement se priver, avait été une denrée fort chère et très rentable du point de vue financier.

En tant qu'historien, Daniel Désormeaux a affirmé que :

> « tout au long du XIXe siècle, et même jusqu'au XXe siècle, peu de gens [envisageaient] d'écrire quoi que ce [fût] sur la vie de Toussaint sans glisser dans la moquerie haineuse et raciste ou dans le dithyrambe »[340].

Mais cet historien a cependant avoué que, au-delà de l'érudition, il a entrepris des recherches sans ignorer les zones d'ombre, ni l'autoritarisme de Toussaint Louverture. Ce dernier avait au contraire essayé en son âme et conscience d'agir, sans se laisser aveugler par l'enthousiasme, d'œuvrer pour l'égalité entre les hommes. De plus, quand il était enfant, on lui avait appris à révérer Victor Schœlcher. Mais on avait omis de lui dire que :

> « les esclaves, à Haïti comme partout ailleurs, [s'étaient] battus, et que c'[étaient] à eux d'abord [qu'il devait] d'être libres aujourd'hui »[341].

À l'occasion du bicentenaire de sa fondation, la République d'Haïti a fait don à la ville de Bordeaux – où son fils Isaac Louverture avait vécu – d'un buste de Toussaint Louverture, héros de la guerre d'indépendance de ce pays. Ce bronze orne le square portant le nom de ce célèbre Haïtien, dans le parc des berges de la Bastide sur la rive droite, face à l'entrée principale du jardin botanique. Il a été inauguré le 10 juin 2005 par Hugues Martin, qui était à l'époque maire de Bordeaux, en présence de la ministre de la Culture haïtienne, Magali Comeau Denis.

Le 21 mai 2015, une statue de l'Antillais indépendantiste avait été dévoilée en présence du sculpteur sénégalais Ousmane Sow, d'une délégation d'officiels haïtiens et des dizaines de Rochelais.

---

[340] In *Avenue Toussaint Louverture*, Louis-Georges Tin, article publié sur le site Internet *lemonde.fr*, consulté le 18 avril 2020. Voir le lien ci-dessous.
https://www.lemonde.fr/livres/article/2011/12/22/avenue-toussaint-louverture_1621393_3260.html.

[341] *Ibidem.*

Cette œuvre imposante de l'artiste dakarois ayant grandi dans le quartier de Reubeuss, haute de 2,80 mètres, pèse six cent quatre-vingt-trois kilogrammes.

> « [...] "L'esclave debout dans la maison des maîtres ne constitue pas une revanche, mais une réconciliation de la ville avec son histoire", a déclaré le maire de La Rochelle, Jean-François Fountaine (DVG), devant un parterre composé, outre Ousmane Sow, d'une délégation d'officiels haïtiens et de dizaines de Rochelais venus découvrir l'œuvre. Le maire a rappelé que La Rochelle, ancien port négrier, avait déjà donné en 2009 et en 2012 les noms du poète et homme politique martiniquais Aimé Césaire (1913-2008) et de Toussaint Louverture à deux promenades de la ville. »[342]

La statue en bronze incarne, dans la cour du *musée du Nouveau Monde*[343], ce pionnier de l'abolitionnisme de l'esclavage en costume de gouverneur de la République française de Saint-Domingue.

En 2017, à l'occasion du trois cent soixante-quinzième anniversaire de la fondation de Montréal, des membres de la communauté haïtienne, représentés par le *Bureau de la communauté haïtienne de Montréal* (BCHM), ont offert en don un buste grandeur nature de Toussaint Louverture. Réalisée par l'artiste haïtienne Dominique Dennery, et installée à l'entrée du parc qui porte le nom de l'abolitionniste, les dimensions générales de l'œuvre en bronze et granite sont de 53,3x49,5x27,9 centimètres.

Rappelons qu'une école élémentaire de Clichy dans le département des Hauts-de-Seine, en région parisienne en France, porte le nom de Toussaint Louverture.

---

[342] In *La Rochelle inaugure une statue de Toussaint Louverture*, source *Agence France Presse*, article publié sur le site Internet *humanite.fr*, consulté le 18 avril 2020 – https://www.lepoint.fr/societe/la-rochelle-inaugure-une-statue-de-toussaint-louverture-20-05-2015-1929943_23.php.

[343] Cette propriété avait été auparavant l'hôtel Fleuriau, du nom du naturaliste Louis-Benjamin Fleuriau dont la famille avait fait fortune dans la traite négrière.

XV – Olaudah Equiano : le monarque suédois

Également connu sous le nom de Gustavus Vassa, Olaudah Equiano vit le jour vers 1745 à Isseke dans le Biafra dans le Sud-Est de l'État d'Anambra dans le Nigeria de nos jours. Il mourut le 31 mars 1797 dans le comté de Cambridgeshire, dans la majeure partie de l'actuelle région du Silicon Fen en Angleterre. Né dans une famille aisée igbo, il fut enlevé par des chasseurs d'esclaves d'une tribu ennemie.

D'après le chercheur et linguiste Sandro Capo Chichi,

> « en dialecte igbo d'Isseke, Olaude signifie "un anneau [produisant] un son vibrant", une personne chanceuse et, par extension, une personne avec une voix portante et une personne qui [serait en proie aux] vicissitudes. Selon Equiano, son prénom Olaudah signifie "vicissitude ou chanceux ; ou quelqu'un de préféré qui parle fort et bien". À Isseke, il ne resterait qu'une famille noble avec un nom similaire à celui d'Equiano. Il s'agit d'Ekwealuo (ou Ekweanuo). »

Selon Vincent Carretta, Olaudah Equiano serait plutôt né en Amérique du Nord, plus précisément en Caroline du Sud, des parents esclaves[344]. Mais, dans son autobiographie, l'intéressé évoquerait des souve-

---

[344] In *Equiano the African. Biography of a Self-Made Man*, Vincent Carretta, Athens, University of Georgia Press, Georgia, pp. 14-15, cité dans *Le débat sur l'abolition de l'esclavage*, Edmond Dziembowski et Michel Rapoport, Grande-Bretagne 1787-1840, Atlande, 2009, p. 248.

nirs d'enfance en terre africaine, ainsi que sa captivité.

> « Généralement, quand les adultes du voisinage étaient partis travailler loin aux champs, les enfants se rassemblaient pour jouer ; et comme de coutume, un de nous grimpait sur un arbre pour voir si un assaillant ou un chasseur d'esclaves arrivait ; quelquefois, ils pouvaient profiter de l'absence de nos parents pour nous attaquer et emporter le plus d'enfants qu'ils pouvaient capturer. Un jour, alors que je surveillais en haut d'un arbre les lieux, je vis quelqu'un pénétrer sur le terrain de notre voisin, il y avait plusieurs garçons costauds à cet endroit. Immédiatement, je signalais la présence de cette fripouille et il fut entouré par les plus costauds des garçons qui le ligotèrent avec des cordes, si bien qu'il ne pouvait plus s'échapper jusqu'au retour des adultes. Mais hélas ! Sous peu, ce serait mon sort d'être capturé et emmené sans qu'aucun adulte ne vienne à ma rescousse. Un jour, quand tout le monde s'en fut allé au travail comme d'habitude et seulement quand ma chère sœur et moi-même étions occupés à la maison, deux hommes et une femme entrèrent dans nos murs et se saisirent de nous deux et, sans nous laisser le temps de pousser un cri ou de résister, ils nous empêchèrent d'ouvrir la bouche et partirent en courant, nous entraînant avec eux dans le bois le plus proche. Là, ils attachèrent nos mains et nous emmenèrent aussi loin qu'ils purent jusqu'à la tombée de la nuit et nous parvînmes à une petite maison où les kidnappeurs se restaurèrent et passèrent la nuit. Nous n'étions pas attachés à ce moment-là mais nous étions incapables de consommer une quelconque nourriture, écrasés par l'épuisement et le chagrin, notre seule consolation était de dormir ; ce qui soulagea notre malheur pour un moment. »[345]

Après avoir été enlevés et emmenés loin de leur village, Olaudah Equiano et sa sœur furent vendus à des esclavagistes africains avant de faire l'objet d'une deuxième transaction avec des trafiquants anglais d'esclaves.

> « On nous installa tous sous le pont [...]. L'étroitesse de l'endroit ainsi que la chaleur du climat, ajoutées aux passagers du bateau qui était tant encombré de monde que chacun avait à peine l'espace pour se retourner, nous étouffaient presque. Cela généra d'abondantes trans-

---

[345] Extrait de *The interesting narrative of the life of Olaudah Equiano or Gustavus Vassa the African*, Londres, 1789. Traduit de l'anglais par Jean-Pierre Pazzoni.

pirations, de sorte que l'air devint presque irrespirable, à cause d'une variété d'odeurs répugnantes, et provoqua une maladie parmi les esclaves dont plusieurs en moururent [...]. Cette situation misérable fut encore aggravée par le bruit irritant des chaînes, maintenant devenues insupportables ; et la crasse des latrines. Les cris des femmes et les gémissements des personnes mourantes rendaient toute la scène atroce. Heureusement pour moi, peut-être, je devins bientôt si faible en cet endroit qu'on jugea nécessaire de me laisser sur le pont presque tout le temps, et parce que j'étais jeune on ne me mit pas aux fers [...]. Un jour, deux de mes compatriotes enchaînés l'un à l'autre, préférant la mort à une telle vie de misère, passèrent à travers les filets (sur les côtés du bateau) et sautèrent à la mer. »[346]

Devenu esclave à l'âge de 11 ans[347], Olaudah Equiano fut transféré à la Barbade, puis en Virginie aux États-Unis. Un officier de marine de la *Royal Navy britannique*, le Franc-Maçon Michael Henry Pascal ayant été initié le 28 août 1748 à la *Holy and Exquisite Lodge* de Saint John à Portsmouth dans le New Hampshire, se rendit entre-temps en mission en Virginie. En tant que commandant du *HMS Industrious Bee*, un navire de commerce basé à Guernesey au large de la Normandie, il acheta l'Africain en 1754 pour une trentaine ou quarantaine de livres au capitaine Campbell, un planteur de tabac, afin de l'offrir en cadeau à ses cousins les Guérin. Ayant été appelé Michael à bord du navire qui l'avait transporté en Amérique, son ancien maître Campbell l'avait nommé Jacob.

L'esclave accompagnerait son maître en Virginie puis en Angleterre. On le rebaptisa, par dérision, Gustavus Vassa comme le roi de Suède, ce héros national qui avait libéré la Suède de l'occupation danoise dans les années 1500. Sandro Capo Chichi a raconté qu'Olaudah Equiano s'était plutôt résolu à adopter ce nom et à l'utiliser dans ses documents officiels, après avoir été maltraité par son maître. Ainsi espéra-t-il œuvrer, tel le monarque suédois, pour la libération de son peuple.

[346] D'après *Olaudah Equiano ou Gustavus Vassa l'Africain. La passionnante autobiographie d'un esclave affranchi*, 1789, traduction de Régine Mfoumou-Arthur, L'Harmattan, Paris, 2005, repris dans *L'Europe et le monde au XVIIIe siècle*, Thème n° 3, *Les traites négrières et l'esclavage*, par Virginie Kéruzec de Runembert, Stéphanie Raffray, Emmanuelle Tardy.

[347] In *Ma véridique histoire*, Olaudah Equiano, Mercure de France, Paris, 1790, 2008.

En tant que marin depuis déjà un bon moment, en référence aux écrits de l'historien français Olivier Pétré-Grenouilleau, Equiano servit son maître Michael Henry Pascal de la *Royal Navy* d'août 1755 à décembre 1762 – période équivalant à la guerre de Sept Ans[348] – dans la *HMS Roebuck*, la *HMS Preston*, la *HSM George* et la *HSM Namur* et la *HSM Aetna*. Il resta esclave jusqu'à ses 20 ans quand, vendu en 1763 au capitaine James Doran, ce dernier l'emmena à Montserrat dans les îles Leeward aux Antilles. Vendu à nouveau peu de temps après à un Quaker et commerçant originaire de Philadelphie, un certain Robert King, il finirait par racheter sa liberté le 11 juillet 1766 pour un montant de quarante livres[349], équivalent à 5 500 livres en 2019.

En Angleterre, Olaudah Equiano exerça le métier de barbier à Londres en 1767. Il s'embarqua à nouveau en 1773 pour rejoindre successivement la Nouvelle-Angleterre, le Nicaragua et les régions arctiques au sein de l'expédition menée par l'explorateur et naturaliste britannique Constantine John Phipps, 2ème baron Mulgrave[350]. Ce fut l'époque où Equiano s'était converti à l'enseignement de l'église méthodiste, le complexe de culpabilité l'ayant longtemps hanté. En effet, il n'avait pas réussi à sauver un ami esclave qui s'appelait John Annis. Ce dernier avait introduit une demande de liberté auprès de la cour anglaise, après qu'Equiano lui eût soutenu qu'il serait libre s'il mettait le pied sur le sol d'Angleterre où l'esclavage était inexistant. Entre-temps, le maître d'Annis n'avait pas attendu la décision de la cour, et l'avait ramené aux Antilles, où il décéderait à la suite des sévices dus à la torture. L'intervention du célèbre évangéliste et abolitionniste Granville Sharp n'avait pu éviter cette tragique issue.

---

[348] In *Les traites négrières*, Olivier Pétré-Grenouilleau, *Documentation photographique*, n° 8032, mars-avril 2003, p. 46.

La guerre de Sept Ans s'était déroulée de 1756 à 1763. Il s'était agi d'un conflit majeur, le premier à avoir été qualifié de « guerre mondiale ». Elle avait impliqué de façon conséquente les grandes puissances de l'époque, par rapport à des alliances antagonistes simultanément sur plusieurs continents et théâtres d'opérations en Europe, en Amérique du Nord et en Inde.

[349] In *L'Abolition de l'esclavage. Cinq siècles de combats, XVIe-XXe siècle*, Nelly Schmidt, Fayard, Paris, 2005, p. 137.

[350] *Ibidem.*

En 1775, Olaudah Equiano fut recruté par le docteur Charles Irving, qui avait fait fortune grâce à un processus qu'il avait développé pour distiller l'eau de mer. Equiano avait fait sa connaissance lors du voyage au Pôle Nord. Il devait travailler, pour le compte de cet éminent monsieur, comme acheteur et surveillant d'esclaves dans l'actuel Nicaragua. L'aventure ayant tourné court, il renonça et retourna à Londres.

En 1777, Olaudah Equiano publia des documents sur l'abolition de l'esclavage et la législation au regard des mariages mixtes. Il rejoignit les abolitionnistes anglais comme Granville Shrap, Thomas Clarkson et le révérend James Ramsay. Devenu une figure influente de la mouvance abolitionniste, il participa à l'opération qui avait permis, à l'initiative de Granville Sharp, l'installation des premiers anciens esclaves noirs à Freetown au Sierra Leone[351] en Afrique de l'Ouest. Tout justement, Sandro Capo Chichi a rapporté que,

> « dès 1786, Equiano s'[impliqua] au nom du gouvernement britannique dans un projet de [rapatriement] et d'établissement des Noirs de Londres à Freetown (Sierra Leone), bien qu'il l'ait dans un premier temps condamné, [ayant craint] que les "rapatriés" ne soient à nouveau capturés pendant leur voyage et vendus. En 1787, il [serait] toutefois renvoyé du projet pour avoir dénoncé les Blancs qui ne fournissaient pas aux migrants le nécessaire pour les voyages. »

Cette situation relative au rapatriement des esclaves noirs en Afrique de l'Ouest ayant occasionné de vives protestations de la part de la communauté noire de Londres, Olaudah Equiano créa, avec d'autres Noirs libres de Londres, l'association *Sons of Africa*. Celle-ci noua un partenariat avec la *Society for the Abolition of the Slave Trade* dirigée par des Blancs.

En 1783, avec Granville Sharp, cet érudit biblique britannique converti au christianisme évangélique et l'un des pionniers de la lutte pour l'abolition de l'esclavage, Olaudah Equiano essaya de faire avancer la cause abolitionniste dans la mesure où, sur un navire, un esclave n'était pas une « marchandise » comme les autres[352]. En

---

[351] In *Les traites négrières, op. cit.*

[352] In *Les Traites négrières : essai d'histoire globale*, Olivier Pétré-Grenouilleau, Gallimard, 2004, p. 235.

effet, pour éviter la contagion, les propriétaires du navire négrier *Zong*, dont le capitaine avait été « contraint » en 1781 de jeter à la mer sa cargaison de cent quarante-deux esclaves qui aurait été touchée par une épidémie[353], avaient saisi les tribunaux britanniques. Ils avaient voulu déterminer la légitimité de l'indemnisation par leur assureur comme le prévoyaient les clauses sur les animaux. Les démarches entreprises par Equiano et Sharp n'aboutirent pas au résultat escompté. Pour le *Lord Chief of Justice*, William Murray, premier comte de Mansfield, aucun doute ne subsistait. De plus,

> « si choquant que ce fût, le cas des esclaves était exactement assimilable à celui des chevaux[354]. »

Ce verdict confirma donc l'animalisation de l'être humain à la peau noire. D'autant plus que, dans *La Sonate à Bridgetower* (*op. cit.*, p. 230), Emmanuel Dongala a tenté de restituer la réalité des faits :

> « Quelques années auparavant, le capitaine du navire négrier *Zong*, s'étant retrouvé à court d'eau potable à cause d'erreurs de navigation qui avaient terriblement rallongé la durée du voyage, avait fait jeter par-dessus bord cent quarante-deux esclaves pour économiser le peu d'eau restant et sauver ainsi la vie de l'équipage, du moins d'après ses dires. À son retour à Liverpool, les propriétaires du bateau intentèrent un procès non pas pour meurtre, mais pour toucher des assureurs une indemnisation pour la cargaison d'esclaves perdue. Choqué, Olaudah Equiano saisit quant à lui l'avocat Granville Sharp qui décida de porter plainte pour *massacre* ! Le procès avait fait l'objet d'une grande publicité et ce fut devant un public nombreux que le juge [William Murray] débouta Granville Sharp et ses associés. »

Sollicité par les abolitionnistes, Olaudah Equiano publia en 1789 son autobiographie, sous le titre *The Interesting Narrative of the Life of Olaudah Equiano, or Gustavus Vassa the African, written by himself*. Ce document constitue l'un des très rares témoignages des traites

---

[353] In *L'Abolition de l'esclavage : cinq siècles de combats XVIe-XXe siècle, op. cit.*, p. 138.

[354] In *Les Traites négrières : essai d'histoire globale, op. cit.*

négrières écrit, sans aucun apport extérieur, par l'une des victimes[355]. Cette révélation, laquelle mit en évidence la séparation d'Equiano d'avec sa famille africaine, sa peur d'enfance, les conditions de sa vie d'esclave, fut très largement exploitée par les mouvements abolitionnistes britanniques et sa diffusion contribua, à n'en pas douter, à la célébrité de l'ancien esclave.

Le 7 avril 1792, à la *Saint Andrew's Church* à Soham dans le Cambridgeshire, Olaudah Equiano épousa Susannah Cullen âgée de 34 ans, une femme anglaise avec qui il aurait deux filles : Anna Maria (1793-1797) et Joanna (1795-1857).

Marin et écrivain britannique calviniste[356] d'origine nigériane, Olaudah Equiano avait principalement vécu dans les colonies britanniques d'Amérique et au Royaume-Uni. Il avait été une figure importante de l'abolition de l'esclavage. Après une expérience passionnante en mer et une activité militante intense contre l'asservissement et, comme leader de la communauté noire de Londres, il mourut le 31 mars 1797, une année après la mort de son épouse Susannah Cullen Vassa. Son décès fut annoncé dans les colonnes des journaux américains et britanniques (cf. *Weekly Oracle – New London, CT –*, 12 août 1797, p. 3). L'inhumation eut lieu le 6 avril 1797 au Tabernacle de Whitefield, Tottenham Court Road, à l'emplacement de l'actuelle église internationale américaine.

Olaudah Equiano laissa un héritage considérable – neuf cent cinquante livres, équivalent à 73 000 livres en 2019 – à sa fille Johanna Vassa, qui en hérita en 1816, et au reste du monde qui en bénéficia. En effet, il légua la moitié de ses richesses à la *Sierra Leone Company* pour une assistance continue aux Africains de l'Ouest, et l'autre moitié à la *London Missionary Society*. Ainsi la persévérance et la foi eurent-elles raison de l'ignominie humaine.

Dans un portrait qu'il fit exécuter vers 1780 par Joshua Reynolds[357], un peintre de la haute société anglaise du XVIIIᵉ siècle, Olaudah Equiano était représenté encore jeune homme, élégamment vêtu d'un habit rouge et perruque[358].

---

[355] *L'Abolition de l'esclavage. Cinq siècles de combats XVIᵉ-XXᵉ siècle, op. cit.*

[356] In *Les Traites négrières : essai d'histoire globale, op. cit.*

[357] *Ibidem.*

XVI – Le chevalier de Saint-George : le « Nègre des Lumières »

Joseph Bologne de Saint-George[359] était surtout appelé « Chevalier[360] de Saint-George » ou, tout simplement, « Saint-George ». Il naquit esclave sur les hauteurs du Baillif, près de Basse-Terre, le 25 décembre 1745, le jour de Noël[361], d'un père colon et d'une mère

---

[359] Plusieurs graphies ayant cours, pour des raisons d'harmonisation, l'auteur a choisi l'orthographe Saint-George.

[360] La chevalerie était au Moyen Âge une forme de force militaire comprenant des hommes d'armes qui combattaient à cheval d'abord au corps à corps à l'épée, puis, en s'alourdissant, à la lance. Le terme « chevalerie » sous-entend une distinction entre les chevaliers, combattants professionnels d'élite montés à cheval, et la « piétaille » qui fournissait la masse de l'infanterie et, plus tard, de l'artillerie.
La chevalerie a été pour certains hommes du début du XIe siècle un ascenseur social, mais une fois l'agrégation entre cet ordre et la noblesse consommée, moins d'un siècle après, ce ne serait plus le cas. Par contre, nombre de chevaliers seraient par la suite issus de familles nobles : ils en étaient les cadets célibataires et sans héritage, ou alors les bâtards reconnus par un père noble, seuls les fils aînés héritant dans ce cas. Au début du XIIIe siècle, des législations royales de France, d'Allemagne et d'autres royaumes d'Europe disposèrent que l'on ne pouvait accéder à l'honneur chevaleresque que, d'après l'historien Georges Duby, si l'on était soi-même de lignée chevaleresque ayant légalement fixé la règle suivie par tradition depuis déjà près de deux siècles.

[361] Quelques sources situent la naissance de Saint-George en 1739, en raison d'une déclaration qui avait été faite après sa mort et lui avait attribué l'âge de 60 ans au moment de son décès le 10 juin 1799. Mais des recherches récentes ont plutôt attesté la date de 1745.

probablement esclave d'origine africaine[362]. Selon quelques sources, le lieu de naissance du Chevalier de Saint-George n'avait pas été attesté par une source écrite. Les déductions des historiens et généalogistes ont plutôt penché en faveur de la Guadeloupe sur le site de la sucrerie de Clairefontaine, dans l'habitation *Saint-Robert*[363], et non de la Martinique ni de Saint-Domingue comme c'est souvent annoncé. Il fut baptisé le 12 janvier 1746 dans la paroisse Saint Robert. En 1987, Henri Bangou l'a fait naître en 1739 et a désigné Jean Nicolas de Boulogne comme ayant été son géniteur. Le Chevalier de Saint-George aurait donc été, d'après cette source,

> « le fils naturel de Jean Nicolas de Boulogne, conseiller du roi […]. Le Chevalier de Saint-George naquit à Basse-Terre en 1739 (et non pas en 1749, comme lui-même le faisait croire, ou 1745) ; il était fils naturel de M. de Boulogne conseiller au parlement de Metz, "de Boulogne, conseiller ordinaire au Conseil royal, contrôleur général des finances", puis contrôleur général et grand trésorier de l'ordre du Saint-Esprit, dont l'hôtel existe au 46 de la rue du Bac [dans le VIIe arrondissement de Paris]. M. De Boulogne possédait à Basse-Terre une propriété appelée "les palmiers" et à Saint-Domingue, alors colonie française, un autre domaine appelé "la Rose", dans le canton de l'Artibonite. Saint-George serait né dans la première, des relations de M. de Boulogne avec une négresse nommée simplement Nanon, devenue Noémie dans le roman de Roger de Beauvoir, qui [avait ajouté] que l'enfant fut apporté à Saint-Domingue par sa mère et que celle-ci le fit baptiser par le curé de Saint-Marc, lui donnant le nom de Saint-George, qui était celui du plus beau navire en rade de Basse-Terre lors de la naissance du jeune mulâtre. »[364]

---

[362] Les versions divergent sur le lieu de naissance de Nanon. Certaines racontent sa venue au monde vers 1723 au Lamentin, en Guadeloupe, tandis que d'autres soulignent sa capture à Gorée au Sénégal. Sa mère s'appelait Marguerite, ce qui conforte l'hypothèse de sa naissance aux Antilles. Cf. l'arbre généalogique de Saint-George, établi par Charles-Olivier Blanc, consulté le 23 mai 2020. Voir le lien ci-dessous. https://gw.geneanet.org/darbroz?lang=fr&n=de+saint+george&oc=0&p=joseph.

[363] L'habitation est depuis 2012 labellisée « Maisons des Illustres », en tant qu'ancienne propriété de Georges de Bologne de Saint-George, père du Chevalier de Saint-George.

[364] In *La Guadeloupe 1492-1848, ou l'Histoire de la colonisation de l'île liée à l'esclavage noir de ses débuts à sa disparition*, Henri Bangou, Éditions L'Harmattan,

Selon la sociolinguiste Pierrette Herzberger-Fofana, dans un article consacré en octobre 2014 au Chevalier de Saint-George,

> « la famille de Bologne [résidait] aux Antilles, plus précisément en Guadeloupe depuis 1645. En janvier 1740, Georges de Bologne [épousa] Elizabeth Merican et un an plus tard, il [acquit] une plantation de 50 hectares avec 60 esclaves. Il [fit] usage de son droit de cuissage et [détourna] Nanon, alors âgée de 17 ans ».

La complexité de l'état civil de Joseph Bologne de Saint-George est due au fait d'être venu au monde, au milieu du XVIIIᵉ siècle, dans l'île de la Guadeloupe. Celle-ci ayant appartenu à l'empire colonial français des Amériques, l'esclave n'avait pas de patronyme. À la naissance du petit Joseph, tout individu non affranchi n'avait pas de passé, ni individuel ni collectif. Il ne détenait aucun patrimoine foncier, ni financier ni culturel. Il avait à peine une famille.

D'après une source très bien informée, lors d'une conférence qui a été donnée le 12 octobre 2018 à l'initiative de la parisienne Respectable Loge *La Mosaïque d'Hiram* de la *Grande Loge Mixte de France*, intitulée *Le Chevalier de Saint-George : ce Franc-Maçon noir qui inspira Mozart*, le journaliste Alain Guédé a attribué la paternité du Chevalier de Saint-George à Guillaume-Pierre Tavernier de Boullongne. Ainsi a-t-il confirmé l'argument qui avait été développé dans un article ayant été publié le 1ᵉʳ septembre 2005, selon laquelle :

> « son père, Guillaume-Pierre Tavernier de Boullongne, [était] le lointain descendant des comtes de Boulogne qui, sous les croisades, [avaient] donné un roi de Jérusalem. Au fil des siècles, les revers de fortune [avaient] contraint la famille à émigrer vers le Beauvaisis où elle vécut chichement. Guillaume-Pierre et son frère [s'enrôlèrent] alors comme "munitionnaires" (fournisseurs) dans la milice du maréchal [Maurice] de Saxe qui [sauverait] le royaume à la bataille de Fontenoy[365]. Ils [accumulèrent] très vite un copieux

Paris, 1987.

[365] Un affrontement de la guerre de Succession d'Autriche qui se déroula le 11 mai 1745 près de Fontenoy dans les Pays-Bas autrichiens (Belgique actuelle) et se solda par une victoire française. Elle était une conséquence du siège de la ville de Tournai (avril-juin 1745).

magot. L'aîné, Philippe-Guillaume, l'investit en achetant la charge de fermier général du Poitou. Le cadet, lui, [prit] la direction du pays de l'or noir. Ce pays où quiconque n'[était] pas étouffé par les scrupules [pouvait] faire rapidement fortune. Guillaume-Pierre choisit la Guadeloupe. Régulièrement frappée par les cyclones et les tremblements de terre, l'île [souffrait] de deux autres handicaps aux yeux des esclavagistes : son accès [était] souvent barré par les pirates et son seul port, la Basse-Terre, n'[était] doté d'aucune protection contre les tempêtes. En conséquence, l'île [était] peu alimentée par les navires négriers. Ceux-ci [privilégiaient] la Martinique et Saint-Domingue où les esclaves [étaient] soumis à une violence inouïe de la part des planteurs. »[366]

Quelques éléments confortèrent toutefois la paternité relative à Georges de Bologne de Saint-Georges. À en croire Gabriel de Clieu en tant que gouverneur de la Guadeloupe, en 1747, Georges de Bologne de Saint-George, colon d'origine protestante néerlandaise et propriétaire de plantation, tirait à l'épée avec des membres de sa famille et un voisin. Il blessa son cousin par alliance, Jean Hugues Le Vanier de Saint-Robert. Ce dernier mourut peu de temps après. Sachant qu'il serait accusé d'homicide et condamné à mort, Georges de Bologne de Saint-George quitta précipitamment Basse-Terre pour Bordeaux. Dans l'espoir d'éviter que le bébé Joseph et sa mère Nanon soient vendus en même temps que la plantation, il pria son épouse de les accompagner en France comme l'atteste, ci-dessous, le contenu du document administratif ayant été établi le 1er septembre 1748 en Guadeloupe :

> « Permission [de l'Amirauté de Guadeloupe] à Madame St. Georges Bologne habitante de cette [île], d'[emmener] avec elle en France la [négresse] nommée Nanon, [Créole] de cette [dite île] âgée d'environ vingt ans, (description de Nanon) et un petit [mulâtre] son fils nommé Joseph, âgé de deux ans… »[367]

La fuite n'empêcha nullement les poursuites judiciaires. À défaut de pendaison, Georges de Bologne de Saint-George fut condamné à

---

[366] In *Saint-George, le musicien que Mozart enviait*, Alain Guédé, *Africultures*, 31 août 2005.

[367] Archives départementales de la Gironde Côte 6B/50.

mort par contumace et ses biens furent confisqués, conformément à une ordonnance du 31 mars 1748.

Ce coup d'épée, d'un père duelliste et téméraire, servirait à un bon nombre de biographes du Chevalier de Saint-George en guise d'introduction son fabuleux destin, lequel avait bénéficié des bonnes grâces de la parentèle paternelle[368] et de son maître d'armes Nicolas Benjamin Texier de la Boëssière. Bien entendu, son propre panache, le brio, l'intelligence et sa conduite, au regard du préjugé de couleur qui structurait la société du XVIIIe siècle, rendraient possible la réussite[369].

Le 10 mai 1762, Guillaume Poncet de la Grave, procureur du Roi à l'Amirauté de Paris, recommanda au roi de France de faire procéder à un recensement de tous les hommes et toutes les femmes de couleur vivant sur le sol français, hors des colonies. Le petit Joseph fut représenté pour la circonstance par le maître d'armes et homme de lettres Nicolas Benjamin Texier de la Boëssière[370], son mentor en escrime et père spirituel. Quant à Anne, dite Nanon[371], la mère de Joseph, elle se

---

[368] Des personnes remarquables composaient la famille putative de Saint-George : une sœur naturelle, Élisabeth de Bologne de Saint-George, marquise de Clairefontaine ; une tante, Christine de Bologne, vicomtesse de Thibault, épouse d'Annet-Guillaume de Chambaud-Jonchère, fils de Pierre de Chambaud, établie à Servanches dans le Périgord, sœur de Georges de Bologne de Saint-George et tante du Chevalier de Saint-George ; un oncle, Pierre de Bologne, homme politique et poète.

[369] In *Familles en révolution (1775-1825). Recherches sur les comportements familiaux des populations rurales d'Île-de-France, de l'Ancien Régime à la Restauration*, Philippe Daumas, *Annales historiques de la Révolution française*, numéro 329, article mis en ligne sur *ahrf.revues.org* le 27 mars 2008, consulté le 23 mai 2020 – https://journals.openedition.org/ahrf/3663.

[370] In *The Chevalier de Saint-Georges : Virtuoso of the Sword and the Bow*, Gabriel Banat, coll. *Lives in Music*, Pendragon Press, Hillsdale, NY, 2006, p. 73.

[371] Dans un article de Pierre Bardin sur la généalogie et l'histoire de la Caraïbe, intitulé *Anne Nanon, La mère du Chevalier de Saint-George enfin retrouvée !*, on apprend que la mère de Joseph Bologne s'appelait Anne Dannevau. L'information était consignée dans un document que le Chevalier de Saint-George avait confié au maître d'armes Nicolas Benjamin Texier de la Boëssière à l'attention du notaire Denis Menard de Marsainvilliers, le 9 germinal an IV (29 mars 1796), pour dresser une procuration générale et spéciale. Le maître d'armes demeurant, auquel il avait donné pouvoir de requérir, pour lui et en son nom, sans aucune description, la reconnaissance et levée des scellés sur les meubles et effets après le décès de ladite citoyenne Dan-

présenta, également, devant ladite juridiction[372]. Elle était domiciliée au 49 de la rue Saint André des Arts dans le quartier de la Monnaie du VIe arrondissement de Paris, à partir de 1755 après avoir débarqué à Bordeaux du navire *L'Aimable Rose* le 26 avril cette même année. Dans un document retrouvé par le violoniste américain d'origine roumaine Gabriel Banat, relatif à cette inscription administrative[373], Nanon[374] était âgée de 34 ans et serait donc née en 1728.

À Paris, Joseph Bologne de Saint-George reçut une éducation de jeune aristocrate. À 13 ans, il fut placé dans la famille de Nicolas Benjamin Texier de la Boëssière – au sein de laquelle il vivrait, pendant six années, comme un affranchi et un homme de couleur libre. En 1761, âgé de 14 ans, il entra dans le corps des gendarmes de la garde du Roi[375] et sa première publication musicale daterait de 1763. Il montra une aptitude extraordinaire pour les arts et excella dans les exercices corporels[376]. Il développa ses talents sportifs et ses compétences professionnelles[377]. D'après l'écrivain Louis-Gabriel Michaud, son père spirituel,

---

nevau, y faire lors de la levée des scellés, tous dires, réserves et protestations que besoin serait, accepter ou renoncer, en cas d'acceptation, faire vendre tout ou partie du mobilier de la succession de ladite défunte Dannevau, devait entendre, clore et arrêter le compte de l'huissier vendeur, en recevoir le reliquat, en donner quittance, recevoir de tous trésoriers, caissiers et payeurs des rentes sur l'État, les arrérages et rata d'iceux d'une rente viagère que la défunte Dannevau avait sur l'hôtel de ville de Paris, en donner quittance et décharge valable, signer tous actes que besoin serait et généralement, promettant, obligeant…

[372] In *The Chevalier de Saint-Georges : Virtuoso of the Sword and the Bow, op. cit.*, pp. 46-52.

Lire aussi *Nanon et moi, chevalier de Saint-George*, Jeanne Romana, Dagan éditions, Paris, 2010.

[373] In *The Chevalier de Saint-Georges : Virtuoso of the Sword and the Bow, op. cit.*, p. 72.

[374] Les biographes de Saint-George pensent volontiers que sa mère, prénommée Anne, dite Nanon, était une esclave née vers 1728 au Lamentin, en Guadeloupe. Voir *La Pléiade*, 1981, p. 1773.

[375] Un corps de la maison militaire du roi de France, lors de l'ancien Régime.

[376] In *Biographie universelle des musiciens et bibliographie générale de la musique*, François-Joseph Fétis, (Ed. 1866), vol. 8, édition originale 1866-1868, Hachette Livre, Paris, septembre 2017.

[377] In *Les académies équestres et l'éducation de la noblesse (XVIe-XVIIIe siècle)*,

en la personne du sieur Nicolas Benjamin Texier de la Boëssière, lui inculqua l'éducation d'un chevalier français de la seconde moitié du XVIIIᵉ siècle à travers des études sérieuses et l'apprentissage dans la salle d'armes. Pour le compositeur et musicographe belge François-Joseph Fétis, le jeune homme y apprit un esprit vif en plus des manières distinguées, ainsi qu'une bonté véritable, qui lui procurèrent de brillants succès et une jeunesse heureuse. « [Jean] Racine fit Phèdre et moi j'ai fait Saint-George », rappellerait, très fier de sa belle réussite, le maître d'armes dans la préface de son poème élégiaque *La mort généreuse du Prince Léopold de Brunswick*. Avait-on voulu associer les qualités du Chevalier de Saint-George à celles du valeureux prince qui avait péri, victime immortelle de son dévouement, dans une inondation de ce fleuve d'Europe centrale appelé l'Oder ?[378]

Dans un mémoire de maîtrise de 1980, Frédéric Casadesus a rappelé le rôle considérable de la Franc-Maçonnerie dans la formation du Chevalier de Saint-George. Il s'était avéré que l'initiation en Loge maçonnique s'était déroulée après un choix personnel à l'âge adulte pour des raisons à la fois culturelle et politique, même si le milieu sociétal des années d'apprentissage éclairait le lien entre la Franc-Maçonnerie et l'éducation, ainsi que la formation chevaleresque, militaire et musicale du jeune Saint-George[379].

Sur le plan sportif, les prouesses stylistiques firent du Chevalier de Saint-George un modèle pour les meilleurs athlètes – Nicolas Benjamin Texier de la Boëssière ayant fait de son élève un fleurettiste d'exception. Dès l'âge de 15 ans, le jeune Joseph Bologne dominait les plus forts tireurs et apparaissait déjà comme la plus fine lame de son temps, peut-être « l'homme le plus prodigieux qu'on ait vu dans les armes », dirait Antoine Texier de la Boëssière qui, de vingt et une années son

---

Corinne Doucet (dir), *Revue historique* et *Cairn.info*, Presses universitaires de France, avril 2003, p. 817-836.

[378] In *Le premier roi des Belges : poème historique, dédié à la garde civique et à l'armée*, le comte de Marseille-Civry, Librairie allemande et étrangère de C. Muquardt, Bruxelles, 1849.

[379] In *Les musiciens francs-maçons de Paris sous Louis XVI*, Frédéric Casadesus, Université de Paris, Val-de-Marne, Bibliothèque du Centre multidisciplinaire de Créteil, Centre Technique du Livre M L PARIS XII 1980 CAS 5200066941.

aîné, avait été élevé avec Saint-George. Pour François-Joseph Fétis,

> « ayant été mis en pension à l'âge de treize ans chez La Boëssière,
> célèbre maître d'armes, il acquit en six années une si grande habi-
> leté dans l'art de l'escrime, qu'on l'appela l'inimitable. Doué d'une
> force de corps et d'une agilité prodigieuses, il eut dans cet art une
> supériorité devenue proverbiale, et brilla également dans tous les
> autres exercices. Personne ne pouvait l'atteindre à la course ; dans
> la danse il était le modèle de la perfection ; excellent écuyer, il mon-
> tait à cru les chevaux les plus difficiles et les rendait dociles ; il pati-
> nait avec une grâce parfaite, et se distinguait parmi les meilleurs
> nageurs de son temps. »[380]

Outre les deux professionnels de l'escrime qu'étaient Antoine Texier de la Boëssière et Henry Angelo, qui avaient écrit quelques pages sur la personnalité de Saint-George, et, surtout, son habileté exceptionnelle comme fleurettiste, il avait été cité par presque tous les maîtres d'armes des XIXe et XXe siècles, auteurs de traités ou de livres sur l'histoire de l'escrime. Ayant été protégé par la maison d'Orléans et ami du futur Louis-Philippe d'Orléans, dit Philippe Égalité, le Chevalier de Saint-George se lia aussi d'amitié, à l'occasion de ses séjours à Londres, avec un autre grand escrimeur, Charles d'Éon de Beaumont (ou plutôt Mademoiselle la Chevalière d'Éon)[381]. D'aucuns n'ont hésité à rappeler que Saint-George figurait parmi les personnes qui avaient donné une impulsion, au cours de la seconde moitié du XVIIIe siècle, au sport tel qu'il serait désormais pratiqué.

Dans un article évoqué *supra* publié le 31 juillet 2005 dans la revue *Africultures*, le journaliste Alain Guédé a révélé que, à l'âge de 22 ans, son père lui avait promis un cabriolet tiré par un pur-sang anglais s'il triomphait du meilleur bretteur du royaume de France, un Rouennais nommé Picard. Ce dernier avait eu beau claironner qu'il ne ferait qu'une bouchée du « mulâtre de M. de la Boëssière », il mordrait bel et bien la poussière. Avec son fringant attelage, le Chevalier de Saint-

---

[380] In *Biographie universelle des musiciens et bibliographie générale de la musique*, *op. cit.*

[381] Un diplomate, un espion, un officier et un homme de lettres français qui était resté célèbre pour son goût prononcé pour le travestissement.

George deviendrait vite la coqueluche de ce Paris joyeux des années 1760. Ce jeune homme impressionna en traversant la Seine à la nage, un bras attaché dans le dos en plein mois de janvier. Il était même capable, avait écrit le futur président des États-Unis John Quincy Adams, le successeur de l'illustre George Washington, de percer d'un coup de pistolet un bouchon lancé en l'air.

Comme tout nègre vivant en Europe, Saint-George avait été de temps à autre victime du préjugé de l'épiderme. En effet, la haute société n'ayant nullement échappé à une telle attitude, après avoir appris que le Chevalier était prévôt à la salle d'armes de Nicolas Benjamin Texier de la Boëssière et qu'il tirait régulièrement avec le Chevalier d'Éon, Renée-Caroline-Victoire de Froulay de Tessé, la marquise de Créquy, exprima son indignation sur ce qu'elle nomma « prostitution » et qui portait atteinte à « l'honneur militaire et national » par la fréquentation d'un être inférieur :

> « C'était grand deuil et grand pitié [...] de voir un gentilhomme français, un chevalier de l'ordre de Saint-Louis, un vieillard employé pour la couronne et connu de l'étranger, qui spadassinait comme sur un théâtre et contre un mulâtre ; avec un histrion d'escrime, un gagiste de manège, un protégé de Mlle de Montesson ! »[382]

L'agression du Chevalier de Saint-George dans les rues de Paris en date du 22 avril 1779 par des esprits malveillants, vers minuit, alors qu'il rentrait chez lui en compagnie de l'un de ses amis, suscita moult interprétations. S'était-il agi d'un acte prémédité en hauts lieux ?

> « 1er mai 1779. M. de Saint-George [était] un mulâtre, c'est-à-dire fils d'une négresse [...] Dernièrement, dans la nuit, il [avait] été assailli par six hommes, il [était] avec un de ses amis, ils [s'étaient] défendus de leur mieux contre des bâtons dont les quidams [voulaient] les assommer ; on [parlait] même d'un coup de pistolet qui [avait] été entendu : le guet [était] survenu [et] [avait] prévenu les

---

[382] In *Souvenirs de la marquise de Créquy de 1710 à 1803*, Renée-Caroline-Victoire de Froulay de Tessé (Marquise de Créquy) et Pierre-Marie-Jean Cousin de Courchamps, 10 tomes en 5 vol. in-18 : XVIIIe-XIXe siècle : 1710-1835, Paris, Éditions, 1834-1835, p. 182.

suites de cet assassinat, de sorte que M. de Saint-George en [soit] quitte pour des contusions [et] blessures légères; il [s'était montré] même déjà dans le monde. Plusieurs des assassins [avaient] été arrêtés. M. le duc d'Orléans [avait] écrit à M. [Jean Charles Pierre Lenoir, dit le Noir], dès qu'il [avait] été instruit du fait, pour lui recommander les recherches les plus exactes, [et] qu'il fût fait une justice éclatante des coupables. Au bout de 24 heures M. le duc d'Orléans [avait] été invité de ne pas se mêler de cette affaire-là, [et] les prisonniers, qui [avaient] été reconnus pour des gens de la police, parmi lesquels [était] un nommé Desbrugnières, si renommé dans l'affaire de [Jean-François de La Molette], comte de Morangiès, [avaient] été élargis, ce qui [donnait] lieu à mille conjectures. »[383]

À moins qu'il n'eût été seulement question, à en croire l'écrivain Pierre Lefebvre de Beauvray, d'une banale tentative de vengeance de la part d'un mari cocufié. Effectivement, cet échotier attribua au Chevalier de Saint-George une liaison amoureuse avec la salonnière et romancière Marie-Joséphine de Comarieu, marquise de Montalembert, jeune épouse d'un vieux général, le marquis Marc-René de Montalembert qui était très désireux de venger son honneur. Aurait-il souhaité punir l'insolent séducteur en ayant monté cette opération nocturne? Aurait-il été le commanditaire de ladite agression?

Les différents portraits du Chevalier de Saint-George étaient élogieux. En plus, au-delà de son charme, on lui attribuait des activités secrètes par rapport aux intrigues du duc Louis-Philippe d'Orléans – Joseph Bologne ayant habité un immeuble dans les galeries du Palais-Royal – et à la préparation de la Révolution. Pour Alexandre Dumas (père), dans ses *Mémoires*, Saint-George était un « mulâtre admirablement bel homme et qui bégayait »[384]. Il était donc un « bel homme de cinq pieds six pouces », selon l'ancien maire de Pointe-à-Pitre Henri Bangou[385]. Édouard Roger de Bully, dit Roger de Beauvoir, attribua à

---

[383] In *Mémoires secrets pour servir à l'histoire de la République des Lettres en France depuis 1762 jusqu'à nos jours, ou journal d'un observateur*, Louis Petit de Bachaumont, poursuivi par Mathieu-François Pidansat de Mairobert et Barthélémy François Joseph Moufle d'Angerville, chez John Adamson, Londres, Tome 14, 1780.

[384] In *Mes mémoires: 1852-1856*, Alexandre Dumas, Alexandre Cadot, Paris, 1863.

[385] In *La Guadeloupe 1492-1848, ou l'Histoire de la colonisation de l'île liée à l'esclavage noir de ses débuts à sa disparition, op. cit.*

Antoine Charles Horace Vernet, alias Carle, un portrait[386] de Joseph Bologne de Saint-George. Celui-ci aurait poussé le poète français et auteur de théâtre, ainsi que de livrets d'opéras, Pierre-Louis Moline[387], à composer le poème complimentant le beau Chevalier.

> *Enfant du Goût [et] du Génie,*
> *Il [naquit] au Sacré vallon,*
> *Et fut de Terpsichore émule [et] nourrisson.*
> *S'il eût à la musique unie la poésie,*
> *On l'aurait pris pour Apollon.*

Quant à Nicolas Benjamin Texier de la Boëssière, il s'exprima ainsi à travers des vers dont les deux derniers firent penser à un adieu *post-mortem* à son disciple et fils spirituel.

> *Dans les armes, jamais on ne vit son égal,*
> *Musicien charmant, compositeur habile,*
> *À la nage, au patin, à la chasse, à cheval,*
> *Tout exercice enfin, pour lui semble facile,*
> *Et dans tous, il découvre un mode original.*
> *Si joindre à ses talents autant de modestie*
> *Est le nec plus ultra de l'Hercule français*
> *C'est que son bon esprit exempt de jalousie*
> *N'a trouvé de bonheur en cette courte vie*
> *Que dans les vrais amis que son cœur s'était faits.*

Le Chevalier de Saint-George avait été également un musicien, violoniste virtuose, compositeur de sonates, de symphonies concertantes pour *quatuor* d'archets, de *concertos* et de comédies mêlées d'ariettes. D'ailleurs, il figure dans le volume II du *Dictionnaire de la musique* qu'a dirigé le musicologue et chef de chœur français Marc Honegger et a été publié en 1970 par les Éditions Bordas. Élève, il avait

---

[386] Le portrait aurait été alors très probablement peint avant 1768, période à laquelle Pierre-Louis Moline composa ces vers qui étaient destinés à être ajoutés au bas d'une copie d'un portrait de Saint-George.

[387] In *Orphée et Eurydice : version Paris 1774*, partition chant piano / Gluck ; Libretto : Pierre-Louis Moline, Éditions complètes de Christoph Willibald Gluck par Jürgen Sommer.

eu comme professeurs[388] les violonistes et compositeurs italien Antonio Lolli, ainsi que le compositeur bordelais Pierre Gaviniès.

> « Au prix d'un travail acharné, il [hissa] les *Amateurs* au rang des meilleurs. En 1775, c'[était] la consécration : l'*Almanach musical* [qualifia] sa formation de "meilleur orchestre pour les symphonies qu'il y [eût] à Paris et peut-être dans l'Europe". Ses succès ne [firent] pas que des heureux. Fin 1778, Mozart [connut] d'énormes difficultés lors de son deuxième voyage à Paris. Le public le [bouda], seul un modeste poste d'organiste de la chapelle royale lui [fut] proposé et, offense suprême, le directeur du *Concert Spirituel* [perdit] une de ses partitions. Mal payé pour ses prestations, il [gagna] tout juste de quoi prodiguer quelques soins à sa mère qui [mourut] durant ce séjour parisien. Pendant ce temps, un musicien [rayonnait]. C'[était] Saint-George. Or, malgré les injonctions de son père [Léopold Mozart], Wolfgang [Amadeus Mozart refuserait] d'aller jouer au *Concert des Amateurs* que [dirigeait] Saint-George. À croire qu'il [était] jaloux des succès du musicien à la peau noire. »[389]

En 1769, déjà surnommé l'*inimitable*, Saint-George occupa donc le poste de premier violon dans le *Concert des Amateurs*, l'un des plus célèbres orchestres qualifiés de semi-publics au même titre que la Loge *Olympique*, ayant été créé à l'Hôtel de Soubise, par Claude-François-Marie Rigoley[390], baron d'Ogny[391], Charles Marin de La Haye des Fossés[392], fermier général du roi, ainsi que Charles de Rohan-Soubise[393], maréchal de France. Ce groupe orchestral était

---

[388] In *The Chevalier de Saint-George : virtuoso of the sword and the bow*, op. cit.

[389] In *Saint-George, le musicien que Mozart enviait*, op. cit.

[390] In *Listening in Paris : A Cultural History*, James H. Johnson, University of California Press, Berkeley, 1996, p. 384.

[391] Le baron d'Ogny était propriétaire de la *Folie-Richelieu*, l'actuel *Théâtre de Paris*, lequel avait été acheté en 1779 et dont Madame Fortunée Hamelin, créole de Saint-Domingue, serait directrice sous le Premier Empire.
Voir aussi *Nobiliaire universel de France ou Recueil général des généalogies historiques des maisons nobles de ce royaume*, vol. 15, *X^e-XIXe siècle : 1000-1818*, Paris, au bureau du Nobiliaire universel de France, réimprimé à la Librairie Bachelin-Deflorenne, 1818.

[392] *Ibidem.*

[393] In *Histoire des Seigneurs et de la Seigneurie de Roubaix*, Théodor Leuridan, IIe

dirigé, jusqu'en mars 1773, par le compositeur, violoniste, directeur d'opéra et pédagogue François-Joseph Gossec.

> « En première ligne, parmi [les] amateurs violonistes, il faut citer l'excellent Chevalier de Saint-Georges, ce mulâtre [...] chef des seconds violons au *Concert des Amateurs*... »[394]

Les cours royales de France (Louis-Philippe d'Orléans, dit « le Gros », avec sa maîtresse Madame de Montesson), et d'Angleterre, princières comme celles des ducs d'Orléans et Charles de Rohan-Soubise, même celles des Esterházy et Joseph Haydn... n'étaient guère étrangères à Saint-George du fait qu'elles finançaient l'industrie culturelle et musicale dans la deuxième moitié du XVIIIe siècle.

> « [...] c'[était] un homme doué d'une foule de dons de la nature : il [était] très adroit à tous les exercices du corps, il [tirait] des armes d'une façon supérieure, il [jouait] du violon de même, il [était] en outre un très valeureux champion en amour [et] recherché de toutes les femmes instruites de son talent merveilleux [...]. Comme un grand amateur de musique, il [avait] été admis à en faire avec la Reine. Madame de Montesson [ayant voulu] se l'attacher pour ses spectacles, [avait] fait créer par M. le duc d'Orléans une place pour lui dans ses chasses, avec toutes sortes d'agréments [et] beaucoup d'utiles. »[395]

Outre le fait que le Chevalier de Saint-George entrerait ensuite au service du duc d'Orléans fils, dit « Philippe Égalité », jusqu'à son exécution en 1793, Charlotte-Jeanne Béraud de La Haye de Riou, en l'occurrence Madame de Montesson, lui avait confié la direction de son théâtre privé et demandé d'être le maître de cérémonie de son salon. Selon François-Joseph Fétis, Saint-George fut avant tout admis dans les mousquetaires, devint ensuite écuyer de Madame de Montesson, puis capitaine des gardes du duc de Chartres dont il fut le confident et

---

partie, *Histoire féodale III*, Imprimerie J. Reboux, Roubaix, 1862, p. 215.

[394] In *Le violon : les violonistes et la musique de violon du XVIe au XVIIIe siècle*, Arthur Pougin, Librairie Fischbacher, Paris, 1924.

[395] In *Mémoires secrets pour servir à l'histoire de la République des Lettres en France depuis 1762 jusqu'à nos jours, ou journal d'un observateur, op. cit.*

l'ami[396]. Le beau Chevalier finit par devenir l'un des familiers de Marie-Antoinette d'Autriche, reine de France et de Navarre, comme maître de musique et professeur de clavecin. En tout cas, alors que les seules relations attestées concernèrent Marie-Joséphine de Comarieu, marquise de Montalembert, et l'actrice Louise Fusil, on lui prêta de nombreuses aventures féminines.

Dans une émission radiophonique animée par Aurélie Sfez, *Plages interdites*, laquelle lui a été consacrée sur *France musique* en août 2016, l'accroche a rappelé que le Chevalier de Saint-George était surnommé le « Mozart noir », alors que la désignation inverse – c'est-à-dire « le Chevalier de Saint-George à la peau blanche », à propos de Wolfgang Amadeus – aurait pu être une métaphore fort judicieuse. D'aucuns l'avaient également qualifié de « Voltaire de la musique ».

> « Et pourtant Joseph Bologne [...] fut un musicien et compositeur bien plus adulé en son temps que Mozart. Candidat pour diriger l'opéra, il fut évincé lorsque deux chanteuses adressèrent une lettre à la reine pour "représenter à Sa Majesté que leur honneur et la délicatesse de leur conscience ne leur permettraient jamais d'être soumises aux ordres d'un mulâtre"[397]... »

Georges Touchard-Lafosse rapporta des rumeurs, selon lesquelles, le roi et la cour n'auraient pu supporter que Marie-Antoinette « [fît] de la musique » avec le séduisant Américain des îles. Des médisances que l'on colportait, depuis quelque temps dans le monde, sur :

> « [...] un mulâtre, nommé M. de Saint-George, dont les talents extraordinaires [faisaient] beaucoup de bruit. C'[était] un homme grand, admirablement fait, et dont les traits, malgré leur teinte brune, [avaient] de la noblesse, un certain charme, beaucoup d'expression surtout. On [assurait] que les dames [appréciaient] ce demi-nègre, moins parce qu'il [excellait] à monter à cheval, à tirer

---

[396] In *Biographie universelle des musiciens et bibliographie générale de la musique, op. cit.*

[397] Effectivement, après avoir été pressenti pour diriger l'Opéra de Paris, Saint-George dut faire face au racisme de la Cour. Deux chanteuses, Sophie Arnould et Rosalie Levasseur, et une danseuse, Marie-Madeleine Guimard, n'acceptèrent pas d'être dirigée par quelqu'un qui, selon elles, était racialement inférieur.

des armes, à jouer du violon et à patiner, que parce qu'il [était] doué, [disait-on], d'une vertu herculéenne que [le sexe féminin passait] pour rechercher dans ces temps d'incontinence. M. de Saint-George, en qualité de virtuose, [avait] été admis à faire de la musique avec la reine ; il en [faisait] cependant davantage avec madame de Montesson, M. le duc d'Orléans l'ayant attaché à sa maison en qualité d'officier des chasses. »[398].

Après que François-Joseph Gossec eut accepté en mars 1773 de diriger le *Concert Spirituel* qui offrait un champ plus large à ses recherches musicales, Joseph Bologne de Saint-George assumerait la direction de cette formation qui comptait parmi ses membres Francesco Petrini, comme harpiste. Le Chevalier superviserait plus tard le *Concert de la Société Olympique*[399] de la fondation du *Grand Orient de France* dont le Grand Maître était le futur Philippe Égalité.

Honnête homme accompli, dandy élégant et danseur émérite, doublé d'un escrimeur et d'un musicien à la fois violoniste, instrumentaliste, chef d'orchestre et premier compositeur noir de musique classique à la Cour de Louis XV en France, Saint-George voulut « faire fortune par le moyen de son talent ». Ainsi, ayant déjà trois cordes à son arc – l'escrime de Nicolas Benjamin Texier de la Boëssière, la musique et une carrière militaire assurée –, avait-il rencontré le compositeur, violoniste et directeur d'opéra François-Joseph Gossec, de

---

[398] In *Chroniques pittoresques et critiques de l'Œil-De-Bœuf ; des petits appartements de la cour et des salons de Paris, sous Louis XIV, la régence, Louis XV et Louis XVI*, Georges Touchard-Lafosse, Vol. 4., Paris, Gustave Barba Éditeur, 1845, p. 392.

[399] Le *Concert de la Loge Olympique* était une société de concerts. Elle était issue de la Respectable Loge *Société Olympique*, un Atelier maçonnique de musiciens qui avait été créé le 18 décembre 1782. Ses fondateurs étaient le Fermier Général Charles Marin de La Haye des Fosses et le comte Claude François Marie Rigoley d'Ogny. Le principal chef d'orchestre était le Chevalier Joseph Bologne de Saint-George. Ce dernier avait été aussi membre de la célèbre *Loge des Neuf Sœurs*, toujours du *Grand Orient de France*, qui avait été fondée en 1776 par l'astronome Jérôme de Lalande. Elle joua un rôle considérable dans le soutien français à la Révolution américaine. Elle était aussi réputée pour avoir hébergé en son sein des hommes de renom tels que Voltaire, l'abbé Grégoire, l'abbé Emmanuel-Joseph Sieyès et Benjamin Franklin, ce dernier en ayant été élu Vénérable Maître. Saint-George fut, en France, le premier Noir à avoir été initié à la Franc-Maçonnerie.

treize années son aîné, dont il avait suivi d'assez près le cheminement professionnel et était devenu l'élève après le décès du collectionneur et mécène Alexandre Le Riche de La Pouplinière. Gossec, qui lui avait donné quelques leçons de composition, s'était associé à lui pour la création du *Concert des Amateurs*, dont le Chevalier de Saint-George avait été l'un des directeurs et le premier violon[400]. Tous les deux collaboreraient ensuite dans la gestion et la direction de concerts privés[401]. Dans la biographie qu'il a consacrée à François-Joseph Gossec, Claude Role a écrit un élogieux paragraphe sur le personnage de Saint-George, que, de son propre aveu, Roger de Beauvoir avait rédigé quatre volumes :

> « Quel personnage que ce chevalier ! Il ne [fallait] pas moins de quatre *in-quarto* à son biographe Roger de Beauvoir en 1840, pour narrer les aventures qui lui [étaient] advenues. [...] Il se [prit] de passion pour la musique et en peu de temps, se [révéla] aussi bon violoniste qu'escrimeur. Un temps élève du vieux Jean-Marie Leclair, Saint-George [rencontra] Gossec. Leur faible différence d'âge les [inclina] à une amitié où [entrèrent] en compte les services rendus et l'avantage qu'[offrit] à Gossec un ami connu de l'aristocratie. Saint-George [fréquentait] les Loges [maçonniques], bénéficiant, en tant qu'homme de couleur, d'une dispense octroyée par le duc d'Orléans. »[402]

Comme beaucoup d'auteurs, le grand Honoré de Balzac honora le Chevalier de Saint-George dans plusieurs de ses romans, notamment dans *La maison du chat-qui-pelote* (pp. 60-61, édition de 1830), *Le Cabinet des Antiques* (p. 81, édition de 1839 ; p. 140, édition de 1874)[403]. Alexandre Dumas (père) le mit en scène dans le neuvième chapitre de *La pièce d'eau des Suisses*, relatif au *Collier de la Reine*, qui avait été publié en 1849 :

---

[400] In *Biographie universelle des musiciens et bibliographie générale de la musique, op. cit.*

[401] In *François-Joseph Gossec (1734-1829) : un musicien à Paris de l'Ancien Régime à Charles X*, Claude Role, Éditions L'Harmattan, Paris, 2000.

[402] *Ibidem.*

[403] Voir également *La Pléiade*, 1971, t. I, p. 67 & 1976, t. IV, p. 986.

> « Parfois un cri d'admiration [partait] du milieu de l'assemblée.
> C'[était] que Saint-George, le hardi patineur, [venait] d'exécuter un
> cercle, si parfait, qu'un géomètre en le mesurant n'y trouverait pas un
> défaut sensible. »

Au XVIIIe siècle, par le truchement de l'art de l'escrime, Joseph Bologne de Saint-George fut l'objet des premières manifestations culturelles. Ainsi son art du violon, de la musique et des sports fut-il apprécié. Au XIXe siècle, l'escrime lui vaudrait les éloges de la communauté des escrimeurs, y compris celles d'Alexandre Dumas (père). Au cours de la première décennie du XXe siècle, le public français et international découvrirait sa musique.

Militaire, le Chevalier de Saint-George le fut. Il participa de manière active à la Révolution française et s'engagea au sein de l'armée de la République Française[404]. Désireux de « continuer et de s'immortaliser par sa valeur et son enthousiasme pour la liberté », il dirigea la *Légion franche des Américains du Midi*[405]. Effectivement, désigné *La Légion de Saint-George* par la Convention, ce régiment était composé de volontaires à la peau noire. Il s'était illustré dans de nombreuses batailles face à la coalition européenne. Dans son ouvrage intitulé *Historique du 13ème régiment de chasseurs et des chasseurs à cheval de la garde*, publié en 1891, Paul Descaves avait raconté une belle, mais édifiante histoire. L'auteur avait surtout soulevé la question d'un racisme latent, marqué notamment par l'emprisonnement de Saint-George qui aurait très vite suscité l'unanimisme enthousiaste des premiers jours.

Comment ce régiment avait-il été créé? Le 7 septembre 1792, une délégation d'hommes libres de couleur introduisit une pétition à l'Assemblée nationale. Les personnes qui la composèrent demandèrent à pouvoir se former en compagnies franches. Ému aux larmes par la déclaration du député français d'origine haïtienne Julien Raimond[406]

---

[404] La Première République, officiellement nommée République Française, était le nom conventionnellement donné par les historiens à l'ensemble des régimes parlementaires de la France entre septembre 1792 et mai 1804.

[405] Le *13ème régiment de chasseurs à cheval* était un régiment constitué, pendant la Révolution française, sous le nom de *Légion des Américains*.

[406] Qui avait conduit une délégation des citoyens originaires des Antilles et des

confirmant que, « comme les Blancs, les Noirs avaient donc un cœur brûlant de combattre les ennemis de l'État », le président de la Convention, Marie-Jean Héraut de Seychelles, répondit en ces termes :

> « La vertu dans l'homme est indépendante de la couleur et du climat. L'offre que vous faites à la patrie de vos bras et de votre force pour la destruction de ses ennemis, en honorant une grande partie de l'espèce humaine, est un service rendu à la cause du genre humain tout entier [...] Vos efforts seront d'autant plus précieux que l'amour de la liberté et de l'égalité doit être une passion terrible et invincible dans les enfants de ceux qui, sous un ciel brûlant, ont gémi dans les fers de la servitude. Avec la réunion de tant d'hommes qui vont se presser autour des despotes et de leurs esclaves, il est impossible que la France ne devienne bientôt la capitale du monde libre. »

Un décret du même jour donna, battant ainsi le fer pendant qu'il était encore chaud, l'aval en vue de la formation d'une *Légion franche des Américains du Midi*. Par le terme « Américain », l'allusion était faite aux ressortissants des Antilles françaises, et non à ceux des États-Unis d'Amérique. Cette légion, laquelle devait être composée de huit cents chasseurs à pied et deux cents à cheval, se forma à Paris sous le commandement du Chevalier de Saint-George. Ce dernier obtint ensuite l'affectation de Thomas-Rétoré Dumas[407]. La *Légion franche des Américains du Midi* quitta Paris en direction d'Amiens, le 7 novembre 1792, forte de quatre cents hommes à pied et cent cinquante à cheval – ce nombre au rabais ayant été dû à la procédure liée à la sélection.

Un décret du 6 décembre 1792 transformerait la légion, en tant que corps mixte de cavalerie et d'infanterie, en un corps de troupe à cheval comparable aux « chasseurs à cheval » et lui attribuerait le numéro treize dans l'armée concernée qui compterait désormais sept compagnies sur les huit prévues. Seule la première compagnie ne serait consti-

---

comptoirs africains.

[407] Le lieutenant-colonel Dumas était aussi un mulâtre. Il accomplirait des exploits dignes des héros, puis deviendrait général. Il serait disgracié par Napoléon Bonaparte et mourrait en 1806. C'était le père d'Alexandre Dumas, l'auteur des *Trois mousquetaires*.

tuée que d'hommes de couleur. La *Légion franche des Américains du Midi* prit part à la campagne de Belgique. Le 5 mars 1793, elle entra à Bruges et Saint-George fit échouer, au moment de la trahison du général Charles François du Perrier du Mouriez, dit Dumouriez, une tentative du général Joseph de Miazinski de s'emparer de la ville de Lille. Compromis pour ses relations avec le duc d'Orléans fils, en l'occurrence Philippe Égalité, révélées par le député montagnard Jean-Paul Marat, une dénonciation frappa Joseph Bologne de Saint-George le 29 avril 1793 (AN, F7 4775 dos 11). Elle fut adressée au Comité révolutionnaire de la section de Mauconseil, par les sieurs Guy Baubigou, dit Narane, lieutenant au *13ème régiment de chasseurs à cheval*, et Joseph Azor, dit Ferrand, adjudant dans ce même régiment. Ils avaient déclaré que leur commandant en chef, le Chevalier de Saint-George, ne s'était presque pas trouvé à leur corps dont il n'avait passé aucune revue. Ils avaient aussi précisé que le commandant était l'intime du général Dumouriez, traître à la nation, et avait protégé plusieurs soldats qui étaient renvoyés de la troupe de l'École militaire ; il avait manifesté ses vœux pour avoir un roi. Enfin, le Chevalier de Saint-George s'était battu en duel contre un certain Montaignac et avait défendu le duc d'Orléans, c'est-à-dire Philippe Égalité. Le maire de Lille et ses conseillers municipaux plaidèrent en sa faveur le 4 mai 1793. Ils attestèrent que le citoyen Saint-George, colonel du *13ème régiment de chasseurs à cheval*, avait montré des sentiments patriotiques dans toutes les circonstances et, spécialement, lorsqu'il avait dénoncé la trahison de Dumouriez. Mais ce témoignage ne servirait à rien. Malgré ce fait glorieux, Joseph Bologne de Saint George fut accablé en mai 1793 par le général Simon Camille Dufresse, commissaire du pouvoir exécutif. Ce dernier précisa en toute ignominie dans son rapport que :

> « Saint-George [était] un homme à surveiller, criblé de dettes. Il s'[était] avisé de lever un corps ; il lui [avait] été, [croyait-il], accordé et payé 300 000 livres par la nation pour [s'approvisionner en] équipages de ses soldats qui, nonobstant cela, [avaient] de grands besoins. »

Bien évidemment, le général Dufresse était persuadé que le Chevalier de Saint-George :

> « n'[avait] pas affecté 100 000 livres aux besoins de ce corps ; le reste
> [avait] servi à payer [ses] dettes […], [qu'il affichait] un luxe insolent
> et [avait, disait-on], à l'écurie plus de 30 chevaux dont plusieurs [coû-
> taient] 3 000 francs chacun. »

Convoqué à Paris afin de rendre compte de ses agissements, puis arrêté comme suspect, le Chevalier Joseph de Saint-George fut destitué le 26 septembre 1793 pour incivisme, en même temps que dix autres officiers de son régiment. Dans le *Moniteur* du 22 brumaire an II (12 novembre 1793), on pouvait lire que :

> « le corps dit de Saint-George, *13ème de chasseurs*, était le seul dont la
> composition pût ne pas inspirer toute confiance. Il n'[avait] pas
> échappé à la surveillance du ministre de la Guerre, qui [venait] de lui
> donner pour chef un vrai sans-culotte. »

Incarcéré[408] en province le 14 brumaire an II (4 novembre 1793), à la maison d'arrêt d'Hondainville dans le département de l'Oise dans l'ancienne région Picardie, le Chevalier de Saint-George était *hic et nunc* démis de son commandement sur une accusation, non fondée, de détournement de fonds publics. Incarcéré, il ne recouvrirait la liberté qu'à la chute de Maximilien de Robespierre le 9 thermidor an II (27 juillet 1794).

En septembre 1793, la *Légion franche des Américains du Midi*, les éléments de dragons de la Manche et ceux de la Seine-Inférieure, ainsi que de la cavalerie de la légion batave et du *13ème régiment de chasseurs bis*, ayant été formé au moyen de la cavalerie de la légion de la Moselle, de celle de la légion du Nord et de plusieurs compagnies de cavalerie nationale, furent regroupés dans une nouvelle unité. Celle-ci garda la dénomination de *13ème régiment de chasseurs à cheval* sous le commandement de Jean-François Target, ancien sous-officier de gendarmerie. Ce bataillon conserva donc par habitude le

---

[408] Cette incarcération en province évita au Chevalier Saint-George de s'exposer aux rafles des prisons parisiennes dans lesquelles plusieurs de ses collègues militaires furent tués. Pourquoi le régime en place sous la Révolution avait-il attendu le 4 février 1794 et le sacrifice au combat de beaucoup de ces Noirs, avant de décréter l'abolition de l'esclavage ?

nom de « Légion noire » ou de « Légion de Saint-George » jusqu'à la proscription d'appellation de saints. D'autres changements de désignation devaient survenir, à la suite de la décision du ministère de la Guerre d'extraire tous les Noirs et les mulâtres de cette légion et de les affecter dans les colonies pour réprimer les révoltes de leurs frères de sang qui étaient encore esclaves (cf. le chapitre sur Toussaint Louverture). Thomas-Rétoré Dumas fut envoyé dans ce contexte, le 22 avril 1793, à Saint-Domingue, l'actuel Haïti. Mais sa troupe, n'ayant pu embarquer, fut désignée avec divers autres détachements isolés de cavalerie pour former le *13ème régiment bis de chasseurs à cheval*, lequel serait plus tard fondu dans le *13ème régiment de chasseurs à cheval*.

Longtemps après, le général Paul Thiébault admettrait enfin que Joseph Bologne de Saint-George avait été un véritable roi des armes et le premier homme du monde en tout ce qui se rapportait à l'agilité, la force et l'adresse.

> « Il dansait dans la perfection, montait à cheval à merveille et patinait de première force ; il jouait même du violon en artiste et composait des *concertos* que les *Amateurs* [avaient] exécutés longtemps. »

Même quand il s'était montré très critique, en ayant par exemple rappelé que quelques personnes avaient prétendu que les balles et les boulets ne pouvaient se parer, le général Thiébault reconnaîtrait que leur ami commun, le général Pierre Margaron, lui avait cependant « assuré [que Saint-George] était très brave ». D'ailleurs, le capitaine Henri Choppin, dans son étude sur les *Corps francs* de cavalerie publié en 1891 dans *Le Spectateur militaire*, écrivit que :

> « Saint George [avait] conduit sa troupe avec beaucoup d'entrain, montré toujours de l'enthousiasme et de la valeur devant l'ennemi. »

En 1796, disculpé des accusations de malversation qui l'avaient conduit *recta* en prison, le Chevalier de Saint-George partit pour Saint-Domingue où il aurait rencontré, à en croire quelques informations, le célèbre et énigmatique Toussaint Louverture. Peu de temps après, il retourna à Paris et fréquenta les maisons de jeu du Palais Royal. Il participa aux fêtes du Directoire. En 1797, auréolé d'une belle réputation de musicien, il fonda le concert du *Cercle de l'Harmonie* qu'il dirigea dans les murs de ce qui était le palais des Bourbons-Orléans, c'est-à-dire le Palais Royal, et ferait entendre des œuvres majeures de son époque.

Après avoir fréquenté les milieux abolitionnistes et symbolisé par sa position sociale une figure de l'émancipation des esclaves[409] des empires coloniaux européens dans la seconde moitié du XVIIIe siècle, le Chevalier de Saint-George mourut le 22 Prairial an VII (10 juin 1799) d'une infection de la vessie consécutive à une blessure à la jambe qui avait été occasionnée pendant la Révolution française. La mort le surprit à Paris, rue de Turenne, dans le IVe arrondissement, à l'âge de 53 ans, 6 mois et 10 jours.

Ce 10 juin 1799 à huit heures du soir, le commissaire de police de la Section de Montreuil vit entrer quatre personnages bien vêtus : deux professeurs en fait d'armes, Jean-Pierre Gomard et Philibert Menissier fils, le chef d'escadron Charles François Talmet, et l'ancien chef du bureau de l'Assemblée nationale Pierre Nicolas Beaugrand. Ils déposèrent une requête relative au décès du citoyen Joseph Bologne de Saint-George, chef de brigade du *13ème régiment de chasseurs à cheval*, dont le corps avait été porté en ce jour dans une bière au Temple de la Liberté et de l'Égalité du VIIIe arrondissement. Ce procès-verbal des archives de la police – Aa 173, Section de Montreuil –, qu'a découvert le journaliste Pierre Bardin, a confirmé le passage du Chevalier de Saint-George à l'Orient tout à fait invisible pour les non-initiés.

> « Comme les déclarants [avaient] connu parfaitement le défunt, qu'ils étaient étroitement liés d'amitié avec lui, [désirèrent] exhumer le corps [dudit] défunt pour le mettre dans un cercueil de plomb. Ils [s'étaient] donc présentés […] à l'effet de pouvoir parvenir à remplir l'exécution de leurs sentiments, si toutefois rien n'[était] contraire au principe des lois, affirmant le tout pour être

---

[409] L'affranchissement était une procédure juridique, ou humaniste, qui permettait au propriétaire d'un esclave de lui rendre sa liberté.

Le Chevalier Joseph Bologne de Saint-George fut inhumé à Paris au cimetière Sainte-Marguerite. Cette nécropole se situait, sous la Révolution, entre Paris et le village de Charonne, au niveau du numéro 36 de la rue Saint-Bernard, à côté de l'église Sainte-Marguerite dans le XIe arrondissement. Concernant sa vie familiale et privée, les recherches déjà effectuées n'ont pas permis d'affirmer l'existence d'une descendance biologique. Quoique... avec toutes les conquêtes féminines qu'on lui avait attribuées, si l'on avait bien cherché, on aurait pu en trouver, illégitime peut-être, dans quelques familles de la haute bourgeoisie ou de la noblesse française...

Après avoir rétabli en toute illégalité l'esclavage aux Antilles le 20 mai 1802, le général Bonaparte, Premier Consul de la Ière République Française, et non pas encore l'empereur Napoléon Ier, fit brûler le même jour toutes les œuvres du Chevalier de Saint-George. Une sorte d'autodafé.

En 1847, le maître d'armes et auteur Augustin Edme François Grisier publia un portrait en buste du Chevalier de Saint-George à partir du dessin d'Eugène de Beaumont[410]. À l'aide de l'œuvre originale de Mather Brown, le portraitiste de la famille royale d'Angleterre, de nombreux portraits de Joseph Bologne de Saint-George seraient réalisés quelques siècles plus tard. Elle ferait en effet le bonheur, dès 2000, des outils numériques de production d'images et d'Internet. L'original de cette œuvre avait été confié au graveur William Ward, l'un des maîtres de la gravure anglaise et frère du célèbre peintre animalier James Ward. Gravé à Londres, ce portrait initial avait été publié dans cette ville le 4 avril 1788, chez Bradshaw, n° 4 Coventry Street. Le Chevalier de Saint-George en avait fait don à son ami Henry Angelo. Ce dernier, en l'ayant exposé dans sa salle d'armes, avait placé en regard le poème de Pierre-Louis Moline évoqué quelques paragraphes plus haut.

On voit dans ce tableau les deux arts exercés par le Chevalier de Saint-George, habillé pour le concert à travers l'escrime, ainsi que des

---

[410] In *Les armes et le duel*, Augustin Edme François Grisier, Alexandre Dumas et Roger de Beauvoir, Garnier frères, Paris, 1847.

notes et un instrument de musique. L'image le montre tenant dans sa main droite une épée, placée au niveau du cœur : un clin d'œil aussi bien à l'archet du violoniste qu'à la baguette de chef d'orchestre, mais aussi à la symbolique maçonnique. Le tout est magistralement magnifié par un visage angélique d'un esthète mettant en valeur une lourde veste de cuir avec double rangée de boutons ouverte sur un jabot de dentelle blanche, des gants épais et une perruque, avec comme décor une partition, un violon et un archet sur fond de ciel nuageux.

À ces hommages, il faudrait ajouter les manifestations pérennes. En 1912, la commune de Basse-Terre en Guadeloupe attribua à une rue le nom du Chevalier de Saint-George. En décembre 2001, la rue Richepanse dans les Ier et VIIIe arrondissements de Paris, du patronyme du général qui avait rétabli l'esclavage en Guadeloupe sur ordre de Napoléon Bonaparte, a été débaptisée. Ainsi devint-elle la rue du Chevalier-de-Saint-George, en dépit de l'erreur concernant la date de naissance mentionnée sur la plaque (1739, au lieu de 1745). L'année 2009 a vu la création du *Festival international Saint-George* à l'initiative du chef d'orchestre et pianiste Marlon Daniel, de Catherine Pizon et de Jean-Claude Halley, en tant que président de l'*Association pour l'étude de la vie et de l'œuvre du Chevalier de Saint-George*. Cet événement a donné naissance à une *Association pour le développement du Festival International Saint-George*. En 2011, l'écrivain guadeloupéen Claude Ribbe a mis sur pied à Paris, autour d'une vingtaine de musiciens professionnels instrumentistes, l'*Orchestre du Chevalier de Saint-George*, pour faire connaître davantage la musique de ce grand artiste. Ce groupe musical a enregistré, pour la chaîne de télévision *France 3*, la bande originale du film *Le Chevalier de Saint-George*.

Le Chevalier de Saint-George a eu droit aux ballets, concerts et opéras : *Le Nègre des Lumières* (Alain Guédé, 2005) ; *El Mozart Negro (la Compagnie Prodenza)* ; Concert à l'Assemblée nationale à l'occasion de la commémoration de l'abolition de la traite négrière et de l'esclavage (10 mai 2007)… Il a aussi fait l'objet de spectacles et expositions : *Le Fleuret et l'Archet, le Chevalier de Saint-George créole dans le siècle des Lumières*, (Archives départementales de la

Guadeloupe, Bisdary, Gourbeyre, 2000)… Il figure aussi sur une pièce de dix euros en argent qui a été frappée en 2012 par la *Monnaie de Paris* pour représenter sa région natale, la Guadeloupe. Le 23 février, l'*Orchestre Symphonique de Québec* a joué le Chevalier de Saint-George dans le cadre de la soirée *Héritage de la musique afro-américaine* en collaboration avec Kiana Webster.

À chaque championnat d'Afrique d'escrime, même si le continent africain n'a jamais été associé à cette compétition sportive très européenne ou cubaine, les rencontres permettent surtout de rappeler que l'un des plus grands escrimeurs de l'histoire était Noir : le Chevalier de Saint-George !

Et si, dans la région des Hauts-de-France, la place Déliot en plein cœur de la Métropole européenne de Lille changeait d'appellation ? C'était l'idée d'étudiants du campus de Moulins. Depuis février 2020, ils ont souhaité rebaptiser l'espace sis en face de leur faculté au profit de la désignation Chevalier de Saint-George, figure de la Révolution française et de cette ville du Nord de la France où le génial mulâtre avait vécu. En effet, le 14 juillet 1789, Joseph Bologne de Saint-George s'était retrouvé à Lille quand avait éclaté à Paris la Révolution française avec la prise de la Bastille. D'abord comme simple soldat, il était devenu capitaine de la Garde Nationale pendant deux années et il n'avait pas hésité à se battre en 1792 auprès de ses hommes, indépendamment de son grade, contre les assaillants autrichiens. À Lille, il avait composé son dernier opéra : *Guillaume tout cœur ou les Amis de village.*

En France et à travers le monde, un bon nombre de partitions du Chevalier de Saint-George sont consultables dans les bibliothèques et médiathèques publiques, entre autres dans le département Musique de la Bibliothèque nationale de France (BNF) à Paris. Elles ont trait aux *concertos* pour violon, aux symphonies concertantes, aux symphonies, aux *quatuors* à cordes, au violon et clavier, au *piano-forte* ou clavecin, aux deux violons, à la harpe et flûte, aux œuvres lyriques et à la musique vocale, ariettes, ainsi que romances.

XVII – Adolf Badin : l'avocat à la peau sombre

Celui que l'on nomma Adolf Ludvig Gustav Fredrik Albert Badin était né, selon des sources contradictoires, vers 1747 ou alors 1750. L'événement eut lieu soit en Afrique subsaharienne, soit sur l'île danoise de Sainte-Croix. Celle-ci constitue de nos jours, avec Saint John et Saint Thomas, les îles Vierges des États-Unis d'Amérique, formant un archipel qui fait partie des Antilles. Il mourut le 16 mars 1822, à l'âge de 72 ou bien de 75 ans, selon l'année de naissance retenue. Cet ancien esclave deviendrait un serviteur fidèle de la Cour suédoise et un diariste, d'abord au service de Louisa Ulrika de Prusse, reine de Suède, et, ensuite, de la princesse Sophia Albertina de Suède-Finlande. Il s'appelait, à l'origine, Couchi ou Couschi ; mais, en Scandinavie, il deviendrait Badin : en référence au français, lequel avait été à l'époque la langue officielle à la Cour royale de Suède. Ce nom avait un lien avec l'aspect tout à fait espiègle, ou plaisant, qui le caractérisait et lui seyait à merveille.

D'après les dires d'Adolf Badin, s'agissant de son passé hors du continent européen, la hutte de ses parents avait été incendiée par des ravisseurs. Cela ne laissa plus planer le doute sur le lieu de sa naissance qui n'aurait pu être que, *a priori*, le continent africain. Il fut emmené en Europe, probablement par un navire de la *Compagnie danoise des Indes occidentales et de Guinée (Vestindisk kompagni ou Det Vestindisk-Guineiske kompagni* en danois*)*, après avoir été acheté par un capitaine danois. Une fois à destination, ledit marin le donna à l'homme d'État Anders von Resier. Ce dernier l'offrit en cadeau en 1757, à son tour, à la reine de Suède Louisa Ulrika de Prusse. Comme la date de sa naissance était inconnue, on le fit naître par approximation en 1750.

Très intéressée par les sciences et, en sa qualité de fondatrice d'une académie des sciences[411], la reine de Suède décida d'expérimenter quelques hypothèses en matière d'éducation et d'instruction. Elle vit en Badin l'opportunité de tester les théories de Jean-Jacques Rousseau et de Carl Linnaeus (Carl von Linné). Aussitôt dit, aussitôt fait. Elle lui enseigna le christianisme, lui apprit à lire et à écrire. Entre-temps, on l'autorisa à vivre selon son bon vouloir et son jugement personnel. Il grandit comme camarade de jeu des enfants de la famille royale, celle de la dynastie Holstein-Gottop. Les princes et la princesse étaient toutefois élevés de manière beaucoup moins laxiste, même si Badin pouvait leur parler en toute franchise et se permettre de les taquiner, de badiner de temps à autre avec eux… Cela était considéré, bien évidemment, comme scandaleux par les membres de la noblesse en proie à l'intransigeance quant à l'éducation des enfants.

Les passages secrets des châteaux royaux étaient familiers à Badin. Il en connaissait, paraît-il, tous les coins et recoins. Les journaux intimes contemporains rappelaient souvent la façon dont il montait sur les mobiliers du roi et de la reine, vouvoyait tout le monde au lieu d'utiliser les titres idoines et parlait familièrement aux gens de la haute société. Il osa même se moquer de la religion, en réponse à une question de la comtesse de Brahe sur la Bible. Cela fit rire tout le monde, sans pour autant comprendre la tolérance qui animait le couple royal au regard des principes bibliques. Bref, il était très décontracté et agissait comme bon lui semblait.

Le 11 décembre 1768, Badin fut baptisé dans la chapelle du palais de Drottningholm en présence de toute la famille royale, à l'exception du prince Carl, le futur Carl III de Suède. Le roi et la reine furent respectivement parrain et marraine.

[411] L'Académie royale suédoise des lettres, de l'histoire et des antiquités, au sein de laquelle était discutée, entre autres sujets, l'origine de l'Homme et de la civilisation – notamment la nature des « sauvages », le noble sauvage et l'homme naturel.

Lorsque la reine Louisa Ulrika de Prusse était alitée dans sa résidence de campagne, sur le point de rendre l'âme, elle donna à Adolf Badin des instructions précises. Elle lui confia ensuite la clé du meuble qui contenait des dossiers de grande importance et le pria de retourner à Stockholm. Après son décès, Adolf Badin récupéra lesdits fichiers et, à l'exception des documents sensibles concernant le prince Gustav conformément au souhait de la reine, il les remit aux membres de la garde du roi Frederick Adolf et de la princesse Sophia Albertina. Mais les personnes qui composaient cette unité les brûlèrent[412] dans des conditions non explicitées. Cet incident rendit furieux le prince Gustav, le futur Gustav III de Suède. À cet effet, au cours de la dispute entre l'Africain et le jeune prince, ce dernier se montra très menaçant. Il s'exprima ainsi : « Ne sais-tu pas, espèce de Noir, que de telles choses peuvent te coûter la tête ? » Adolf Badin répondit : « Ma tête est à la disposition de Votre Majesté, mais je ne pouvais pas agir différemment. »[413]

Dans l'ensemble, les rapports d'Adolf Badin avec les membres de la famille royale étaient bons, indépendamment du fait qu'il appelait le roi par son prénom et avait surnommé le duc Carl « M. Tobacco ». Il était proche de sa sœur adoptive, Sophia Albertina, et, en 1764, il lui dédia un poème le jour de son anniversaire :

> *Moi, un des Noirs*
> *Peu familiarisé avec les coutumes de ce pays,*
> *Fais aussi un vœu de tout cœur*
> *À notre princesse.*

La relation entre la princesse Sophia Albertina, dernier membre de la dynastie Holstein-Gottop, et Adolf Badin était particulière et excellente, quand bien même elle hésiterait longtemps à garder le poème évoqué *supra* après 1787 lorsqu'elle vivait au couvent

---

[412] In *Sophie Hagman och hennes samtida. Några anteckningar från det gustavianska Stockholm. (Sophie Hagman and her contemporaries. Notes from Stockholm during the Gustavian age)*, Carl Forsstrand, 2ème edition, Wahlström & Widstrand, Stockholm, 1911.

[413] *Ibidem.*

comme Abbesse de Quedlinburg.

Adolf Badin aidait parfois le poète de la Cour royale, Carl Michael Bellman, à composer des vers pour des occasions spéciales. Quelques poèmes de l'Africain furent publiés en son nom. Il participa aussi à des pièces de théâtre au *Théâtre français de Bollhus*. Répertorié comme danseur dans un ballet, pendant la saison 1769-1770, il joua le rôle principal dans la comédie en trois actes de Louis François Delisle de la Drevetière, *Arlequin Sauvage*, pendant la saison 1770-1771, une représentation sur la découverte de la civilisation par un « sauvage ». Il eut également un rôle dans une pièce érotique de Pierre Carlet de Chamblain de Marivaux.

Adolf Badin se décida enfin à fonder un foyer. Il se maria à deux reprises : avec Elisabet Svart qui mourut en 1798 et, en 1799, avec Magdalena Eleonora Norell. Mais il décéderait sans aucune descendance. Les rumeurs lui attribueraient néanmoins une paternité secrète, à propos d'une prétendue fille cachée qu'il aurait eue avec la princesse Sophia Albertina[414], princesse de Suède-Finlande et Abbesse de l'Abbaye de Quedlinbourg.

Reconnu comme l'un des premiers collectionneurs de livres ayant l'Afrique comme origine, la bibliothèque d'Adolf Badin était composée de quelque neuf cents volumes, dont la plupart étaient écrits en langue française. Ces ouvrages, annotés selon les besoins, constituaient des supports pour sa réflexion. Le contenu de la bibliothèque fut vendu à Stockholm l'année de son décès, survenu le 16 mars 1822, avec un catalogue imprimé à l'appui.

> « Parmi les habitants de la diaspora africaine qui [s'étaient] retrouvés en Europe au XVIIIe siècle, le récit de Gustav Badin est très inhabituel. Il était majordome, fermier, avocat, émissaire et membre de la famille royale suédoise. »[415]

---

[414] *Ibid.*

[415] In *Gustav Badin, 18th century african swedish nobleman*, Jonas Vesterlund, mis en ligne sur le site *afropean.com*, consulté le 26 mai 2020. Voir le lien ci-dessous. https://afropean.com/gustav-badin-18th-century-afropean-swedish-nobleman.

L'homme avait des multiples occupations tant privées que professionnelles, comme chambellan, secrétaire de Cour, maître de ballet, assesseur (assistant d'un juge ou d'un magistrat…), exploitant agricole, etc. Mais il n'utilisa jamais le titre « officiel », que le roi Gustav III lui avait octroyé après lui avoir demandé s'il avait « déjà vu un conseiller noir ». Adolf Badin avait donc préféré se faire appeler fermier, car il possédait deux fermes aux environs de la capitale suédoise. Il fut également élu à l'ordre de *Par Bricole*, au *Svea Orden*, au *Timmermans Orden* et adhéra, pour des convictions et principes humanistes, à la Franc-Maçonnerie.

D'aucuns ont décrit Adolf Badin comme quelqu'un d'intelligent et de fiable. De plus, il avait été au courant de nombreux secrets de la famille royale et de la Cour, mais il ne les avait jamais divulgués. Il était resté très fidèle à la maison Holstein-Gottop, tout au long de son existence. Son journal intime, lequel avait été rédigé en langue française entre 1802 et 1807, est conservé à la bibliothèque de l'université d'Uppsala. Ayant été soutenu financièrement par la princesse Sophia Albertina, à partir de la mort de la reine Louisa Ulrika de Prusse, il avait eu la responsabilité de trois palais royaux, en dehors de Stockholm, selon la volonté du roi de Suède.

D'autres Africains, des « morians » comme Adolf Ludvig Gustav Fredrik Albert Badin, avaient été baptisés en Suède au XVIIIe siècle : Johannes en 1757, Adolf Ulrik en 1759 et Zamore (également fonctionnaire de la Cour) en 1772, Vulcain dans la chapelle royale de Stockholm en 1776 et une femme, Daphné, à Småland en 1783. Le duc Carl acheta en 1771 « la plus belle Suédoise morienne jamais vue », selon l'éditorialiste Carl Christoffer Gjörwell (l'Ancien), et, en 1802, un adolescent noir appartenant au duc, Figaro, était impliqué dans un litige amoureux qui fut jugé par le tribunal.

Gustav Lundberg avait réalisé, en 1775, l'unique portrait d'Adolf Albert Badin à l'âge adulte.

XVIII – Casimir Fidèle : pâtissier et entrepreneur

En juin 1777, le frère de la reine Marie-Antoinette de Habsbourg-Lorraine, à savoir l'empereur d'Autriche Joseph II, voyageait *incognito* sous l'identité de comte de Falkenstein. Il descendit chez un hôtelier du cours bordelais, un nommé Lacroix. Ce dernier s'empressa de baptiser son établissement *Hôtel de l'Empereur*. Plus tard, en novembre 1783, un visiteur hérétique s'installa chez Jean-Charles Lescours, le marquis de Canolles, colonel en second de la Révolution française qui serait mis à la retraite le 29 décembre 1777. Il serait promu général de brigade le 1er mars 1791, puis suspendu le 26 octobre 1792. Il était l'ami et le protégé du chevalier Jean-François de Rolland, demeurant place Dauphine (l'actuelle place Gambetta). Le fameux hôte n'avait rien de quelconque, les gens de la haute société lui ayant facilement ouvert la porte. C'était Joseph Balsamo en chair et en os. Cet aventurier italien, qui se présentait comme un Thaumaturge et se faisait appeler, entre autres, le comte de Cagliostro, serait impliqué dans la ténébreuse affaire du « collier de la reine »[416].

> « À son propos, [...] dans une procuration du 12 mars 1784, donnée par Cagliostro à un négociant de la Rousselle, Jean Tareiron,

---

[416] Une escroquerie qui eut pour victime en 1785 Louis-René-Édouard de Rohan-Guémené, le cardinal de Rohan, évêque de Strasbourg, et éclaboussa la réputation de la reine de France Marie-Antoinette de Habsbourg-Lorraine, à savoir Marie-Antoinette d'Autriche, épouse de Louis XVI.

> l'*hôtel de l'Empereur* [était] mentionné comme [ayant été] "tenu
> par un nègre nommé Fidelle".
> » Or, la lecture du journal du *Commerce* de l'an IV [...] a permis de
> découvrir cet avis : *"Toussaint, tenant l'hôtel qu'occupait Fidelle sous
> le nom d'hôtel de l'Empereur, 47, cours de Tourny, va ouvrir le 25
> messidor un restaurant dans le goût de Paris."* Le 47 du cours de
> Tourny est devenu le 13, cours Georges-Clemenceau. »[417]

Effectivement, à l'*Hôtel de l'Empereur*, un Noir avait bel et bien
succédé depuis plus de sept années au sieur Lacroix comme gérant
ou tenancier. Il céderait son affaire à un certain Toussaint, sans doute
à cause de la crise que généreraient la Révolution française et ses
conséquences collatérales.

Esclave africain affranchi qui vivrait à Bordeaux dans la seconde
moitié du XVIIIe siècle, Casimir Fidèle, ou Fidelle, réussirait avec brio
dans la profession de cuisinier. Son commerce fonctionnerait tellement
bien qu'il deviendrait l'heureux propriétaire d'un hôtel-restaurant dont
la renommée contribuerait à la fierté girondine. Un exploit que, en ce
temps, l'on pourrait qualifier d'exceptionnel pour un Noir ayant longtemps vécu dans l'asservissement.

Sans avoir connu son véritable nom, ni le lieu où il avait été capturé
et vendu, les différentes sources ont rapporté que Fidèle provenait
d'Afrique via les Antilles où il avait été transporté comme esclave. Il
aurait pu aussi être natif des Antilles, peut-être de Saint-Domingue, des
parents africains que l'on aurait acheminés outre-Atlantique. En tout
cas, comme plus d'une centaine de milliers d'Africains ayant été arra-
chés à leur terre natale et embarqués de force dans des navires armés à
Bordeaux, il arriva en Europe par la volonté de son propriétaire. En
Gironde, dans le Sud-Ouest de la France, au moins 5 200 personnes
originaires d'Afrique subsaharienne étaient présentes, à un moment ou
à un autre de la période de la traite[418] dans quelques quartiers et communes. Selon l'archiviste paléographe et historienne Julie Duprat, un
bon nombre de ces Africains qui s'étaient établis dans l'ancienne capi-

---

[417] In *Naissance et vie des Quartiers de Bordeaux : mille ans de vie quotidienne*,
Albert Rèche, l'Horizon chimérique, 1991.

[418] In *Présences noires à Bordeaux : passage et intégration des gens de couleur à la
fin du XVIIIe siècle*, Julie Duprat, Thèse soutenue à l'École des chartes en 2017.

tale du Royaume de France du Duché d'Aquitaine, ainsi qu'ex-capitale historique de la province royale de Guyenne et du siècle des Lumières, s'étaient regroupés dans le quartier Saint-Seurin. Ils y avaient souvent fondé une famille, exercé des métiers de domestique, perruquier ou cuisinier… La gastronomie ayant été une découverte en ce début du XVIIIe siècle, les cuisiniers avaient du pain sur la planche. C'était donc une aubaine pour ces affranchis qui, majoritairement, pratiquaient ce métier. Casimir Fidèle, qui s'inscrirait sur les registres de la *Jurade* au début des années 1780 et serait, par la suite, recensé dans l'*Almanach de commerce* pour la ville de Bordeaux en 1787 et 1791 au moins, était de ceux-là.

L'acte de naissance de Casimir Fidèle avait situé l'heureux événement en 1748 en Côte de Guinée, en Afrique de l'Ouest. D'autres archives administratives avaient mentionné son arrivée en 1756 à Nantes au Sud du Massif armoricain à l'Ouest de la France. Il avait appartenu au sieur Mary, qui était un capitaine de navire. Ce dernier avait participé à l'opération ayant permis le transfert hors du continent africain du jeune enfant que, plus tard, l'on prénommerait Casimir à l'occasion de son baptême.

Envoyé à Paris pour se former comme pâtissier, Casimir Fidèle eut de la chance. Fait très rare, il fut placé dans la communauté d'artisans des maîtres traiteurs-pâtissiers-rôtisseurs. Cette corporation était encadrée et reconnue par le pouvoir royal. Ce régime de faveur, pour l'époque, était probablement dû aux relations de ses maîtres. Ainsi acquerrait-il, au cœur même de la crème des crèmes de gastronomie française, tout un éventail de compétences et de connaissances à l'issue de cet apprentissage. Dans le cadre de ladite formation, il apprit à lire, écrire et compter. Il se familiarisa aussi avec les fondamentaux relatifs à la gestion d'un commerce. En 1777, affranchi au terme de l'enseignement théorique et pratique suivi à Paris, il fut embauché en tant que cuisinier chez la famille Soissons, dans la ville de Bordeaux.

Casimir Fidèle se maria en 1778 avec une veuve, originaire du Limousin, une région historique peu peuplée au Sud de la région Centre. Cette personne était bien à l'abri d'ennuis financiers. Ils auraient un fils, Jean-Baptiste. Sa belle-mère, dont Casimir parviendrait à gagner la confiance, l'aiderait dans son commerce en lui faisant des avances sur l'héritage de sa fille, estimé à 10 000 livres environ.

En 1779, Casimir Fidèle fut enregistré à Paris en tant que maître traiteur-pâtissier-rôtisseur, statut qu'il faudrait ensuite confirmer à Bordeaux. Très vite, le parcours parisien aidant, il eut droit à la respectabilité. Il évolua sur le plan social. Il était enfin devenu « le sieur Fidèle, traiteur de Paris » alors que, dans les colonies, le qualificatif de monsieur ne concernait que les seuls Blancs. En France, pouvait-on constater, sa profession et ses qualités culinaires firent oublier la couleur de son épiderme et sa condition d'ancien esclave. Chantre d'une cuisine française raffinée, il sut accommoder les produits exotiques aux habitudes des Métropolitains en matière des mets. Le fait de maîtriser la préparation des plats à base de sucre, de café, de chocolat, de cacao… était un atout considérable. Désormais reconnu comme l'ambassadeur de la cuisine moderne, dite tropicale, il était sans conteste devenu la coqueluche de l'agglomération bordelaise, une figure symbolique qui savait mettre davantage en valeur les produits des colonies. Il serait, à l'âge de 31 ans, le nouveau gérant de l'*Hôtel de l'Empereur*, sur le cours de Tourny, l'actuelle avenue Georges-Clémenceau. Dans la première publicité qu'il passa dans les colonnes des publications régionales, dans le but de mettre en valeur son établissement hôtelier, on pouvait lire ceci : « Des appartements garnis, écuries et remises ». Et les affaires prospérèrent ! L'argent se mit à couler à flots. Les nantis affluaient de toutes parts. Il fallait s'y prendre longtemps à l'avance pour pouvoir avoir une chambre ou une table dans ce lieu à la mode. Le colon réunionnais Pierre Panon Desbassayns de Richemont confirmerait en 1875, dans son journal intime, le fait de n'être pas parvenu à s'y loger à l'occasion de son voyage à Bordeaux, l'hôtel ayant déjà affiché complet lors de la désespérante tentative de réservation.

Après avoir investi en 1787 dans l'immobilier, Casimir Fidèle acheta à une dame noire, Marie-Louise Charles, pour une coquette somme de 8 000 livres, une maison de quatre étages sise rue Albert-de-Mun. Cette jeune femme, esclave africaine affranchie, était née en Guadeloupe vers 1765. Elle s'était enrichie à la fin du XVIIIe siècle, grâce à des transactions immobilières. Elle gérait elle-même sa fortune et fréquentait la bourgeoisie bordelaise[419].

Le commerce de Casimir Fidèle ne semblait connaître aucune difficulté notable, jusqu'à la Révolution française. Mais, à cause de cette situation, il dut faire face aux ennuis d'ordre financier en raison de la soudaine désertion de nombreux nobles et notables. En décembre 1789, l'*Hôtel de l'Empereur* fit, en plus, l'objet d'un incendie. Au cours de la décennie 1790, Fidèle vendit une partie de ses possessions, et, en juillet 1796, un dénommé Toussaint devint le propriétaire de l'établissement hôtelier. Depuis, plus aucune trace de Casimir Fidèle[420]. Son décès serait survenu entre 1793 et 1797.

---

[419] In *Une entrepreneuse créole : Marie-Louise Charles*, Julie Duprat, article mis en ligne sur le site *minorhist.hypotheses.org*, le 8 mars 2018, actualisé le 14 juin 2019 et consulté le 26 mai 2020 – https://minorhist.hypotheses.org/169.
[420] In *Naissance et vie des Quartiers de Bordeaux : mille ans de vie quotidienne, op. cit.*

XIX – James Somersett : un verdict jurisprudentiel

Esclave afro-américain, James Somersett, ou Somerset, avait été libéré en 1772 par l'arrêt Somersett, lequel avait été rendu par William Murray, premier comte de Mansfield et *Lord Chief of Justice*, dans l'affaire qui l'avait opposé à l'esclavagiste Charles Stewart.

> « En 1772, quand [éclata] l'*affaire Somersett*, Maria Belle [était] encore en Angleterre et Dido n'[était] pas encore la pupille de Lord Mansfield. Elle [passait] beaucoup de temps dans sa propriété de *Kenwood House* avec sa cousine Elizabeth [Murray] et, petit à petit, aux yeux de son oncle elle n'[apparaissait] plus seulement comme une petite négresse et [devenait] concrètement sa petite-nièce dont il [affectionnait] la joie de vivre et [appréciait] l'intelligence pratique.
> » Cette reconnaissance de son lien de sang et de ses sentiments envers Dido [joueraient] un rôle décisif dans son jugement, resté célèbre dans les annales sous le nom d'"arrêt Somersett". »[421]

Le maître d'un esclave ne pouvait-il l'obliger à quitter l'Angleterre contre sa volonté ? Même en n'ayant pas aboli en droit l'esclavage, l'arrêt Somersett signifierait néanmoins l'affranchissement *de facto* de l'esclavage en Angleterre, bien avant son abolition *de jure* en 1833.

---

[421] In *James, celui qui fit plier l'Angleterre 4/6*, Laurent Marlin, article mis en ligne le 22 juillet 2016 sur le site Internet *Tartines de culture*, consulté le 21 avril 2020 – http://blog.messortiesculture.com/article/dido-celle-qui-changea-langleterre-45-440.

Pour l'historien afro-américain Gerald Horne, auteur de l'ouvrage intitulé *The counter-revolution of 1776* publié à New York en 2014, cet arrêt de la Cour de Justice pour l'Angleterre et le pays de Galles aurait également provoqué la révolte dans les colonies britanniques d'Amérique où l'on redoutait qu'une telle politique progressiste ne puisse ruiner complètement l'activité économique. En conséquence, l'indépendance américaine aurait pour effet le retardement de trente-deux années de l'abolition générale de l'esclavage.[422]

Somersett était un jeune esclave qu'avait acheté en Virginie en 1749, selon *The London Chronicle* n° 593408 du 23 mai 1772[423], Charles Stewart, originaire de Boston ou de Virginie[424]. Cet homme, qui était au service du gouvernement anglais, voyageait souvent dans le cadre de sa profession, accompagné de son esclave sans prénom. En 1769, ils se rendirent en Angleterre où Somersett fit la connaissance des personnes qui étaient impliquées dans le mouvement anti-esclavagiste, entre autres l'activiste Granville Sharp. Somersett fut alors baptisé. On le prénomma James.

En 1771, James Somersett s'enfuit du domicile de son maître. Mais, à la suite de la récompense que proposa Charles Stewart, le fugitif fut repris. Le propriétaire le mit sans tarder à bord d'un navire en partance pour la Jamaïque où, à cause de la désobéissance aux usages relatifs à sa condition de personne asservie, il devrait être revendu. Les parrains de baptême de James Somersett furent alertés, avant que le navire ne puisse lever l'ancre. L'urgence de la situation les poussa à saisir la Cour Royale (*King's Bench*). Cette institution judiciaire délivra aussitôt une ordonnance d'*habeas corpus*[425]. Ainsi le juge ordonna-t-il au capitaine

---

[422] In *1772 : L'affaire James Somersett*, article consulté en ligne le 22 avril 2020 – http://une-autre-histoire.org/edward-blyden-biographie.

[423] In *Concluding the landmark James Somersett slave case…*, article publié par *The London Chronicle*, consulté le 21 avril 2020. Voir le lien ci-dessous. http://www.rarenewspapers.com/view/593408.

[424] In *Slavery and the Culture of Taste*, Simon Gikandi, Princeton university, New Jersey, 2011, p. 92.

[425] Plus exactement *Habeas corpus ad subjiciendum et recipiendum*. Il s'agit d'une notion juridique qui énonce une liberté fondamentale, celle de ne pas être emprisonné sans jugement, contrairement à l'arbitraire qui permet d'arrêter n'importe qui sans raison valable. En vertu de ce principe, toute personne arrêtée a le droit

du navire de présenter James Somersett en personne à la Cour. Ce qui fut fait.

> « Installées au sommet du monde, ses élites, éloignées des brutales exigences de la survie, ne [rêvaient] que de briller par leurs vertus intellectuelles, artistiques et morales. D'être la lumière et le phare du monde "civilisé" mais bien sûr, cela en conservant leur position dominante. C'est-à-dire, les ressorts qui [avaient] mené à leur puissance nouvelle : les colonies et l'esclavage. S'[opposeraient] ainsi, petit à petit, à l'intérieur de la nation anglaise, et même de chaque individu, deux tendances profondément antinomiques : celle des valeurs humanistes et celle du maintien confortable des énormes avantages acquis sur le sang et la sueur des autres peuples.
> » C'[était] ce combat, épique par ses dimensions à la fois personnelles et collectives, qu'[affronterait] William Murray, le *Lord Chief of Justice*, en 1772 dans l'*affaire Somersett*. »[426]

Devant la Haute Cour de Justice pour l'Angleterre et le pays de Galles, l'une des plus hautes juridictions, James Somersett, assisté de membres des groupes anti-esclavagistes, s'exprima en opposition à la requête du sieur Charles Stewart qui était soutenu par les planteurs des Caraïbes. Ces derniers étaient, pour des raisons économiques et sociales, très intéressés par le maintien de l'esclavage. Le plaignant plaida donc dans l'optique de son affranchissement. Le président de la Haute Cour de Justice, Lord Mansfield, rendit le verdict le 22 juin 1772. William Murray estima que :

> « la situation d'esclavage [étant] d'une telle nature qu'elle n'[avait] pu être instituée pour aucune raison morale ou politique, mais uniquement par une loi promulguée, qui [restait] en vigueur longtemps après que la raison, l'occasion, et les circonstances mêmes où elle [avait] été créée [avaient] disparu de la mémoire. Cette situation [était] si odieuse que rien ne [pouvait] être invoqué pour la soutenir, sinon la loi. Quels qu'[aient été] les inconvénients qui [auraient pu] être la conséquence de [sa] décision, il [lui était] impossible de dire que cette situation [était] permise ou approuvée par la loi de l'An-

de connaître la raison de sa détention et le motif de l'accusation avant d'être déférée devant le juge.

[426] In *James, celui qui fit plier l'Angleterre 4/6, op. cit.*

gleterre, et donc ce Noir [devait] être considéré comme libre. »

Incroyable, mais vrai ! Il y eut un tonnerre d'applaudissements dans le milieu anti-esclavagiste, et une très grande consternation dans le microcosme pro-esclavagiste. Cet arrêt fit, à n'en pas douter, jurisprudence. De plus, en l'absence de loi positive pouvant explicitement justifier l'asservissement d'un individu en Angleterre, tout esclave fugitif sur le sol anglais ne pouvait être remis à son propriétaire[427]. Même si, au-delà de l'inexistence de la pratique du servage depuis des siècles et la création *de facto* d'un précédent légal sur le caractère illégal de l'esclavage en Grande-Bretagne, rien ne mit de manière officielle un terme au recours par les Britanniques au commerce d'êtres humains et à la pratique de l'esclavage dans le reste de l'Empire britannique. Bien évidemment,

> « il [fallait] avoir à l'esprit que les Anglais étaient impliqués dans le trafic d'esclaves depuis 1553, que celui-ci avait enrichi de manière considérable le pays tout entier et qu'en 1772, plus de la moitié du trafic mondial d'esclaves était opérée par des navires enregistrés à Liverpool, Bristol ou Londres. C'était donc, du point de vue économique, colossal. Mais [...] pour les négociants, l'arrêt Somersett n'[arrêta] pas la participation des Anglais dans le commerce d'esclaves ni la pratique de l'esclavage dans le reste de l'Empire britannique. De ce point de vue, Lord Mansfield s'était montré, comme à son habitude, brillant. Ce qu'il condamnait de manière véhémente sur le sol anglais, pouvait se poursuivre dans les colonies et ainsi préserver les précieux et colossaux intérêts britanniques. »[428]

La décision de la Haute Cour de Justice pour l'Angleterre et le pays de Galles rendue dans l'*affaire Somersett vs. Stewart* provoqua, néanmoins, un véritable bouleversement dans les rapports humains. Un grand choc pour les uns, un ravissement pour les autres.

Que se serait-il passé si Lord Mansfield n'avait pas une nièce mulâtresse, Dido Elizabeth Belle (voir le chapitre XXIV), c'est-à-dire une personne esclave en devenir ? Aurait-il pris une telle décision si sa

---

[427] In *Les traites négrières : essai d'histoire globale, op. cit.*, p. 226.
[428] In *James, celui qui fit plier l'Angleterre 4/6, op. cit.*

propre nièce n'avait pas été la descendante directe d'une Noire asservie et ne fréquentait pas, en toute assiduité, sa propriété ? Un planteur de Jamaïque n'avait-il pas pronostiqué, avant même la tenue du procès, que James Somersett serait certainement libéré car « Lord Mansfield [gardait] dans sa maison une Noire qui le [gouvernait], lui et toute la famille » (« *Lord Mansfield keeps a Black in his house which governs him and the whole family* »)[429] ?

> « Nul ne peut le dire vraiment. Car Lord Mansfield avait une très haute idée du Droit et de la Justice comme ses nombreuses décisions l'[avaient] prouvé. Et en lui se livrait la lutte fameuse d'une société qui souhaitait être le phare du monde civilisé tout en conservant ses avantages. Il faisait donc ce que l'on était en droit d'attendre de l'un des plus grands juges de l'histoire anglo-américaine tout entière : changer le monde de l'intérieur, au nom d'une petite Noire et au nom des vertus morales et de justice qui étaient profondément les siennes. »[430]

Selon un vieux proverbe bantou, « on ne peut pas aimer la pluie et détester la boue ».

À la fin des années 1770, l'avocat écossais James Boswell se permettrait d'écrire à l'essayiste, lexicographe, biographe et poète Samuel Johnson, l'employeur de Francis Barber (voir le chapitre XIII). Il attirerait surtout son attention sur un jugement au cours duquel devrait se prononcer la Cour suprême d'Écosse dans une nouvelle affaire d'esclavage, « encore plus considérable que l'*affaire Somersett* ». Il était question du procès en cours opposant l'esclave Joseph Knight, un Africain qui avait été employé comme esclave en Jamaïque[431], à son propriétaire John Wedderburn of Ballindean. Dans cette affaire, l'avocat John Mac-Laurin, futur Lord Dreghorn, recevrait d'ailleurs les félicitations de Samuel Johnson pour son brillant plaidoyer en faveur de Joseph Knight (voir le chapitre XX).

---

[429] In *Ambiguous Cousinship : Mansfield Park and the Mansfield*, Christine Kenyon Jones, sur *Jane Juste Society of North America* (JASNA), 2010, consulté le 20 avril 2020 – http://www.jasna.org/persuasions/on-line/vol31no1/jones.html.
[430] *Ibidem.*
[431] In *Life of Johnson, op. cit.*, p. 885.

Le Parlement supprimerait la traite négrière transatlantique en 1807, mais l'esclavage ne cesserait d'être pratiqué dans plusieurs régions de l'Empire britannique sous différentes formes. La loi d'abolition de 1833 mettrait définitivement fin à l'esclavage de plantation dans les Caraïbes, à la Colonie du Cap et à l'Île Maurice. La section IV de ladite loi confirmerait l'affranchissement de tout esclave séjournant en Grande-Bretagne avec l'autorisation de son propriétaire. D'ailleurs, les résolutions que déposerait le juriste américain Joshua Reed Giddings en 1841 devant la Chambre des représentants des États-Unis d'Amérique, à l'occasion de l'*Affaire de La Créole*[432], reprendraient les termes de l'arrêt Somersett.

---

[432] L'affaire de *La Créole* était la conséquence d'une révolte d'esclaves en 1841 à bord de *La Créole*, un navire américain qui avait été impliqué dans le commerce des esclaves par voie maritime dans le territoire des États-Unis d'Amérique.

XX – Joseph Knight : le bien au détriment du mal

Joseph Knight vint au monde vers 1750, quelque part en Afrique subsaharienne, en Guinée (appellation générique du continent noir) selon la déposition faite à sa demande devant la Cour de session (Cour civile suprême d'Écosse). Il mourut en 1778. Africain dont on ignorait le nom de famille, il était enlevé jeune et emprisonné au fort de *Cape Coast*[433] au Ghana où il fut vendu un beau jour à un capitaine de navire. Joseph Knight, du nom de ce capitaine, fut donc acheté en 1762 à l'âge de 12 ans, lors d'une vente aux enchères, par l'Écossais Sir John

---

[433] Le fort de *Cape Coast* (en anglais *Cape Coast Castle*) est un fort côtier, situé à deux cents kilomètres à l'Ouest d'Accra et quatre-vingts kilomètres à l'Est de Taokaradi, sur la côte africaine du Ghana. Il fut un important lieu de la traite négrière sur la côte-de-l'Or et fit partie des forts inscrits sur la liste du patrimoine mondial de l'Unesco. Ogua, appelé *Cabo Corso* par les Portugais, puis *Cape Coast* par les Anglais, était une cité côtière du royaume Efutu. Son développement marchand avait commencé en 1650 lorsque le roi d'Efutu, Bredewa (Bredeva), autorisa la *Compagnie suédoise d'Afrique* à y installer un comptoir, appelé le fort Carolusburg. *Cape Coast* dépendait donc de l'Efutu, mais devint une chefferie indépendante et très importante, dans la communauté des Fantis, qui avaient accepté de traiter avec les Anglais. L'autonomie de *Cape Coast* fut consécutive à la victoire d'Ouga en 1694 sur l'Efutu. Mais c'est réellement au XVIIIᵉ siècle que la chefferie d'Ogua s'affirma. Le fort, qui avait été construit pour le commerce du bois et de l'or, servirait plus tard à la traite négrière transatlantique. Ce bâtiment a été restauré dans les années 1920 par le *British Public Works Department*. En 1957, quand le Ghana a accédé à l'indépendance, il est passé sous l'administration du *Ghana Museums and Monuments Board* (GMMB).

Wedderburn of Ballindean[434]. Ce dernier avait fait fortune dans l'esclavage et le sucre aux Antilles. L'un de ses fils, Robert Wedderburn (1762-1835 ou 1836?), deviendrait au début du XIXe siècle à Londres, après avoir été rejeté par la famille de son père du fait d'avoir été le fils d'une esclave née en Afrique nommée Rosanna, un leader ultra-radical et anti-esclavagiste.

S'agissant de John Knight, il fut ensuite transporté, comme un animal, dans un navire négrier jusqu'en Jamaïque. Ce voyage extrêmement éprouvant de plus de deux années, à travers l'océan Atlantique, resterait traumatisant pour le captif tant les conditions de la traversée étaient atroces. Une fois à destination, plutôt que d'être affecté dans une plantation, il devint esclave domestique pendant de nombreuses années aux services de son maître. On lui apprit à lire et à écrire. Il fut aussi baptisé et converti au christianisme.

En 1769, son maître Sir John Wedderburn of Ballindean, l'un des plus grands propriétaires terriens de la Jamaïque, décida d'emmener Joseph Knight en Écosse[435]. En Europe, le temps s'étant écoulé, l'esclave tomba amoureux d'Annie Thompson, une servante native de Dundee, une ville du Nord-Est de l'Écosse sur la rive septentrionale de l'estuaire du fleuve Tay à environ cent kilomètres d'Édimbourg. Le maître autorisa les amoureux à se fiancer, dès lors qu'ils faisaient presque partie d'un même cheptel – un personnel de maison pouvant être exploité, d'une manière ou d'une autre, comme un esclave.

Après avoir pris connaissance vers 1774 de la décision qui avait été rendue deux années plus tôt par la Haute Cour de Justice pour l'Angleterre et le pays de Galles (cf. les chapitres XIII, XIX et XXII) dans l'*affaire Somersett* selon laquelle l'esclavage n'existait pas en droit anglais, Joseph Knight saisit le tribunal. Il assigna son maître à comparaître. Devant la juridiction de l'ordre judiciaire d'Édimbourg, il argumenta, peut-être à tort, qu'une décision d'un tribunal anglais s'appliquait également en Écosse. Par conséquent, Knight exigea son affranchissement et des arriérés de salaires. Demande que réfuta John Wedderburn of Ballindean. Très indigné, le propriétaire estima avoir

---

[434] *Ballindean* est une propriété de campagne à mi-chemin entre Perth et Dundee dans le Perthshire.

[435] In *A History of Scotland*, Neil Oliver, Phoenix, Londres, 2010, p. 345.

fait des efforts non négligeables en ayant éduqué son esclave et pris soin de lui[436]. Très mécontent, le maître le fut. En guise de représailles, il congédia Annie Thompson qui était enceinte de l'enfant de Knight et interdit à son domestique asservi de la suivre. Lorsqu'il constata que Joseph Knight s'apprêtait à s'enfuir, Sir John Wedderburn of Ballindean le fit mettre aux arrêts. Le malheureux fut emprisonné à Perth[437], ville située en amont de Dundee. Bordée par le fleuve Tay, cette agglomération avait été la capitale des rois d'Écosse du XIIIe siècle jusqu'au règne de Jacques III. Convaincu par les arguments du détenu, le shérif adjoint de *Perth Court*, John Swinton, le libéra[438]. Joseph Knight porta plainte devant le juge de paix. Cette affaire, laquelle serait connue en 1774 sous la désignation de *Knight vs. Wedderburn*, occasionnerait plusieurs actions en justice.

Les événements évoluèrent, dans un premier temps, en faveur de Sir John Wedderburn of Ballindean. En effet, les juges de paix se prononcèrent contre le plaignant, mais ce dernier fit tout de suite appel auprès du shérif de Perth qui statua contre le propriétaire. Il déclara que :

> « l'état d'esclavage n'[était] pas reconnu par les lois de ce royaume, et [était] contraire aux principes de celui-ci ».

Par conséquent, poursuivit le shérif,

> « les règlements en Jamaïque, concernant les esclaves, ne s'[étendaient donc] pas à ce royaume ».

En 1777, Sir John Wedderburn of Ballindean interjeta à son tour appel devant la Cour de cassation d'Édimbourg, la juridiction civile suprême d'Écosse. Il fit valoir que Joseph Knight lui devait toujours un service perpétuel, de la même manière qu'un domestique sous contrat ou un apprenti artisan. L'importance de l'affaire nécessita un panel complet de douze juges, parmi lequel figura le philosophe et écri-

---

[436] *Ibidem*, p. 349.

[437] *Ibid.*

[438] *Ibid.*

vain Henry Home (Lord Kames). Dans ce procès, Joseph Knight était représenté par l'avocat Henry Dundas, premier vicomte Melville. Ce dernier était assisté, dans sa plaidoirie, par James Boswell et Samuel Johnson qui étaient très intéressés par cette affaire. Ils mettraient leur expérience au profit de la défense de Knight, arguant que « nul n'[était] par nature la propriété d'un autre ». De plus, dès lors qu'aucune preuve ne démontrait que Joseph Knight avait renoncé à sa liberté naturelle, il devrait être libéré. *A contrario*, l'avocat de John Wedderburn of Ballindean argumenta que les intérêts commerciaux, lesquels étaient à la base de la prospérité de l'Écosse, devraient prévaloir.

Dans une déclaration très surprenante, Lord Kames fit savoir de manière sibylline qu'il siégeait « pour faire respecter le bien et non pour faire du mal ». En conséquence, à la majorité de huit voix contre quatre, le tribunal rejeta de manière catégorique l'appel de Sir John Wedderburn of Ballindean[439]. Selon les huit juges de la Haute Cour de cassation d'Édimbourg,

> « la domination assumée sur ce Noir, en vertu de la loi de la Jamaï-que, étant injuste, elle ne pouvait être soutenue dans ce pays dans aucune mesure ; que, par conséquent, le défenseur n'avait aucun droit au service du Noir pendant un certain temps, ni de le faire sortir du pays contre son consentement ; que le Noir était également protégé en vertu de la loi 1701, c.6., d'être expulsé du pays contre son consentement ».

Plus explicitement, l'esclavage n'était pas reconnu par la loi écossaise et les esclaves fugitifs, ou « serviteurs perpétuels », pouvaient être *hic et nunc* protégés par les tribunaux, s'ils souhaitaient quitter le service domestique ou résister aux tentatives de leur retour en esclavage dans les colonies[440].

Joseph Knight obtint donc gain de cause après deux appels, dans une affaire qui venait d'établir le principe selon lequel la loi écossaise ne reconnaissait en aucun cas l'esclavage. Celui-ci était incompatible avec les principes et valeurs de cette nation constitutive du Royaume-

---

[439] *Ibidem*, p. 350.

[440] Cour de session (*Court of Session*, en anglais), processus non extraits, Archives nationales d'Écosse (référence CS235 / K / 2/2).

Uni. Une fois devenu un homme libre, l'esclave récemment affranchi sur décision judiciaire épousa Annie Thompson qui avait été, elle aussi, au service de Wedderburn en tant que servante.

Sir John Wedderburn of Ballindean, après avoir enfin surmonté cette déconvenue judiciaire, devint un fervent militant de la cause non humaniste. Très aigri, effectivement, il consacra le reste de ses jours à la défense des droits des esclavagistes au sein de la *London Society of West India Planters and Merchants*. Il finirait par obtenir le titre de sixième baronnet de *Blackness House* à Dundee non loin d'Édimbourg, réussissant ainsi à rétablir la respectabilité de sa famille[441] après le désastre de la défaite et de l'humiliation à Cullden[442]. Le 27 décembre 1780, il se remaria, cette fois avec Alice Dundas qui était une parente d'Henry Dundas, premier vicomte Melville.

---

[441] Son père, Sir John Wedderburn, 5ème baronnet de la *Blackness House*, avait été exécuté pour trahison après le soulèvement jacobite de 1745, également connu sous l'appellation de rébellion de quarante-cinq ou simplement le '45. En effet, en 1745, Sir John Wedderburn avait rejoint la rébellion de Charles Edward Stuart contre la couronne hanovrienne (In *A History of Scotland, op. cit.*, p. 326), servant de colonel dans l'armée jacobite avant d'être capturé à la bataille de Culloden et transporté à Londres pour être jugé. Il avait été inculpé de trahison à Saint Margaret's Hill, à Southwark, le 4 novembre 1746, et reconnu coupable. Même s'il avait soutenu dans sa défense qu'il n'avait pas personnellement pris les armes contre la Couronne, il serait exécuté à Kennington Common le 28 novembre 1746.

[442] In *A History of Scotland, op. cit.*, p. 350.

XXI – Phillis Wheatley : la poétesse éclairée

Née en 1753 en Afrique subsaharienne et morte le 5 décembre 1784 à Boston dans l'État du Massachusetts, Phillis (ou Phyllis) Wheatley[443] était la première poétesse noire américaine de renom. Son livre *Poems on Various Subjects* fut publié en 1773, dix années avant les toutes premières causes de la Révolution américaine. Native du Sénégal ou de la Gambie, en tout cas de la région sénégambienne, elle fut capturée et vendue comme esclave à l'âge de 7 ans, par un chef local, à un commerçant à l'épiderme blanc en visite dans cette partie du continent. L'heureux acheteur l'emmena à Boston dans la colonie britannique du Massachusetts, le 11 juillet 1761[444], sur un navire négrier appelé *The Phillis*[445], lequel appartenait à Timothy Fitch et était sous le commandement du capitaine Peter Gwinn. Dans le poème intitulé *To The Right Honorable William, Earl of Dartmouth*[446], elle décrirait sa capture en terre africaine et s'attarderait sur quelques rares pensées négatives sur

---

[443] In *Phillis Wheatley : American poet*, The Editors of Encyclopaedia Britannica, article consulté le 1er mai 2020 – https://www.britannica.com/biography/Phillis-Wheatley. Lire aussi *Phillis Wheatley*, Encyclopædia Universalis, article consulté le 1er mai 2020 – https://www.universalis.fr/encyclopedie/phillis-wheatley.

[444] In *Memoir and Poems of Phillis Wheatley, a Native African and a Slave*, Margaretta Matilda Odell, *Geo.* W. Light, Boston, 1834.

[445] In *Phillis Wheatley : Slave and Poet*, Robin Santos Doak, Compass Point Books, Minneapolis, 2007.

[446] Le poème était dédié à William Legge, 2ème comte de Dartmouth.

son asservissement en Amérique du Nord :

> *Moi, jeune dans la vie, par un destin apparemment cruel,*
> *J'ai été arrachée de la place de choix d'Afrique :*
> *Quel pantalon atroce doit molester*
> *Quelles peines habitent mes parents !*
> *Cette âme était en acier, et aucune misère ne l'émeut,*
> *Celle d'un père s'est emparée de son bébé bien-aimé :*
> *Tel, tel mon cas. Et puis-je alors prier*
> *D'autres ne se sentiront peut-être jamais tyranniques ?*[447]

Toujours à propos de l'esclavage outre-Atlantique, dans *On being brought from Africa to America*, elle écrirait ceci :

> *C'était la miséricorde qui m'a amenée de ma terre païenne,*
> *a appris à mon âme aveugle à comprendre*
> *qu'il y a un Dieu, qu'il y a aussi un sauveur :*
> *une fois que je n'ai ni cherché ni su.*
> *Certains voient notre race de sable avec un œil méprisant,*
> *« Leur couleur est un dé diabolique »,*
> *Souvenez-vous, Chrétiens, Negros noir comme Caïn,*
> *Peuvent être raffinés et rejoindre le train angélique.*

À son arrivée en Amérique du Nord, la jeune captive fut achetée à Boston par les très riches John et Susanna Wheatley. On la prénomma Phillis, en référence au navire négrier qui l'avait transportée outre-Atlantique. Les nouveaux acquéreurs lui attribuèrent leur nom de famille, suivant une coutume très courante à l'égard des personnes asservies. Bien que maintenue en esclavage comme domestique par cette famille de marchands, elle reçut une assez bonne éducation. Elle s'instruisit en apprenant le latin et le grec, assistée dans cette formation par Mary, la fille de 18 ans des Wheatley, ainsi que par son grand frère Nathaniel. Elle étudia aussi la Bible et maîtrisa, en très peu de temps, la langue anglaise. Les Wheatley l'encouragèrent dans sa passion pour la poésie, après avoir pris conscience de son

---

[447] In *A Poet Enslaved and Enlightened : The Life and Poetry of Phillis Wheatley*, Anna Khomina, *U. S. Story Scène*, consulté le 3 mai 2020. Voir le lien ci-dessous. https://ushistoryscene.com/article/phillis-wheatley.

talent en la matière. Son premier poème, *To the University of Cambridge, in New England*[448], fut écrit alors qu'elle était âgée seulement de 14 ans. En effet, tout à fait influencée par les études des œuvres d'Alexander Pope, de John Milton, d'Homère, de Quintus Horatius Flaccus (Horace) et de Publius Vergilius Maro (Virgile), Phillis Wheatley commença à s'affirmer dans la composition du genre poétique[449]. Le 21 décembre 1767, son premier poème, *On Messrs. Hussey and Coffin*, fut publié dans le journal *Newport Mercury* de Rhode Island[450].

Phillis Wheatley rendit hommage, en 1770, au calviniste George Whitefield sous un regard poétique. Ce texte eut une large audience à Boston et fut adoré par des personnalités de la guerre d'Indépendance. Mais, pour se prémunir de tout prétexte à la malveillance pouvant laisser supposer qu'elle « [n'était qu'un] prête-nom »[451], la poétesse devait s'expliquer en 1772 à l'occasion d'une audition, voire d'un quelconque procès non reconnu comme tel. Les érudits de Boston, chargés de prononcer le verdict, confirmèrent à l'unanimité qu'elle était réellement l'auteure des poèmes qui lui étaient attribués. Par conséquent, ils signèrent et lui délivrèrent une attestation, une sorte de certificat de reconnaissance littéraire. Ainsi fut-elle mise, d'une certaine manière, sous la tutelle de l'intelligentsia blanche. Cette autorisation paraîtrait dans la préface de son livre, *Poems on Various Subjects, Religious and Moral*, lequel serait édité à Londres en 1773 à défaut, pourtant garanti par des sommités de l'élite blanche des États-Unis d'Amérique, d'avoir été accepté à Boston. Parmi les signataires de ladite attestation, figuraient le gouverneur du Massachusetts Thomas Hutchinson, le patriote

---

[448] In *Negro Poetry and Drama : And The Negro in American Fiction*, Sterling Brown & Robert Bone, Westphalia Press, Washington DC.
Voir aussi *Poems on Various Subjects, Religious and Moral*, Phillis Wheatley, W.H. Lawrence and Company, Denver, 1886, pp. 120.

[449] In *Freedom on My Mind : A History of African Americans, with Documents*, Deborah Gray White, Mia Bay & Waldo E. Martin, Bedford/St. Martin's, Boston/New York, 2013, p. 145.

[450] In *Phillis Wheatley, Library of Congress, Today in History – September 1, 1773*, consulté le 2 mai 2020 – https://www.loc.gov/item/today-in-history/september-01.

[451] In *De la littérature des nègres, ou Recherches sur leurs facultés intellectuelles*, Henri Grégoire, Maradan, Paris, 1808, p. 260.

de la Révolution John Hancock, le gouverneur anglais Andrew Oliver, le politicien et intellectuel James Bowdoin et le révérend Mather Byles. Quant au docteur Benjamin Rush, l'un des signataires de la Déclaration d'indépendance, il était plutôt un fervent partisan de Wheatley.

Sur les ondes de *Radio France Internationale*, dans la chronique intitulée *Phillis Wheatley et Olaudah Equiano, l'esclavage par ceux qui l'ont subi*, les auditeurs ont eu, le 16 juillet 2020, la certitude que :

> « à Boston, la dame n'[était] pas parvenue à trouver les 300 souscripteurs nécessaires pour la publication de l'ouvrage, même si une commission de dix hommes blancs [avait] certifié les aptitudes littéraires de la jeune femme noire, sans mettre fin aux soupçons de supercherie. »

Phillis Wheatley, alors âgée de 20 ans, et le fils aîné de son maître, Nathaniel Wheatley, se rendirent en fin de compte à Londres pour des raisons de sa santé, un asthme chronique très probablement contracté sur le navire négrier, en l'occurrence *The Phillis*, à bord duquel les maladies contagieuses avaient sévi durant la traversée[452]. Le véritable but de ce voyage à Londres était dû aussi au fait que Susanna Wheatley avait pensé que Phillis aurait plus de chances d'y publier son recueil de poèmes[453]. L'auteure aurait en Angleterre un entretien avec Sir Brook Watson, futur maire de Londres. L'homme politique lui offrirait un exemplaire de *Milton's Paradise Lost*[454] de John Milton. Elle s'entretiendrait avec d'autres membres importants de la société britannique comme l'influent homme d'État William Legge, 2ème comte de Dartmouth, le poète et activiste Baron George Lyttleton, le philanthrope John Thornton et Benjamin Franklin. Une audience avec le roi George III serait organisée, mais Phillis quitterait précipitamment la capitale anglaise pour Boston avant la date qui avait été fixée.

---

[452] In *A Poet Enslaved and Enlightened : The Life and Poetry of Phillis Wheatley*, *op. cit.*

[453] In *Phillis Wheatley*, Charles Scruggs, dans *Portraits of American Women : From Settlement to the Present*, G. J. Barker-Benfield & Catherine Clinton, Oxford University Press, New York, 1998, p. 106.

[454] In *Phillis Wheatley, Library of Congress, op. cit.*

« [Ayant appris] la mauvaise santé de Mme [Susanna] Wheatley, Phillis Wheatley [retournerait] à Boston avant la parution du livre. Arrivée à [destination] en septembre 1773, elle [allaiterait] sa maîtresse jusqu'à [sa] mort en mars suivant. »[455]

Phillis Wheatley retourna donc dans le Massachusetts pour prendre soin de sa maîtresse Susanna Wheatley qui était très malade. Elle n'aurait effectué ce voyage qu'en échange d'une promesse d'émancipation. De plus, elle obtiendrait sa liberté entre juillet et octobre 1773, après la publication à Londres de son livre *Poems on Subjects Religious and Moral*. En tout cas, Selina Shirley, la comtesse de Huntingdon, et le 2ème comte de Dartmouth, William Legge, contribueraient beaucoup, en tant que mécènes, à la publication de l'ouvrage.

La sortie le 1er septembre 1773 à Londres de ses poèmes sur divers sujets, religieux et moraux, valut à Phillis Wheatley une grande renommée en Angleterre et dans les colonies anglaises d'Amérique. De plus, certains critiques considérèrent sa victorieuse prestation devant l'aréopage littéraire de Boston et la publication de son livre comme la première reconnaissance dans le domaine de la littérature noire américaine.

Lève-toi, mon âme, sur des ailes ravies, lève-toi
Pour louer le monarque de la terre et du ciel,
Dont la bonté et la bénéficence apparaissent
Pendant que son centre bouge l'année glissante,
Ou quand le matin brille de charmes roses,
Ou le soleil sommeille en les bras de l'océan :
De la lumière divine soit une riche portion prêtée
Pour guider mon âme et favoriser mon intention.
Muse céleste, mon vol difficile à soutenir
Et élever mon esprit à une souche séraphique ![456]

London Magazine publia un article sur la poésie de Phillis Wheatley, ayant notamment considéré le poème *Hymn to the Morning* comme représentatif de son œuvre.

---

[455] *Ibidem.*

[456] In *Thoughts on the Works of Providence*, Phillis Wheatley, dans *Poems on Various Subjects, Religious and Moral*, imprimé par A. Bell, bookseller, Aldgate, London, 1773. Rare Book & Special Collections Division.

« Ces poèmes ne sont pas des œuvres de génie étonnantes, mais lorsque nous les considérons comme la production d'une jeune Africaine sans instruction, qui les a écrits après six mois d'étude minutieuse de la langue anglaise, nous ne pouvons qu'exprimer notre admiration pour des talents aussi vigoureux et vivants. »[457]

Phillis Wheatley consacrerait une partie de son temps à la correspondance avec le révérend Samson Occom, le félicitant pour ses idées et ses préconisations sur la façon dont les esclaves devraient se voir accorder leurs droits naturels en Amérique. Elle échangerait aussi, à propos de l'archange, avec le philanthrope britannique John Thornton sur la poésie épistolaire entre ce dernier et le parolier de plusieurs cantiques John Newton[458].

George Washington la remercia personnellement, le 28 février 1776, pour un poème Phillis Wheatley avait écrit en son honneur pendant le siège de Boston, *To His Excellency, George Washington*[459], et l'invita à lui rendre visite à son quartier général de Cambridge. Dans sa lettre à la poétesse, l'éminente personnalité souligna la qualité des « vers élégants » et le « talent poétique » de l'auteure, précisant qu'il serait « heureux de rencontrer un être inspiré par les muses et à qui la nature [semblait] avoir donné toutes les grâces. »[460] Cette même année,

---

[457] In *The London magazine, or, Gentleman's monthly intelligencer*, Vol. XLII, janvier 1733, Londres, p. 456.

[458] In *Who are lost and how they're found : redemption and theodicy in Wheatley, Newton, and Cowper*, Jeffrey Bilbro, *Early American Literature*, 47.3 (2012): 570-75, doi : 10.1353/eal.2012.0054.

[459] Voir le *blog poet.org*, consulté le 2 mai 2020 – https://poets.org/poem/his-excellency-general-washington.
Consulter aussi *George Washington to Phillis Wheatley*, 28 février 1776, Library of Congress, *George Washington Papers*, Series 3, Varick Transcripts, 1775-1785, Subseries 3H, *Personal Correspondence*, 1775-1783, Letterbook 1 : May 31, 1775 - Dec. 25, 1779, MSS 44693 : Reel 001. *Source : George Washington papers*, consulté le 2 mai 2020. Voir le lien ci-dessous.
https://www.loc.gov/resource/mgw3h.001/?q=wheatley&sp=13&st=text.

[460] In *Chronique de l'Amérique*, Éditions Chronique, 2013, p. 2000.
Cf. *10 Facts About Washington & Slavery*. George Washington's Mount Vernon. Décembre 1775, *Washington, the newly appointed Commander-in-Chief of the Continental Army received a letter from Phillis Wheatley containing an ode written in his*

l'intellectuel et pamphlétaire Thomas Paine republia ce poème dans la *Pennsylvania Gazette*.

En 1778, dans un poème de sa composition, *An Address to Miss Phillis Wheatley* (voir le chapitre VIII), le poète afro-américain Jupiter Hammon écrivit une ode à l'attention de Wheatley. En l'ayant choisie comme principal sujet de son œuvre, il reconnaissait *de facto* leur appartenance spirituelle et leurs préoccupations communes.

Après la mort des Wheatley, de Susanna au printemps 1774 et de John en 1778, Phillis épousa un épicier noir affranchi du nom de John Peters, qu'elle connaissait depuis cinq années. Le mariage ne changerait en rien son quotidien puisque, excepté le fait d'être une femme libre, ni son dur labeur, ni ses talents artistiques ne lui procureraient l'aisance matérielle et le bonheur auxquels elle aspirait.

En 1779, en raison d'une mauvaise conjoncture financière et de la perte de lecteurs après son émancipation, ainsi que, sans doute, des conséquences de la guerre d'Indépendance américaine ayant commencé quatre années plus tôt, la situation économique n'était guère florissante. Par conséquent, Phillis Wheatley ne put sortir un second volume de poèmes. Effectivement, au XVIIIᵉ siècle, l'édition de livres dépendait souvent des abonnements qui garantissaient les ventes. Certains de ses poèmes seraient néanmoins publiés plus tard dans des brochures et des journaux[461].

L'incarcération de son mari en 1784 pour dettes et la maladie de son fils contraignirent Phillis Wheatley à travailler comme femme de ménage dans une pension. Elle tomba gravement malade et décéda à Boston, pauvre, le 5 décembre 1784 à l'âge de 31 ans[462]. Son fils en bas âge mourrait quelques heures plus tard. Ils seraient inhumés le même jour dans le même cimetière.

L'éditeur et abolitionniste bostonien Isaac Knapp édita en 1838 un recueil de poèmes de Phillis Wheatley, *Memoir and Poems of Phillis Wheatley, A Native African and a Slave,* en même temps que celui du

---

honor, consulté le 1ᵉʳ mai 2020 – https://www.mountvernon.org/george-washington/slavery/ten-facts-about-washington-slavery.

[461] In *Phillis Wheatley, dans Encyclopedia of African American Women Writers*, Yolanda Williams Page, Vol. 1, Greenwood Press, Westport, 2007, p. 610.

[462] *Ibidem*, p. 611.

poète esclavagiste George Moses Horton. *The Negro Slave-Poet of Boston* le serait en 1864. Si les abolitionnistes citaient souvent les vers de la poétesse Phillis Wheatley pour démentir la prétendue infériorité intellectuelle, voire naturelle, des Noirs et promouvoir des perspectives meilleures d'éducation les concernant, d'aucuns auraient à l'esprit l'incommensurabilité du pouvoir de la poésie auquel elle croyait. Sa mélopée, pour John C. Shields, ne reflétait pas simplement la littérature qu'elle lisait mais était basée sur des idées et croyances personnelles.

> « Wheatley avait plus à l'esprit que la simple conformité. [...] ses allusions au dieu soleil et à la déesse du matin, apparaissant toujours comme elles le [faisaient...] en étroite association avec sa quête d'inspiration poétique, [étaient] d'une importance centrale pour elle. »

Ainsi retrouve-t-on, dans son œuvre, trois éléments principaux : le christianisme, le classicisme et le culte solaire hiérophantique[463]. Cette observation a poussé John C. Shields à affirmer que le recours au classicisme différencie beaucoup l'écriture de Phillis Wheatley de celui de ses contemporains dans la mesure où « l'utilisation du classicisme [... distinguait] son travail comme original et unique et [méritait] un traitement prolongé »[464]. Il est donc question, dans ses œuvres, d'une écriture « contemplative et réfléchie plutôt que brillante et chatoyante »[465]. Enfin, Phillis aurait reçu un soutien affectif et des conseils, pendant ses années d'écriture, de son ami Obour Tanner[466], un esclave de la famille Tanner de Newport à Rhode Island avec qui elle avait longtemps entretenu une correspondance.

Explicitement dénuée de toute connotation politique, l'œuvre de Phillis Wheatley contient toutefois des allusions révélatrices et des

---

[463] In *Phillis Wheatley's Use of Classicism*, John C. Shields, *American Literature*, Vol. 52, n° 1, Duke University Press, 1980, p. 103, consulté le 1er mai 2020 – https://www.jstor.org/stable/2925190?seq=1.

[464] *Ibidem*, p. 98.

[465] *Ibid.*, p. 100.

[466] In *A letter from Phillis Wheatley to Dear Obour*. Daté de Boston, le 21 mars 1774, Phillis Wheatley, Library of Congress, Boston, 1774, OCLC Number : rbpe0370260b, consulté le 2 mai 2020 – https://www.loc.gov/item/rbpe.0370260b.

références codées, surtout l'un de ses poèmes sur le continent africain exprimé d'une manière tout à fait inhabituelle pour l'époque :

> *Et le plaisir de la Gambie revient,*
> *Avec la grâce indigène dans le règne luxuriant du printemps,*
> *Sourit l'hydromel gay, et Éden fleurit à nouveau…*

Voltaire, écrivain français des Lumières, avait déclaré dans une lettre à l'un de ses amis, contrairement à l'académicien Bernard Le Bouyer de Fontenelle, que Phillis Wheatley avait prouvé la capacité des Noirs à écrire de la poésie. Quant à John Paul Jones, le premier commandant naval des États-Unis qui s'était illustré pendant la guerre d'Indépendance américaine, il avait demandé à l'un de ses collègues officiers de livrer certains de ses écrits personnels à « Phillis, le favori africain d'*Apollon et les neuf muses* »[467]. Elle avait été honorée par de nombreux pères fondateurs des États-Unis d'Amérique, parmi lequel figurait George Washington.

En 2012, la direction de l'université Robert Morris a nommé le nouveau bâtiment de son établissement des communications et des sciences de l'information d'après Phillis Wheatley[468]. *Wheatley Hall* à l'université du Massachusetts à Boston est dénommée ainsi en son souvenir[469]. Phillis figure, avec l'ancienne première dame Abigail Adams et la féministe et abolitionniste Lucy Stone, dans le *Boston Women's Memorial*, une sculpture de 2003 sur Commonwealth Avenue à Boston dans le Massachusetts.

Contrairement à ceux qui ont souvent reproché à Phillis Wheatley d'avoir mentalement été « trop blanche », elle n'était pas appréciée de

---

[467] In *The Trials of Phillis Wheatley : America's First Black Poet and Her Encounters with the Founding Fathers*, Henry Louis Gates Jr, Basic Civitas Book, New York, 2003, p. 33.

[468] In *Dual success : Robert Morris opens building, reaches fundraising goal*, Linda Wilson Fuoco, *Pittsburgh Post-Gazette*, 27 September 2012.

[469] *UMass Boston Professors To Discuss Phillis Wheatley Saturday Before Theater Performance*, Colleen Locke, *UMass Boston News*, 11 février 2016, article consulté le 2 mai2020. Voir le lien ci-dessous.
https://www.umb.edu/news/detail/umass_boston_professors_to_discuss_phillis _wheatley_saturday.

toutes les personnes leucodermes. Thomas Jefferson avait soutenu, dans ses *Notes on Virginia*, la thèse sur la croyance en l'infériorité inhérente des Africains. Il avait affirmé qu'il ne les considérait pas comme capables de produire de grandes œuvres sur le plan de l'écriture. Pour le troisième président des États-Unis d'Amérique,

> « la religion [avait] certes produit une Phyllis Wheatley ; mais elle ne pourrait pas produire un poète. Les compositions publiées sous son nom [étaient] au-dessous de la dignité de la critique. »[470]

Fiunt oratores, nascuntur poetae[471], disent les latinistes. Selon Thomas Jefferson, même si Phillis Wheatley pouvait être transcendée par l'écriture, sa poésie n'était pas le produit « de l'intellect et de la réflexion ». Par conséquent, son travail était ennuyeux et peu inspiré. Cela corroborait, peut-on constater, l'argument selon lequel l'esclavage n'était pas « inhumain » puisque les Noirs étaient, par nature, tout à fait inégaux aux Blancs.

Emboîtant le pas à Thomas Jefferson, un ancien professeur d'anglais à *Brown University* a décrit la poésie de Phillis Wheatley comme dépourvue de personnalité ou d'émotion. Il lui a reproché l'ignorance vis-à-vis des ethnies noires ayant donné à sa poésie une « qualité négative, exsangue et non raciale ». Ainsi l'a-t-il donc considérée comme un « esprit-reniant-la-chair », un individu qui avait refusé de parler de sa condition d'esclave et manqué une excellente occasion de partager ses expériences avec le monde blanc, comme avait su le faire Olaudah Equiano dans son autobiographie intitulée *An Interesting Narrative of the Life of Olaudah Equiano*[472]. Quant à Eleanor Smith, professeure d'études afro-américaines à l'Université de Cincinnati, elle a affirmé que Phillis Wheatley « avait une idée fausse de sa véritable relation avec la société blanche », laquelle lui avait donné « un faux sentiment de sécurité qu'elle [avait] accepté gracieusement »[473].

---

[470] In *A Poet Enslaved and Enlightened : The Life and Poetry of Phillis Wheatley*, *op. cit.*

[471] *On naît écrivain, mais on ne le devient pas.*

[472] In *A Poet Enslaved and Enlightened : The Life and Poetry of Phillis Wheatley*, *op. cit.*

Au-delà des critiques, tant pis pour Thomas Jefferson et tant d'autres, le dernier poème de Phillis Wheatley, *An Elegy on Leaving*, se termine par une vision céleste, très subliminale, en dépit de l'idéalisme de la Révolution américaine qui avait profondément affecté les personnes à l'épiderme noir :

> *Mais viens, douce Espérance, de ta retraite divine,*
> *Viens à ma poitrine, et chasse mes soucis,*
> *Apporte un Contenu calme pour dorer mon siège sombre,*
> *Et acclame mon sein avec son rayon céleste.*

De toute évidence, en tant qu'esclave africaine instruite, le statut de Phillis Wheatley était précaire au regard des deux mondes, noir et blanc, ou alors marron et pourpre, qui se méfiaient en se regardant en chiens de faïence. Elle n'avait jamais complètement appartenu à l'une ou à l'autre communauté. Prometteuse en tant qu'écrivaine et penseur sans être acceptée dans la société blanche contemporaine en raison de la noirceur de sa peau, elle n'était pas non plus une bonne représentante de l'esclave moyen en Amérique coloniale. Un sacré dilemme !

En 2002, le chercheur Molefi Kete Asante a cité Phillis Wheatley comme l'un de ses cent plus grands Afro-Américains. Elle est aussi commémorée sur le *Boston Women's Heritage Trail*[474]. Le *Phyllis Wheatley YWCA*, à Washington D. C., et le *Phyllis Wheatley High School* à Houston, au Texas, portent son nom depuis 2012. Il en est de même de l'historique *Phyllis Wheatley School* à Jensen Beach, en Floride. Une succursale de la *Richland County Library* à Columbia, en Caroline du Sud, laquelle avait offert les premiers services de bibliothèque aux citoyens américains de couleur noire, l'honore également. L'école primaire Phillis Wheatley, en Nouvelle-Orléans, a ouvert ses portes en 1954 à Treme, l'un des plus anciens quartiers afro-américains des États-Unis. Le 16 juillet 2019, sur le site de Londres où *A. Bell Booksellers* avait publié le premier livre

---

[473] In *Phillis Wheatley : A Black Perspective*, Eleanor Smith, *The Journal of Negro Education*, Vol. 43, n° 3, 1974, p. 405.

[474] In *Phillis Wheatley*, Boston Women's Heritage Trail, article consulté le 2 mai 2020 – https://bwht.org/phillis-wheatley.

de Phillis Wheatley en septembre 1773 (8 Aldgate, devenu maintenant le site du *Dorsett City Hotel*), a été dévoilée, à l'initiative du
Nubian Jak Community Trust et du *Black History Walks*, une plaque
bleue en son honneur.

XXII – John Stuart : le spécialiste en droits naturels

Quobna Ottobah Cugoano avait été surtout connu sous le nom de John Stuart. Né vers 1757 aux environs d'Ajumako, ville côtière de l'actuelle République du Ghana, et décédé en Angleterre en 1801, il était un philosophe abolitionniste et anti-impérialiste de la seconde moitié du XVIIIe siècle. Originaire d'Afrique subsaharienne, ce fils des Fanti, un peuple Akan, deviendrait un spécialiste en droits naturels. Il fut capturé dans un village de l'Ouest du continent, puis vendu comme esclave à l'âge de 13 ans. Après le « Passage du milieu »[475], avant d'être trimballé dans diverses îles des Caraïbes, il se retrouva à la Grenade, dans les Petites Antilles, où il travailla pendant dix années dans une plantation.

> « J'ai été arraché très tôt à mon pays natal, avec environ dix-huit ou vingt autres garçons et filles, alors que nous jouions dans un champ. Nous ne vivions qu'à quelques jours de la côte où nous

---

[475] Le Passage du milieu désigne le voyage transatlantique subi d'Est en Ouest, que parcouraient des navires transportant les esclaves que l'on attrapait, ou attachait, en Afrique et exportait aux Amériques. Cette route majeure de la traite négrière constituait l'une des trois étapes du commerce triangulaire. De nombreux navires négriers effectuaient ce trajet depuis l'Europe et des ports tels que Nantes, Lorient, Saint-Malo, Liverpool, Bristol, Londres, Lancaster, Amsterdam, Zélande, Lisbonne, Marseille, Bordeaux ou La Rochelle… À l'époque, pour un Européen qui traversait l'océan Atlantique, quatre Africains le franchissaient. Pas dans les mêmes conditions, bien sûr. Ni d'ailleurs pour les mêmes raisons ou objectifs.

avons été kidnappés… Certains d'entre nous avaient tenté, en vain, de s'enfuir, mais des pistolets et des coutelas ont vite été utilisés, menaçant, que si nous essayions de bouger, nous devrions tous être morts sur place. »[476]

En 1772, Quobna Ottobah Cugoano fut acheté par un marchand anglais, Alexander Campbell, qui l'emmena en Grande-Bretagne. En Europe, où il fut baptisé John Stuart, il apprit à lire et à écrire. En fin de compte, il fut libéré suite au décret qui venait d'être rendu par la Haute Cour de Justice pour l'Angleterre et le pays de Galles dans l'*affaire Somersett* (cf. les chapitres XIII, XIX et XXII). Alors qu'il travaillait comme domestique en 1784 pour les artistes Richard et Maria Cosway, à qui il devait sa liberté, il fit la connaissance des personnalités politiques et culturelles britanniques. Maria Cosway était surtout connue, au-delà du fait d'avoir été compositrice et musicienne, pour sa longue correspondance avec le président américain Thomas Jefferson – avec qui elle avait eu une brève relation amoureuse en 1786, lorsqu'il représentait à Paris, en tant que plénipotentiaire, les États-Unis d'Amérique. Si cet échange épistolaire allait durer jusqu'à la mort de l'ancien président américain en 1826, l'Africain, quant à lui, rejoignit entre-temps les militants antiesclavagistes.

L'engagement de John Stuart pour la libération des esclaves noirs fut couronné par la publication, en 1787 à Londres, de *Thoughts and Sentiments on the Evil and Wicked Traffic of the Slavery and Commerce of the Human Species*, l'une des premières œuvres rédigées par un Noir ayant connu l'asservissement. À propos de cet ouvrage, l'ancien directeur de l'aumônerie protestante aux Armées françaises, le pasteur Franck Bourgeois, a fait remarquer la citation biblique figurant sur la page de titre : « *He that stealeth a man and selleth him, or maketh merchandize of him, or if he be found in his hands : then that thief shall die. LAW OF GOD*[477] »[478].

---

[476] In *Ottobah Cugoano : le premier africain à exiger l'abolition totale*, article mis en ligne sur le site Internet *Black History* 365, consulté le 20 avril 2020 – https://www.blackhistorymonth.org.uk/article/section/bhm-firsts/ottobah-cugoano.

[477] « *Celui qui dérobe un homme et le vend, ou qui en fait une marchandise, ou s'il est trouvé entre ses mains, ce voleur mourra. LOI DE DIEU.* »

[478] In *Ottobah Cugoano, premier auteur antiesclavagiste noir*, Franck Bourgeois,

> « L'ouvrage de Cugoano [s'était distingué] toutefois en ce qu'il [n'était] pas à proprement parler autobiographique. Il s'[était agi] en fait du premier écrit polémique contre l'esclavage écrit par un Noir. Publié l'année de la formation [de la] *Society for the Abolition of the Slave Trade* de Londres, ce texte figure parmi les [documents] majeurs cités par Thomas Clarkson, John Wesley et James Ramsay. Il [avait] été traduit en français en 1788. »[479]

Fait nouveau, l'auteur avait privilégié les arguments religieux et philosophiques, ainsi que, initiative absolument courageuse de sa part, mis l'accent sur l'inhumanité s'agissant de la conquête coloniale des Amériques et de l'esclavage.

Pour le pasteur Bourgeois, ce livre était paru pendant qu'un double virage se négociait en ce qui concernait l'asservissement en Angleterre. Le premier, lequel était théologique, avait été amorcé par les Quakers. Ces derniers avaient décidé à Philadelphie en 1774 d'exclure les marchands d'esclaves de leur communauté et, à partir de 1776, tout possesseur d'esclaves qui refuserait de les affranchir. Le fait de considérer l'esclavage comme incompatible avec le christianisme était, au cours de la seconde moitié du XVIIIᵉ siècle, un nouveau paramètre qui s'était répandu dans les milieux anglicans « éveillés », ainsi qu'au sein de nombreuses corporations dissidentes. Le prochain tournant avait été l'implication des Noirs libres dans la lutte idéologique qui était alors menée contre l'asservissement.

Si l'accueil réservé à l'œuvre de John Stuart fut mitigé, l'abbé Henri Grégoire lui rendit toutefois hommage dans *De la littérature*

---

dans *Études théologiques et religieuses*, 2010/1, Tome 85, pp. 1-22.
[479] *Ibidem.*

In *Réflexions sur la traite et l'esclavage des nègres d'Ottobah Cugoano, Africain, esclave à la Grenade et libre en Angleterre*, traduit de l'anglais par Antoine Diannyère, Paris, Royez, 1788. Cette traduction est accessible dans le dixième volume de la collection *La Révolution française et l'abolition de l'esclavage*, Paris, Éditions d'histoire sociale, 1968. Une nouvelle traduction a été éditée en 2009 sous le titre *Réflexions sur la traite et l'esclavage des noirs*, Paris, Zones/La Découverte, 2009, avec l'avant-propos d'Elsa Dorlin.
Un résumé à l'intention de ses compatriotes fut rédigé et édité par l'auteur en 1791, à Londres.

des Nègres ou recherches sur leurs facultés intellectuelles, leurs qualités morales et leur littérature, publié en 1808 :

> « La plupart des auteurs, qui[avaient] censuré le commerce de l'espèce humaine, [avaient] employé les seules armes de la raison ; une voix s'éleva pour faire retentir le cri de la religion, pour prouver, par la Bible, que le vol, la vente, l'achat des hommes, leur détention dans l'esclavage, [étaient] des forfaits dignes de mort ; et cette voix [était] celle de Cugoano, qui [avait publié] en anglais ses *Réflexion sur la traite et l'esclavage des Nègres*, dont nous [avions] une traduction française. »[480]

Malgré le jugement de l'abbé Henri Grégoire à propos de l'éducation de Cugoano, que d'aucuns ont considéré comme ayant été très sévère, il démontra néanmoins qu'un Noir pouvait accéder aux mêmes lumières qu'un Blanc. Cela n'était pas impossible, pourvu qu'il eût bénéficié d'une éducation appropriée. Le professeur émérite Vincent Carretta a jugé cependant que l'abbé Grégoire avait sous-estimé l'argumentation logique et le recours aux sources secondaires de Cugoano[481]. De plus, pour John Stuart, les Africains, qui avaient été réduits en esclavage, avaient, sur le plan moral, non seulement le droit mais aussi le devoir de résister à l'esclavage.

> « Si un homme achète un autre homme et le contraint à le servir et à l'esclavage sans que cet homme ait accepté de le servir, l'esclavagiste est un voleur. Il est autant du devoir d'un homme ainsi volé de se soustraire à l'emprise de son esclavagiste, que de celui de toute communauté d'hommes honnêtes de se soustraire aux mains des voleurs et des scélérats. »

Ainsi John Stuart avait-il soutenu que chaque homme en Grande-Bretagne était responsable, dans une certaine mesure, de l'esclavage et que le pays devrait « montrer l'exemple » et être le premier à abolir

---

[480] In *De la littérature des Nègres ou recherches sur leurs facultés intellectuelles, leurs qualités morales et leur littérature*, op. cit., p. 218.
[481] In *Thoughts and Sentiments on the Evil of Slavery and other Writings*, Quobna Ottobah Cugoano, édité par Vincent Carretta avec une introduction et des notes, Penguin Books, New York, 1999, p. xxii.

ce commerce abject du point de vue moral. Ainsi s'était-il sérieusement interrogé sur l'attitude des esclavagistes britanniques.

« N'[était-il] pas étrange de penser que ceux qui devraient être considérés comme les personnes les plus instruites et les plus civilisées du monde, devraient exercer un trafic de la cruauté et de l'injustice les plus barbares, et que beaucoup [pensaient] que l'esclavage, le vol et le meurtre [n'étaient] pas des crimes ? »

En 1788, une version française de l'ouvrage de John Stuart serait publiée. Grâce à l'écriture, l'auteur devint le porte-parole des esclaves africains en Grande-Bretagne[482]. Durant tout son combat pour la dignité humaine, il ne cessa de rappeler le devoir de l'esclave consistant à échapper à l'asservissement. La force devait être utilisée, s'il le fallait, afin d'empêcher à nouveau une privation de liberté et des droits afférents.

Après s'être converti au christianisme, épaulé et assisté par ses amis abolitionnistes, tels qu'Olaudah Equiano (cf. le chapitre XV), Stuart écrivit davantage sur la religion. Il prêcha en faveur de l'abolition de l'esclavage et de l'émancipation immédiate de toutes les personnes asservies. Déjà, aussitôt affranchi, il avait contribué à la formation d'une structure abolitionniste, *The Sons of Africa*, un groupe humaniste dont les membres publiaient fréquemment dans les journaux de l'époque des articles dénonçant et condamnant la pratique de l'esclavage. Cette structure réfléchissait aussi sur les voies et moyens en vue de l'égalité de tous les êtres humains.

John Stuart publia ses *Réflexions*, un long récit bouleversant relatif à sa captivité. Ce document deviendrait, selon l'avant-propos de la philosophe Elsa Dorlin, « l'un des plus importants plaidoyers en faveur de l'abolition de l'esclavage »[483]. Grâce au couple Cosway, Maria et Richard, Cugoano put sensibiliser les principales personnalités politiques et culturelles britanniques, dont le poète William Blake

[482] In *Les abolitions de l'esclavage en Guyane 1794-1848*, Lydie Ho-Fong-Choy Choucoutou, *Le Jeune Historien Guyanais*, n° 6, Ibis Rouge, Guyane, p 40.

[483] In *Le récit d'Ottobah Cugoano contre la traire des Noirs*, Pascal Dupuy, article mis en ligne sur le site internet de *L'Humanité*, le 27 mai 2009, consulté le 21 avril 20230 – https://www.humanite.fr/node/417694.

et l'homme politique et philosophe irlandais Edmund Burke[484], ainsi que quelques membres de la famille royale défavorables à l'esclavage : George II, le prince de Galles.

En 1786, le militant John Stuart joua un rôle capital dans le cas ayant concerné Henry Demane. Cet homme noir, qui était kidnappé, devait être renvoyé du territoire anglais. Avec l'aide du savant et « premier héros anglais de l'abolition », en la personne de Granville Sharp, il parvint à empêcher le rapatriement de Demane aux Antilles[485]. Stuart publia aussi en 1791 une version plus courte de son livre qu'il dédia aux *Sons of Africa*, association ayant été créée avec Olaudah Equiano et quelques Africains antiesclavagistes (voir le chapitre XV) dans lequel il soutint, avant de se rétracter, les efforts britanniques en vue de l'établissement d'une « colonie d'esclavages en Sierra Leone ». Freetown, l'actuelle capitale sierra-léonaise, était par ailleurs une terre d'accueil d'anciens esclaves affranchis, principalement des esclaves afro-américains ayant été libérés après la guerre d'Indépendance américaine que l'on avait relocalisés un temps à Londres[486].

En 1793, John Stuart fustigea William Wilberforce en le décrivant comme un hypocrite à propos de l'idée qui avait été adoptée par la Chambre par deux cent trente voix contre quatre-vingt-cinq alors que le compromis était un simple stratagème dans le but de repousser *sine die* une vraie abolition. Évidemment, le 2 avril 1792, Wilberforce avait présenté un nouveau projet de loi sur l'abolition de l'esclavage. Le débat mémorable à cet effet avait suscité les contributions des deux plus grands orateurs de la Chambre, William Pitt le Jeune et Charles James Fox, de même que celles de Wilberforce[487]. Le secrétaire d'État à l'Intérieur, Henry Dundas, l'ancien défenseur de Joseph Knight (voir

---

[484] Critique d'Ambalavaner Sivanandan sur l'ouvrage de Peter Fryer intitulé *Staying Power : the history of black people in Britain*, Race & Class, Vol. 26, n° 2, octobre 1984, p. 98-99, article consulté le 20 avril 20220. Voir le lien ci-dessous.
https://journals.sagepub.com/doi/10.1177/030639688402600211.
[485] In *Quobna Ottobah Cugoano*, Jennifer Harris, *Annuaire du Dictionnaire de Biographie Littéraire*, 2002, Detroit, MI : Gale Research Company, 2003.
[486] Les autres premiers colons étaient des loyalistes noirs, également anciens esclaves américains, de la Nouvelle-Écosse. Ils avaient choisi de s'installer en Sierra Leone.
[487] In *Wilberforce*, John Pollock, Constable, London, 1977, p. 114.

le chapitre XX), avait finalement proposé une solution de compromis avec une « abolition graduelle » sur plusieurs années.

John Stuart, esclave affranchi désormais connu pour avoir rédigé une autobiographie et d'autres œuvres sur la condition des esclaves africains, était devenu l'une des figures de proue et l'un des précurseurs de la lutte antiesclavagiste en Angleterre. Il aurait aussi œuvré à la création d'écoles en Grande-Bretagne, spécialement pour les étudiants en provenance d'Afrique. Le professeur Vincent Carretta nota toutefois, dans l'introduction à l'ouvrage *Thoughts and Sentiments on the Evil and Wicked Traffic of the Slavery and Commerce of the Human Species*, qu'« aucun document n'[avait] été trouvé sur le fait que Cugoano ait ouvert une école ou participé à l'installation d'anciens esclaves en Sierra Leone... La cause, la date et le lieu [de son] décès, ainsi que le jour et le lieu de son enterrement sont [restés] inconnus ».

XXIII – Le général Dumas : le Diable noir

Thomas Alexandre Davy de La Pailleterie, communément appelé le général Dumas, était un officier de la période de la Révolution française. Il naquit le 25 mars 1762 à Jérémie à Saint-Domingue, aujourd'hui la République d'Haïti, dans la maison *Madère* voisine de la plantation de canne à sucre que détenait Alexandre Antoine Davy de La Pailleterie. Il mourut le 26 février 1806 dans la commune de Villers-Cotterêts, dans le département de l'Aisne en France. Ce mulâtre deviendrait le premier général d'origine afro-antillaise de l'armée française. Il participerait avec vaillance à la campagne de Belgique, la guerre de Vendée (1793-1796), la guerre des Alpes, aux campagnes d'Italie (1796-1797) et d'Égypte (1798-1801).

Père de l'écrivain Alexandre Dumas, l'auteur des *Trois Mousquetaires*, du *Comte de Monte-Cristo*. Grand-père des écrivains Alexandre Dumas fils – l'auteur de la *Dame aux camélias* – et Adolphe François Henri Bauër, dit Henry, il était le quatrième enfant d'un noble normand du pays de Caux, le marquis Alexandre Antoine Davy de La Pailleterie. Ce dernier avait rejoint son frère cadet, qui avait fait fortune dans les plantations à Saint-Domingue. Son esclave africaine, Marie-Césette Dumas, ferait des enfants avec son frère aîné. Elle serait vraisemblablement morte vers 1772[488], alors que deux documents notariés signés en

---

[488] In *Mémoires*, Alexandre Dumas, Michel Lévy Frères éditeurs libraires, Paris, 1863, pp. 5-6.

1786 et en 1801, par le futur général Dumas, prouveraient le non-décès de sa mère.

Avant de retourner en France vers 1774, Alexandre Antoine Davy de La Pailleterie vendit ses quatre enfants en tant qu'esclaves, sauf Thomas Alexandre qui le fut à réméré, c'est-à-dire avec possibilité de rachat ultérieur. Ainsi serait-il racheté, plus tard, par son père. Sous le pseudonyme de Thomas Rétoré, Thomas Alexandre rejoignit son père en France où il reprendrait de manière officielle son patronyme. Ce jeune esclave, ayant *de facto* hérité du statut de sa mère noire au regard du *Code noir*[489], reçut l'éducation d'un jeune noble de son époque, en particulier la pratique de l'escrime et autres exercices du corps. Placé en pension par son père chez Nicolas Benjamin Texier de la Boëssière, rue Saint-Honoré à Paris, il y ferait la connaissance du Chevalier Joseph Bologne de Saint-George également né esclave[490], pensionnaire mulâtre comme lui du maître d'armes. Tom Reiss décrivit Thomas Alexandre Davy de La Pailleterie comme un bel athlète du haut de son « mètre quatre-vingt-cinq ». Il avait la plus belle prestance, ainsi que « des cheveux et sourcils noirs crépus, un visage ovale, plein et brun, une petite bouche, des lèvres épaisses »[491]. Grâce à la fortune paternelle, il s'installa au début de l'année 1784, à l'âge de 22 ans, dans un logement sis rue Estienne, à proximité du Louvre[492].

> « 3 juin 1786 : roulement de tambour. Un jeune athlète au teint basané bondit sur l'estrade du recrutement et signe précipitamment son engagement dans le régiment des *Dragons de la Reine*. Ce Fanfan-la-Tulipe créole, brouillé avec un père qui lui [avait] coupé les vivres, [venait] de décider que, sabre au clair, il se taillerait un nom à sa mesure. Désormais, il ne [s'appellerait] plus Thomas-Alexandre Davy de La Pailleterie mais Alexandre Dumas. »[493]

---

[489] In *The Black Count : Glory, Revolution, Betrayal and the Real Count of Monte-Cristo*, Tom Reiss, Crown Publishers, New York, 2012 p. 40.

[490] *Ibidem*, pp. 73-75.

[491] *Ibid.*, pp. 48-52.

[492] *Ibid.*, pp. 96-97.

[493] In *Le général Dumas (1762-1806)*, Claude Ribbe, *Africultures*, 2005/3, n° 64, pp. 45-47.

En effet, à la suite d'une dispute avec son père à cause du remariage de ce dernier le 14 février 1786 avec Marie Retou[494], sa cadette de trente années[495], Thomas Alexandre s'engagea le 3 juin 1786, pour huit années, dans le régiment des *Dragons de la Reine* comme simple cavalier sous le nom d'Alexandre Dumas. Il précisa toutefois « fils d'Antoine et de Césette Dumas »[496]. Il se lia d'amitié avec quelques futurs généraux d'Empire tels que Jean-Louis Brigitte Espagne, Louis-Chrétien Carrière de Beaumont et Joseph Piston. Les exploits faits aux côtés de ses amis inspireraient sans doute le roman *Les Trois Mousquetaires* qu'écrirait, plus tard, son fils Alexandre Dumas (père). Dans une lettre ouverte à Nicolas Sarkozy, sixième présent de la Ve République Française, à propos du général Dumas et du soixantième anniversaire de la déclaration universelle des droits de l'Homme, l'écrivain Claude Ribbe rappellerait d'ailleurs qu'« à travers d'Artagnan, Athos, Porthos et Aramis, [transparaissaient] assez clairement les figures du général et de ses trois compagnons des *Dragons de la Reine* : Carrière de Beaumont, Piston et Espagne ».

Le régiment d'Alexandre Dumas, lequel était basé dans la commune de Laon dans le département de l'Aisne, fut détaché depuis au moins une année à Villers-Cotterêts afin de sécuriser la région. Il y rencontra, en août 1789, Marie-Louise Labouret à l'auberge *L'Écu de France*. Les fiançailles avec la fille de l'aubergiste se dérouleraient le 6 décembre 1789 et le mariage sans cérémonie religieuse[497], en présence de son père Alexandre Antoine Davy de La Pailleterie et son épouse Marie Retou, ainsi que de Jean-Louis Brigitte Espagne comme l'un de ses témoins, aurait lieu seulement le 28 novembre 1792[498]. De plus, son beau-père Claude Labouret avait conditionné l'union légitime à l'acces-

---

[494] *Ibidem*, p. 107.

[495] In *Alexandre Dumas et son Œuvre*, Charles Glinel, Slatkine reprints, Genève, 1967, p. 18.

[496] In *The Black Count : Glory, Revolution, Betrayal and the Real Count of Monte-Cristo, op. cit.*, p. 109.

[497] Cf. document juridique du 8 novembre 1801, dans *Alexandre Dumas ou le don de l'enthousiasme*, Raphaël Lahlou, Bernard Giovanangel Éditeur, Paris, 2006.

[498] In *The Black Count : Glory, Revolution, Betrayal and the Real Count of Monte-Cristo, op. cit.*, pp. 134-135.

sion du fiancé au grade de brigadier. Cela serait chose faite en février 1792. À la même époque, grâce à son beau-père, il fut initié à la Franc-Maçonnerie dans la Respectable Loge *Carolina* dont les travaux se déroulaient dans un temple à Villers-Cotterêts[499] ou alors ayant eu son siège dans cette commune.

Le 17 juillet 1791, le maintien de l'ordre à Paris fut confié par l'Assemblée nationale au général Gilbert du Motier, marquis de La Fayette. Cet officier reçut comme instruction de réprimer, ce jour-là, des milliers de Parisiens qui manifestaient sur le Champ-de-Mars pour exiger l'abdication du roi après sa fuite à Varennes. Cette lourde tâche revint en partie aux éléments des *6ème Dragons*, dont Alexandre Dumas commandait une section. L'initiative qu'il prit, ayant consisté à installer deux canons légers, déboucha sur une fusillade. Celle-ci occasionna, dans le meilleur des cas, une douzaine de morts et, dans l'hypothèse la plus défavorable, une cinquantaine. Alexandre Dumas s'expliquerait, quelques années plus tard, devant le Comité de salut public[500] pendant que tout le monde serait plongé dans la réflexion sur la façon de faire efficacement face aux dangers qui pourraient menacer la République Française au printemps 1793 : invasion et guerre civile[501]. En guise de défense dans le cadre de cette lointaine affaire, devenu entre-temps général, il déclarerait que :

> « [ses] camarades et [lui] non seulement [ils n'avaient] eu ni l'intention ni même l'idée de tirer sur [leurs] concitoyens, mais encore au péril de [leurs] vies [ils s'étaient] précipités au milieu du feu pour l'arrêter »[502].

L'affaire serait classée sans suite, d'autant plus que, au moment de l'audition, le général Dumas serait devenu le quatrième comman-

---

[499] In *Le grand livre de la franc-maçonnerie : Un panorama chrono-thématique, des origines à nos jours, en France et à l'étranger*, Alain Quéruel, Eyrolles, 2016, p. 273.
[500] Le Comité de salut public était le premier organe du gouvernement révolutionnaire qui avait été mis en place par la Convention depuis le printemps 1793, le second ayant été le Comité de sûreté générale.
[501] In *Le grand livre de la franc-maçonnerie : Un panorama chrono-thématique, des origines à nos jours, en France et à l'étranger, op. cit.*, pp. 137-141.
[502] *Ibidem*, pp. 176-183.

dant de l'armée des Alpes.

Pendant la Révolution, le brigadier Dumas servit d'abord sous les ordres du général Charles François du Perrier du Mouriez, dit Dumouriez, dans l'armée du Nord. Il dirigeait des patrouilles de quatre à huit dragons et chasseurs à cheval pour des missions de reconnaissance. Le fait d'avoir capturé au moins douze militaires tyroliens le 11 août 1792 lui valut d'être nommé maréchal des logis par le général Pierre Riel, marquis de Beurnonville. Dans l'édition du 18 août 1792, *Le Moniteur universel* raconta cet exploit :

> « le brigadier Dumas coupa si adroitement les douze chasseurs allemands et tomba sur eux avec tant de vivacité, qu'ils [se rendirent] tous avec leurs carabines chargées, sans avoir eu le temps de brûler une amorce. Dumas [fit] don de sa part de butin à la Nation »[503].

Cette même année, à l'initiative du député Julien Raimond, la Convention créa un corps de troupe d'hommes de couleur, la *Légion franche de cavalerie des Américains et du Midi*, également appelée *Légion noire*, ou *Légion des Américains*, ou encore *Légion de Saint-George*, du nom de son commandant le Chevalier Joseph Bologne de Saint-George (voir le chapitre XVI). Ce dernier songea aussitôt à recruter Dumas, mais l'intéressé venait d'être incorporé, avec le grade de capitaine, dans la *Légion des Hussards de la liberté et de l'égalité* du colonel Étienne Gabriel Boyer. Le Chevalier de Saint-George renchérit, en lui proposant le grade de lieutenant-colonel et commandant en second de la *Légion franche des Américains du Midi*. Alexandre Dumas accepta l'offre que l'on venait de lui faire[504].

En janvier 1793, Alexandre Dumas rejoignit la *Légion franche des Américains du Midi*, une troupe qui était cantonnée à Laon. Il devait l'administrer tout seul. Il fallait donc trouver sans aucun soutien des armes, des vivres, des chevaux. En dépit du déficit de logistique, le lieutenant-colonel Dumas se distingua à Mouvaux près de Lille, où la patrouille de quatorze hommes qu'il dirigeait neutralisa un poste de

---

[503] *Ibid.*, pp. 150-151.
[504] *Ibid.*, pp. 155-157.

quarante soldats hollandais. Selon l'auteur dramatique et académicien Antoine-Vincent Arnault, dans la *Biographie nouvelle des contemporains de 1820*, Dumas en tua trois de ses mains, fit seize prisonniers et dispersa les autres membres de la troupe batave[505].

Nommé général de brigade grâce au soutien du colonel Jean-Baptiste Bouchotte, Alexandre Dumas fut chargé de la défense du village de Pont-à-Marcq, afin d'assurer la communication des deux ailes de l'armée française. Ainsi parvint-il à repousser les colonnes qui assaillaient ses hommes. En guise de récompense pour cet acte valeureux, le 3 septembre 1793, il fut promu au grade de général de division et commanda le camp de Mons-en-Pévèle. À 31 ans, Dumas devint le premier général de souche afro-antillaise de l'armée française – précédant ainsi un bon nombre de militaires de couleur, originaires de Saint-Domingue, comme les généraux Louis-Jacques Beauvais, Toussaint Louverture, André Rigaud, Jean-Louis Villatte, Antoine Chanlatte et Alexandre Sabès.

Sur le plan familial, en l'absence de son père le général Dumas qui se trouvait loin de Villers-Cotterêts[506], Alexandrine Aimée naquit le 10 septembre 1793. Entre-temps, le commandement de l'armée des Pyrénées occidentales, qu'assumerait Alexandre Dumas en septembre 1793, se heurta aux représentants du peuple de Bayonne. De plus, ayant bafoué la décision qui avait été prise à Paris, les miliaires concernés avaient procédé à leur propre nomination d'un général en chef. Ce bref passage dans les Pyrénées, à cause du dégoût du général à l'épiderme saumonée pour les exécutions publiques, lui valut le surnom moqueur de « Monsieur de l'Humanité »[507].

Le général Alexandre Dumas fut nommé en décembre 1793 commandant en chef de l'armée des Alpes. Celle-ci était forte de 45 000 hommes, mais en pleine désorganisation. Blanchi des dénonciations par le Comité de salut public à propos de son rôle dans la fusillade du Champ-de-Mars, son esprit enfin apaisé, il réorganisa ladite armée et la prépara à faire face à la troupe piémontaise qui tenait la ligne de faîte des Alpes. L'obtention des cartes de la région, le bon équipement

---

[505] *Ibid.*, pp. 162-166.
[506] *Ibid.*, pp. 162-163.
[507] In *Mes Mémoires, op. cit.*, p. 40.

de son armée et la formation d'une centaine d'hommes du terroir constituant une « compagnie de guides à pied du Mont-Blanc » lui permirent de mener à bien les opérations sur le terrain.

Après le commandement victorieux des opérations du Mont Cenis et avoir fait revêtir à ses hommes une chemise blanche – le bleu des uniformes sur la neige blanche ayant contribué à la mort des hommes du général Henri Amable Alexandre de Sarret –, Alexandre Dumas tira son épingle du jeu. Il fut nommé le 17 août 1794 commandant en chef de l'armée de l'Ouest, à la suite de la démission du capitaine-commandant Armand-Louis de Gontaut Biron. En septembre de la même année, à la suite d'une inspection des troupes et la prise de connaissance de la situation dans sa globalité, laquelle était catastrophique, il rendit le tablier au bout de deux mois. En effet, son armée, qui était complètement désorganisée et s'était livrée avant sa nomination à des pillages, était irrécupérable. Ce constat avait valu la guillotine à son prédécesseur. Temporairement muté à la tête de l'armée des côtes de Brest, le temps que celle-ci absorbe une partie de l'armée des côtes bretonnes de Cherbourg, il fut autorisé à se rendre à Villers-Cotterêts en congé de convalescence. De plus, sa deuxième fille Louise Alexandrine venait à peine de naître.

Napoléon Bonaparte se chargea de l'écrasement de l'insurrection royaliste du 13 vendémiaire an IV (5 octobre 1795), compte tenu de l'arrivée tardive, en provenance de Villers-Cotterêts, du général Alexandre Dumas qui avait été bloqué à Gonesse, en région parisienne. Ce retard était dû à la rupture de l'essieu de sa voiture. Mais sa fidélité à la cause de la République lui valut la nomination dans l'armée de Sambre-et-Meuse, ensuite dans celle des Alpes sous les ordres du général François Christophe Kellermann, le beau-frère d'Angelo Soliman (voir le chapitre XI), avec qui il entretiendrait vite des relations très houleuses. Ce dernier obtiendrait son transfert dans l'armée d'Italie, sous les ordres de Bonaparte.

Le général Dumas prit part au siège de Mantoue entre 1796 et 1797, ainsi qu'au combat de La Favorite au cours duquel une tentative autrichienne de briser le blocus fut repoussée. Il se retrouva dans le Tyrol où le général Barthélémy-Catherine Joubert lui confia le commande-

ment de la cavalerie, composée de la moitié de ses 20 000 hommes[508].
S'ensuivraient l'occupation du pont de Kalusen sur l'Adige dans le
Tyrol, à la tête des *Dragons*, et la prise de la ville de Bolzano avec
l'aide du général Augustin-Daniel Belliard.

Surnommé l'Horatius Coclès du Tyrol[509] par Napoléon Bonaparte
pour le courage dont il avait fait montre, Alexandre Dumas chassa
l'ennemi de la gorge d'Innsbruck et le repoussa jusqu'à Sterzing, à
quinze lieues du champ de bataille. Les Autrichiens le surnommèrent
alors « le Diable noir ». Toutes ces prouesses lui valurent un sabre
d'honneur – la plus haute distinction des armées de la République
Française – accompagné d'une gratification de 10 000 livres, en mars
1797, pour fait d'armes exceptionnel[510]. Dès la fin des combats,
Bonaparte le nomma le 19 mai 1797 gouverneur du Trévisan, puis,
le 16 juin 1797, gouverneur de Polésine. Il le choisit, ensuite, pour
commander la cavalerie de l'armée d'Orient, le poste le plus prestigieux de l'expédition d'Égypte au cours de laquelle l'adversaire, en
l'occurrence les mamelouks[511], était une force entièrement montée.
Pour la circonstance, les plus illustres généraux Joachim Murat,
Louis Nicolas Davout et Charles Victoire Emmanuel Leclerc étaient
placés sous les ordres du général Alexandre Dumas.

Après avoir participé en Égypte aux affaires de Chebreiss, des Pyra-
mides et réprimé une insurrection dont le général Dominique Martin
Dupuy fut victime au Caire, il préféra prendre ses distances avec Napoléon Bonaparte sous le prétexte de son état de santé.

---

[508] *Ibidem*, p. 101.

[509] In *Les officiers de couleur dans les armées de la République et de l'Empire (1792-
1815) : De l'esclavage à la condition militaire dans les Antilles françaises*, Bernard
Gainot, Karthala, 2007, p. 145.
Publius Horatius Coclès était un héros légendaire romain. Il sauva la République
naissante en ayant défendu le seul accès à Rome, le Pont Sublicius, qui était attaqué
par les Étrusques du roi Porsenna.

[510] Ordre du Général en chef, pièce n° 1548, non datée (probablement le 6 mars
1797). In *Correspondance de Napoléon 1er*, tome 2, Imprimerie impériale, Paris
1859, pp. 479-481.

[511] Les membres d'une milice formée d'esclaves affranchis au service de différents souverains musulmans, force armée qui avait occupé le pouvoir à de nombreuses reprises.

« Lors de la révolte du Caire, [le général Dumas subjugua] les musulmans en osant entrer à cheval dans une mosquée. Ce fait d'armes [donnerait] plus tard lieu à une peinture de propagande mais le héros [serait] représenté avec une chevelure blonde et un teint clair ! C'[était] qu'à la différence de la plupart de ses compatriotes, Bonaparte [laissait] transpirer des préjugés raciaux. »[512]

À la suite d'une altercation avec le commandant en chef Napoléon Bonaparte, au cours de laquelle il dénonça les dictatures – pas plus celle de Lucius Cornelius Sulla (Sylla) que celle de Jules César –[513], le général Alexandre Dumas sollicita la permission de rentrer en France. Il l'obtint et quitta l'Égypte le 7 mars 1799. Menacé de naufrage dans la mer Méditerranée sur le chemin de retour en Europe, le général Dumas fut relâché à Tarente. Le gouvernement de Naples le garda, à Brindisi[514] où l'on tenta de l'empoisonner avec des biscuits trempés dans le vin, puis à Messine. Il resta pendant deux années prisonnier avec le géologue, minéralogiste et volcanologue Déodat Gratet de Dolomieu. Après le retour de Napoléon Bonaparte à Paris en novembre 1799 et la prise de pouvoir, Marie-Louise Labouret-Dumas fit pression, sans grand résultat, sur son gouvernement pour retrouver et sauver son époux. Les forces de Napoléon, sous le commandement du général Joachim Murat, vainquirent en fin de compte l'armée de Ferdinand III lors de la bataille de Marengo qui eut lieu le 14 juin 1800. Maltraité et souffrant de malnutrition durant sa captivité, le général Dumas fut libéré en mars 1801[515]. Mais il en sortit estropié de la jambe droite, sourd de l'oreille

---

[512] In *24 juillet 1802 : Naissance du deuxième Alexandre (Dumas)*, article publié sur le blog *herodote.net* le 14 février 2019, consulté le 16 avril 2020 – https://www.herodote.net/24_juillet_1802-evenement-18020724.php.
À propos des préjugés liés à la couleur de la peau, Napoléon Bonaparte avait adopté la même attitude à l'égard du général noir, l'Afro-Polonais Wladyslaw Jablonowski (dit *Murzynek*). Voir le chapitre XXXII.
[513] In *Mes Mémoires, op. cit.*, pp. 156-157.
[514] Cf. Rapport daté du 15 floréal an IX (5 mai 1801) du général Dumas au gouvernement français sur sa captivité à Tarente et à Brindisi. Ce document rédigé au quartier général de l'*Armée d'Observation du Midi* à Florence, accompagné des mèches de ses cheveux coupés le jour de sa mort le 26 février 1806 et donnés par sa tante à Alexandre Dumas (fils), son petit-fils, in *L'Armarium*, consulté le 16 avril 2020, https://www.armarium-hautsdefrance.fr/document/21270.

du même côté, paralysé de la joue gauche, son œil droit fut quasiment perdu. Il fut atteint d'un ulcère à l'estomac, lequel, bien plus tard, lui serait très fatal.

À son retour en France en 1802 à l'époque du Consulat, en réaction à l'insurrection de Saint-Domingue (cf. arrêté de Louis-Alexandre Berthier du 29 mai 1802), Alexandre Dumas subit les licenciements massifs, une sorte de purge, au moment de la paix d'Amiens. Comme des centaines d'officiers, il fut mis à la retraite le 13 septembre 1802. Cet acte serait qualifié, par quelques auteurs, d'épuration. De plus, seuls les officiers hostiles au nouveau régime furent en priorité écartés[516].

Malgré moult réclamations, le général Dumas ne recevrait pas les 28 500 francs d'arriérés de solde pour les années de captivité, ni sa part des 500 000 francs d'indemnité que le gouvernement napolitain devait verser en faveur des prisonniers qui avaient été retenus. Il devait se contenter de sa retraite de général de division (à peu près 4 000 francs par an)[517].

À la suite de ses démarches auprès de Napoléon Bonaparte en 1801 et du ministre de la Guerre Louis-Alexandre Berthier en 1802 dans le but de retrouver un commandement[518], Bonaparte fit prendre un arrêté rétablissant l'esclavage. En conséquence, il bannit tout officier ou soldat de couleur – même réformé – de Paris et de ses alentours. Broya-t-on du Noir, dans le sens le plus profond de l'expression. Le général Dumas devait demander une dérogation pour rester dans la commune de Villers-Cotterêts[519].

---

[515] In *The Black Count: Glory, Revolution, Betrayal and the Real Count of Monte-Cristo, op. cit.*, pp. 264-303.
Une autre source situe sa libération au 5 avril 1801. Cf. le site du Château des Fossés (Alexandre Dumas), consulté le 16 avril 2020 – http://xn--alexandre-dumas-aux-fosss-yic.fr/le-general-dumas-mon-pere-ce-heros.

[516] In *Les officiers de l'armée du Consulat et de l'Empire (1800-1815). Étude d'un échantillon représentatif*, Loïc Levent, Mémoire de Master 2, Université de la Sorbonne - Paris IV, année universitaire 2008-2009, p. 102.

[517] In *Un soldat de la révolution : le général Alexandre Dumas*, Ernest d'Hauterive, éditions Paul Ollendorff, Paris, 1897, p. 248.

[518] In *The Black Count: Glory, Revolution, Betrayal and the Real Count of Monte-Cristo, op. cit.*, p. 340.

[519] *Ibidem*, pp. 347-348.

Après le décès de l'Horatius Coclès français survenu le 26 février 1806 à l'hôtel de l'Épée à Villers-Cotterêts dans le département de l'Aisne en France, des suites des campagnes militaires et d'un ulcère aggravé, son épouse devrait en principe bénéficier d'une assistance comme de tradition en la circonstance. Mais ce ne serait pas, à titre exceptionnel, le cas pour la veuve Dumas. Son défunt de mari ne serait même pas cité dans *Le Mémorial de Sainte-Hélène*[520], restant ainsi ignoré de la plupart des historiens de l'Empire.

> « Certains, dirait-on, n'ont pas le choix de leur noblesse d'âme – c'est là leur limite et leur tragédie. Bonaparte, qui se méfiait de [Dumas], mais qu'il avait tout de même emmené en Égypte, [semblait] avoir eu l'intuition de cette impasse, lorsque, laissant à sa demande le Comte Noir quitter Le Caire, il s'écria : "Qu'il porte ailleurs le délire de son républicanisme et ses furies passagères." Cet ailleurs, malheureusement, une fois le Général tombé aux mains des troupes italiennes contre-révolutionnaires, serait un donjon napolitain où il allait passer [deux] ans, d'où Napoléon, devenu Consul, ne ferait rien pour le libérer, et qui lui mina la santé. Après son retour, le même Napoléon lui refusa aussi la Légion d'honneur, distinction méritocratique qu'il venait de créer – un an avant de rétablir définitivement l'esclavage. » [521]

Marie-Louise Dumas, née Labouret, devait subvenir aux besoins de ses enfants. Elle se mit à travailler dans un bureau de tabac pour parvenir à joindre les deux bouts. Elle était en proie à une pauvreté plus profonde[522]. Elle avait constamment saisi le gouvernement français à propos du versement de sa pension de veuve militaire, mais sans obtenir gain de cause. Privé de moyens matériels, le jeune Alexandre Dumas n'avait même pas pu bénéficier de l'enseignement secondaire de base. En effet, le fils du général, le futur écrivain Alexandre Dumas (père),

---

[520] Un récit, lequel débuta le 20 juin 1815, au surlendemain de la bataille de Waterloo, écrit par Emmanuel de Las Cases d'après les mémoires recueillis de l'Empereur Napoléon Bonaparte au cours d'entretiens quasi quotidiens, lors de son séjour à Sainte-Hélène.

[521] In *Le général Dumas, vie héroïque*, Marc Weitzmann, *Le Monde*, octobre 2013.

[522] *Marie-Louise Labouret-Dumas à Madame Carmin*, 4 décembre 1806, Musée Alexandre Dumas (Villers-Cotterêts, France).

était alors âgé de 3 ans et 7 mois. Grâce au prêtre qui avait été appelé au chevet de l'officier de l'armée française, l'abbé Louis-Chrysostome Grégoire[523], ce dernier n'ayant aucun lien avec le célèbre coreligionnaire abbé Henri Grégoire, que le jeune Alexandre Dumas put échapper au dénuement. De plus, l'homme de Dieu le protégea contre les insultes de ses camarades et lui dispensa des cours particuliers. Comme Marie-Louise Labouret-Dumas, certains auteurs n'ont pas hésité à attribuer les conséquences de la mort du général Dumas à l'inaction forcée du gouvernement français et à « l'implacable rancune de Napoléon »[524]. Effectivement,

> « le général Alexandre Dumas – rayé des cadres et privé de récompenses – finit sa vie dans le chagrin que lui [inspira] le racisme de Napoléon, mais il [laissa] un fils qui [deviendrait] l'écrivain français le plus lu dans le monde et [immortaliserait] son nom. À travers ses romans les plus célèbres, l'auteur s'[inspirerait] des aventures de son père, notamment dans *Les Trois Mousquetaires*, transposition de l'histoire de Thomas-Alexandre [Davy de La Pailleterie] et de trois de ses compagnons des *Dragons de la Reine* : Piston, Espagne et Chrétien [Carrière] de Beaumont. »[525]

En 1912, une statue du général Dumas, par Alphonse de Perrin de Moncel, glorifia les origines africaines du héros. Une autre statue[526] fut érigée dans le XVIIe arrondissement de Paris, place Malesherbes devenue de nos jours place du Général-Catroux, après une campagne qu'avait soutenue l'écrivain et prix Nobel de la littérature François

---

[523] In *La prétendue belle-sœur de couleur de l'abbé Grégoire une homonymie, cause de la bourde du club Massiac ?*, Jean-Daniel Piquet, dans *Revue d'histoire et de philosophie religieuses*, n° 4, octobre-décembre 1999.

[524] In *Au cœur de l'histoire,* Franck Ferrand, émission sur *Europe 1*, diffusée le 15 avril 2011.

Voir aussi *Marie-Louise Labouret-Dumas au ministre de la guerre*, 2 octobre 1814, Service historique de la Défense (Vincennes, France), 7YD91 et, *Mes mémoires*, Alexandre Dumas (père), Vol. 1 (Paris, 1881), 231.

[525] In *Le général Dumas (1762-1806), op. cit.*

[526] L'*Association des amis du général Dumas* milite pour une réplique de la statue qui a été détruite sous l'Occupation allemande durant l'hiver 1941-1942, car les Allemands avaient besoin de bronze pour leur effort de guerre.

Anatole Thibault, dit Anatole France. En effet, dans une déclaration restée historique, l'auteur de *La Révolte des anges*, avait affirmé que :

> « le plus grand des Dumas, c'[était] le fils de la négresse. Il [avait] risqué soixante fois sa vie pour la France et [était] mort pauvre. Une pareille existence [était] un chef-d'œuvre auprès duquel rien n'[était] à comparer. La statue [avait] été abattue pendant l'Occupation à la demande des autorités allemandes par des collaborateurs français ».

L'écrivain Alexandre Dumas (père) avait émis en 1838 le souhait consistant à la restitution d'une copie de cette statue, celle qui serait érigée à l'automne 1912, et à son offrande à la République d'Haïti. Il avait imaginé un financement de son original et de sa production par les hommes de couleur du monde entier. À cet effet, il avait écrit que :

> « ce serait une manière de rappeler à la vieille Europe, si fière de son antiquité et de sa civilisation, que les Haïtiens, avant de cesser d'être Français, [avaient] payé leur part de gloire à la France ».

Depuis 2002, Claude Ribbe, l'un des biographes du général Dumas et fondateur de l'*Association des amis du général Dumas*, n'a cessé de mener campagne pour sa réhabilitation. Le 30 novembre 2002, à l'occasion de l'entrée au Panthéon de l'écrivain Alexandre Dumas (père), il a prononcé un discours au Palais du Luxembourg à Paris devant le cercueil de l'écrivain et le portrait du général. En 2006, à l'initiative de l'*Association des amis du général Dumas*, deux plaques commémoratives ont été apposées pour le bicentenaire de sa mort : l'une[527], le 26 février, sur la maison où était mort le général Dumas, et la seconde[528] au col du Petit-Saint-Bernard qui avait été repris aux troupes austro-sardes au printemps 1794 sous son commandement en tant que chef de l'armée des Alpes.

---

[527] Avec l'aide du conseil général de l'Aisne et de la mairie de Villers-Cotterêts pour la première plaque.

[528] Avec le soutien de la *Fondation pour l'action culturelle internationale en montagne* (FACIM), de la municipalité de Bourg-Saint-Maurice et des chasseurs alpins (dont le général Dumas était le fondateur).

Le 4 avril 2009, à la suite d'un vote du Conseil de Paris, une sculpture qu'a réalisée l'artiste Driss Sans-Arcidet, représentant des fers d'esclaves brisés, a été inaugurée à la place du Général-Catroux dans le XVIIᵉ arrondissement[529]. Pour certaines personnes, s'agissant de ladite inauguration,

> « la simplicité eût sans doute voulu, au lieu de ces anneaux mastocs au lourd dolorisme abolitionniste, le rétablissement de la vraie statue enlevée en 1942 ; et que le lieu reprenne du même coup son nom exact de place des Trois-Dumas. L'endroit [s'est honoré] en effet d'une statue du romancier du Panthéon par Gustave Doré, d'un buste du fils (la Dame aux camélias), sans compter la statue originelle du général d'Empire de 1912 voulue par l'auteur des Mousquetaires dès 1838. »[530]

L'*Association des amis du général Dumas* a aussi fait campagne, depuis 2006, pour que la Légion d'honneur soit remise à titre posthume, au général Dumas, par le président de la République française. Une pétition a recueilli des milliers de signatures, mais cette demande a été refusée par le président Jacques Chirac, puis par son successeur Nicolas Sarkozy[531]. En 2009, une stèle au nom du général Dumas a été inaugurée dans le parc de Coquibus à Évry dans le département de l'Essonne en région parisienne. Par ailleurs, le nom du général avait été inscrit en 1836 sur le côté Sud de l'Arc de triomphe, sur la 23ᵉᵐᵉ colonne, place de l'Étoile, comme ceux de ses compagnons, les généraux Jean-Louis Brigitte Espagne et Louis Chrétien

---

[529] Ce monument représentant des fers d'esclave gigantesques (plusieurs tonnes, 5 mètres de haut) a été inauguré en présence du maire de Paris, Bertrand Delanoë, des élus des DOM-TOM dont la députée de Guyane Christiane Taubira, le député et président du Conseil régional de Guadeloupe Victorin Lurel et le député et président du conseil régional de la Martinique Alfred Marie-Jeanne, ainsi que de nombreuses personnalités – artistes, sportifs, élus – le samedi 4 avril 2009 à 11 heures avec la participation de la garde républicaine de Paris.

[530] In *Le général Dumas remis aux fers*, Bayon, *Libération*, 7 avril 2009, lien consulté le 16 avril 2020 – https://next.liberation.fr/culture/2009/04/07/le-general-dumas-remis-aux-fers_551329.

[531] Cf. la question écrite n° 00050 de M. Antoine Lefèvre (Aisne - UMP) publiée dans le JO Sénat du 05/07/2012, page 1448.

Carrière de Beaumont. Ainsi son souvenir reste-t-il gravé à jamais dans le marbre de l'Histoire de France.

Au-delà de sa non-réaction contre la décision ayant consisté à brûler les ouvrages du Chevalier Joseph Bologne de Saint-George et de son silence par rapport au sort dégradant ayant été réservé à Toussaint Louverture (voir le chapitre XIV), les Noirs de France ont préféré garder en mémoire les vaillantes actions du général Dumas. En dépit de son silence sur des décisions qui, ignominie honteuse pour leur auteur, avaient été prises par Napoléon Bonaparte qu'il avait long-temps soutenu, d'aucuns sont toutefois favorables, au sein des populations afro-françaises, au fait de rétablir le général Dumas dans ses droits, de réhabiliter sa réputation en redorant son image. Ses qualités, sa bravoure et son humanisme nécessitent que l'on puisse, enfin, réparer l'injustice. La France reconnaissante devrait élever ce stratège militaire au rang de Chevalier de la Légion d'honneur.

D'ailleurs, dans l'hémicycle du Palais du Luxembourg, répondant à une question d'un sénateur lors de la séance des questions au gou-vernement en date du 18 juin 2020, le Premier ministre de la France, en la personne d'Édouard Philippe, le prédécesseur de Jean Castex, a répondu en ces termes :

> « La Révolution est un bloc. L'Histoire de France est un bloc. Dans la Révolution, nous prenons [Nicolas de] Condorcet et [Louis Antoine de] Saint-Just, [Georges Jacques] Danton et [Maximilien de] Robes-pierre, Valmy et la Vendée, le général Dumas et le général Bonaparte. Nous prenons tout. En vérité, nous n'avons pas le choix. C'est notre Histoire, avec des choses glorieuses, avec des choses plus compli-quées et, même, avec des choses qui ne sont en rien glorieuses, qui sont franchement sombres […].
>
> » La vérité dans le processus scientifique qu'est l'histoire, c'est que l'histoire se réécrit en permanence. […] J'ai été profondément déçu que la République – la IVe d'abord, la Ve ensuite – ne reconstruise pas la statue au général Dumas qui a été fondue par les nazis […] Le général Dumas, qui dit beaucoup plus de choses sur ce qu'est l'idéal républicain […] »

Pour la petite anecdote, juste une répartie qui avait été attribuée à Alexandre Dumas (père) :

> « J'en ai certainement, Monsieur, du sang noir ! Mon père était mulâtre, mon grand-père était un nègre, mon arrière-grand-père était un singe. Vous voyez, Monsieur, que ma famille commence où la vôtre finit. »[532]

Un sens très aigu de l'humour… noir, en guise de conclusion à ce chapitre en souvenir du très républicain généralissime « Diable noir » ayant légué à la France trois géniaux hommes de lettres qui, en tant qu'ambassadeurs de la culture française, sont appréciés à travers le monde ! Un grand merci à eux, d'avoir merveilleusement bercé un bon nombre de générations de lecteurs !

---

[532] In *24 juillet 1802 : Naissance du deuxième Alexandre (Dumas), op. cit.*

XXIV – Dido Elizabeth Belle : inspiratrice
de l'arrêt Somersett

Dido Elizabeth Belle (ou Bell) naquit en 1761. Elle était la fille d'une esclave à la peau noire que l'on appelait Maria Belle et du comte amiral John Lindsay, à l'époque commandant de la frégate *HMS Trent*. En tant que tel, il opérait dans les Antilles – entre la mer des Caraïbes, le golfe du Mexique et l'océan Atlantique – et était impliqué dans la prise de La Havane aux Espagnols en 1762. Très peu de choses étaient connues de la fille naturelle de Dido, hormis sa condition d'esclave noire au regard de la législation en cours dans les Antilles britanniques.

Dido Belle avait longtemps vécu dans la maison de son grand-oncle paternel William Murray, premier comte de Mansfield et Lord juge en chef de la Haute Cour de Justice d'Angleterre et du pays de Galles. Dans son journal (1774-1780), Thomas Hutchinson, gouverneur loyaliste de la province de la baie du Massachusetts, rapporta en 1779 qu'elle n'était pas présente aux dîners lorsqu'il y avait des invités de marque. Elle n'apparaissant que pour le café[533]. À la suite d'un dîner à *Kenwood House* cette année-là, Thomas Hutchinson avait en effet remarqué sous un grand chapeau la chevelure de la petite « Noire » mais sans vraiment « correspondre aux larges boucles à la mode [à l'époque] »[534]. Selon son appréciation, un point de vue tout à fait

---

[533] In *English common law in the age of Mansfield*, James Oldham, UNC Press Books, 2004, p. 321.

[534] On lui avait présenté Dido Elizabeth Belle comme la fille d'une prisonnière que John Lindsay avait trouvée en enceinte dans un navire espagnol et ramenée par ses

subjectif, Dido Elizabeth n'était ni belle ni distinguée, mais plutôt « effrontée » (*pert*). Elle était ensuite allée se promener dans le jardin, baguenaudant, bras dessus bras dessous, avec l'une des filles banches de la famille. Ignorant en réalité le lien de parenté entre la petite fille mulâtresse et le maître de maison, le gouverneur de la province de la baie du Massachusetts était surpris par l'affection que William Murray lui témoignait. Cette attitude lui avait paru suspecte au point de la qualifier presque de « criminelle » (*I dare not say criminal*). Le fait que Lord Mansfield l'avait appelée en toute familiarité Dido, avait laissé s'enraciner solidement, dans l'esprit de l'invité, l'idée selon laquelle elle n'avait pas d'autre nom. Il avait donc conclu, par association des idées, que la petite fille devait être de condition inférieure[535].

Lord Mansfield et sa femme Elizabeth Finch n'avaient pas d'enfant. En tout cas, la particularité du statut de Dido Elizabeth Belle résidait dans le fait que, tout en étant considérée comme membre de la famille à part entière, sa relation avec Lord Mansfield concernait aussi la problématique de l'esclavage. De plus, en 1772, son grand-oncle devait présider, en sa qualité de Lord juge en chef de la Haute Cour d'Angleterre et du pays de Galles, un procès concernant une affaire qui opposait un esclave, en l'occurrence James Somersett, à son maître, Charles Edward Stuart, dont le verdict aurait beaucoup de conséquences sur l'épineuse situation de l'esclavage en Grande-Bretagne (cf. les chapitres XIII, XIX et XXII consacrés à l'*affaire Somersett*). « *Fiat justiatia, ruat coelum.* »[536] Cette célèbre expression latine, qui plus est juridique, que prononcerait Lord Mansfield, également attribuée au sénateur romain Lucius Calpurnius Piso Caesoninus, inspirerait d'ailleurs, en 2008, une pièce qui serait mise en scène par le *Mixed Blessings Theatre Group* intitulée *Let Justice Be Done* sur le rôle qu'aurait véritablement pu jouer Dido Elizabeth

---

soins en Angleterre où « elle avait accouché de cette fille, dont Lord Mansfield avait pris soin et qui avait été éduquée par sa famille ».

[535] In *Ambiguous Cousinship : Mansfield Park and the Mansfield*, Christine Kenyon Jones, article consulté le 16 avril 2020 – http://www.jasna.org/persuasions/online/vol31no1/jones.html.

[536] En anglais « *Let justice be done, though the heavens fall* », c'est-à-dire, « Que justice soit faite, même si les cieux doivent s'effondrer ».

Belle dans le contexte de l'arrêt Somersett[537].

Venue donc au monde aux Antilles vers 1761 en tant qu'esclave, Dido Elizabeth Belle serait baptisée en 1766 à *Saint George's Church* de Bloomsbury, dans le Sud de l'arrondissement londonien de Camden[538]. La fille métissée étant née asservie en vertu de la loi sur les esclaves de la colonie, John Lindsay la ramena en Angleterre où la législation lui serait plus favorable. Elle fut élevée par son grand-oncle William Murray et son épouse, Elizabeth, née Finch, en même temps qu'une autre petite-nièce du même âge dont la mère était décédée en 1765 ou 1766, Elizabeth Murray, la fille de David Murray, l'héritier des familles Stomont d'Écosse et Murray. Cette dernière épouserait en 1785 son cousin George Finch-Hatton et quitterait *Kenwood House*, la propriété de Lord Mansfield dans le Hampstead où Dido Elizabeth Belle vivrait pendant trente années. Cette habitation se trouvait dans un quartier qui, à l'époque, était situé en pleine campagne.

À *Kenwood House*, Dido Belle avait la responsabilité de la laiterie et de la basse-cour. Elle s'occupait aussi du secrétariat de William Murray qui la consultait beaucoup, un rôle de « superintendant » selon Thomas Hutchinson[539], moyennant une annuité de trente livres. Une lettre du 19 mai 1786 de Lord Mansfield à un autre juge se termina par cette note : « Ceci est écrit [sic] par Dido. J'espère que vous pourrez le lire »[540]. Son père, John Lindsay, décéda en 1788[541]. Il lui laissa la somme de 1 000 livres[542]. En 1793, à la suite de la mort de Lord Mansfield, elle reçut de sa part cinq cents livres et une pension annuelle de

---

[537] In *Slavery in the courtroom : an annotated bibliography of American cases*, Paul Finkelman, *The Lawbook Exchange*, Ltd., New Jersey, 1998, p. 20

[538] On estime toutefois que sa naissance avait eu lieu vers juin 1763. Dans ce cas, sa conception pourrait remonter aux environs de septembre 1762, lorsque John Lindsay se trouvait à La Havane après la prise du château de Morro aux Espagnols.

[539] In *English common law in the age of Mansfield, op. cit.*, p. 322.

[540] *Ibidem*, p. 67.

[541] In *Dido Belle à Kenwood House*, sur *English Heritage*, article consulté le 23 avril 2020. Voir le lien ci-dessous.
http://archive.wikiwix.com/cache/?url=http%3A%2F%2Fwww.english-heritage.org.uk%2Fcontent%2Fimported-docs%2Fp-t%2Fleafletslave1final.pdf.

[542] Cf. *Sir John Lindsay*, dans *Oxford Dictionary of National Biography* – lien consulté le 23 avril 2020.

cent livres. Cette rente assurerait officiellement son état de femme libre.

Dido Elizabeth Belle épousa, peu de temps après le décès de William Murray, un régisseur du nom de John Davinier. Ils eurent, en 1795, des jumeaux : John et Charles, baptisés à *Saint George Church*, à Hanover Square dans le quartier de Mayfair. Un troisième garçon, William Thomas, naquit en 1800. Dido Elizabeth Belle étant morte en 1804, John Davinier se remarierait en 1819 à *Saint Martin's in the Fields* avec Jane Holland après la naissance de leurs enfants. Ils avaient déjà eu en 1809 une fille, Lavinia, et, en 1812, un fils Edward Henry[543]. Le dernier descendant connu de Dido Elizabeth Belle vivait en Afrique du Sud dans les années 1970 et, ironie du sort, il a été considéré comme Blanc en vertu des lois de l'apartheid[544].

Un portrait de Dido Elizabeth Belle et sa cousine Elizabeth Murray, lequel avait été peint à la fin des années 1770, probablement vers 1778, est considéré par les spécialistes comme « unique dans la peinture britannique du XVIIIᵉ siècle ». Cette œuvre représente, à égalité, une femme mulâtresse – disons métisse, pour rester politiquement correct, ou alors saumonée – et une femme blanche, qui était une aristocrate. Après avoir été conservé à *Kenwood House*, le tableau, que l'on a longtemps attribué à l'artiste Johan Joseph Zoffany, est maintenant exposé au *Scone Palace* à Perth en Écosse. Dans cette magnifique œuvre, faisant face au spectateur, les deux jeunes filles se trouvent dans le *Kenwood Park* avec vue sur la cathédrale Saint-Paul de Londres dans les lointains. Dido Belle y apparaît dans une tenue, qui rivalise avec celle de sa cousine, arborant une robe de soie et un collier de perles. Très assurée, avec son regard tourné vers le peintre, son attitude montre bien qu'elle n'est pas un simple accessoire pictural dans le tableau. Enfin, la main que pose Elizabeth Murray sur son bras témoigne de leur affection et de leur proximité.

---

[543] In *Inside Out : Abolition of the British Slave Trade*, article mis en ligne sur le site Internet de la *BBC* le 28 février 2007 et mis à jour le 22 janvier 2008, consulté le 23 avril 2020. Voir le lien ci-dessous.
http://www.bbc.co.uk/london/content/articles/2007/02/27/insideout_abolition_special_feature.shtml.

[544] In *Slavery and Justice : The Legacies of Dido Belle and Lord Mansfield*, brochure de l'exposition *London : English Heritage*, 2007, p. 11.

Ayant été inspiré par le tableau de 1778 représentant Dido Elizabeth Belle aux côtés de sa cousine Lady Elizabeth Murray, Amma Asanta a réalisé et présenté en 2013 le film *Belle* en première mondiale au festival de Toronto. Le rôle de Dido Elizabeth Belle y est incarné par Gugu Mbatha-Raw, et celui d'Elizabeth Murray par Sarah Gadon. Quant à l'universitaire Christine Kenyon Jones, elle a vu en Dido Elizabeth Belle et en son statut ambigu une source d'inspiration possible pour le personnage de Fanny Price, dans le roman de Jane Austen intitulé *Mansfield Park*, lequel était paru en 1814.

XXV – Abdul Rahman : le prince esclave

Abdulrahman Ibrahim Ibn Sori était communément appelé Abdul Rahman, Ibrahima abd-Al Rahman ou Abd Rahman du Mississippi. Membre du peuple Fulbé né vers 1762, il était l'un des rares hommes à être retourné en Afrique après avoir vécu comme esclave aux États-Unis d'Amérique ou ailleurs, à l'instar d'Ayuba Suleiman Diallo (voir le chapitre VI), d'Anton Wilhelm Amo (cf. le chapitre VII). Noble d'Afrique de l'Ouest et émir, il fut capturé en 1788 dans sa ville natale de Timbo[545], à l'époque capitale du Fouta-Djalon en Guinée, et vendu à des marchands d'esclaves en vue d'une exploitation dans une plantation outre-Atlantique[546].

Son père était le souverain du Fouta-Djalon. Après avoir étudié à Tombouctou, Abdul Rahman acquit le grade de colonel dans l'armée locale. En 1788, âgé d'environ 26 ans, il devint émir et commanda l'un des régiments qui conquirent les terres des Bambaras – des populations mandingues de l'Afrique de l'Ouest sahélienne établies principalement dans le Sud de l'actuelle République du Mali. Après un tel succès, son père l'envoya en campagne, à la tête d'une armée de deux mille hommes, pour stopper les velléités hégémoniques d'une nation rivale qui avait perturbé le commerce côtier de Timbo. L'objectif de

---

[545] In *African Muslims in Antebellum America, op. cit.*, p. 69.
[546] In *Servants of Allah : African Muslims Enslaved in the Americas*, Sylviane A. Diouf, New York University Press, New York, 1998, pp. 27-28.

la mission consistait donc à protéger la côte atlantique et à renforcer les intérêts économiques dans la région au profit du Fouta-Djalon. De retour de cette campagne, laquelle fut triomphale, Abdul Rahman et ses soldats tombèrent dans une embuscade. Ils se défendirent avec bravoure, mais l'issue de la bataille leur fut défavorable. La défaite militaire occasionna la capture et, dans la foulée, la vente d'Abdul Rahman, en compagnie d'une cinquantaine de ses hommes, à un capitaine britannique de navire négrier.

Après la dure traversée de l'océan Atlantique, Abdul Rahman fut débarqué sur l'île française de la Dominique, l'un des principaux points d'arrivée dans l'espace de la traite négrière transatlantique. Il fut ensuite transporté à la Nouvelle-Orléans, en Louisiane, puis à Natchez au bord du fleuve Mississippi. Dans cet État du Sud des États-Unis, on le vendit pour la seconde fois au colonel Thomas Foster, propriétaire d'une plantation de coton au service de qui Abdul Rahman consacrerait près de trente-huit années[547] de son existence terrestre. Sa connaissance de la culture du coton qu'il avait acquise au Fouta-Djalon, fort heureusement, lui permit d'accéder à court terme à une hiérarchie supérieure. *De facto*, il acquit le statut de contremaître. Ainsi eut-il le droit de cultiver son propre potager et de vendre sa récolte au marché local.

Abdul Rahman affirma avoir été converti au christianisme lors de son mariage avec Isabella, une autre esclave noire de Thomas Foster avec qui il aurait cinq fils et quatre filles[548]. Les retrouvailles avec le docteur John Cox, pendant qu'il écoulait ses produits au marché de Natchez, furent très déterminantes pour le futur du contremaître. De plus, dans le passé, Abdul Rahman et son père avaient aidé cet homme lors d'un de ses voyages en Afrique subsaharienne. En effet, ce médecin avait servi sur un navire anglais et était devenu le premier homme blanc à atteindre Timbo après avoir été malade et abandonné par ses compatriotes européens. John Cox était resté dans cette région d'Afri-

---

[547] In *African Muslims in Antebellum America, op. cit.*, p. 65.

[548] Cf. *Prince among slave*, un documentaire historique de 2006 réalisé, écrit et produit par le *Public Broadcasting Service* (PBS) pour le compte de la *Unity Productions Foundation*. Le film, réalisé en association avec *Spark Media* et *Duke Media*, raconte l'histoire d'Abdulrahman Ibrahim Ibn Sori, un prince d'Afrique de l'Ouest qui avait été fait esclave aux États-Unis et libéré quarante années plus tard.

que pendant six mois et avait été hébergé par la famille d'Abdul Rahman. Ainsi avait-il été chargé d'enseigner l'anglais au prince. Le chirurgien irlandais tenta donc d'acheter Abdul Rahman à son propriétaire Thomas Foster, mais sans aucun succès. Deux décennies plus tard, le fils du docteur Cox, avec l'aide d'un éditeur local de journaux nommé Andrew Marschalk, lancerait une campagne pour obtenir l'affranchissement de l'Africain.

En effet, en 1826, Abdul Rahman adressa à sa famille un courrier en arabe. Le Néerlandais Andrew Marschalk fit parvenir la lettre au sénateur du Mississippi Thomas Reed, qui, à son tour, la transmit à la représentation des États-Unis au Maroc. Comme la missive avait été écrite en langue arabe, Andrew Marschalk et les membres du gouvernement américain déduisirent que son auteur était un Maure nord-africain, et non un musulman du Sud du Sahara. Sur la base d'une telle supposition, le sultan du Maroc, Moulay Abderrahmane ben Hicham se saisit de l'affaire. Il demanda au président américain John Quincy Adams et au secrétaire d'État Henry Clay d'intervenir en vue de l'affranchissement d'Abdul Rahman[549]. Le sultan du Maroc offrit au consul des États-Unis des fonds idoines. Il paya d'ores et déjà le voyage pour l'Afrique, après que le secrétaire d'État Henry Clay eût convaincu le président John Quincy Adams d'intercéder en faveur du captif.

Bien qu'affranchi, à la suite de l'implication du Commandant en chef des États-Unis d'Amérique, Abdul Rahman souhaita aussi la libération de sa femme Isabella et de leurs enfants qui étaient restés, comme esclaves, dans la propriété du sieur Thomas Foster. Soutenu dans cette difficile démarche par des habitants de Natchez, il parvint à collecter des fonds qui permirent seulement l'affranchissement de son épouse. Pas du tout en proie au découragement, Isabella et son mari prirent leur bâton de pèlerin. Ils voyagèrent à travers le Nord des États-Unis pour essayer de convaincre des groupes abolitionnistes et d'autres personnes à rallier leur cause – l'objectif ayant consisté à recueillir les fonds nécessaires au rachat de leurs enfants. Au cours de ces déplacements, les deux affranchis se rendirent à Washington où ils rencontrèrent d'ailleurs le président John Quincy Adams. Les structures anti-esclavagistes

---

[549] *Ibidem*, p. 137.

relayèrent leur témoignage auprès du révérend Thomas Hopkins Gallaudet, l'une des premières personnes à s'être intéressées à l'éducation d'individus malentendants. Ce dernier réagit sans tarder. Il le publia sous la forme d'une déclaration concernant la situation du prince maure, Abdul Rahman, et de sa famille. Mais cela fut insuffisant par rapport au résultat escompté. Ils réussirent, néanmoins, à faire libérer deux de leurs enfants. Tout compte fait, ils décidèrent de partir pour Monrovia (nom donné en l'honneur du futur président James Monroe) au Liberia en Afrique subsaharienne sans la totalité des membres de leur famille. Le départ pour le Maroc aurait pu comporter le risque de redevenir esclaves en Afrique du Nord, à cause de la couleur de leur peau. Sur le plan politique, lors de l'élection présidentielle suivante, l'affranchissement d'Abdul Rahman serait utilisé contre le président John Quincy Adams par son adversaire, le gouverneur militaire de la Floride Andrew Jackson.

Effectivement, en 1820, presque deux années après la libération d'Abdul Rahman et de quelques membres de sa famille, la colonie du Liberia fut établie en Afrique de l'Ouest en vue du rapatriement des Noirs libres des États-Unis. L'*American Colonization Society* et d'autres organisations religieuses avaient débloqué des fonds dans l'optique de cette installation. Malheureusement, quatre mois après leur retour en Afrique subsaharienne, Abdul Rahman tomba malade. Au lieu de retourner dans sa communauté d'origine, celle du peuple Fulbé, le prince et les siens restèrent pendant quelques années au Liberia. Mais, par manque de chance, il mourut le 6 juillet 1829 à l'âge de 67 ans, sans avoir foulé à nouveau le sol natal, le Fouta-Djalon, ce puissant État théocratique musulman.

Le prince Abdulrahman Ibrahim Ibn Sori légua deux autobiographies à la postérité. Un de ses dessins est exposé dans la Bibliothèque du Congrès américain, un document sur lequel il est mentionné qu'il avait été laissé à ses descendants pour qu'ils se reconnectent aux lignées royales. Parmi les archives du secrétaire d'État Henry Clay se trouve une inscription en date du 1er janvier 1829 :

> « Le prince Ibrahima, un prince islamique vendu en esclavage [...], et libéré avec la stipulation qu'il retournerait (dans ce cas, le mot

« "retour" a un sens) en Afrique, a rejoint les citoyens noirs de Philadelphie en tant qu'invité d'honneur dans leur défilé du Nouvel An, en montant les rues Lombard et Walnut, et en descendant les rues Chestnut et Spruce. »

En 1977, le professeur d'histoire Terry Alford a écrit une biographie du prince Abdul Rahman, *Prince Among Slaves*. Dans cet ouvrage, l'auteur a repris les notes de l'ancien sénateur et représentant pour le Parti républicain-démocrate, Henry Clay, évoquées *supra*. En 2007, Andrea Kalin a réalisé *Prince Among Slaves,* un film sur l'existence d'Abdul Rahman, raconté par le rappeur et acteur Dante Terrell Smith, connu sous son nom musulman Yasiin Bey, ou alors sous le pseudonyme de Mos Def.

À l'aide des progrès de la technologie et de la biologie, en particulier de l'acide désoxyribonucléique (ADN), les descendants d'Abdul Rahman ont pu se retrouver. Ce fut notamment le cas de ses arrière-petits-enfants, ceux de la sixième génération, comme le docteur Artemus Gaye de Monrovia, au Liberia en Afrique, et Karen Brengettsy Chatman de Natchez dans le Mississippi aux États-Unis d'Amérique. En 2018, le docteur Artemus Gaye a publié *Rooted Beyond Boundarie*s, un livre sur les récits fictifs de la vie de son arrière-grand-père de la sixième génération en tant qu'esclave et homme libre.

Désormais, le docteur Gaye et Karen Brengettsy Chatman utilisent les titres royaux hérités du prince Ibn Sori ayant été reconnus par les Nations Unies et les États-Unis d'Amérique pour promouvoir des organisations caritatives telles que la *Fondation Obama*, tout comme la *Fondation Bill et Melinda Gates*, dans leur quête personnelle de lutte contre les problèmes humanitaires. Karen Brengettsy Chatman, une citoyenne américaine, a fondé la *Prince Karen Foundation of Global and Ancestry Developmemt, Global Paths Foundation*, une organisation qui encourage les relations entre les enfants âgés de quatorze à dix-huit ans en travaillant avec les responsables des écoles et les entreprises partenaires pour les sensibiliser aux liens culturels et raciaux communs, ainsi que *Think Pink International*. Elle est aussi l'auteure de *Chained Free*. Par le truchement de cet ouvrage, Son Altesse Royale Karen Brengettsy Chatman a voulu tout simplement faire connaître :

> « les histoires qui ont été passées en revue dans [leur] société et parta-
> ger ces histoires non racontées non seulement avec le monde, mais
> aussi […] dans un cadre privé avec [sa] famille royale en Afrique afin
> qu'ils puissent, eux aussi, parcourir les routes inexplorées. Les routes
> qui les mènent à [elle], et [elle] à eux ».

Le parcours d'Abdulrahman Ibrahim Ibn Sori, en dépit de sa fin tragique, avait été toutefois un voyage remarquable. Les voies que lui et d'autres Africains asservis avaient empruntées pour se libérer du joug des esclavagistes étaient exceptionnelles. Son titre princier, l'ancien esclave le porterait définitivement[550]. Il s'agit d'un exemple extraordinaire sur la façon dont certains captifs en provenance d'Afrique subsaharienne avaient su, malgré eux, exploiter des ressources limitées et la bonne fortune pour parcourir, contre toute attente, le monde outre-atlantique et celui au-delà de la mer Méditerranée, ainsi que de l'océan Indien.

---

[550] In *African Muslims in Antebellum America, op. cit.*, p. 71.

XXVI – Bill Richmond : la terreur noire

Bill Richmond vit le jour, en tant qu'esclave, le 5 août 1763 à Richmondtown, un quartier de Cuckold's Town, devenu Staten Island, dans l'État de New York. Il décéda le 28 décembre 1829 à Londres, à l'âge de 66 ans. Il était un boxeur britannique d'origine américaine. Il avait grandi dans la maison de Richard Charlton, un riche recteur d'un établissement épiscopal, la *Saint Andrew Church*. Ce dernier possédait une résidence à Richmond, dans la section Mid-Island de Staten Island. Le nom de famille de cet esclave proviendrait du lieu où était situé le domicile de son propriétaire[551].

> « Luke G. Williams, le biographe de Richmond, a supposé que Charlton pouvait être le père du garçon. Un siècle entier avant que la guerre civile américaine ne divisât une nation du Nord au Sud, l'esclavage était répandu dans les colonies anglaises et [Richard] Charlton, en tant que ministre et homme d'Église, possédait ses propres esclaves. On sait peu de choses sur la façon dont Richmond avait vécu avec Charlton.
>
> » Quoi qu'il en fût, le ministre avait [treize] esclaves au total et plutôt que de les libérer à sa mort, [Richard] Charlton les avait légués à ses enfants. Même s'il ne s'agissait pas de travail sur le terrain,

---

[551] In *Freed Slave, Boxer, Entrepreneur : The Story Of The First Black Celeb Athlete, Bill Richmond*, William DeLong, article mis en ligne sur *all that's interesting* (ati) le 11 mars 2019 et consulté le 1er mai 2020. Voir le lien ci-dessous.
https://allthatsinteresting.com/bill-richmond.

Richmond passait probablement du temps à balayer, nettoyer et effectuer des tâches ménagères autour de la maison de Charlton. Mais une rencontre fortuite à l'été 1776, à l'âge de 13 ans, avait changé la vie de Richmond pour toujours. »[552]

Bill Richmond vivrait la majeure partie de son existence en Angleterre, où se dérouleraient tous ses combats de boxe. En effet, alors qu'il était adolescent, il avait attiré l'attention de l'officier britannique Earl Percy, né Hugh Smithson et appelé Lord Warkworth de 1750 à 1766. Il était par la suite devenu 2ème duc de Northumberland en 1786. Cet homme était le lieutenant général commandant des forces britanniques à New York, pendant la guerre d'Indépendance des États-Unis d'Amérique. Le général Percy placerait le jeune Richmond sous sa protection après que le garçon, pesant moins de soixante-douze kilogrammes, s'en était bien tiré d'une bagarre de taverne l'ayant opposé à quelques Tuniques rouges (*Redcoats*). Cette appellation avait été donnée aux troupes de l'armée britannique pendant la période s'étant échelonnée entre la création de la Grande-Bretagne (1707) et la première Guerre mondiale survenue en 1914.

> « Les anecdotes variaient quant à la façon dont [le lieutenant général] Percy et Richmond s'étaient rencontrés, mais la théorie la plus probable était que Charlton, un loyaliste britannique, avait invité Percy à lui rendre visite à Staten Island. Percy admirait les manières et la conduite du jeune Richmond. En effet, survivre à 13 ans en tant qu'esclave n'était rien de moins qu'un exploit. Sa présence physique n'avait d'égal que son intelligence.
> » […] Percy avait été dûment impressionné par l'esprit de combat du garçon. Que la rencontre fût monumentale ou non, les deux anecdotes [pourraient permettre] de conclure que [le lieutenant général] Percy avait en quelque sorte persuadé [Richard] Charlton de lui vendre le jeune homme. »[553]

Les succès et exploits de Bill Richmond s'étaient poursuivis dans des combats, organisés par le lieutenant général Earl Percy comme divertissement pour ses invités, contre des soldats britanniques qui

---

[552] *Ibidem.*
[553] *Ibid.*

étaient basés à New York. Finalement, en 1777, l'officier britannique envoya Richmond en Angleterre pour devenir apprenti charpentier. Le jeune homme gagnerait plutôt, dans ce pays, des lauriers en se distinguant sur le ring. Il inventerait et perfectionnerait un style de marche latérale et / ou d'esquive des ruées de taureaux qu'exécutaient de manière systématique ses adversaires[554].

En Angleterre, le lieutenant général Percy se décida donc à valoriser davantage les prometteuses capacités et l'intelligence de Bill Richmond. Il l'inscrivit à l'école dans le Yorkshire. L'adolescent bénéficia d'une bourse, à cet effet, et il progressa avec beaucoup de facilité. Lorsqu'il fut un peu âgé, Earl Percy le mit ensuite en apprentissage en ébénisterie chez un maître à York, ville fortifiée du Nord-Est de l'Angleterre ayant été fondée par les Romains.

> « Même s'il était sous la tutelle d'un officier respecté de l'armée britannique, Richmond avait dû mener une lutte difficile contre la classe et la race. L'aristocratie et la société anglaises étaient majoritairement blanches. [Earl] Percy risquait même de s'aliéner ses propres cercles sociaux en ayant fait venir Richmond en Angleterre. Néanmoins, Percy et Richmond avaient tenu bon. »[555]

Au début des années 1790, Bill Richmond épousa une Anglaise *britishement* nommée Mary Dunwick. Le mariage fut consigné le 29 juin 1791 dans le registre du district de Wakefield, au Sud de Leeds, dans le comté du West Yorkshire. Ils auraient plusieurs enfants.

> « Comme l'ébénisterie était un art prisé en Angleterre par les riches qui voulaient des armoires magnifiquement décorées pour leurs maisons, Richmond continua à briser le moule racial. Les Noirs n'étaient généralement pas apprentis ou ébénistes à la fin des années 1700 et Richmond se démarquait donc de tout le monde, et cela attirait l'attention sur lui – parfois de façon indésirable. »[556]

---

[554] In *Bill Richmond, International Boxing Hall of Fame (IBHOF)*, article consulté le 1er mai 2020. Voir le lien ci-dessous.
http://www.ibhof.com/pages/about/inductees/pioneer/richmond.html.
[555] In *Freed Slave, Boxer, Entrepreneur : The Story Of The First Black Celeb Athlete, Bill Richmond, op. cit.*
[556] *Ibidem.*

D'ailleurs, selon l'écrivain et spécialiste de la boxe anglaise, Pierce Egan, Bill Richmond était toujours *chicossimement* vêtu. Lettré sûr de lui, sapeur avant l'heure, il était très souvent en proie à la haine raciale dans le West Yorkshire. Les insultes à son encontre, du genre « diable », débouchaient chaque fois sur des bagarres. Le fait de se montrer chaque fois en compagnie d'une femme blanche – ô sacrilège ! – énervait encore plus les gens. Cela ne lui facilita pas du tout l'existence, mais l'amour avait triomphé au détriment de la haine.

Dans son palmarès, en tant que boxeur, Bill Richmond avait remporté cinq victoires dans le Yorkshire. Il avait battu entre autres George « Dockey » Moore, deux soldats sans nom, un forgeron au patronyme, ou alors au matronyme, inconnu et Frank Myers.

En 1795, les causes sociales et l'intolérance liée à l'épiderme y étant en partie pour quelque chose, Bill Richmond et sa famille démangèrent. Ainsi s'installèrent-ils à Londres. Il travailla comme préposé de ménage chez Thomas Pitt, 2ème baron Camelford, pair britannique et officier de marine surtout connu pour ses relations tendues avec George Vancouver pendant et après le grand voyage d'exploration qu'avait mené ce dernier. Passionné du noble art, et cousin du Premier ministre William Pitt le Jeune, Thomas Pitt avait probablement suivi des cours de boxe et de gymnastique en compagnie de Richmond.

> « Mais leur relation semblait être plus que simplement professionnelle. [Thomas] Pitt comprenait aussi l'injustice. Il se sentait injustement et sévèrement puni par le capitaine George Vancouver, commandant du *HMS Discovery*. »[557]

Le patron et son employé assistaient ensemble à des compétitions du championnat anglais de boxe. Tous les deux furent présents lors d'une rencontre, qui se déroula le 23 janvier 1804, à l'issue de laquelle le tenace George Maddox triompha de son adversaire. À la fin de ce match, Bill Richmond défia en toute spontanéité le vainqueur. Ce dernier le prit au mot, ayant préféré relever le défi plutôt que de se défiler. On organisa *illico presto* le combat. George Maddox fut proclamé vainqueur au bout des neuf rounds.

---

[557] *Ibid.*

Après la mort de Thomas Pitt survenue à la suite d'un duel au pistolet avec son ami le capitaine Best R. N. dans une prairie à côté du terrain de *Holland House* le 11 mars 1804, Bill Richmond plia bagage. Il renoua avec la boxe, son sport de prédilection, en guise de reconversion. Ainsi reprit-il les entraînements. Aussitôt en bonne condition physique, il s'inscrivit au *Fives Court*, le principal lieu de compétition pugilistique de Londres sur Saint Martin's Street à Westminster.

Bill Richmond vainquit, en 1805, le juif Youssop et Jack Holmes. Ces victoires lui permirent d'affronter sur le ring le célèbre Tom Cribb qui, après avoir servi avec vaillance dans la *Royal Navy*, avait entamé une expérience de boxeur professionnel en 1802. Il était devenu champion d'Angleterre des poids lourds de boxe anglaise à mains nues le 1er février 1809 après une victoire au trente et unième round lors d'un combat épique contre le tenant du titre Jem Belcher, surnommé *The Napoleon of the Ring*. À l'issue d'une rencontre ennuyeuse, à cause des styles de contre-poinçonnage des deux adversaires, Cribb fut proclamé vainqueur au grand désespoir d'un Bill Richmond en larmes. La rancune entre les deux hommes durerait très longtemps.

En 1808, après plusieurs victoires expéditives, Bill Richmond eut droit à une revanche face à George Maddox. Lors du combat, en août 1809, Richmond excella. Il pulvérisa son adversaire. Selon un spectateur, le député William Windham, membre du Parti whig et ancien ministre de la Guerre de surcroît pair de Grande-Bretagne, les compétences et le courage des deux boxeurs furent aussi impressionnantes que celles dont avaient fait preuve la même année les troupes britanniques au moment de leur triomphe à la bataille de Talavera[558]. Les gains de ce match permirent à Richmond d'acheter le pub *Horse and Dolphin*, sis près de Leicester Square à Londres. Dans cet établissement, il fit un jour la connaissance de Tom Molineaux, un autre ancien esclave noir américain en qui le propriétaire des lieux décela le potentiel propre au noble art. Richmond prit sur-le-champ la résolution de sacrifier sa carrière de boxeur afin d'entraîner la nou-

---

[558] La bataille de Talavera, ou de Talavera de la Reina, fut un sanglant affrontement relatif à la campagne napoléonienne d'Espagne. Elle se déroula les 27 et 28 juillet 1809 à Talavera de la Reina, dans la province de Tolède dans la communauté autonome de Castille-La Manche.

velle trouvaille. Leur objectif consista à défier Tom Cribb, qui était devenu le champion national en titre. Avec Bill Richmond comme entraîneur, le poulain remporta deux combats décisifs. Enfin, il pouvait monter sur le ring et affronter Cribb.

Né le 23 mars 1784 à Georgetown aux États-Unis d'Amérique, Tom Molineaux passerait la plus grande partie de son parcours sportif en Grande-Bretagne et en Irlande, où il connaîtrait des succès notables. Il était arrivé en Angleterre en 1809 et, compte tenu de ses capacités sur le plan sportif, avait débuté comme boxeur en 1810. Il deviendrait membre à part entière de l'*International Boxing Hall of Fame* en 1997. Il avait livré ses premiers combats comme esclave dans des tournois qu'organisaient, aux États-Unis d'Amérique, des propriétaires des plantations de coton et obtenu, de cette manière, son affranchissement.

En décembre 1810, dans un combat épique, Tom Cribb et Tom Molineaux s'affrontèrent à *Copthall Common* à East Grinstead dans le Sussex. Ce fut l'un des combats les plus controversés de l'histoire de la boxe. Cribb gagna, à peine, dans une confusion totale – après que le ring avait été envahi par les spectateurs en furie. En plus, sous l'assistance d'une foule complètement excitée, un long comptage avait permis au champion en titre de mettre plus longtemps que les trente secondes autorisées pour récupérer entre deux rounds. La partialité dans l'arbitrage avait profité, à n'en pas douter, à un seul camp. Tout cela s'était déroulé, bien sûr, au désavantage du malheureux Tom Molineaux.

À propos de ce combat, une divergence subsisterait chez les historiens sur le supposé parti pris de la part de Tom Cribb et de ses supporteurs plus chauvins que fair-play. La tension était-elle amplifiée par l'ethnicisme, le nationalisme ou plutôt la crainte des parieurs à la peau blanche de perdre leurs mises ? Avant le combat, la perspective d'une victoire de Tom Molineaux avait certes suscité de la nervosité et renforcé un choix tout à fait arbitraire. De plus, le *Chester Chronicle* avait même affirmé que « beaucoup de nobles patronneurs [sic] de cet art accompli commençaient à s'alarmer, de peur que, pour le déshonneur de [leur] pays, un nègre ne devienne le champion d'Angleterre ! » Toutefois, au-delà de cette opinion préconçue, Herbert Okechukwu

Maduagwu, dit Herbie Hide, Britannique d'origine nigériane, deviendrait champion du monde poids lourds de la *World Boxing Organization* (WBO) de 1994 à 1995, puis de 1997 à 1999. Le Nègre britannique Lennox Claudius Lewis, dit *The Lion*, serait le champion du monde des poids lourds de la *World Boxing Council* (WBC) de 1992 à 1994, de 1997 à 2001, puis de 2001 à 204, champion du monde de la *World Boxing Association* (WBA) de 1999 à 2000 et champion du monde de l'*International Boxing Federation* (IBF) de 1999 à 2001, puis en 2004. Quant à Chris Eubank, il deviendrait champion du monde des poids moyens de la WBO de 1990 à 1991, puis champion du monde de la WBO des poids super-moyens de 1991 à 1995…

Lors du match revanche en octobre 1811, Tom Cribb battit facilement son adversaire à la onzième reprise. À l'issue du combat, Tom Molineaux renvoya Bill Richmond comme entraîneur. Ces deux affrontements contre le champion d'Angleterre Tom Cribb feraient néanmoins la renommée de Molineaux, même s'il les avait perdus. Vainqueur par la suite de William Fuller, le boxeur britannique du milieu du XIXe siècle médiocrement talentueux, Tom Molineaux monta de moins en moins sur le ring – limitant ses apparitions à des exhibitions. Sa carrière de boxeur prendrait très vite fin. À la suite d'une tournée qui le conduirait en 1815 à Galway en Écosse, il décéderait le 4 août 1818 à Dublin, en Irlande, à l'âge de 34 ans.

Après avoir perdu beaucoup d'argent en courtage et en pari sur le combat entre Tom Molineaux et Tom Cribb, Bill Richmond vendit le pub *Horse and Dolphin* dans l'optique de régler ses problèmes financiers. Il s'inscrivit ensuite à la *Pugilistic Society*, la première organisation de boxe au Royaume-Uni. En mai 1814, âgé de 50 ans, il remonta sur le ring contre Jack Davis.

La victoire sur Jack Davis dopa le moral de Bill Richmond. Il accepta d'affronter Tom Shelton, un jeune concurrent d'une témérité inégalée qui avait environ la moitié de son âge. Handicapé par une horrible blessure à l'œil dès le début de la partie, Richmond parvint à inverser la situation. Il battit son adversaire à la vingt-troisième reprise. À la fin du combat, tout joyeux, il sauta par-dessus les cordes pour célébrer ce moment déterminant de son parcours. « Les hommes impétueux ne [devaient] pas combattre Richmond », déclara le chroniqueur Pierce Egan. De plus, poursuivit le commentateur,

> « entre ses mains ils [devenaient] les victimes de leur propre témérité… Plus il [vieillissait], plus il se [montrait] pugiliste… C'[était] un homme extraordinaire ».

De telles réalisations valaient la peine de prétendre au titre de champion d'Angleterre. Mais, comme Tom Cribb n'étant plus physiquement au mieux de sa forme, Bill Richmond préféra jeter l'éponge. Il prit donc sa retraite. Assuré désormais de figurer parmi les meilleurs pugilistes anglais, il se rassura surtout d'être l'un des formateurs et instructeurs les plus respectés au point à l'idée d'être associé, comme huissier, au couronnement de George IV en 1821. Cela lui valut une lettre de remerciements de Lord Peter Robert Drummond-Burrell, 2ème baron Gwydyr, et du ministre de l'Intérieur Lord Henry Addington, 1er vicomte Sidmouth.

> « Richmond était également la seule personne noire présente. Sa présence au couronnement avait montré une grande différence entre les Blancs et les Noirs à son époque. Alors que les Blancs étaient issus de milieux privilégiés, les pugilistes se battaient souvent avec acharnement, généralement dans la rue, pour arriver là où ils étaient. En effet, les pugilistes étant considérés comme l'idéal de la virilité anglaise, ils étaient vus comme l'incarnation physique du succès.
> » Et la présence de Richmond pendant le couronnement suscita un commentaire sur le fait que les Noirs avaient besoin de prouesses physiques, et non d'intelligence, pour progresser dans les années 1800. C'était un stéréotype qui allait persister pendant 150 ans. »[559]

Dans les dernières années de sa vie, Bill Richmond noua des relations amicales avec Tom Cribb. Ils devinrent très proches, conversant souvent jusque tard dans la nuit au pub dont Cribb était le propriétaire, *Union Arms*, sur Panton Street à Westminster. Richmond y passa d'ailleurs sa dernière soirée, avant de mourir à

---

[559] In *Freed Slave, Boxer, Entrepreneur: The Story Of The First Black Celeb Athlete, Bill Richmond, op. cit.*

l'âge de 66 ans le 28 décembre 1829.

Bill Richmond fut inhumé au cimetière de l'église *Saint James's Piccadilly* – également connue comme *Saint James's Church Westminster* ou *Saint James-in-the-Fields* – à côté de Hampstead Road à Camden à Londres. Le lieu de sa dernière demeure pourrait être préempté dans le cadre d'un projet ferroviaire qui a débuté en 2018. Si jamais on retrouve les restes de son corps, on pourrait en effet, au moyen de son ADN, avoir des informations précises sur la manière dont il avait vécu, les conditions de son décès et sa descendance biologique.

Pour certains historiens, Bill Richmond était l'un des bourreaux qui, le 22 septembre 1776, avaient froidement exécuté Nathan Hale. Ce soldat du pays de l'Oncle Sam, et espion de l'armée continentale pendant la guerre d'Indépendance américaine, s'était porté volontaire pour une mission de collecte de renseignements à New York, mais avait été capturé par les Britanniques et assassiné. Nathan Hale avait été longtemps considéré comme un héros américain.

---

[560] In *Remains of Captain Matthew Flinders discovered at HS2 site in Euston*, communiqué de presse consulté le 1er mai 2020. Voir le lien ci-dessous.
https://www.gov.uk/government/news/remains-of-captain-matthew-flinders-discovered-at-hs2-site-in-euston.

[561] In *A chronologie of African American Military, Integration of the Armed Forces, Redstone Arsenal Historical Information*, document archivé le 1er mars 2007, consulté le 1er mai 2020. Voir le lien ci-dessous.
https://web.archive.org/web/20070301002822/http://www.redstone.army.mil/history/integrate/CHRON1.html.

En 1985, Nathan Hale a été officiellement désigné héros de l'État du Connecticut. Pourtant, dans la biographie qu'il lui a consacrée, intitulée *Richmond Unchained*, Luke G. Williams a affirmé que le bourreau de Nathan Hale n'était pas du tout Bill Richmond, mais un autre homme qui portait le même nom. Luke G. Williams a en effet révélé que :

> « la théorie de Richmond en tant que bourreau avait pris racine en raison d'une coïncidence de preuves circonstancielles : de nombreux récits de l'exécution de Hale avaient fait référence à un bourreau noir ou mulâtre nommé Richmond (par exemple, le livre de 1856, *Life of Nathan Hale : The Martyr Spy of the American Revolution*, avait fait référence au "nègre Richmond, le bourreau commun") ; l'illustration de l'exécution publiée par *Harpers Weekly*, en 1860, avait montré un homme noir tenant la corde de pendaison ; et puis il y avait le lien entre Richmond, [Earl] Percy et l'armée britannique, ainsi que la proximité de Staten Island avec le site de l'exécution de Hale à Manhattan. Compte tenu de cette série de coïncidences, la spéculation pouvait sembler assez raisonnable. Cependant, plusieurs sources du XVIIIe siècle, jusque-là ignorées, avaient directement contredit la possibilité de l'implication de Richmond. Tout simplement, le bourreau de Hale était peut-être noir et s'appelait Richmond, mais ce n'était pas Bill Richmond. Au contraire, comme l'avaient indiqué les rapports du *Gaines Mercury* et de *la Royal Gazette*, c'était un fugueur de Pennsylvanie, ayant porté le même nom de famille que Bill, qui avait fini par travailler comme bourreau pour le célèbre maréchal prévôt de Boston William Cunningham. Le bourreau Richmond s'était enfui de ses fonctions en 1781, Cunningham ayant offert une récompense d'une guinée pour son retour quatre ans après le départ probable de Bill Richmond pour l'Angleterre. »[562]

Bill Richmond n'était devenu boxeur professionnel qu'à l'âge de 40 ans. Plus remarquable encore, il avait gagné des combats bien au-delà de la cinquantaine. Son bilan professionnel global s'élevait à dix-sept victoires et deux défaites. Dans le pub ayant appartenu à Tom Cribb, *Union Army*, situé dans le centre de Londres, une plaque commémore la vie de Bill Richmond. On peut y lire : « esclave

---

[562] In *Richmond Unchained*, Luke G. Williams, Amberley, 2015 ; *Gaines Mercury*, le 4 août 1781, et *Royal Gazette*, 4 août 1781.

affranchi, boxeur, entrepreneur ». En 1810, le peintre portraitiste et graveur Robert Dighton l'immortalisa dans un portrait (305 mm x 259 mm) intitulé *Striking view of Richmond*[563].

D'aucuns pensent effectivement, à l'instar de son biographe Luke G. Williams, que Bill Richmond, à n'en pas douter,

> « avait été le pionnier de l'émulation des Noirs dans le domaine du sport. Il avait été le premier sportif noir à avoir atteint la célébrité. Personne avant lui n'était parvenu à un tel niveau de notoriété nationale »[564].

Richmond servirait de modèle, au moins un siècle plus tard, à d'autres géants et merveilleux sportifs comme Cassisus Clay qui deviendrait Muhammed Ali, Marvin Hagler (*The Marvellous*), George Foreman, Franklin Roy Bruno, Jesse Cleveland Owens, Riddick Bowe (*Big Daddy*), Carl Lewis, Edson Arantes Do Nascimento (le roi Pelé), Michael Jordan (dit *Air Jordan*, *His Airness* ou MJ), Earvin Johnson Jr (dit *Magic Johnson*)... En 1999, Bill Richmond a été intronisé au *International Boxing Hall of Fame*.

---

[563] In *Bill Richmond*, National Portrait Gallery, NPG D10726, consulté le 1er mai 2020 – https://www.npg.org.uk/collections/search/person/mp16937/bill-richmond.
[564] In *Freed Slave, Boxer, Entrepreneur : The Story Of The First Black Celeb Athlete, Bill Richmond, op. cit.*

XXVII – Wladyslaw Jablonowski : le général noir ou *Murzynek*

Wladyslaw Jablonowski s'appelait également Wladyslaw Franciszek Jabłonowski ou, en langue française, Ladislas François Constantin Jablonowski. Il naquit le 25 octobre 1769 à Dantzig en Pologne et décéda le 26 septembre 1802 à Jérémie, sur l'île de Saint-Domingue dans l'actuelle République d'Haïti. Il était le fils illégitime de Maria Franciszka Dealire – une aristocrate anglaise et cousine du roi Stanislaw Leszczyński (Stanislas Ier), duc de Lorraine et Bar, beau-père de Louis XV[565]. Son père biologique était un Africain inconnu. Wladyslaw deviendrait un général slave occidental de la Révolution française. Le noble époux de Maria Dealire, le général polonais Konstanty Jablonowski, reconnaîtrait Wladyslaw comme son fils. D'aucuns n'avaient su si le mari avait pardonné l'infidélité de son épouse, mais il élèverait l'enfant dans un esprit patriotique pour en faire un vrai citoyen digne de la Pologne. Dans cette optique, il l'inscrirait à l'École militaire de Brienne-le-Château, un établissement prestigieux du département de l'Aude en France. Le jeune homme y étudierait avec un certain Napoléon Bonaparte.

Wladyslaw Jablonowski entra le 25 février 1783 à l'École militaire de Paris comme cadet-gentilhomme, après des études faites à l'École

---

[565] In *Mémoire et culture, actes du colloque international de Limoges du 10-12 décembre 2003*, Claude Filteau & Michel Beniamino (dir.), CeRes et EHIC, Coll. « Francophonie », Presses universitaires de Limoges (Pulim), 2003, p. 423.

militaire de Brienne-le-Château[566]. Napoléon Bonaparte l'y rejoindrait le 22 octobre 1784. D'après quelques sources, les deux cadets ne s'entendaient pas. Le futur empereur de France n'arrêtait pas, paraît-il, de se moquer de son collègue à cause de la couleur de sa peau. Cela n'avait pas empêché le cadet polonais de s'entendre avec d'autres étudiants leucodermes et de se lier d'amitié avec Louis Nicolas Douvat, l'un des plus grands commandants militaires de l'époque. Aussitôt son diplôme obtenu le 20 février 1786, Jablonowski fut tout de suite affecté au régiment Royal-Allemand, un corps de cavalerie du Royaume de France créé en 1671, avec d'abord le grade de lieutenant-colonel, puis celui de colonel.

En 1794, lors de l'insurrection pour la liberté de la Pologne[567], Wladyslaw Jabłonowski retourna dans sa patrie et rejoignit les insurgés. Il combattit aux côtés de l'officier Andrzej Tadeusz Kościuszko. Ainsi participa-t-il à la bataille de Szczekociny[568], puis à celles de Varsovie et de Praga[569], faubourg situé à l'Est de la capitale polonaise. Il joua un rôle important dans le sauvetage des civils qui étaient menacés par des Russes lors de la défense du Saska Kepa, un quartier de Varsovie. À la fin du soulèvement, il devint membre de la direction d'une organisation secrète ayant été mise en place par des indépendantistes. Il fut ensuite envoyé en mission de reconnaissance à Constantinople pour établir des contacts avec les gouvernements turc, ainsi que français, et fut élevé au grade de général de brigade. Après avoir intégré le 4 janvier 1798 les légions du général Jan Henryk Dabrowski, il fut nommé en 1799

---

[566] In *Dictionnaire biographique des généraux et amiraux français de la Révolution et de l'Empire : 1792-1814*, Georges Six, préface du commandant André Lasseray, Georges Saffroy Éditeur, Tome 1, Paris, 1934, page 588.

[567] Un soulèvement populaire qui avait été mené en 1794 par Andrzej Tadeusz Kościuszko afin de libérer la République des Deux Nations (Pologne et Lituanie) de l'occupation russe en 1793, à la suite du second partage de la Pologne et de la Confédération de Targowica.

[568] Elle eut lieu le 6 juin 1794 près de la ville de Szczekociny, située depuis 1998 dans la voïvodie de Silésie en Pologne. Cette bataille opposa les Polonais aux forces coalisées de la Russie impériale et du Royaume de Prusse.

[569] La bataille de Praga se déroula le 4 novembre 1794 entre les armées russe et polonaise de l'insurrection d'Andrzej Tadeusz Kościuszko. Elle se prolongea par l'un des plus terribles massacres de population de l'histoire de la Pologne.

chef de brigade dans les légions basées en Italie. Avec les légionnaires, il participa aux batailles de Bosco et de Pasturana, dans lesquelles il fit de nouveau preuve d'une témérité typiquement polonaise. Il fut nommé le 20 mai 1800 par le général André Masséna, à titre provisoire, général de brigade dans l'armée italienne, mais sa promotion ne serait pas maintenue. Le 24 juillet 1801, le général Joachim Murat lui proposa le même grade dans les légions polonaises.

Après la paix franco-autrichienne conclue à Lunéville le 9 février 1801, laquelle fit avorter les espoirs d'indépendance de la Pologne et sonna le glas des légions, quelques soldats polonais protestèrent contre l'omission française de leur République. Une fois le conflit avec l'Autriche réglé, le Premier Consul de France, Napoléon Bonaparte, engagea dans la foulée une politique de rapprochement avec les Russes. À cause des démissions des généraux Andrzej Tadeusz Kościuszko et Karol Kniaziewicz du commandement de la *Légion du Danube*, de nombreux officiers leur emboîtèrent le pas. L'unité fut alors transformée en *3ème demi-brigade polonaise* et son commandement fut confié au « général noir ». Ce qualificatif était dû à l'épiderme, laquelle était tout à fait saumonée. Ses compagnons d'armes l'appelaient habituellement *Murzynek* : c'est-à-dire « le Nègre »[570]. Le seul général basané de l'histoire de la Pologne, comme tout bon patriote, aimait sa patrie. Même si personne n'attendait de lui un tel dévouement, il était prêt à sacrifier son existence pour son pays.

Napoléon Bonaparte décida finalement d'enrôler dans l'armée française l'unité commandée par *Murzynek*. Les restes de la Légion du Danube devinrent ainsi la *113ème demi-brigade de l'infanterie française*. Pour un meilleur fonctionnement et une excellente coordination au dispositif mis en place, le commandement et le grade de généralat de Wladyslaw Jablonowski furent maintenus au sein de l'armée française le 21 décembre 1801 par le Premier Consul.

En 1802, sur ordre de Napoléon Bonaparte, Wladyslaw Jablonowski fut envoyé à Saint-Domingue avec le reste de la légion polonaise pour écraser la Révolution haïtienne qui commençait à prendre de l'ampleur

---

[570] In *Poland's Caribbean Tragedy*, Jan Pachonski, Reuel K. Wilson, European Monographs, 1986, pp. 60-61.

dans les Caraïbes. Mais, sur place, la situation s'avéra complètement différente de ce qui avait été annoncé aux Polonais. De plus, les rebelles étaient d'anciens esclaves qui, à la suite de la Révolution française, étaient déjà des personnes libres. Ces dernières, après l'invasion britannique des Caraïbes, avaient été à nouveau emprisonnées au grand plaisir de leurs anciens et nouveaux propriétaires français. La réalité était, à vrai dire, tout autre sur le terrain. Des colons blancs, pour obtenir l'aide des troupes en provenance de France après le départ des Britanniques, avaient délibérément menti à Napoléon Bonaparte en ayant présenté le soulèvement mené par Toussaint Louverture comme une « rébellion anti-française ». Les Noirs locaux se battaient en réalité, à l'instar des Polonais, pour leur liberté (cf. le chapitre XIV).

Les 2 000 premiers soldats, qui débarquèrent à Saint-Domingue en juin 1802, seraient complétés par tout un contingent une trentaine de jours plus tard. Même avec du renfort, en quelque mois, le bilan de l'expédition fut catastrophique. En effet, très peu de Polonais rentrèrent en Europe. Certains moururent de maladies tropicales. D'autres, qui restèrent fidèles à Napoléon Bonaparte, furent tués par les indigènes au cours de dévastatrices batailles. Ceux qui avaient rejoint les rebelles noirs, désormais indésirables dans le continent européen, se marièrent avec des femmes des tribus indiennes locales, Arawak et Taino, et des Noires. Sur les 5 280 soldats ayant composé la totalité des membres de l'expédition française, moins de sept cents soldats seulement revinrent en France. Plus de quatre cents personnes restèrent en Haïti et vingt à Cuba. Au moins 4 000 soldats moururent de maladie ou en plein combat. Haïti deviendrait le premier État noir indépendant au monde. La Constitution de Saint-Domingue, qui serait promulguée et entrerait en vigueur en 1805, interdirait aux Blancs de posséder des terres et des biens à Saint-Domingue, à l'exception des Polonais et des Allemands – pour leur participation dans la lutte contre les Anglais et les Français – et des femmes blanches mariées aux indigènes noirs.

Wladyslaw Jablonowski fut terrassé par la fièvre jaune le 25 octobre 1802, à Jérémie à Saint-Domingue. Pour l'historien Philippe R. Girard, son décès, parmi les vingt-six autres concernant les généraux français à Saint-Domingue, « eut moins de sens dès lors qu'il perdit la vie en ayant combattu, sous les ordres du raciste qu'avait été Napoléon Bonaparte, d'autres afro-descendants ».

Le célèbre poème épique du barde Adam Mickiewicz, intitulé *Pan Tadeusz*, évoque *Murzynek*. En effet, par le truchement d'un vétéran des légions polonaises, ce texte raconte le vécu militaire de Wladyslaw Jablonowski, après la chute de Napoléon Bonaparte, en ces termes :

> *Comme Jablonowski avait atteint la terre où pousse le poivre*
> *et où le sucre est produit, et où au printemps éternel*
> *fleurissent des bois parfumés : avec la légion du Danube là*
> *le général polonais frappe les nègres,*
> *mais soupire pour son sol natal[571].*

Le général Wladyslaw Jablonowski resta oublié pendant de nombreuses années. Il a fallu attendre soixante-dix années après sa mort, pour que son souvenir soit remémoré par Waclaw Gasiorowski, un célèbre romancier polonais du début du XXᵉ siècle, dans son ouvrage intitulé *Czarny General (Le général noir)*. Ce livre avait été publié en 1904 et réédité plusieurs fois dans la deuxième République polonaise.

---

[571] In *Pan Tadeusz, or The last Foray in Lithuania*, Adam Mickiewicz, JM Dent, London, 1917, p. 31.

XXVIII – Omar Ibn Saïd : le très subtil érudit musulman

À l'instar d'Ayuba Suleiman Diallo, Omar Ibn Saïd, que l'on surnommerait Prince Omeroh ou Oncle Moreau, vit le monde pour la toute première fois vers 1770 dans le Fouta-Toro, entre les deux cours d'eau – les fleuves Sénégal et Gambie – dans l'actuelle République Sénégalaise. Selon sa propre description, il deviendrait « un esclave de Fulah » – membres d'un peuple pastoral et nomade d'Afrique occidentale traditionnellement des éleveurs de bétail de confession musulmane – qui serait contraint de vivre à Fayetteville en Caroline du Nord. Le récit de sa vie, lequel serait écrit en 1831, ne représenterait pas sa seule œuvre littéraire en arabe. Mais ce texte resterait l'unique autobiographie en langue sémitique connue de nos jours, écrite par une personne réduite en esclavage aux États-Unis d'Amérique. L'objectif de ce bref et douloureux périple consisterait à mettre en lumière son existence avant l'asservissement et quelques-uns de ses procès relatifs à la privation de ses droits fondamentaux aux États-Unis.

Dans sa terre ancestrale en Afrique subsaharienne, au sein d'une famille de riches marchands dont le père s'appelait Saïd et la mère Oum Hani, Omar Ibn Saïd fréquenta pendant une vingtaine d'années l'école coranique, dans le Boundou et le Fouta, cet ancien royaume historique du Nord du Sénégal bordant la rive gauche du fleuve Sénégal entre Dagana et Bakel. Il y apprit avec assiduité les sciences islamiques, la langue arabe et l'arithmétique[572]. Il exercerait, par la suite, deux professions. Il fut d'abord enseignant, puis commerçant.

Capturé en 1807 à l'issue d'une invasion des Bambaras du Karta, il fut acheminé *manu militari* sur la côte atlantique, à l'âge de 37 ans, avec quelques compagnons parmi lesquels figurait l'Almamy Abdel Kader Kane[573], un chef religieux et conquérant toucouleur de caste torodo. On le vendit à « un chrétien » blanc. Le navire négrier livra la cargaison humaine à Charleston en Caroline du Sud, au bout d'un mois et demi de traversée de l'océan Atlantique. En Amérique du Nord, Omar Ibn Saïd fut de nouveau acheté. L'heureux acquéreur était un « un petit homme mauvais, infidèle, qui n'avait pas peur d'Allah ». Il s'appelait Johnson. Le nouveau propriétaire le mit tout de suite à rude épreuve dans une rizière. Mécontent des conditions du travail, après deux années de dur labeur, Omar Ibn Saïd finit par s'échapper de la plantation et se dirigea vers le Nord.

> « J'entrai dans une maison pour prier et vis un jeune homme à cheval qui fut rejoint, plus tard, par son père. Il dit à son père avoir aperçu un Noir dans la maison. Un homme appelé Hindah, accompagné d'un autre à cheval et de plusieurs chiens, me demanda de venir avec eux. Après avoir parcouru 19 kilomètres, nous arrivâmes à Faydel. Ils me gardèrent prisonnier dans une grande maison appelée jîl (*jail*) dans leur langue, durant 6 jours. »[574]

---

[572] In *Autobiography of Omar Ibn Said, Slave in North Carolina, 1831*, Omar Ibn Saïd, Ed. John Franklin Jameson, article mis en ligne sur *University of North Carolina at Chapel Hill*. Source : *The American Historical Review*, 30, n° 4. juillet 1925, *Documenting The America South*, pp. 787-795, consulté le 4 mai 2020 – https://docsouth.unc.edu/nc/omarsaid/omarsaid.html.
Lire aussi *Le récit poignant d'Omar Ibn Saïd, l'esclave américain originaire du Fouta au Sénégal*, Khadim Ndiaye, article mis en ligne sur *grioo.com*, le 11 octobre 200, consulté le 4 mai 2020. Voir le lien ci-contre. https://www.grioo.com/ar, le_recit_poignant_d_omar_Ibn_said_l_esclave_americain_originaire_du_fouta_au_senegal, 21585.html.
[573] In *L'autobiographie poignante d'Omar Ibn Said, un esclave né au Fouta*, Wagalémé, article mis en ligne le 18 novembre 2011 sur *Portail Soninkara* et consulté le 4 mai 2020 – http://www.soninkara.org/histoire-soninke/la-colonisation/lautobiographie-poignante-d%e2%80%99omar-Ibn-said-un-esclave-ne-au-fouta-2711.html.
[574] In *Qui était le Sénégalais Omar Ibn Saïd (1770-1864) ?*, article publié sur le blog de Joao et consulté le 4 avril 2020 – https://joaogabriell.com/2015/12/14/etats-unis-

Aussitôt rattrapé « par des hommes à cheval », au bout d'un mois de marche, Omar Ibn Saïd se retrouva à la prison de Fayetteville dans la partie occidentale du comté de Cumberland, abritant l'un des plus grands camps militaires américains de nos jours. La solitude dans la cellule le poussa à écrire des messages en arabe sur les murs. Tagueur avant l'heure.

> « Le vendredi suivant, un homme vint et ouvrit la porte de la cellule et je vis plusieurs personnes qui parlaient une langue occidentale (nasrani).
> » Ils m'interpellèrent : est-ce votre nom Omar Saïd ? Je ne comprenais pas leur langue. Je vis un homme qui s'appelait Bob Mumford qui parlait aux geôliers. Il décida de me sortir de prison ; ce à quoi je consentis avec plaisir. J'ai séjourné à la maison de Mumford plusieurs jours durant. C'est alors qu'un homme nommé Jim Owen, époux de la fille de Mumford, Betsy, me demanda : "Seriez-vous disposé à venir avec moi à Bladen County ?" Je répondis : "oui". Depuis lors, je suis resté avec Jim Owen… »[575]

Finalement, au bout de seize jours et nuits passés en prison, Omar Ibn Saïd fut libéré. On le conduisit chez le politicien et major-général James Owen, dit Jim, qui venait de l'acquérir. Le nouveau propriétaire était le frère de John Owen, le vingt-quatrième gouverneur de la Caroline du Nord.

L'heureux acquéreur ne battait pas du tout Omar Ibn Saïd. L'esclave était correctement traité et bien nourri, mangeant la même chose que ses maîtres. Le labeur n'était pas non plus dur et les Owen lui refilaient leurs vêtements usés.

> « Propriété du général James Owen (frère de John, gouverneur de Caroline du Nord), Ibn Saïd [écrivit] son récit en 1831 à la demande des membres de l'*American Colonization Association*, un groupe qui [encourageait] les propriétaires à libérer leurs esclaves. Après plusieurs citations du Coran, Omar Ibn Saïd [détailla] son histoire avec une simplicité désarmante. »[576]

---

qui-etait-le-senegalais-omar-Ibn-said-1770-1864.
[575] *Ibidem.*
[576] In *Témoignage d'esclave : Omar Ibn Said, un très subtil libre penseur*, Michael

Omar Ibn Saïd s'était effectivement attelé – son emploi du temps n'étant pas contraignant – à cette tâche relative à l'écriture en réponse à une demande d'un homme qu'il avait choisi de surnommer « Cheikh Hunter » et aussi à l'encouragement de l'auteur abolitionniste nommé Theodore Dwight, l'un des fondateurs d'*American Ethnological Society* connu pour sa compilation, *American Slavery As It Is : Testimony of a Thousand Witnesses*. Ce dernier avait servi de garant en vue de la remise en cause des arguments qui justifiaient l'esclavage et conforteraient sa pratique aux États-Unis[577]. La collection unique de textes d'Omar Ibn Saïd se compose de quarante-deux documents numérisés, en anglais et en arabe, dont un manuscrit de 1831, toujours en langue sémitique, sur *The Life of Omar Ibn Said* en constitue la pièce maîtresse. Certains textes de ladite collection comprennent des écrits, également en arabe, d'un autre esclave ouest-africain qui était basé au Panama, et d'autres de personnes en provenance d'Afrique de l'Ouest.

Ce fut donc tard dans son existence d'esclave qu'Omar Ibn Saïd s'est mis à l'écriture d'une brève autobiographie en arabe intitulée *The Life of Omar Ibn Said, Written by Himself*. Pourtant converti au christianisme en 1820, ses divers écrits avaient reflété une sorte d'ambiguïté, laquelle a laissé sceptiques de nombreux érudits modernes sur sa véritable foi religieuse. Selon Ala Alryyes, professeur agrégé de littérature comparée et d'anglais à l'université de Yale, l'auteur avait subtilement inséré des éléments subversifs dans son récit. Ceux-ci étaient passés inaperçus en 1925, lors d'un travail qui avait été effectué par John Franklin Jameson, fondateur de l'*American Historical Association*[578], sur la base d'une traduction d'Isaac Birds parue dans *American Historical Review*. Ainsi le recours à la langue arabe avait-il permis à Omar Ibn Saïd, notamment avec la sourate « Al-Mulk »[579], de

---

Pauron, article de *Jeune Afrique* mis en ligne le 26 janvier 2020 et consulté le 4 mai 2020 – https://www.jeuneafrique.com/143219/culture/t-moignage-d-esclave-omar-Ibn-said-un-tr-s-subtil-libre-penseur.

[577] In *La rare autobiographie d'un esclave du XIXe siècle disponible en ligne*, Camille Cado, *ActauLitté*, article mis en ligne le 24 janvier 2019 et consulté le 4 mai 2020 – https://www.actualitte.com/article/monde-edition/la-rare-autobiographie-d-un-esclave-du-xixe-siecle-disponible-en-ligne/92961.

[578] In *Témoignage d'esclave : Omar Ibn Said, un très subtil libre penseur, op. cit.*

critiquer avec sévérité sa condition sociale au nez et à la barbe de ses propriétaires. Il leur refusa donc, grâce à ce subterfuge, un quelconque droit d'autrui sur sa personne. Toutefois, il souligna aussi les similitudes des deux religions à travers, entre autres, les versets de la sourate « Al Fatiha », la première sourate du Coran appelée « l'Ouverture »[580], et le « Notre Père ».

La condition sociale d'Omar Ibn Saïd resta longtemps inchangée. Il mourut esclave en 1864, à l'âge de 94 ans, dans le comté de Bladen dans l'État de Caroline du Nord aux États-Unis, en pleine Guerre de Sécession. Il s'en fut allé une année avant la vague de libération qui suivrait la campagne militaire du général William Tecumseh Sherman. Sa foi et l'écriture lui avaient permis de résister aux travaux forcés.

Cet érudit musulman, qui avait été l'une de nombreuses victimes de la traite transatlantique, est désormais connu pour avoir été l'auteur d'un des rares témoignages d'un esclave afro-américain à travers quatorze manuscrits en arabe, dont un récit autobiographique d'une quinzaine de pages traduit en 1831 dans une nouvelle édition commentée, *A muslim american slave, the live of Omar Ibn Said*, sous la direction du professeur Ala Alryyes[581].

> « Avant ma venue au pays des Chrétiens, ma religion était celle de Mohammad, le prophète d'Allah. Qu'Allah le bénisse et lui accorde la paix. J'allais à la mosquée avant l'aube, je lavais ma figure, ma tête, mes mains, mes pieds. J'effectuais les prières de la mi-journée, de la fin de l'après-midi, du coucher du soleil et de la nuit. Je donnais l'aumône chaque année en or, argent, en récoltes et bétail : moutons, chèvres, riz, blé et orge… Je m'engageais chaque année au djihad contre les infidèles. J'allais à La Mecque et à Médine

---

[579] Également connue sous le titre du royaume, la sourate « Al Mulk » est la soixante-septième sourate du Coran. Révélée à la Mecque, elle est composée de trente versets. Elle est connue pour être la sourate qui protège son lecteur du châtiment de la tombe. Dans un premier temps, la sourate évoque le pouvoir admirable de Dieu perçu à travers sa parfaite création des êtres et de l'univers, afin que les Hommes aient foi en lui, l'adorent et lui éprouvent un total dévouement. Dans un second temps, elle aborde le jour du Jugement, en décrivant l'état des mécréants face à la punition de Dieu.
[580] Composée de sept versets, elle met l'accent sur la souveraineté et la miséricorde d'Allah.
[581] In *Témoignage d'esclave : Omar Ibn Said, un très subtil libre penseur, op. cit.*

comme l'avaient fait ceux qui en avaient les moyens. »[582]

Pour Khadim Ndiaye, philosophe et chercheur en histoire, il s'agit :

> « d'un livre émouvant où l'on s'imprègne du récit d'un homme qui exprime ses peines et ses joies, rusant pour garder intact sa foi dans un milieu hostile, et où l'on découvre que l'esclave pouvait être plus docte que son propriétaire »[583].

Après avoir été égaré, le précieux manuscrit d'Omar Ibn Saïd n'a été retrouvé que soixante-dix ans plus tard et racheté en 1998 par le collectionneur Derrick Joshua Beard. La plupart de ses autres réflexions étaient des manuscrits islamiques en langue arabe, y compris une copie écrite à la main de quelques sourates du Coran. Ces travaux ont fait partie d'une collection de la bibliothèque Wilson de l'Université de Caroline du Nord à Chapel Hill.

Vendue aux enchères pour 20 000 dollars, l'autobiographie d'Omar Ibn Said est maintenant disponible au public à la bibliothèque du Congrès des États-Unis. Une mosquée de Fayetteville a été baptisée en son honneur, en 1991, « Masjid Omar Ibn Sayyid ». En face de cette mosquée, l'État de Caroline du Nord a fait ériger une stèle retraçant son parcours[584].

Du 22 mai au 7 juin 2020, la quarante-quatrième saison de *Spoleto Festival USA* aurait dû s'ouvrir, avec une première mondiale, sur un opéra qui a été commandé par Rhiannon Giddens, une chanteuse, auteure, compositrice et banjoïste primée aux *Grammy Awards*. Cette artiste est connue pour son grand intérêt pour les traditions folkloriques afro-américaines. Cette représentation s'intitule *Omar.* Le livret et la musique dudit opéra sur la vie et l'autobiographie d'Omar Ibn Saïd ont été rédigés par l'artiste Giddens, avec l'assistance de Michael Abels,

---

[582] In *Omar Ibn Saïd (1771-1864)*, article consulté le 4 mai 2020 sur le blog *senegaldates.com*. Voir le lien ci-dessous.
https://senegaldates.com/personnages/omar-Ibn-said.
[583] In *L'autobiographie poignante d'Omar Ibn Said, un esclave né au Fouta, op. cit.*
[584] *Ibidem.*

un compositeur américain qui avait écrit la musique du film à succès de Jordan Peele, *Get Out and Us*[585]. Mais l'événement n'avait eu lieu. Les organisateurs ont été effectivement contraints de l'annuler pour cause de COVID-19[586]. Ce n'était que, a-t-on espéré, partie remise

[585] Cf. *Making an Opera : Who was Omar Ibn Said ?*, Spoleto Festival USA, consulté le 4 mai 2020 – https://spoletousa.org/blog/about-the-opera-who-was-omar-Ibn-said.
[586] Cf. *Spoleto Festival USA Announces Unprecedented Cancellation of Its 2020 Season*, Spoleto Festival USA, consulté le 4 mai 2020 (https://spoletousa.org/a-note-to-our-audience).

XXIX – Gabriel Prosser : la mort ou la liberté

Gabriel Prosser vint au monde en 1776, dans le comté de Henrico près de Richmond en Virginie, et y décéda le 10 octobre 1800. Avec ses deux frères, Solomon et Martin, ils vivaient dans une plantation de Thomas H. Prosser, appelée *Brookfield*. Ce propriétaire d'esclave avait,

> « […] un fils du même âge que Gabriel [prénommé] Thomas Henry. Les garçons [étaient] devenus amis et Thomas Henry [apprendrait] même à lire et à écrire à Gabriel. Cependant, leur amitié [ne dure-rait] pas longtemps car leurs conditions [sociales] étaient évidemment différentes.
> » […] Quand Gabriel [aurait] vingt-deux ans, Thomas Prosser [décé-derait], laissant sa propriété à Thomas Henry, qui [permettrait] à ses meilleurs esclaves comme Gabriel d'être loués dans différentes plantations. Bien que [le fait de] s'éloigner de la plantation de Prosser [eût] permis à Gabriel d'avoir plus de liberté, il [ne serait] pas satisfait car il [serait] mal traité et [toucherait] des salaires inférieurs à ceux des forgerons blancs. »[587]

Le père de Gabriel Prosser avait été forgeron, métier pour lequel ses enfants seraient formés. Son épouse se prénommait Nanny. Comme la plus grande majorité des Noirs à cette époque, les deux parents de

---

[587] In *Who was Gabrilel ?*, article consacré à Gabriel Prosser sur un site Web de la *Texas History Day* créé par Kristina Delagarza, consulté le 5 mai 2020. Voir le lien ci-contre. http://64420746.nhd.weebly.com.

Gabriel Prosser étaient donc des personnes asservies.

Gabriel Prosser savait donc lire et écrire, grâce au fils de l'esclava-giste à qui il appartenait[588]. Au milieu des années 1790, il mesurait 1,92 mètre. Tout le monde, Blancs et Noirs, le considérait comme quelqu'un de courageux et doté d'une intelligence supérieure à son rang social. Rien de surprenant qu'il eût méticuleusement préparé une révolte au cours de l'été de l'année 1800. Évidemment, le 30 août 1800, il décida de mener la fronde à la tête de quelques esclaves. La manifestation devait avoir lieu à Richmond, la capitale indépendante de tout comté de l'État de Virginie. Mais des pluies torrentielles empêchèrent la rébel-lion de se dérouler selon le plan initial. Toutefois, quelques langues s'étant déliées, des maîtres d'esclaves avaient déjà été avertis du projet de soulèvement.

> « La nuit où les conspirateurs [étaient] rentrés chez eux à cause de la tempête, un esclave nommé Pharaon [avait craint] d'être attrapé. Il s'[était] confié à un autre esclave, Tom, qui n'était pas impliqué dans la rébellion de Gabriel. Ensemble, les deux hommes [avaient] divul-gué les plans de Gabriel à leur maître, Mosby Sheppard. Sheppard [avait] envoyé une lettre au gouverneur Monroe l'informant de l'insur-rection de Gabriel. »[589]

Le gouverneur du Commonwealth de Virginie, James Monroe, fut évidemment alerté. Sans tarder, il fit appel à la milice d'État pour bou-cler la ville de Richmond. Gabriel Prosser essaya de s'échapper en des-cendant la rivière en direction de Norfolk, mais il fut aperçu et trahi par un autre esclave pour une récompense de cinq dollars offerte par l'État. Pour son acte de dénonciation, l'informateur serait très déçu. Il ne toucherait d'ailleurs qu'un dixième de la somme promise, c'est-à-dire cinquante dollars. Prosser fut alors capturé et ramené *manu militari*

---

[588] In *Gabriel's Rebellion: The Virginia Conspiracies of 1800 and 1802*, Douglas R. Egerton, University of North Carolina Press, Caroline du Nord, Chapel Hill, 1993, pp. 21-22.

[589] In *A Riot for Rights: Gabriel Prosser's Slave Revolt*, Kristina Delagarza, *More Students*, Texas Middle & High School Students, Websites, article mis en ligne le 25 août 2014 et consulté le 5 mai 20230 – https://notevenpast.org/a-riot-for-rights-gabriel-prossers-slave-revolt.

à Richmond pour subir un interrogatoire auquel il refusa de répondre. Reconnus coupables le 6 octobre 1800, Gabriel, ses deux frères Solomon et Martin, ainsi que vingt-trois de leurs compagnons, seraient pendus le lendemain.

> « La planification minutieuse [du projet] de Gabriel [démontra] que certaines personnes réduites en esclavage résistaient activement à l'[asservissement] et étaient bien informées sur le monde au-delà de leurs propres conditions difficiles. Étant donné la violence politique accrue des années 1790, Gabriel [avait pensé] qu'il pourrait forger une alliance avec certains démocrates-républicains contre un ennemi fédéraliste commun. »[590]

En guise de dissuasion, la Virginie et d'autres États adoptèrent des lois imposant des restrictions aux Noirs déjà affranchis, comme l'accès à l'éducation, la liberté de mouvement… Les réglementations encadrèrent de manière draconienne la location d'esclaves. Avant la tentative de rébellion de Gabriel Prosser, la loi de l'État de Virginie avait autorisé l'instruction des esclaves, ces derniers ayant eu le droit d'apprendre à lire et à écrire, ainsi qu'à la formation aux métiers spécialisés. Après ce projet de révolte, et celui d'une seconde conspiration ayant été découverte en 1802 parmi des bateliers asservis le long des rivières Appomattox et Roanoke, l'Assemblée de Virginie obligea, en 1806, les personnes noires qui avaient été libérées à quitter le territoire étatique au plus tard dans les douze mois, au risque de faire à nouveau l'objet d'asservissement. Les Noirs non asservis, qui le souhaiteraient, devaient introduire une demande auprès du Parlement pour rester dans l'État. Une loi fut votée en 1808, interdisant l'embauche des esclaves.

L'historien Douglas R. Egerton a donné sa version concernant le projet de Gabriel Prosser, sur la base des recherches dans des documents et des faits historiques, dans l'ouvrage paru en 1993 intitulé *Gabriel's Rebellion : The Virginia Slave Conspiracies of 1800 & 1802*. L'auteur a fini par découvrir que Gabriel, un forgeron qualifié, était principalement « loué » par son propriétaire dans les fonderies de la

---

[590] In *Gabriel's Rebellion : Another View of Virginia in 1800*, article mis en ligne sur le blog *U. S. History*, consulté le 5 mai 2020 – https://www.ushistory.org/us/20f.asp.

ville de Richmond[591]. La location était l'une des façons dont les esclavagistes gagnaient de l'argent par le biais de leurs biens humains, dont ils avaient moins besoin pour le travail dans leurs concessions, le marché de tabac ayant été confronté à la récession et les planteurs victimes de la sécheresse. Par conséquent, les propriétaires louaient des esclaves qualifiés pour des emplois disponibles dans les entreprises de l'État de Virginie. Pour le professeur Egerton, Gabriel Prosser aurait été très intéressé par le travail dans les fonderies en même temps que des collègues de différentes origines : européenne, africaine… Il y tenait beaucoup, comme la plupart des personnes employées qui espéraient désespérément être libérées de la domination des riches marchands fédéralistes de la ville par les républicains de Thomas Jefferson[592]. Dans cet environnement, il aurait également eu vent du soulèvement et des luttes des esclaves à Saint-Domingue.

Des informations en possession de Douglas R. Egerton ont laissé penser que Gabriel Prosser aurait agi de connivence avec deux autres personnes, des conspirateurs blancs, dont au moins un ressortissant français. Des preuves irréfutables auraient même été fournies et les identités des instigateurs révélées au gouverneur Monroe. Mais, compte tenu de la complexité de la situation interne du parti de Thomas Jefferson et James Monroe par rapport aux élections de 1800, rien n'aurait jamais été communiqué au tribunal. De plus, une frange importante de la base républicaine était effectivement constituée de grands planteurs, partisans de Thomas Jefferson et de James Madison, futur président des États-Unis et prédécesseur de James Monroe à la magistrature suprême. Il fallait à tout prix protéger le Parti républicain-démocrate d'une éventuelle offensive externe. Dans un tel contexte, la moindre suspicion d'un soutien des radicaux blancs, et en particulier des Français, au projet de Gabriel Prosser aurait pu coûter l'élection présidentielle à Thomas Jefferson.

> « Jefferson [serait] élu président des États-Unis plus tard, la même année. D'autres insurrections sporadiques [renforceraient] la crainte que des esclaves autrefois dociles ne renversent le régime blanc. Cette

---

[591] *Ibidem*, pp. 24-25.

[592] *Ibid.*, p. 13.

attitude [constituerait] un revers pour l'abolitionnisme et [susciterait] un intérêt croissant pour le retrait des Noirs du sol américain, ce qui [donnerait] lieu à divers projets de l'*American Colonization Society* visant à les réinstaller dans des endroits tels que le Liberia. »[593]

Douglas R. Egerton a déduit que Gabriel Prosser avait eu l'intention de mettre politiquement en difficulté le gouverneur James Monroe. Les abolitionnistes devaient donc l'affaiblir pour négocier par la suite, aussitôt en position de force, la fin de l'esclavage. En effet,

> « si les Blancs acceptaient leur liberté, ils hisseraient alors un drapeau blanc, et [...] il dînerait et boirait avec les marchands de la ville, le jour où il devrait être ainsi convenu »[594].

Au-delà des aspects purement politiques, les esclavagistes craignaient aussi des excès de violence que celles liées à la Révolution française après 1789 et à la rébellion des esclaves à Saint-Domingue.

Contrairement à ce qui avait été avancé, Gabriel Prosser avait plutôt demandé à ses partisans de ne surtout tuer personne parmi les Méthodistes, les Quakers et les Français. En outre, au cours de cette période, les Méthodistes et les Quakers figuraient parmi les missionnaires actifs et favorables à l'affranchissement, et de nombreux esclaves avaient été libérés depuis la fin de la Révolution en partie grâce à leur militantisme. Quant aux Français et aux Européens continentaux, ils étaient considérés comme des alliés naturels. De plus, ils avaient aboli l'esclavage dans leurs colonies des Caraïbes en 1794 – sachant que le Portugal avait été le premier pays européen à avoir mis un terme à l'asservissement par le décret du 12 février 1761. La rumeur d'assassinat de personnes blanches relevait plutôt de l'intox, dans l'unique but de priver les esclaves d'un quelconque soutien

---

[593] In *Gabriel's Insurrection*, article mis en ligne sur le site *encyclopedia.com* et consulté le 5 mais 2020 – https://www.encyclopedia.com/people/history/historians-miscellaneous-biographies/gabriel-prosser.

[594] In *Testimony in the Trial of Gabriel*, 6 octobre 1800, *The Library of Virginia, Commth v. Gabriel &at. Testimony Oct 6ᵗʰ 1800*, n° 11, *Record vs Gabriel enclosed within*, consulté le 4 mai 2020. Voir le lien ci-dessous.
https://www.lva.virginia.gov/exhibits/deathliberty/gabriel/gabtrial17.htm.

d'une frange de mouvements anti-esclavagistes.

« Les exigences organisationnelles d'une conspiration pour [mettre un terme à] l'esclavage [avaient] nécessairement enveloppé le mouvement dans le secret. Apparemment, cependant, Gabriel et un petit groupe de chefs [initiateurs] s'attendaient à ce qu'environ 1 000 esclaves les suivent dans une attaque bien coordonnée contre Richmond qui visait les fédéralistes et les marchands qui étaient les résidents les plus en vue de la ville.

» Gabriel s'attendait à ce que "les pauvres blancs", ainsi que "les républicains les plus redoutables", rejoignent sa cause pour créer une république plus démocratique en Virginie. [...] Le but des rebelles était clairement exprimé dans une bannière sous laquelle ils avaient l'intention de marcher, qui disait avec éloquence "MORT OU LIBERTÉ". »[595]

La tentative de soulèvement, qu'avait projeté Gabriel Prosser, avait été en fait une belle réussite, non pas pour sa finalité puisque la rébellion avait été complètement réprimée avant d'avoir pu se dérouler. Elle avait atteint en partie le résultat escompté en raison de son potentiel par rapport à la peur du chaos de masse et à la probabilité d'une violence généralisée. Il fallait surtout avoir à l'esprit le fait que, en Virginie en 1800, 39,2 % de la population totale étaient constitués d'esclaves qui vivaient dans les plantations de la région de Tidewater et à l'Ouest de Richmond[596]. De 1780 à 1810, le nombre d'esclaves libérés dans le Haut-Sud avait considérablement augmenté, certains esclavagistes ayant même envisagé d'en libérer davantage au regard de la Révolution américaine et de ses idéaux. En plus, les Méthodistes et les Quakers s'étaient encore plus activés afin de pouvoir convaincre les propriétaires des plantations d'affranchir leurs esclaves. La réalité sociétale commençait à s'imposer sérieusement au détriment des intérêts des planteurs. En plus, le pourcentage de Noirs libres dans la population non blanche était passé de moins de 1 % en 1782 à plus de 10 % en 1810. À cette époque, en Virginie, le nombre de personnes

---

[595] In *Gabriel's Rebellion: Another View of Virginia in 1800, op. cit.*
[596] In *Historical Census Browser*, 6 décembre 2009, University of Virginia Library, consulté le 4 mai 2020.

noire affranchies à la peau s'élevait à 30 466, soit 7,2 % de la totalité de la population afro-américaine[597]. Cette même année, près des trois quarts des Noirs de l'État du Delaware étaient libres[598]. À ces éléments, il fallait ajouter l'inquiétude de certains esclavagistes de Virginie par rapport à d'autres facteurs comme la forte augmentation du nombre de Noirs libres, les violentes conséquences de la Révolution française et le soulèvement des esclaves dans les années 1790 à Saint-Domingue. Beaucoup de propriétaires d'esclaves, Blancs et Noirs, avaient immigré aux États-Unis à la suite de la Révolution haïtienne. À ces causes s'ajouta également un autre fait important. En effet, les esclaves qu'ils avaient emmenés, avec eux, avaient renforcé en nombre, de manière considérable, les populations à l'ascendance africaine de la Nouvelle-Orléans, de Charleston et de Richmond.

Quelque temps après la tentative de rébellion avortée de Gabriel Prosser en Virginie, en Caroline du Sud, Denmark Vesey, un ancien esclave qui avait acheté sa liberté en 1800 avec de l'argent d'un billet de loterie gagnant et était devenu pasteur, dirigerait un autre soulèvement. Originaire de Saint-Thomas aux Antilles, il travaillait comme charpentier à Charleston, en Caroline du Sud. Pendant sept mois, il avait planifié un soulèvement pour « libérer » la ville, encouragé les esclaves à prendre les armes, à réquisitionner des navires et à naviguer vers les Antilles. La révolte de Denmark Vesey attirerait plus de 9 000 esclaves et Noirs affranchis. Mais sa trahison par plusieurs personnes asservies aboutirait à l'arrestation de cent trente et un Afro-Américains et quatre Blancs. En fin de compte, au moins trente-cinq hommes, dont l'organisateur Vesey, seraient exécutés.

À la suite de tous ces événements, le 1ᵉʳ janvier 1808, le Sénat et la Chambre des représentants des États-Unis d'Amérique harmoniseraient enfin leurs positions et adopteraient le projet de loi sur l'interdiction de la traite négrière atlantique. Le Congrès avait déjà décidé cette abolition dès 1794. Cependant, la contrebande d'esclaves se poursuivrait encore pendant plusieurs années.

---

[597] In *American Slavery: 1619-1877*, Peter Kolchin, Hill and Wang, New York, 1994, p. 81.
[598] *Ibidem*, p. 78.

De toute évidence, Gabriel Prosser avait tablé sa stratégie, outre les facteurs évoqués *supra*, sur la souplesse des normes relatives à la circulation des esclaves entre les plantations et la ville. Bien entendu, beaucoup d'entre eux avaient été loués et d'autres voyageaient vers, ou depuis, la ville afin de faire des courses pour leurs maîtres. En proie à la crainte d'une révolte des esclaves, un bon nombre d'esclavagistes avaient considérablement restreint les droits de déplacement des personnes asservies en dehors de leur temps de travail.

En 1827 paraîtrait à New York le *Freedom's Journal*, le premier journal pour les Noirs Américains. Cette même année, Sojourner Truth, née esclave dans l'État de New York, parviendrait à s'échapper. Elle deviendrait l'une des grandes figures de la cause abolitionniste (cf. le chapitre XXXIV). En 1831, dans le comté de Southampton en Virginie, la rébellion d'esclaves la plus aboutie serait habilement conçue et dirigée par Nathaniel Turner, dit Nat (voir le chapitre XXXVI). En 1845 serait publiée l'autobiographie de Frederick Douglass, esclave du Maryland qui réussirait dans la tentative ayant consisté à s'échapper et à se faire accepter comme un véritable militant anti-esclavagiste (voir le chapitre XXXVIII). Quatre années plus tard, Harriet Tubman, qui naquit esclave dans l'État du Maryland, réaliserait son rêve. Elle s'enfuirait et se réfugierait à New York où elle organiserait plusieurs expéditions de libération d'esclaves (cf. le chapitre XXXIX).

En réponse à l'adoption en 1850 du second *Fugitive Slave Act*, lequel priverait de certains droits les complices des esclaves fugitifs, ainsi que des esclaves libérés, Harriet Beecher Stowe écrirait un livre *Uncle Tom's Cabin (La Case de l'Oncle Tom)*. Cet ouvrage deviendrait le roman le plus vendu au XIXe siècle, derrière l'indéboulonnable Bible. En 1860, les onze États esclavagistes du Sud des États-Unis feraient sécession en raison de l'obligation d'abolir l'esclavage que les États du Nord auraient décidé de leur imposer, un impératif lié davantage à des intérêts économiques qu'à des principes moraux. Il y aurait alors 4 millions d'esclaves Noirs aux États-Unis d'Amérique. Entre 1861 et 1865, la Guerre de Sécession opposerait les États du Nord, quasiment tous abolitionnistes, aux États confédérés d'Amérique qui rassemblaient les États du Sud. La guerre ferait 60 000 morts. Plus de

186 000 Noirs serviraient dans l'armée nordiste, 38 000 d'entre eux seraient tués.

Le 1ᵉʳ janvier 1863, la *Proclamation d'émancipation* serait prononcée par le président Abraham Lincoln. Ce dernier décréterait la libération immédiate des esclaves résidant sur le territoire de la Confédération Sudiste. En 1865, le XIIIᵉ Amendement de la Constitution américaine abolirait définitivement l'esclavage :

> « Ni esclavage, ni servitude involontaire, n'existeront aux États-Unis,
> ni dans aucun lieu soumis à leur juridiction ».

En 2002, pour le deux cent deuxième anniversaire de la tentative de rébellion du 30 août 1800, la ville de Richmond a adopté une résolution en l'honneur de Gabriel Prosser. Le 30 août 2007, le gouverneur de Virginie, Tim Kaine, a informellement demandé pardon à Gabriel Prosser et à ses partisans, à travers des excuses publiques en reconnaissance de la cause qu'il avait défendue ayant consisté en « la fin de l'esclavage et la poursuite [aujourd'hui] de l'égalité pour toutes les personnes, ayant prévalu à la lumière de l'histoire des États-Unis ». Le gouverneur Kaine n'a pu le faire de manière officielle, comme l'a souhaité la Conférence d'État de la *National Association for the Advancement of Coloured People* (NAACP), dans la mesure où les lois de l'État de Virginie n'accordent pas le pardon à titre posthume.

Lors du procès qui l'avait condamné, dans l'affaire de la révolte de Gabriel Prosser, un membre de la rébellion s'était expliqué en ces termes :

> « Je n'ai rien de plus à offrir que ce que le général [George] Washington aurait eu à offrir, s'il avait été pris par les Britanniques et jugé par eux. J'ai passé ma vie à tenter d'obtenir la liberté de mes compatriotes, et je suis un sacrifice volontaire pour leur cause. »[599]

À travers cette grâce officieuse de l'État de Virginie, le gouverneur Tim Kaine a reconnu que la motivation de Gabriel Prosser avait été due à :

---

[599] In *Gabriel's Rebellion : Another View of Virginia in 1800*, op. cit.

« sa dévotion aux idéaux de la révolution américaine – cela valait la peine de risquer la mort pour garantir la liberté ».

En effet, le gouverneur Kaine a d'ailleurs courageusement admis en public que :

« l'histoire [a considéré] favorablement la cause de Gabriel Prosser tout en [ayant consigné] des légions qui cherchaient à [les] garder enchaînés, lui et les autres, pour être oubliés ».

Si cette révolte avait eu lieu, peut-être que le charismatique et talentueux Gabriel Prosser serait devenu un leader politique noir de l'étoffe de Toussaint Louverture.

XXX – George Bridgetower : l'illustre inconnu

Après la naissance de Gabriel Prosser au moins deux ans plus tôt dans l'État de Virginie (voir le chapitre XXIX), le violoniste britannique d'origine polonaise George Augustus Polgreen Bridgetower vit le jour en Europe. L'événement se produisit le 11 octobre 1778 à Bielsko-Biala dans la voïvodie de Silésie en Pologne. Il fut baptisé Hieronimo Hyppolito de Augusto le même jour. Il décéderait à 81 ans le 20 février 1860 à Peckham dans l'arrondissement londonien de Southwark[600]. Ayant passé la majeure partie de son existence en Angleterre, ce virtuose précoce aurait été le petit-fils d'un esclave africain des îles anglaises d'Amérique, probablement la Barbade, et d'une Européenne de souche allemande, peut-être polonaise ou anglaise[601]. D'après la version fictive écrite par l'écrivain bantouphone Emmanuel Dongala :

> « son père "mulâtre" (selon les classifications raciales de l'époque), qui [s'était] fait passer pour un prince d'Abyssinie, [était] son mentor à la façon de Leopold Mozart. Père et fils [étaient] admis à Paris dans les milieux "éclairés" et révolutionnaires de la noblesse et du tiers-état, puis à Londres entre 1789 et 1803. »[602]

---

[600] In *Dictionnaire de la musique*, Marc Vignal (dir.), *Larousse*, Paris, 2011, p. 172.

[601] In *Joseph de Saint-George*, Pierre Bardin, Guénégaud, 2006, p. 127.

[602] In *Virtuose et mulâtre au temps des Lumières*, Marie-Hélène Fraïssé, *Tout un monde*, émission de *France Culture*, auditionnée le 7 mai 2020. Voir le lien ci-dessous.

https://www.franceculture.fr/emissions/tout-un-monde/virtuose-et-mulatre-au-temps-

Son père, John Frederick Augustus Bridgetower, était immanquable-
ment un Antillais, même si, pour des raisons que l'on ignore, il avait
prétendu être un prince africain, comme mentionné dans le dossier de
baptême de son fils.

Les enfants Bridgetower avaient-ils réellement résidé au palais de
Nicolas Ier, prince Esterházy, avec leur père John Frederick Augustus ?
Rien n'était certain, même si George Bridgetower eût montré quelques
familiarités avec ses hôtes lors d'un séjour du mécène hongrois surnommé « Nicolas le Magnifique »[603], quelques années plus tard[604]. S'il
avait résidé au palais de la famille princière, il aurait peut-être suivi des
cours du compositeur autrichien Franz Joseph Haydn. En tout cas, à
partir de 1779, son papa John Frederick Bridgetower était un serviteur
du prince hongrois Esterházy, le patron de Joseph Haydn. La mère de
George, qui aurait été d'origine germanophone ou saxonne, était possi-
blement une employée de maison au service de la princesse Sophie
Friederike von Thurn und Taxis. Cette noble personne avait épousé le
31 décembre 1775, à Ratisbonne dans le Land de Bavière, le prince
polono-lituanien Hieronim Wincenty Radziwill.

George Bridgetower avait emménagé à Londres très jeune. À 11
ans déjà, le 13 avril 1789[605], il se produisit à la salle du Panthéon à
Paris, dans le cadre du *Concert Spirituel*[606], lors d'une tournée européenne. En se référant au carnet de rendez-vous de l'Américain Thomas
Jefferson, à l'époque ambassadeur des États-Unis en France, ce concert,
donné au bénéfice du virtuose qu'était Bridgetower, fut le dernier à
avoir eu lieu dans la capitale française avant la Révolution[607]. Il joua

---

des-lumieres.

[603] In *Dictionnaire de la musique, op. cit.*, p. 485.

[604] In *The Musical quarterly*, Oscar George Theodore Sonneck, Vol. 66, *XVIIIe-
XXe siècle : 1780-1980*, S.l., G. Schirmer, 1980, consulté le 7 mai 2020. Voir le
lien ci-dessous.
https://books.google.fr/books?id=dOAEAAAAMAAJ&dq=George+Bridgetower+J
ournal+de+Paris.

[605] In *Dictionnaire de la musique, op. cit.*, p. 172.

[606] Une organisation de concerts qui avait été inaugurée à Paris le 17 mars 1725.
Cette institution perdurerait jusqu'en 1791, soit pendant soixante-six années, c'est-
à-dire au début de la Révolution française. Elle marquerait le monde musical par ses
innovations et la qualité de ses productions.

aussi à Londres, au *Drury Lane Theater* en 1790, en seconde partie du *Messiah* de Georg Friedrich Haendel. Cette même année, le jeune musicien figura parmi les membres d'un *quartet* pour cordes en compagnie du violoniste, pianiste et compositeur autrichien Franz Joseph Clement. L'âge moyen des membres de ce *quartet* fut inférieur à quarante-quatre années[608] et le programme s'articula sur deux *concertos*, l'un d'Ivan Mane Jarnović (ou Giovanni Mane Giornovichi) et l'autre de Giovanni Battista Viotti.

> « Reconnu comme ayant un talent exceptionnel, il s'était produit pour le roi George III au château de Windsor, pour le prince régent au tout nouveau *Brighton Pavilion*, aux *Pump Room*s de Bath et dans tout le Sud de l'Angleterre. »[609]

Ayant magistralement dirigé le prestigieux orchestre de la *Royal Philharmonic Society*, George Bridgetower avait joui de son vivant d'une grande popularité et reçu diverses distinctions honorifiques. En 1803, Ludwig van Beethoven comptait lui dédier la *Sonate pour violon n° 9 en la majeur*[610] ou *Sonata mulattica composta per il mulatto Brischdauer [Bridgetower], gran pazzo e compositore mulattico*[611]. Mais,

---

[607] In *Thomas Jefferson, musician and violinist : XVIIIe-XXe siècle : 1743-2000*, Sandor Salgo, *Thomas Jefferson Foundation*, USA, UNC Press Books, 2000, consulté le 7 mai 2020. Voir le lien ci-dessous.
https://books.google.fr/books?id=nrr05ffbNmoC&pg=PA28&dq=George+Bridgeto wer+concert+spirituel.

[608] In *Woodwind music of Black composers, Issue 24 de Music reference collection : XVIIe-XIXe siècle : 1650-1990*, Aaron Horne, *Greenwood Publishing Group*, Greenwood, 1990, consulté le 7 mai 2020. Voir le lien ci-dessous.
https://books.google.fr/books?id=xub8o3ozLuEC&pg=PA75&dq=George+Bridg etower+concert+spirituel#v=onepage&q=George%20Bridgetower%20concert%2 0spirituel&f=false.

[609] In *George Bridgetower (1779-1860) and Beethoven : a troubled relationship*, article mis en ligne sur le site *classicfm.com*, consulté le 7 mai 2020. Voir le lien ci-dessous.
https://www.classicfm.com/composers/beethoven/guides/key-people-beethovens-music-and-life-george-bridge.

[610] In *Dictionnaire Beethoven*, Barry Cooper, J. C. Lattès, Paris, 1991, p. 375. Voir aussi *Beethoven*, Maynard Solomon, traduit de l'anglais par Hans Hildenbrand et Jean Nithart, Fayard, Paris, 2003, p. 187.

à la suite d'une querelle, la dédicace de cette pièce bénéficia à Rodolphe Kreutzer que le compositeur allemand avait rencontré en 1798 à l'ambassade de France à Vienne et qu'il tenait désormais en très haute estime. Pas du tout intéressé par l'honneur fait à sa notoriété, le violoniste français – qui avait présenté Beethoven à l'ambassadeur de France, le général Jean-Baptiste Bernadotte, le futur roi de Suède Charles XIV Jean – déclina la proposition. Il refusa de jouer cette partition qu'il jugea non seulement « inintelligible » pour le public, mais aussi difficile à exécuter. Évidemment, Ludwig van Beethoven n'écrivait pas pour la foule mais pour les élites, les gens très cultivés. Cette *Sonate pour violon n° 9, op. 47 en la majeur* vaudrait d'ailleurs à Beethoven le fait d'être considéré comme l'adepte d'un « terrorisme musical »[612], selon un article paru dans l'*Allgemeine Musikalische Zeitung*. Bref, un anarchiste culturel. La fameuse appellation de *Sonate à Kreutzer*, œuvre créée à Vienne en Autriche le 24 mai 1803[613] et jouée par George Bridgetower avec Ludwig van Beethoven au piano, honorerait, du point de vue officiel, le violoniste français.

> « À l'instigation de Bridgetower, Beethoven accepta de composer une nouvelle sonate pour violon, qu'ils interpréteraient tous les deux lors d'un des célèbres concerts du matin dans le pavillon *Augarten*, dirigé par Ignaz Schuppanzigh. »[614]

À propos de toutes les péripéties afférentes à ce morceau, certains historiens avaient désigné Giulietta Guicciardi, la fille du comte Franz Joseph Guicciardi et de la comtesse Susanna von Brunswik, comme ayant été à l'origine du conflit entre Beethoven et Bridgetower[615]. Cette

---

[611] À savoir sonate « mulâtre » composée pour le « mulâtre » Bridgetower, grand fou et grand compositeur « mulâtre ».

[612] In *Ludwig van Beethoven*, Jean et Brigitte Massin, Fayard, Paris, 1967 (1ère éd. 1955), p. 634.

[613] In *Beethoven, op. cit.*

[614] In *George Bridgetower (1779-1860) and Beethoven : a troubled relationship, op. cit.*

[615] In *George Bridgetower, le véritable dédicataire de la sonate à Kreutzer*, Aliette de Laleu, *La chronique d'Aliette de Laleu*, émission de *France musique*, le 8 octobre 2018, auditionnée le 7 mai 2020 – https://www.francemusique.fr/emissions/la-

comtesse autrichienne avait été brièvement, à la fin de l'année 1801, l'élève de Ludwig van Beethoven. Ce dernier lui avait plutôt dédié, en 1802, la célèbre *Sonate pour piano n° 14 en do dièse mineur*, plus connue sous le titre de *Sonate au clair de Lune*[616], composition dont Beethoven n'avait cependant pas pensé à Giulietta Guicciardi lorsqu'il avait composé ladite sonate. De plus, le morceau qu'il comptait lui consacrer avait été le *Rondo en sol majeur, op. 51 n° 2*. Cet opus ayant été dédié à la comtesse Henrietta von Lichnowsky, Beethoven n'avait en fait pas le choix quant à la composition musicale qui devait honorer Guicciardi[617] dont il s'était épris[618]. Selon George Bridgetower, Ludwig van Beethoven aurait préféré retirer la dédicace l'ayant concerné, à cause d'une remarque désobligeante concernant la relation d'une dame, qui aurait pu être Giulietta Guicciardi[619], avec le comte von Gallenberg. La muse épouserait effectivement le 3 novembre 1803, à Vienne, un sieur nommé Wenzel Robert von Gallenberg.

En fin de compte, le 24 mai 1803[620], le violoniste George Bridgetower, accompagné de Ludwig van Beethoven au piano, assura *de facto* la création de l'œuvre, s'apparentant aux sonates pour violon et clavier du Chevalier Joseph Bologne de Saint-George, en la jouant à l'occasion d'une représentation à l'*Augarten-Halle*, le plus grand pavillon du parc, lors des *Morgenkonzerte* en plus du programme déjà établi par le quatuor du prince Lichnowsky et directeur

---

chronique-d-aliette-de-laleu/la-chronique-d-aliette-de-laleu-du-lundi-08-octobre-2018-65376.

[616] In *Ludwig van Beethoven, Sonate für Klavier (cis-Moll) op. 27, 2 (Sonata quasi una fantasia)*, Cappi, 879, article consulté le 7 mais 2020. Voir le lien ci-dessous. https://da.beethoven.de/sixcms/detail.php?id=&template=dokseite_digitales_archiv_en&_eid=&_ug=&_werkid=27&_dokid=t00011830&_opus=op.%2027&_mid=&suchparameter=&_sucheinstieg=&_seite=1.

[617] In *Thayer's Life of Beethoven*, Alexander Wheelock Thayer, Princeton University Press, Princeton, 1921, revised éd., pp. 291 et 297.

[618] In *Death and the muse*, Misha Donat, *The Guardian*, 12 juin 2004, article consulté le 7 mai 2020. Voir le lien ci-dessous. https://www.theguardian.com/music/2004/jun/12/classicalmusicandopera.music.

[619] In *George Bridgetower (1779-1860) and Beethoven : a troubled relationship*, *op. cit.*

[620] *Ibidem.*

des concerts publics Ignaz Schuppanzigh.

D'après Emmanuel Dongala dans *La Sonate à Bridgetower* (*op. cit.*, p. 299), la *Sonate pour violon n° 9, op. 47 en la majeur* communique, de manière subtile,

> « la mélancolie méditative empreinte de tristesse de l'*adagio sostenuto* du premier mouvement, la grâce aérienne de l'*allegretto* du second et l'agitation furieuse du *presto agitatio* final [s'équilibrent] en un ensemble parfait [profondément touchant]. »

La finale de cette œuvre respecte à merveille la densité et l'intensité du premier mouvement. Celui-ci est donc à la hauteur du troisième mouvement, alors que le second s'appuie sur une contemplative énergie contrastant avec l'incandescence du premier : une ardente *variezoni*.

Il s'est agi, lors de cette mémorable prestation, d'une joute des deux musiciens s'étant affrontés sans merci dans un *presto* afin de s'approprier mutuellement la parole. Mais l'originalité de cette sonate attira surtout l'attention du mélomane sur le traitement égal des deux instruments dont aucun ne supplanta l'autre. Ni maître, ni esclave[621]. Agréable complémentarité !

> « Ce qui est extraordinaire, c'est que sa rencontre avec Beethoven, qui [avait] été brève – trois mois – [avait] abouti à ce chef-d'œuvre qu'est cette sonate, l'une des pièces les plus difficiles, que les amateurs ne peuvent pas jouer. »[622]

Après cette historique rencontre, Ludwig van Beethoven et George Augustus Polgreen Bridgetower ne se reverraient plus jamais. Longtemps après le décès du professeur de Carl Czerny et Ferdinand Ries, Bridgetower vivait, vieillard et pauvre, dans une maison pour les personnes démunies située à Peckham, au Sud de Londres. Un biographe de Beethoven lui rendit visite et, compte tenu du pitoyable état dans lequel se trouvait George Bridgetower, lui demanda s'il avait réel-

---

[621] In *George Polgreen Bridgetower (1780-1860)*, article mis en ligne sur le blog *Une autre histoire*, consulté le 7 mai 2020 – http://une-autre-histoire.org/george-bridgetower-biographie2.

[622] In *Au siècle des Lumières, il y avait déjà une élite noire européenne, op. cit.*

lement rencontré le compositeur et pianiste allemand.

On ne connaissait pas grand-chose de George Augustus Bridgetower. Beaucoup de gens ignoraient par exemple qu'il avait obtenu, en juin 1811, un baccalauréat en musique à l'Université de Cambridge[623]. Certes, il avait composé très peu d'œuvres. Mais il s'était produit en Europe pendant de nombreuses années. Parmi ses propres compositions, on pourrait citer *Diatonica armonica for piano*, publié à Londres en 1812, et *Henry : A ballad, for medium voice and piano*, un arrangement non daté. Alors que son patronyme était désormais très connu à travers le monde grâce à la *Sonate pour violon n° 9, op. 47 en la majeur*, George Bridgetower rendit l'âme comme un illustre inconnu, le 20 février 1860 à l'âge de 82 ans. Il fut inhumé au *Kensal Green Cemetery*, juste à côté de l'autoroute 40 à l'Ouest de Londres. La femme, qui avait assisté à son dernier souffle, signa le certificat de décès par une simple et insignifiante croix[624].

Selon un vieux proverbe bantou, « l'eau va toujours à la rivière ». Il serait donc plus judicieux, surtout plus humain, de ne cesser d'avoir à l'esprit le génie créatif et naturel de George Augustus Polgreen Bridgetower chaque fois que l'on écouterait la *Sonate à Kreutzer*. On devrait avoir la décence, sinon l'honnêteté, et ce serait la moindre des choses, de rendre au surdoué, ce « grand compositeur mulâtre et fou », ce qui devrait lui revenir.

Entre 1790, Henry Eldridge avait réalisé un portrait de George Bridgetower (dessin sur papier, 20,9 x 18,4 cm)[625] que l'on peut admirer au *British Museum*. La *Sonate pour violon et piano n° 9 en la majeur* inspira Léon Tolstoï, en 1889, dans une longue nouvelle intitulée *Sonate à Kreutzer*. Il en est de même d'un bon nombre d'œuvres musicales, parmi lesquelles figure le premier quatuor de Leoš Janáček. George Bridgetower a aussi été porté plusieurs fois à l'écran, notamment en 1914, par le réalisateur russe Vladimir Gardine. Un film britannique,

---

[623] In *Bridgetower*, Spartacus Educational, article consulté le 7 mai 2020 – https://spartacus-educational.com/SLAbridgetower.htm.
[624] In *George Bridgetower (1779-1860) and Beethoven : a troubled relationship, op. cit.*
[625] Cf. la rubrique « *drawing* », *The British Muséum*, n° 1876-0708-2379, consultée le 7 mai 2000 – https://www.britishmuseum.org/collection/object/P_1876-0708-2379.

A mulatto song, a été réalisé par Topher Campbell et est sorti en 1996 en salle. En 2016, l'écrivain congolais Emmanuel Dongala a consacré un roman à George Augustus Polgreen Bridgetower qu'il a intitulé *La Sonate à Bridgetower (Sonata Mulattica)*. À cela, il faudrait ajouter le recueil des poèmes *Sonata Mulattica : A Life in Five Movements and a Short Play* de l'Américaine Rita Dove. Bravo, maestro !

XXXI – Billy Waters : le Roi des mendiants

À défaut de documents fiables ou authentiques, les historiens ont situé la naissance de Billy Waters vers 1778, quelque part outre-Atlantique, et son décès le 21 mars 1823 à Londres. Cet homme noir se produisait quotidiennement dans les rues de la capitale anglaise au XIXᵉ siècle, en chantant et jouant du violon. Il divertissait les amateurs de théâtre avec des « pitreries », lesquelles lui étaient propres. Il deviendrait célèbre lorsqu'il monterait sur scène, en 1821, dans la pièce *Tom and Jerry, or Life in London* de William Thomas Moncrieff, une adaptation scénique interdite du livre du journaliste et écrivain sportif Pierce Egan intitulé *Life in London, or Days and Nights of Jerry Hawthorne and his elegant friend Corinthian Tom.*

> « Billy Waters était un homme aux multiples talents. […] Musicien avec une jambe de bois, Waters était un musicien de rue devant l'*Adelphi Theatre* et était populaire auprès du public londonien. Billy aurait collecté une somme considérable de "demi-pennies" auprès des spectateurs qui entraient et sortaient du théâtre. Il [avait] été immortalisé par les figurines de Billy Waters produites par les *Staffordshire Potteries*. »[626]

---

[626] In *Billy Waters – Soldier, Actor and Musician*, National Archives, *Victoria & Albert Museum*, E.1070-1921 (CIS) (1804-37), consulté le 30 avril 2020 – https://www.nationalarchives.gov.uk/pathways/blackhistory/culture/docs/billy_water s.htm.

Billy Waters fut en effet repéré alors qu'il était un mendiant dans les rues de Londres[627], où il jouait tous les jours du violon pour égayer les amateurs de théâtre en échange de quelques halfpennies (équivalent de 1/480ème d'une livre sterling actuelle). Il avait été esclave en Amérique, aux dires de quelques informateurs, avant d'échanger sa servitude contre un poste de marin britannique au service de la reine d'Angleterre. La grande renommée de son personnage vint à la fois de son ascendance africaine, son uniforme de la marine, sa jambe de bois, son violon et son chapeau à plumes. Il avait été amputé de la jambe droite à la suite d'une chute du gréement, quand il était marin dans la *Royal Navy*[628], alors que, pour d'autres sources, il l'aurait perdue au combat durant la guerre d'Indépendance des États-Unis d'Amérique.

> « C'était un Noir unijambiste, coiffé d'un bicorne sur lequel étaient accrochées des plumes de couleurs diverses, vêtu d'un gilet écarlate sous une veste bleue d'officier de marine et d'un pantalon de toile sur sa jambe valide. Il grattait son crincrin en même temps qu'il dansait et virevoltait sur son pilon, avec des pitreries qui déclenchaient l'hilarité du public. »[629]

Devant subvenir aux besoins de sa femme et de ses deux enfants[630], Billy Waters, que l'on appelait également « Black Billy », se produisait, dans les années 1780, devant l'*Adelphi Theatre*. La particularité de ses « pitreries » lui valut une célébrité qui le conduirait à monter sur les planches, en vue de l'interprétation de son propre rôle[631]. On l'avait

---

[627] In *Les mendiants de Londres*, Bibliothèque universelle des sciences, belles-lettres et arts, Tome XL, Genève et Paris, 1829, p. 99.

[628] In *Staying Power : the history of black people in Britain, op. cit.*, p. 231.

[629] In *La Sonate à Bridgetower (sonata mulattica)*, Emmanuel Dongala, Actes Sud, Arles, 2017, p. 185.

[630] In *Billy Waters, Portraits people & Abolition*, National Portrait Gallery, Londres, consulté le 30 avril 2020. Voir le lien ci-dessous.
https://www.npg.org.uk/learning/digital/history/abolition-of-slavery/billy-waters.php.

[631] In *Billy Waters, Adelphi Theatre, the Strand*, Museum of London Docklands, article consulté le 30 avril 2020. Voir le lien ci-dessous.
http://archive.wikiwix.com/cache/index2.php?url=http%3A%2F%2Fwww.museu moflondon.org.uk%2FDocklands%2FWhats-on%2FGalleries%2FLSS%2FMap%2FBlackPresence%2FPeople%2F84.htm.

surnommé l'« Américain », car il ne venait pas du continent africain, ni des colonies britanniques, mais d'Amérique[632].

Billy Waters avait été l'une des 10 000 personnes d'origine africaine qui essayaient à cette époque, d'une manière ou d'une autre, de gagner leur vie en Angleterre. Il était très pauvre et on racontait qu'il avait évité à deux reprises le châtiment de la trépigneuse (*treadmill*) grâce à sa jambe de bois. En raison de sa célébrité et de l'estime de ses pairs, Waters fut élu à l'unanimité, peu de temps avant sa mort, « Roi des mendiants »[633]. La consécration se déroula lors d'un rassemblement dans la paroisse de *Saint Giles's Workhous*.

Sa petite pension de la marine était tellement insignifiante que, racontait-on, Billy Waters avait dû vendre son violon. Il aurait aussi négocié, paraît-il, sa jambe de bois mais elle ne valait rien à l'usure.

Billy Waters tomba sérieusement malade et dut entrer le 10 mars 1823 à l'hospice de *Saint Giles's Workhous* où, le 21 mars 1823, il rendrait l'âme[634]. Il fut enterré au cimetière de *Saint Pancras church*.

Black Billy Waters avait écrit son testament en vers, et l'une des strophes disait[635] :

> *Et ainsi, le pauvre Black Billy fit son testament*
> *Ses biens étaient très maigres,*
> *Car, jusqu'au jour où la mort vint le chercher,*
> *Il transportait sa maison sur son dos.*
> *L'Adelphi peut maintenant dire « hélas ! »*
> *Et ériger une pierre en sa mémoire :*
> *Leur or sera échangé contre du laiton,*
> *Puisque le pauvre Black Billy est mort et enterré.*

Quelque temps après le décès de Billy Waters à l'âge de 45 ans, on réalisa des figurines de porcelaine à son effigie. Cela fut possible

---

[632] In *La Sonate à Bridgetower (sonata mulattica), op. cit.*

[633] In *Londres : deux lieux incontournables de la recherche sur l'Afrique*, Nicolas Michel, *Jeune Afrique*, article mis en ligne le 28 décembre 2015 et consulté le 30 avril 2020 – https://www.jeuneafrique.com/mag/289654/culture/londres-deux-lieux-incontournables-de-recherche-lafrique.

[634] In *Billy Waters, Portraits people & Abolition, op. cit.*

[635] In *Billy Waters, Adelphi Theatre, the Strand, op. cit.*

notamment à l'initiative des ateliers de poterie du Staffordshire[636]. Cette reproduction se fit aussi en porcelaine de Derby[637], ainsi qu'à l'occasion d'une réédition datée de 1862 au *Victoria and Albert Museum*.

Sir David Wilkie avait immortalisé Billy Waters en 1815 en ayant peint le portrait qui le montre digne et fier, alors qu'il avait souvent joué le clown en public. Ainsi le peintre britannique lui avait-il attribué une mine sérieuse et un caractère davantage puissant. Au *Royal Museums Greenwich*, dans la collection Michael Graham-Stuart, les visiteurs pourraient donc admirer cette représentation de Billy Waters en pied (huile sur toile 274 x 212 mm), légèrement à gauche de la salle, le montrant vêtu d'un gilet rouge, une chemise blanche, un foulard jaune et un pantalon foncé, avec une ceinture en cuir autour de sa taille[638]. Billy Waters avait également été caricaturé par l'artiste George Cruikshanken, en particulier dans une gravure qui avait été faite en 1819 ; on le voit en train de divertir une foule lors d'un « célèbre dîner » fictif de personnes impliquées dans le mouvement pour l'abolition de l'esclavage.

---

[636] In *Billy Waters*, Victoria & Albert Museum, C.38-2002, consulté le 30 avril 2020 – http://collections.vam.ac.uk/item/O68688/billy-waters-figure-keys-edward.
[637] *Ibidem*, C.317-1916.
[638] In *Billy Waters*, Royal Museums Greenwich, ID Objet : ZBA2427, ID de repro : f5915 – consulté le 30 avril 2020. Voir le lien ci-dessous.
https://collections.rmg.co.uk/collections/objects/254220.html.

XXXII – Mary Prince : la diseuse de vérité

Mary Prince était une esclave des Bermudes britanniques. Elle vint au monde vers 1788 des parents asservis, quelques mois avant la Révolution française de 1789, à Brackish Pond, actuellement Devonshire Marsh[639]. Son père nommé Prince, un bûcheron qui avait suivi la formation de scieur, appartenait en bonne et due forme aux frères Francis et David Trimmingham, ce dernier ayant été constructeur de bateaux à Crow-Lane. Sa mère, qui œuvrait comme domestique à domicile, était la propriété de Charles Myners.

> « Oh les horreurs de l'esclavage ! Comme cette pensée me fait mal au cœur ! Ce que mes yeux ont vu, je pense qu'il est de mon devoir de le [révéler]. La vérité doit être dite parce que peu de gens savent ce qu'est l'esclavage. »[640]

Toute la famille de Mary Prince fut vendue, à la mort de leur propriétaire Charles Myners, comme domestiques au capitaine Richard Darrell. Ce dernier offrit la mère de Mary et ses trois gamines à sa fille Sarah qui était l'épouse du capitaine Williams (Mr Pringls) – Mary devenant ainsi, du fait de cette transaction financière, la

---

[639] Celle-ci déclencherait des mouvements libérateurs aux Antilles françaises voisines, notamment à Saint-Domingue. Lire le chapitre sur Toussaint Louverture.

[640] In *The History of Mary Prince : A West Indian Slave Narrative*, Mary Prince, F. Westley and A. H. Davis, 3rd ed. London, 1831.

compagne de sa petite-fille, Betsey Williams. Le nouvel acquéreur, dont la propriété était située à Devonshire Parish, était un homme méchant et très peu agréable avec les esclaves, tandis que Sarah Darrell Williams (Mme Pringls) était une maîtresse juste et parfaite.

> « Miss Betsey était la seule fille de Mme Pringls. On avait à peu près le même âge et j'étais très choyée par [elle]. Je l'aimais beaucoup. Elle me tenait par la main et elle m'appelait "sa petite négresse". Cette époque fut la plus belle de ma vie, mais j'étais trop jeune pour bien comprendre ma condition d'esclave. Ma mère domestique, qui était esclave dans la même famille, a eu plusieurs beaux enfants ; trois filles et deux garçons. C'est elle qui nous avait élevés. Les tâches confiées aux enfants étaient légères et on jouait avec Miss Betsey aussi librement que si c'était notre sœur. Notre maître était un homme dur et égoïste, et nous redoutions toujours le moment où il revenait d'un long voyage en mer. Mme Williams, elle-même avait peur de lui et, quand il était là, elle n'osait pas être aussi douce avec les esclaves. Souvent, il la délaissait pour aller retrouver une autre femme dans une île voisine. Ma pauvre maîtresse supportait ces mauvais traitements avec beaucoup de patience. Après ma mère, Miss Pringls était la personne que j'aimais le plus au monde. J'obéissais avec joie à ses ordres, non par peur du pouvoir de la loi du Blanc mais uniquement poussée par l'affection que je lui portais. »[641]

Des revers de fortune ayant empêché Sarah Darrell Williams de garder Mary Prince dans sa famille, la petite esclave fut louée à une voisine. Après la mort de sa femme, le capitaine Williams se remaria. Avec l'aval de sa nouvelle épouse, il vendit la petite esclave en 1800 pour cinquante-sept livres sterling (à peu près 4 484 livres de nos jours) au capitaine John Ingham et à sa cruelle épouse Mary qui vivaient à Spanish Point. Cela promettait. La petite Prince serait-elle tragiquement enchaînée, à l'instar de Prométhée, l'héroïne d'Eschyle ? Métaphore insupportable.

> « Nous avions pris la route pour Hambellion où nous étions arrivées vers 14 heures. Nous l'avions suivie jusqu'à la place du marché. Notre mère, en pleurs, nous avait placées en rond devant une grande maison

---

[641] *Ibidem.*

dos au mur, les bras croisés sur la poitrine. Comme j'étais l'aînée, j'étais la première puis Hannah, Dinah et notre mère debout sur le côté. Mon cœur battait si fort, de peur, je serrais mes mains sur ma poitrine mais ça ne me calma pas, et il continua de cogner comme s'il allait jaillir hors de mon corps [...]. Le maître des enchères qui devait nous mettre en vente comme des moutons, ou des vaches, avait fini par s'approcher et demander à ma mère laquelle de nous était la plus âgée. Sans un mot, elle m'avait montrée du doigt puis l'homme m'a prise par la main, m'avait emmenée au milieu de la rue pour m'exposer à la vue des gens. J'étais vite entourée de gens qui me scrutaient ou me palpaient de la même manière que chez un boucher au moment d'acheter de la viande, et qui parlaient de ma forme et de ma taille. Avec les mots, il parlait comme si je ne pouvais plus comprendre leur signification.

» J'avais ensuite été mise en vente. L'enchère avait commencé à quelques livres, et avait progressivement augmenté à cinquante-sept livres, quand j'avais été vendue au plus offrant ; et les gens [...] m'avaient dit que la somme versée était plus [élevée] pour un si jeune esclave.

» Mes sœurs étaient, à leurs tours, vendues. Notre mère, en pleurs, nous avait serrées dans ses bras et embrassées. Elle nous avait dit d'être courageuses et obéissantes. »[642]

Les deux sœurs de Mary Prince, ayant subi le même sort, leur mère fut séparée pour la toute première fois de ses trois filles.

À l'âge de 12 ans, pour la deuxième fois, Mary Prince se retrouva donc chez un nouveau maître. Ce dernier se nommait John Ingham. Il ne pouvait qu'être, s'imagina-t-elle, moins bienveillant par rapport à Sarah Darrell Williams. Effectivement, ce serait la descente aux enfers. Un vrai cauchemar ! Son propriétaire, qui était une terreur, avait entre-temps capturé une femme qui s'appelait Etti. La captive se lierait d'amitié avec Mary.

« Cette femme était la plus travailleuse que je n'avais jamais vue. J'aimais la regarder, c'était le seul visage amical que j'avais vu jusqu'à présent. Elle me donna un bon dîner et une couverture qu'elle [avait confectionnée] elle-même. Cette nuit-là, comme elle n'avait pas terminé [le travail], son maître attrapa sa rigoise (son fouet) et juste après j'entendais les lanières claquer et les cris d'Etti réson-

---

naient dans toute la maison. Elle répétait : "par pitié, maître, ne me tuez pas complètement". »[643]

Mary Ingham, une femme abominable et une maîtresse méchante, était encore plus féroce que son époux. C'était elle qui, dans le but de maîtriser la nervosité qui l'animait sans cesse, grondait ou frapper les deux petits garçons de la maison. Il s'agissait d'un mulâtre appelé Sirus qui, arraché des bras de sa mère, avait été acheté tout bébé ; l'autre, Jack, était un Africain de la côte de Guinée qu'un marin avait vendu, ou donné, à John Ingham. Ces deux enfants étaient sévèrement traités, sans aucune raison.

« Mes maîtres semblaient tous deux penser qu'ils avaient le droit de les maltraiter, comme ils voulaient et souvent ils accompagnaient leurs ordres de coups. J'avais vu leurs chairs en lambeaux avec des entailles à vif. Jamais ils n'avaient été un seul instant à l'abri d'un coup et ils vivaient continuellement dans la peur. Ma maîtresse ne se contentait pas d'utiliser le fouet, souvent elle les pinçait aux bras et au visage de la manière la plus cruelle. Mais ma pitié pour ces pauvres enfants s'était vite retournée contre moi-même car je fus tailladée, fouettée, pincée par ses doigts impitoyables et j'étais exactement comme eux. Me mettre toute nue, me pendre par mes poignets, me tailler la chair avec la rigoise constituaient une punition ordinaire même pour des petites choses. Une fois, j'avais réussi à m'échapper. Je ne savais pas où j'avais trouvé la force, mais j'[avais] pu m'enfuir chez ma mère qui vivait chez Mr Richard Darrell. Ma mère était effondrée de me voir dans cet état. Pour me soigner, elle m'[avait] cachée dans un trou de rocher près de la maison. Elle m'apportait à manger la nuit, une fois que tout le monde dormait. Mon père, qui vivait toujours à Cuaren, avait fini par apprendre où j'étais cachée et il était venu me chercher pour me ramener chez mon maître. Je ne voulais pas y retourner, mais j'étais forcée d'obéir. En arrivant à la maison, mon père avait dit au maître Ingham : "Monsieur, je suis désolé que mon enfant ait dû s'enfuir de chez son propriétaire, mais le traitement qu'elle a reçu est suffisant pour me briser le cœur ; d'ailleurs, la vue de ses blessures a failli briser le mien. Pour l'amour de Dieu, je vous supplie de lui pardonner sa fuite et d'être à l'avenir un bon maître pour elle." Le Capitaine Ingham avait répondu que

---

[643] *Ibid.*

j'étais traitée comme je le méritais et que je devais être punie pour m'être enfuie [...]. »[644]

Le calvaire de Mary Prince, dans la famille Ingham à Spanish Point, dura à peu près une demi-douzaine d'années. John Ingham se décida finalement à se séparer d'elle. Ainsi l'embarqua-t-il un beau jour de l'année 1806 à destination des îles des Caraïbes que l'on appelait les îles Turques et Caïques, où le sel était la principale ressource, produite et commercialisée. Son nouveau propriétaire, qui détenait d'ailleurs des marais salants, se nommait Robert Darrell. Sa résidence était située à l'intersection de Middle Street et Market Street sur l'île Grand Turk. Il était le cousin de Richard Darrell, chez qui la mère de Mary Prince vivait, à Cavendish Hall à Devonshire Parish.

« J'avais été immédiatement envoyée dans l'eau salée avec les autres esclaves. On m'avait donné un seau et une pelle et je devais me tenir à genoux de quatre heures du matin à neuf heures du soir. On nous avait donné alors du maïs indien bouilli dans l'eau que nous devions avaler le plus rapidement possible, de peur que la pluie ne tombe et ne fasse fondre le sel. Le soleil flamboyait sur nos crânes comme du feu et provoquait des cloques [...] sur des parties du corps qui n'était pas complètement couvertes. Du fait de rester tant d'heures dans l'eau salée, nous avions les pieds et les jambes pleins de terribles furoncles qui, parfois, nous rongeaient jusqu'à l'os. On travaillait jusqu'à la nuit noire et terminait après avoir fait de grand tas de sel. De retour à la maison, notre maître distribuait à chacun sa ration de maïs cru que nous devions piler pour le faire bouillir. Nous dormions dans une sorte de grand hangar divisé en parcelles étroites comme des stalles pour le bétail. Pour seul lit, on avait des planches fixées à des piquets dans la terre sans matelas ni couverture. Aussi le dimanche matin, après avoir lavé les sacs à sel, on allait dans la broussaille chercher une grande herbe douce. On en faisait de petits fagots pour en poser nos pieds et nos jambes. Ils étaient si pleins de furoncles qu'aucun repos n'était possible à même les planches. Même en travaillant de l'aube jusqu'à la nuit, rien ne pouvait satisfaire Mr Robert Darrell. Je croyais que ma vie serait meilleure loin de mes Capitaines Ingham, mais j'avais vite compris que je n'avais fait que passer d'un boucher à un autre. Mon ancien maître avait l'habitude

---

[644] *Ibid.*

de me frapper furieusement en écumant de rage. M^r [Robert] Darrell, lui, gardait toujours son calme. Il donnait ses ordres pour qu'un esclave soit cruellement fouetté et […] en déambulant, il assistait au châtiment sans aucune émotion. Rien ne pouvait toucher son cœur de pierre, ni les larmes, ni les soupirs ni le sang ni les prières. M^r [Robert] Darrell, lui-même, m'avait souvent mise toute nue, suspendue par les poignets, taillée avec la rigoise de ses propres mains jusqu'à ce que mon corps soit écorché à vif. Voilà un exemple qui montrait bien de quelle manière les esclaves étaient traités, sur cette île, et cela n'avait rien d'exceptionnel. »[645]

Mary Prince passa à peu près dix années à travailler dans les salines des îles Turque et Caïques lorsque son maître céda ses affaires à son fils. Robert Darrell se retira en effet, avec sa fille, dans la maison qu'il possédait aux Bermudes. Il embarqua l'esclave noire, avec eux, pour la faire travailler comme domestique.

« J'étais contente parce que j'étais malade [à] l'île Turque et que mon cœur se languissait de [revoir] ma terre natale, ma mère et ma famille. Mr Robert Darrell avait l'habitude dégoûtante de me demander de le laver, quand il était tout nu dans son baquet. Pour moi, c'était pire que les coups. Parfois, quand il m'appelait pour le laver, je n'y allais pas. J'avais honte de le voir, il venait alors pour me battre. Une fois il m'avait frappée si durement ; c'est pour cela que, finalement, j'avais décidé qu'il était grand temps de me défendre. Je lui avais dit que je ne voulais plus vivre avec lui car il était trop vil, trop méchant, trop indécent, sans aucune pudeur avec ses serviteurs comme avec [lui-même]. »[646]

Après les faveurs de Mary Prince, Robert Darrell décida de l'emmener travailler plus loin, à Antigua, où John Adams Wood Jr finirait par l'acheter en 1815, pour quelques centaines de dollars[647]. Mais, à cause des mauvais traitements, elle était en proie aux rhumatismes et à l'érysipèle à la jambe gauche, voire elle commençait à devenir impotente. Elle espéra que ses nouveaux maîtres allaient lui confier de

---

[645] *Ibid.*

[646] *Ibid.*

[647] In *They Bought Me as a Butcher Would a Calf or a Lamb*, Sara Wajid, *The Guardian*, Manchester, 19 octobre 2007.

meilleures tâches, comme garder l'enfant de la famille. Mais Madame Wood avait déjà tout prévu, en ayant engagé une femme pour s'occuper du nourrisson. La nouvelle recrue s'appelait Marta Willcops. Cette dernière se prenait pour une grande dame et s'autorisait à donner des instructions à Mary Prince et prenait des initiatives, comme si elle était la maîtresse de maison.

> « Je trouvais très dur qu'une femme de couleur me donne des ordres ou ait un droit sur moi parce qu'elle était libre et que, moi, j'étais esclave. Elle avait du toupet, un sacré toupet. Sans aucune raison elle se payait ma maîtresse, pour la pousser à se mettre en colère. Madame Wood m'avait dit clairement que si je ne faisais pas plus attention, elle dirait à mon maître de me déshabiller et de me donner cinquante coups de fouet. La mulâtresse se réjouissait de pouvoir me rabaisser. Elle me créait des ennuis, sans arrêt. Du jour où elle était arrivée, il n'y avait plus de paix, plus de repos pour les esclaves. »[648]

Le domaine de ses propriétaires était plus vaste que ce que Mary Prince ne pouvait s'imaginer. Quelques endroits de cette immense propriété servaient souvent de lieux de rassemblements religieux de personnes asservies, dont elle ne soupçonnait pas l'existence. À Noël de l'année 1817, l'esclave qui gardait cet espace foncier lui demanda de l'accompagner à une cérémonie méthodiste sur la plantation où vivait son mari.

> « Je l'avais suivie et pour la première fois, j'avais compris ce que voulait dire prier. Une femme avait dit une prière et toute l'assemblée avait chanté, puis il y [avait] eu une autre prière et un autre chant et, tour à tour, chacun parlait de ses propres souffrances, comme Henrie, le mari de la femme que j'avais accompagnée. Il était commandeur surveillant d'esclaves. Il confessa que c'était horrible d'avoir à battre sa propre femme ou sa sœur mais qu'il était obligé d'obéir à son maître. Moi aussi, j'avais regretté mes péchés mais j'avais trop honte pour en parler. J'avais pleuré, toute la nuit j'avais prié Dieu pour qu'il puisse me pardonner. Cette réunion m'avait profondément impressionnée et m'avait menée jusqu'à l'église des frères Moraves. Dès que j'en avais l'occasion,

---

[648] *Ibidem.*

je suivais leur enseignement avec application. »[649]

Trois missionnaires – Mesdames Richter, Olufsen et Sauter (Saut-ter) – de la congrégation morave[650], à Spring Gardens à Saint John's, apprirent à Mary Prince à lire et à écrire, en même temps que d'autres personnes. Jeunes, vieux, la plupart étaient des individus libres. Elle serait également baptisée.

> « Après la leçon d'orthographe, on s'exerçait à lire la Bible. La lecture terminée, la missionnaire nous donnait un cantique à chanter. J'aimais beaucoup aller à l'église. C'était si solennel. Si j'avais demandé à ma maîtresse, elle ne m'aurait pas donné la permission d'y aller. Avant de fréquenter cette église, je ne savais pas à quel point j'avais péché. Lorsque j'avais réalisé que j'étais une grande pécheresse, j'en étais très effrayée et très affligée. Je priais Dieu de me pardonner chacune des fautes que j'avais commises pour l'amour du Christ. Je gardais toujours à l'esprit ce que les missionnaires m'apprenaient, car je voulais tout faire pour mériter d'aller au Paradis. »[651]

Le dimanche était consacré aux réunions religieuses à l'île d'Antigua. Celle-ci avait été découverte en 1493 par le navigateur génois Christophe Colomb, qui l'avait nommé ainsi. Finalement, après avoir été détachée du service direct de Robert Darrell au profit de John Adams Wood Jr, Mary Prince fut mutée à Cedar Hill pendant un certain temps. Elle s'adonnerait désormais à quelques activités pour ses nouveaux maîtres, en nettoyant des vêtements. La fin de semaine, quand ses propriétaires s'absentaient, elle disposait de beaucoup de temps. Cela lui permettait de travailler pour son compte. Elle voulait, par tous les moyens honnêtes, gagner assez d'argent afin de pouvoir racheter sa liberté. Elle lavait du linge, vendait des ignames et des vivres aux capitaines des navires. Elle négociait un porc entier bon marché, à bord d'un bateau, et le revendait le double du prix d'acquisition

---

[649] *Ibid.*

[650] L'une des provinces de la *Communion Unitas Fratrum* qui rassemble les Frères Moraves des Petites Antilles. Elle est membre du Conseil œcuménique des églises et de la *Conférence des Églises de la Caraïbe.*

[651] In *They Bought Me as a Butcher Would a Calf or a Lamb, op. cit.*

une fois sur le quai. Elle se faisait un bon bénéfice en proposant aussi du café.

> « Peu à peu j'avais pu me faire un peu de pécules et j'avais fini par demander à mes maîtres l'autorisation d'acheter ma liberté. Madame Wood s'était mise alors très en colère. Elle m'avait couverte d'injures, m'avait traitée de diable noir et m'avait demandée qui m'avait mis la liberté dans la tête. Je lui avais répondu que "la liberté était si douce !". »[652]

En décembre 1826, plus précisément à Noël, Mary Prince épousa Daniel James, un ancien esclave qui s'était affranchi moyennant finance. Il travaillait comme charpentier et tonnelier. Le mariage fut célébré par le révérend M. Olufsen dans la chapelle morave de Spring Gardens. Cette « transgression » vaudrait à la jeune mariée un passage à tabac de la part de son maître. Elle raconterait plus tard que, outre le tabassage, parmi « la punition ordinaire » qu'elle subissait « même pour une légère offense », on la déshabillait, la suspendait par les poignets et l'étendait nue sur la peau de vache.

En 1828, John Adams Wood Jr et sa famille se rendirent à Londres où leur fils devait poursuivre ses études. Ils emmenèrent Mary Prince James, âgée d'une quarantaine d'années, comme servante. Même si l'esclavage était à cette période illégal en Grande-Bretagne, elle ne pouvait ni subvenir à ses besoins, ni retourner auprès de son mari sans être asservie.

> « J'étais en Angleterre, mais sans savoir où aller ni comment gagner ma vie. J'étais étrangère ici, je ne connaissais personne et je ne voulais pas partir. À la suite d'une nouvelle querelle, M[r] [John Adams] Wood m'avait menacée de nouveau d'appeler un agent de police pour me renvoyer dehors. Alors j'avais enfin pris courage, et j'avais décidé de ne plus être traitée de cette façon. »[653]

Par conséquent, Mary Prince James préféra se réfugier dans l'église de Hatton Garden. Elle finit par faire la connaissance, dans la maison

---

[652] *Ibidem.*

[653] In *The History of Mary Prince, op. cit.*

de Dieu, de Thomas et Margaret Pringle. Le mari, Thomas, était un écrivain et abolitionniste écossais. Il s'occupait du secrétariat de l'*Anti-Slavery Society* d'Aldermanbury. Cette structure offrait une assistance administrative, ou sociale, aux Noirs qui étaient dans le besoin.

> « Une femme m'avait parlé de la société contre l'esclavage et m'avait accompagnée à leur bureau pour voir s'il pouvait m'aider pour retourner libre aux Antilles. Les messieurs de cette société nous avaient conduites chez un avocat qui avait étudié scrupuleusement ma situation. C'était le premier hiver que je passais en Angleterre. J'avais beaucoup souffert du froid, je louais une chambre dans une pension. Je devais acheter le charbon et les chandelles ; au bout de onze semaines, il ne me restait plus rien de l'argent que j'avais économisé. J'avais dû retourner à la société contre l'esclavage pour demander du secours. Grâce à Dieu, j'étais entrée au service de M. et Mᵐᵉ Pringle chez qui j'étais depuis. Je m'étais fait de nombreux amis, dont le prêtre de ma paroisse. Grâce à lui je voyais mieux, j'entendais mieux la parole du Seigneur. Il me disait qu'il ne pouvait m'ouvrir les yeux du cœur et que je devais prier Dieu pour qu'il transforme mon cœur et qu'il me fasse connaître la vérité, car selon lui seule la vérité me rendrait libre. »[654]

En 1829, en compagnie de leurs deux filles qui vivaient à Londres, John Adams Wood Jr et sa famille retournèrent à Antigua dans les mers des Caraïbes. Thomas Pringle entreprit des démarches en vue de l'affranchissement, sur le plan juridique, de Mary Prince James[655]. Mais son propriétaire réagit par la négative à la proposition d'un accord à l'amiable. Il déclina donc l'offre de rachat. Le refus de la libérer n'augurait rien de positif. Tant que l'esclavage demeurait légal à Antigua, Mary Prince ne pourrait pas retourner auprès de son mari. Elle resterait *de facto* l'esclave de la famille Wood. Aucun compromis n'ayant été trouvé, les membres de l'une des commissions de l'association anti-

---

[654] *Ibidem.*

[655] In *The Times*, 1ᵉʳ mars 1833, p. 6 : « Mʳ H. W. Ravenscroft, un avocat, [avait] déclaré qu'en 1829, il avait proposé au demandeur [Mʳ H. W. Ravenscroft, c'est-à-dire John Adams Wood Jr] de [libérer] Mary Prince, ce qu'il [avait] refusé. L'argent [avait] été offert, mais le demandeur [avait] refusé à toutes conditions ; et [il avait] dit qu'il ne bougerait pas un [iota]. »

esclavagiste adressèrent des pétitions au gouvernement britannique pour obtenir la libération inconditionnelle de Mary Prince. Mais cette démarche n'aboutit à rien. Finalement, quelques personnes faisant partie d'une commission de cette structure pro-abolitionniste sollicitèrent l'aide du Parlement. Entre-temps, le projet de loi pour la libération de tous les esclaves des Antilles, dont les propriétaires les avaient en toute liberté amenés en Angleterre, fut rejeté par les parlementaires. Cela renforça néanmoins le sentiment anti-asservissement de plus en plus croissant qui régnait à cette époque. Lorsque Mary Prince James perdit son emploi, Thomas Pringle et son épouse Margaret, qui, en Grande-Bretagne, la connaissaient depuis au moins une année, l'embauchèrent comme domestique. Ils continuèrent à l'héberger à leur domicile. Elle vécut en Angleterre jusqu'en 1833, année au cour de laquelle elle témoigna dans les deux affaires de diffamation[656].

Pourquoi les esclaves étaient-ils si essentiels dans les autres pays, alors qu'en Angleterre il n'y en avait pas ? Pourquoi disait-on que les esclaves étaient heureux dans l'asservissement, alors que personne ne saisissaient la vérité, ne serait-ce que par l'esprit ? Telles étaient les questions que ne cessait de se poser Mary Prince James, l'ancienne esclave qui voulait faire éclater la vérité, la faire connaître aux Anglais. Ayant été une personne asservie, elle était la mieux placée pour pouvoir dire aux citoyens britanniques de prier Dieu et de demander, avec ardeur, à leur roi d'affranchir tous les Noirs non libres.

> « Elle [avait tenu] à rendre compte de son existence. Une militante abolitionniste [avait pris] en note ce qu'elle [avait] dit ; un avocat, Thomas Pringle, l'[avait mis] en forme avec l'intention de peser en faveur de l'abolition devant Westminster et l'opinion [publique]. »[657]

---

[656] Selon *The Times*, à propos de l'affaire de diffamation *Wood v. Pringle*, Mary Prince n'avait témoigné qu'à la fin de février 1833. Elle vivait dans le Old Bailey. Thomas Pringle l'avait défendue à raison de dix ou douze shillings par semaine, car elle était sans travail depuis le mois de juin précédent. In *The Times*, 1er mars 1833, p. 6.

[657] In *Mary Prince une esclave dans les colonies britanniques*, Jean Lebrun, *Le témoin du vendredi*, avec comme invitée la comédienne Souria Adèle, émission de *France Inter* intitulée *La marche de l'Histoire*, diffusée le 12 décembre 2014.

Son autobiographie, publiée en Angleterre en 1831 grâce à l'écrivaine britanno-canadienne Susanna Moodie, née Strickland, fut un succès de librairie. L'ouvrage figura parmi les publications qui, auprès des sujets de Sa Majesté, populariseraient le plus le mouvement pour l'abolition de l'esclavage[658]. Ce récit, premier du genre écrit par une femme sur cette condition, souleva effectivement des vagues. Le scandale fut assuré au point d'obliger l'ancien propriétaire de Mary Prince, John Adams Wood Jr, de sortir de sa posture attentiste et opportuniste. Il poursuivit, sans succès[659], les éditeurs pour diffamation[660]. Le livre de Mary Prince ne figurerait dans les *Archives des Bermudes*, grâce à un universitaire américain, que cent cinquante années plus tard.

En tout cas, le témoignage de Mary Prince James, lequel fut porté aussitôt à la connaissance des parlementaires, émut beaucoup l'opinion publique. Il servirait à la préparation de la loi de 1833 sur l'abolition de l'esclavage dans les colonies britanniques. Cette loi deviendrait effective dans lesdits territoires en 1834.

Mary Prince James décéda vers 1833. Le 1er août 1838, quelque 800 000 esclaves vivant dans les colonies britanniques des Caraïbes firent libérés, suite à l'adoption de la loi sur l'abolition de l'esclavage. Celle-ci avait été votée par le Parlement de Grande-Bretagne deux années après la publication de son livre.

[658] In *Noire et femme, la voix de la démocratie : de la zoologie à la subjectivation politique*, Frédéric Regard, *The History of Mary Prince, op. cit.*, Sarga Moussa (dir.), *Littérature et esclavage*, 2010.

[659] *Pringle v. Cadell*, Cour des plaidoyers communs, 21 février 1833. Thomas Pringle avait reçu des dommages-intérêts de cinq livres contre Cadell, l'éditeur londonien de *Blackwood's Magazine*. Thomas Cadell lui avait payé cent soixante livres. L'édition de novembre 1831 du magazine contenait un article de l'écrivain pro-esclavagiste James MacQueen contestant l'exactitude du récit de Pringle sur la vie de Mary Prince. L'article suggérait que Thomas Pringle avait déformé ou supprimé des faits, et impliquait également une insulte à ses relations féminines. In *The Times*, 22 février 1833, p. 4.

[660] *Wood v. Pringle*, Cour du banc (*King's Bench*) du roi, 27 février 1833. John Adams Wood Jr, l'ancien maître de Mary Prince, avait finalement gagné vingt-cinq livres de dommages et intérêts, mais pas de frais, après avoir produit des témoins pour persuader la cour que le portrait relatif à son caractère général décrit dans le livre était injuste, et que les accusations de son ancienne esclave avaient été exagérées. In *The Times*, 1er mars 1833, p. 6.

À la suite de quelques recherches, la comédienne martiniquaise Souria Adèle proposerait à la manufacture de Paris une première toile représentant Mary Prince James en Angleterre en compagnie d'abolitionnistes. D'ailleurs, l'actrice déciderait d'adapter au théâtre l'autobiographie de l'ancienne esclave pour mettre en lumière les souffrances, résiliences et résistances de ces femmes et hommes ayant été injustement privés de liberté.

> « Cette lecture m'a bouleversée. C'est le premier témoignage d'esclave que je lisais. J'ai compris à quel point les fictions sur ce sujet étaient souvent édulcorées ou fantasmées. En réalité, personne n'a idée de ce qu'est l'esclavage. D'autant que, dans le monde francophone, on ne dispose d'aucune parole de cette qualité, hormis des notes de procès ! »[661]

En effet, pour Souria Adèle, si les protestants du monde anglophone avaient appris aux esclaves à prendre connaissance de la Bible – leur ayant au moins donné, de fait, accès à la lecture –, ce n'était pas du tout le cas en France censée être le pays par excellence des Droits de l'Homme et du Citoyen.

> « Si la France a autant de mal à intégrer l'esclavage dans son récit national, c'est aussi parce que [les Français ont manqué] de tels témoignages. C'est une ineptie de vouloir lutter contre le racisme sans parler de ce crime puisque la racialisation [est née], justement, à cette époque. Mary Prince parle pour toutes les Mary Prince guadeloupéennes, martiniquaises, réunionnaises dont on n'a pas les récits. C'est très important pour les adolescents de découvrir cette histoire écrite à la première personne, qui prend aux tripes et humanise les victimes de l'esclavage. La Caraïbe y gagne alors une autre profondeur. »[662]

Le 26 octobre 2007, à l'initiative du *Nubian Jak Community Trust*, une plaque commémorative a été dévoilée à Bloomsbury, où avait autrefois vécu Mary Prince James. Cette même année, le *Museum in*

---

[661] In *Souria Adèle présente Mary Prince*, article publié sur le site Internet de l'association *Multikulti Media*, consulté le 20 avril 2020 – https ://dailleursetdici.news/la-plume-pour-temoigner.
[662] *Ibidem.*

Docklands a ouvert une nouvelle galerie et exposition permanente intitulée *London, Sugar & Slavery*, considérant Mary Prince comme l'un des auteurs qui ont joué un rôle crucial dans la campagne de l'abolition de l'esclavage dans l'Empire colonial britannique[663].

Le 18 juin 2012, Mary Prince, épouse James, a été choisie comme héroïne des Bermudes pour la journée nationale des Héros, laquelle est fériée dans l'archipel. On a de plus en plus parlé de sa courageuse et exemplaire démarche, à cette occasion, dans les associations, à travers des livres, spectacles, musées…

---

[663] In *London, Sugar & Slavery Opens At Museum In Docklands*, Sara Wajid, *Cukrure 24*, consulté le 20 avril 2020 – https://www.culture24.org.uk/history-and-heritage/art51852.

XXXIII – David Walker : un Américain loyal

Depuis ses débuts à la fin des années 1700, à l'exception de l'implication active de quelques structures quakers, l'abolitionnisme concernait presque entièrement le combat des Noirs aux États-Unis d'Amérique. La part afférente à ces actions était menée par des structures des Noirs, comme les *Prince Hall Masons* et la *Massachusetts General Colored Association*. Leur objectif était double : protester en toute efficacité contre les maux de l'esclavage et contester les politiques de ségrégation. Celles-ci étaient soutenues en ce temps, dans une certaine proportion, par la plus grande majorité des Blancs. Or, les Noirs libres espéraient seulement devenir des citoyens américains à part entière. Ainsi devraient-ils à tout prix mener, d'une manière ou d'une autre, l'ultime combat pour la reconnaissance et la plénitude du droit à l'égalité[664].

En 1829, après s'être installé à Boston en provenance de la ville de Charleton dans le comté de Worcester dans le Massachusetts dans la région de Nouvelle-Angleterre, avec le soutien de la *National Grand Lodge*, qui serait plus tard appelée *Prince Hall Freemasonry,* David Walker publierait un *Appel aux citoyens de couleur du Monde*[665] en

---

[664] In *David Walker's Life*, article mis en ligne sur le site Internet *The David Walker Mémorial Projet* et consulté le 7 mai 2020. Voir le lien ci-dessous. https://sites.google.com/site/davidwalkermemorial/david-walker/david-walkers-life.

[665] In *Walker's Appeal*, dans *Four Articles ; Together with a Preamble, to the*

vue de leur unité, ainsi que de leur entraide dans la lutte contre l'esclavage et l'injustice.

L'*Appel* de David Walker attirerait l'attention sur les inégalités et les abus dus à l'esclavage, ainsi que sur la responsabilité des gens à agir conformément aux principes religieux et valeurs politiques dans leur acception la plus humaniste. La publication de ce document susciterait de la consternation chez certains individus. Beaucoup de personnes noires seraient à titre personnel contrariées non pas forcément par les convictions que défendait David Walker, mais à cause de la crainte de la répressive réaction de différentes administrations étatiques.

En tout cas, par rapport au *Walker's Appeal*, des lois interdisant la diffusion de « publications séditieuses » seraient adoptées à très moyen terme dans bon nombre d'États comme la Caroline du Nord. Leurs drastiques aspects frôleraient l'inhumanité. Effectivement, dans cet État,

> « le législateur [voterait] les mesures les plus répressives jamais adoptées […] pour contrôler les esclaves et les Noirs libres »[666].

Mais les réactions négatives et cruelles ayant été générées par cet *Appel* ne décourageraient pas son auteur qui, dans un passé le plus récent, avait voyagé dans presque tout le Sud des États-Unis où il avait été témoin de nombreux récits cauchemardesques, dont celui d'un fils contraint de fouetter sa mère à mort. De telles injustices avaient probablement conditionné l'état d'esprit de Walker, endurci son caractère et conforté son engagement pour l'abolition de l'esclavage[667]. À maintes reprises témoin de la barbarie due à l'asservissement, David Walker avait déclaré un jour :

Coloured Citizens of the World, but in Particular, and Very Expressly, to Those of the United States of America, David Walker, University of North Carolina., article mis en ligne le 7 juin 2012, consulté le 5 mai 2020. Voir le lien ci-dessous. https://docsouth.unc.edu/nc/walker/menu.html.

[666] In *David Walker, 1785-1830, University of North Carolina*, article consulté le 5 mai 2020 – https://docsouth.unc.edu/nc/walker/bio.html.

[667] In *David Walker (abolitionniste)*, article mis en ligne sur le site Internet de *New World Encyclopedia* et consulté le 7 mai 2020. Voir le lien ci-dessous. https://www.newworldencyclopedia.org/entry/David_Walker_ (abolitionist).

« Si je reste dans ce pays sanglant, je ne vivrai pas longtemps… Je ne peux pas rester là où je dois continuellement entendre les chaînes des esclaves et où je dois faire l'objet d'insultes, de leurs hypocrites esclavagistes. »[668]

Par conséquent, le jeune adulte qu'était David Walker avait fini par déménager. Il s'était installé en 1825 à Charleton[669], en Caroline du Sud, où la condition sociale des Noirs libres n'était pas tout à fait mauvaise. Évidemment, l'esclavage était aboli dans le Massachusetts après la guerre d'Indépendance américaine.

David Walker, qui naquit le 28 septembre 1785 (1796 ou 1797) dans la région de Cape Fear, plus précisément à Wilmington en Caroline du Nord et décéda le 28 juin 1830 à Boston dans le Massachusetts, était un Afro-Américain, écrivain et militant anti-esclavagiste[670]. Même si son père avait été asservi et sa mère une femme libre, morte à sa naissance, David était libre au regard du *partus sequitur ventrem*[671]. Il diffuserait le *Freedom's Journal*, la première publication dirigée par des Noirs des États-Unis dans laquelle il ferait paraître le 1er janvier 1829 l'*Appel to the Colored Citizen of the World*. Il le mettrait à jour en 1830 dans un tirage à part.

---

[668] *Ibidem.*

[669] In *David Walker : Black Wilmington Abolitionist, op. cit.*

[670] La date exacte de la naissance de David Walker diverge en fonction des sources. Selon le *Cape Fear Historical Institute*, il serait né le 28 septembre 1785. Son certificat de décès, lequel avait été introduit dans le Commonwealth du Massachusetts est répertorié dans le registre des naissances, mariages et décès, indice de décès de la ville de Boston (1801-1848, 300), indiquait cette date.
Voir aussi *David Walker : Black Wilmington Abolitionist*, dans *Cape Fear Historical Institute*, article consulté le 5 mai 2020. Voir le lien ci-dessous.
http://www.cfhi.net/DavidWalkerBlackWilmingtonAbolitionist.php.

[671] Cette expression latine signifie littéralement « ce qui est accouché dépend de l'utérus ». Souvent abrégé en *partus*, il s'agit d'une doctrine juridique qui était appliquée dans les colonies Nord-américaines britanniques et, plus tard, aux États-Unis. Les colons anglais l'avaient incorporée à la législation relative aux définitions de l'esclavage. Elle était dérivée du droit civil romain d'après lequel le statut d'esclave d'un enfant suivait celui de sa mère. Elle avait donc été largement adoptée dans les lois sur l'esclavage dans les colonies et aux États-Unis d'Amérique qui leur avaient succédé.

David Walker s'affilia à l'*African Methodist Episcopal Church community of activists* (*AME Church*), la première structure méthodiste principalement afro-américaine. Cette Église protestante indépendante avait donc été fondée par des Noirs des États-Unis d'Amérique. Il visita la ville de Philadelphie en Pennsylvanie et vécut, probablement, dans cette agglomération qui était devenue le centre de construction navale et l'emplacement d'une communauté noire active où l'Église AME avait été fondée[672] le 11 avril 1816 par Richard Allen.

Le 23 février 1826, David Walker épousa Eliza Butler, une esclave fugitive et fille d'un nommé Jonas Butler[673]. Ils eurent deux enfants, Lydia Ann, qui décéderait le 31 juillet 1830 à l'âge de 1 an et 9 mois d'une fièvre pulmonaire[674], et Edward Garrison, connu aussi comme Edwin et deviendrait le premier Afro-Américain procureur général de l'État du Massachusetts. Il s'investit dans un premier magasin de vêtements d'occasion, *City Market*, ensuite dans une seconde friperie sur la rue Brattle près des quais. Entre-temps, il aidait des esclaves en fuite, ainsi que les « pauvres et les nécessiteux »[675]. Il participait à des organisations civiques et religieuses à Boston[676]. Il serait jugé en 1828 pour avoir vendu des biens qui auraient été volés[677], mais, comme par enchantement, la suite réservée à cette supposée affaire de recel ne serait pas connue. De plus, cette affaire serait curieusement classée. Miséricorde insondable ! Alléluia !

---

[672] In *To Awaken My Afflicted Brethren : David Walker and the Problem of Antebellum Slave Resistance*, Peter P. Hinks, Pennsylvania State University Press, second print, 2000, pp. 77-79.

[673] In *Edwin Garrison Walker (1830-1901)*, Ryan Hurst, dans le blog de *Blackpast*, article consulté le 5 mai 20120. Voir le lien ci-dessous. https://www.blackpast.org/african-american-history/walker-edward-garrison-1831-1901.

[674] In *To Awaken My Afflicted Brethren : David Walker and the Problem of Antebellum Slave Resistance op. cit.*

[675] In *David Walker, 1785-1830, op. cit.*

[676] In *Walker's Appeal, with a Brief Sketch of His Life*, Henry Highland Garnet, J. H. Tobitt, New York, 1848, VI.

[677] In *David Walker : Black Wilmington Abolitionist, op. cit.*

Le 28 juillet 1826, David Walker fut initié Franc-Maçon dans l'*African Lodge of Boston*[678] de l'obédience *Prince Hall Freemasonry*. Cette organisation, laquelle avait été créée dans les années 1780, s'opposait au traitement discriminatoire contre des personnes noires. Le militant Walker devint ensuite l'un des fondateurs de la *Massachusetts General Colored Association*, laquelle œuvrerait contre la délocalisation, voire l'exportation, des Noirs américains libres vers Afrique subsaharienne de l'Ouest. Il s'investit davantage, en tant que membre, dans les activités de l'église méthodiste du révérend Samuel Snowden[679]. Il prêcha également en public contre l'esclavage et le racisme[680].

Avec Thomas Dalton, un Afro-Américain libre qui consacrait son temps à l'amélioration de la vie des gens de couleur, David Walker supervisa la publication de John Telemachus Hilton *An Address, Delivered Before the African Grand Lodge of Boston*, notamment dans le numéro 459, du 24 juin 1828[681]. Franc-Maçon de *Prince Hall*, John T. Hilton était un abolitionniste afro-américain qui avait été à l'origine des entreprises de coiffure, de vente de meubles et d'agence de placement[682]. Cet homme avait fondé le *Prince Hall National Grand Lodge*

---

[678] In *Noirs et francs-maçons : Comment la ségrégation raciale s'est installée chez les frères américains*, Cécile Révauder, col. *L'univers maçonnique*, Dervy éditions, 2014, p. 76.
Voir aussi *Le petit abécédaire des Francs-Maçons afro-descendants*, Kwamé Maherpa, Mon Petit Éditeur, 2018, p. 43.
Lire aussi *To Awaken My Afflicted Brethren : David Walker and the Problem of Antebellum Slave Resistance, op. cit.*, p. 78.
[679] In *Walker's Appeal, with a Brief Sketch of His Life, op. cit.*, VII. Voir aussi le site Internet *The David Walker Mémorial Projet*, article consulté le 7 mai 2020. Voir le lien ci-dessous.
https://sites.google.com/site/davidwalkermemorial/david-walker/david-walkers-life.
[680] In *David Walker's Appeal to the Colored Citizens of the World*, Sean Wilentz, *Introduction*, Hill and Wang, New York, 1995, p. XIII.
[681] In *On the Annual Festival, of St. John le Baptiste*, John T. Hilton, Boston, 1828, pp. VII-XXIII.
[682] In *Black Entrepreneurs of the English and Nineteenth Centuries*, Federal Reserve Bank of Boston, Massachusetts, mars 2009-février 2010 ; *Museum of African American History Boston and Nantucket*, Massachusetts, mai-septembre 2009, article consulté le 6 mai 2020. Voir le lien ci-dessous.

of North America, dont il avait été le premier Grand Maître National pendant dix années. Il était aussi l'un des membres fondateurs de la *Massachusetts General Colored Association*, en tant qu'animateur de ce mouvement anti-esclavagiste.

De 1827 à 1829, David Walker fut agent de vente d'abonnements à Boston et rédacteur pour l'éphémère (deux années d'existence) mais influente publication *Freedom's Journal*. Ce fut la première publication détenue et gérée par des Afro-Américains aux États-Unis[683]. Entre-temps, à la fin de l'année 1828, Walker devint le principal porte-parole à Boston de la lutte contre l'esclavage.

Le *Walker's Appeal*, qu'il publia le 28 septembre 1829, était un document composé de quatre articles chapeautés par un préambule particulièrement à l'attention des citoyens de couleur du monde, et, en toute urgence, pour ceux des États-Unis d'Amérique. Le but de cette brochure de soixante-seize pages, rédigée à Boston, fut axé sur l'histoire, la sociologie, la philosophie et la théologie. Il consista surtout à encourager les lecteurs à jouer un rôle actif dans la lutte contre l'oppression, quel que soit le risque à encourir. Elle avait donc vocation à faire pression, en fin de compte, sur les Américains blancs pour qu'ils réalisent l'échec moral et religieux à propos de l'asservissement. À l'abolition immédiate de l'esclavage revendiquée par David Walker, position inhabituelle à l'époque, s'opposa la possibilité de l'abolition progressive de l'esclavage ou de la colonisation sur le sol africain préconisée et soutenue par certaines personnes ou groupes d'individus. L'option concernant une suppression diluée dans le temps était inacceptable pour Walker, puisque, tant que l'esclavage existait, même les Noirs libres n'étaient non asservis que de manière

---

https://web.archive.org/web/20120913073312/http://www.economicadventure.org/exhibits/black-entrepreneurs/brochure.pdf.

[683] In *David Walker*, article mis en ligne sur le blog de la *PBS*, Africans in America Resource Bank, consulté le 6 mai 2020. Voir le lien ci-dessous.
https://www.pbs.org/wgbh/aia/part4/4p2930.html.
Voir aussi *Freedom's Journal*, article mis en ligne sur le site Internet de la *PBS*, 1998, consulté le 6 mai 2020. Cf. le lien ci-dessous.
https://www.pbs.org/blackpress/news_bios/newbios/nwsppr/freedom/freedom.html.

théorique. De plus, leur liberté était minime.

Grâce à l'activité commerciale, son magasin étant situé près du front de mer, David Walker pouvait récupérer des vêtements. Il les troquait, contre de la boisson, avec des marins qui débarquaient. Il les revendait ensuite aux marins sur le point d'embarquer. Dans les doublures de ces fripes, il cachait des copies de son *Appel* dans l'espoir de le faire parvenir aux ports du Sud et passer entre les mains d'autres marchands de vêtements d'occasion qui sauraient quoi en faire. Il avait également eu recours aux relais humains, à savoir les marins noirs sympathiques, pour distribuer sans aucun intermédiaire sa brochure[684]. Tous les moyens étaient bons afin de diffuser ce document. Il fallait oser, dans la mesure où, selon un vieux proverbe africain, « l'individu en proie à la diarrhée n'a pas peur de l'obscurité ».

> « [David Walker] était un homme solide, un Américain loyal, un investisseur en capital-risque… un évangéliste passionné, un intellectuel agressif, un journaliste recherché, un théologien subversif, un critique culturel perspicace, un Noir né libre, un activiste dévoué, [et] un philosophe formidable. »[685]

Défiant la discrimination en cours au début du XIXe siècle sur la base de la peau, David Walker cibla spécifiquement des groupes comme l'*American Colonization Society*, structure qui cherchait à installer, voire à expulser, les Noirs des États-Unis d'Amérique déjà libres, et ceux à peine libérés, vers une colonie en Afrique subsaharienne de l'Ouest : d'où, d'ailleurs, la création du Liberia[686]. Il s'opposa ainsi aux affirmations sur l'infériorité des Noirs ayant été émises, trois années plus tôt, par le défunt Thomas Jefferson, le troisième

---

[684] In *David Walker : America abolitionist*, article mis en ligne sur le site Internet d'*Encyclopædia Britannica*, consulté le 7 mai 2020. Voir le lien ci-dessous. https://www.britannica.com/biography/David-Walker.

[685] In *A Dealer of Old Clothes : Philosophical Conversations With David Walker*, Darryl Scriven, Universe, Inc. Lincoln, NE. 2004.

[686] In *David Walke's Appeal to the Colored Citizens of the World*, Peter P. Hinks, *Introduction and editor's note*, University Park, Pennsylvania State University Press, 2000, pp. XXVI-XXXI. Voir aussi *David Walker, 1785-1830, op. cit.*

président des États-Unis :

> « Je dis que si nous ne réfutons pas les arguments de M. Jefferson nous concernant, nous ne ferons que les établir. »[687]

Dans les années 1820 et 1830, des individus et des groupes de personnes s'étaient engagés à des degrés divers en faveur de droits des Noirs, mais aucun mouvement national anti-esclavagiste n'existait au moment de la publication du *Walker's Appeal*[688]. De plus, selon l'historien Herbert Aptheker, en référence à la disposition de la Constitution américaine qui comptabilisait les trois cinquièmes de la population esclavagiste dans l'effectif total de tout État, aux fins de la répartition des sièges au Congrès et du collège électoral,

> « être abolitionniste n'[était pas donné aux] faibles. Les esclavagistes [avaient] représenté pendant la première moitié du XIXᵉ siècle l'unité économique la plus importante et la plus soudée de la nation, leurs millions d'esclaves et leurs millions d'hectares de terres représentant un investissement de plusieurs milliards de dollars. Cette puissance économique avait sa contrepartie dans le pouvoir politique, étant donné la domination de ses possesseurs au sein de la nation et la prédominance au Sud. »[689]

Cela impliqua les effets pervers de l'esclavage, de la soumission et de la discrimination contre les Noirs non affranchis. Ainsi faudrait-il une réglementation spéciale pour les individus libres dès lors « qu'ils ne pouvaient pas se fier à eux-mêmes, [ni] dépasser les frontières que la société avait placées autour d'eux »[690].

Quelques historiens et chercheurs sont restés unanimes sur les reproches qui avaient été faits à David Walker, à propos de son *Appel*.

---

[687] In *Walker's Appeal, op. cit.*, p. 18.

[688] In *"One Continual Cry" : David Walker's Appeal to the Coloured Citizens of the World (1829-1830) : Its Setting and Its Meaning*, Herbert Aptheker, Collection open-source, Humanities Press, New York, 1965.

[689] *Ibidem*, pp. 18-19.

[690] In *To Awaken My Afflicted Brethren : David Walker and the Problem of Antebellum Slave Resistance, op. cit.*, p. 204.

Ceux-ci ont particulièrement porté sur « l'argument en faveur de l'égalité raciale et la part active des Noirs pour y parvenir »[691], l'encouragement aux personnes à la peau noire à « ne pas avoir peur ou être consternés », surtout à « bouger », donc à « ne pas rester les bras croisés », ni à « attendre que Dieu mène leurs combats »[692]. « Aide-toi et le ciel t'aidera », telle est la morale de la fable *Le Chartier embourbé* de Jean de la Fontaine. Plus explicitement, ils lui ont reproché le fait d'avoir voulu surmonter l'oppression et inciter les Noirs à s'assumer en s'investissant davantage, à travers des activités diverses, pour un avenir matériellement meilleur et davantage éclairé sur le plan intellectuel. De plus, pour David Walker,

> « la clé de l'amélioration de la race [était] un engagement zélé envers les principes d'amélioration morale individuelle : éducation, tempérance, pratique religieuse protestante, habitudes de travail régulières et autorégulation »[693].

Après tout, « l'Amérique [était] plus [leur] pays que [celui des seuls] Blancs » dans la mesure où ils l'« [avaient] enrichi de [leur] sang et de [leurs] larmes ».

D'après David Walker, l'obtention de l'égalité des droits et des traitements dépendait surtout de l'éducation, l'objectif devant consister à démentir l'argumentation de l'infériorité des Noirs par rapport aux Blancs et à essayer de terrifier davantage, de la façon la plus culpabilisante possible, les oppresseurs[694]. Cela devait passer aussi par la religion, plus exactement par la dénonciation de l'hypocrisie chrétienne, parmi tant d'autres,

---

[691] In *Of One Blood : Abolitionism and the Origins of Racial Equality*, Paul Goodman, University of California Press, Berkeley, 1938.

[692] In *Let no man of us budge one step' : David Walker and the Rhetoric African American Emplacement*, Chris Apap, *Early American Literature*, Vol. 46, n° 2, pp. 319-350, juin 2011, article consulté sur le site Internet de *Projet Muse* le 6 mai 2020. Voir le lien ci-contre. https://muse.jhu.edu/article/444447.

[693] In *To Awaken My Afflicted Brethren : David Walker and the Problem of Antebellum Slave Resistance, op. cit.*, p. 85.

[694] In *Walker's Appeal*, David Walker, Black Classics Press, 1997, p. 37.

<blockquote>

« des prétendus prédicateurs de l'Évangile […], qui non seulement [les] considéraient comme leur héritage naturel, mais [les] traitaient avec autant de rigueur que n'importe quel Infidèle ou Déiste dans le monde – comme s'ils avaient seulement l'intention de prendre [leur] sang et [leurs] gémissements pour glorifier le Seigneur Jésus-Christ »[695].

</blockquote>

Les critiques de David Walker à l'encontre des États-Unis d'Amérique, dont les populations blanches avaient estimé judicieux de réduire tous les Noirs en « l'ensemble d'êtres les plus dégradés, les plus misérables et les plus abjects qui n'aient jamais vécu depuis le commencement du monde »[696], ne firent aucun effet sur le caractère irrémédiable de la nation américaine. Cela lui vaudrait, désormais, la réputation propre à l'antipatriotisme, alors que, pour l'historien Sean Wilentz,

<blockquote>

« même dans ses passages les plus amers, Walker n'[avait] pas répudié… les principes républicains, ni son pays natal »[697].

</blockquote>

Par contre, David Walker n'avait pas du tout hésité à renvoyer les Américains blancs à leur conscience, à leurs propres valeurs supposées pour percevoir l'erreur de leurs manières[698] et le déphasage de leur comportement au regard des valeurs ayant animé les pères fondateurs des États-Unis d'Amérique. Ainsi avait-il imposé la symbolique du miroir comme dans quelques sociétés initiatiques et pensantes. Voilà la vraie raison pour laquelle David Walker avait été tant critiqué.

Les autorités de la Caroline du Sud œuvrèrent dans le seul but d'empêcher la diffusion de l'*Appel* à leurs administrés[699], pendant que des personnes à l'épiderme noir de Charleston et de la Nouvelle-Orléans furent systématiquement arrêtées pour l'avoir distribué. Quant aux autorités de Savannah dans l'État de Géorgie, et celles d'un bon nombre d'États du Sud, très préoccupées par la distribution dudit

---

[695] *Ibidem*, p. 43.

[696] In *Walker's Appeal, op. cit.*, p. 3.

[697] In *David Walker's Appeal to the Colored Citizens of the World, op. cit.*, p. 17.

[698] In *Walker's Appeal, op. cit.*, pp. 84-86.

[699] In *David Walke's Appeal to the Colored Citizens of the World, op. cit.*, XXXIX.

document qu'elles jugèrent menaçant, voire dangereux, entre les mains des Noirs libres et des esclaves[700], elles instituèrent sans aucun état d'âme le *Negro Seamen Act.* Celui-ci interdit dorénavant le débarquement des marins noirs.

Mais tous ces efforts discriminatoires n'empêchèrent pas, au début de l'année 1830, une très large diffusion du *Walker Appel.* Par conséquent, des journaux, comme le *Richmond Enquirer*, s'insurgeraient d'emblée contre ce qu'ils n'hésiteraient pas à qualifier de « calomnie monstrueuse » à l'encontre de la politique régionale. Cette attitude inciterait l'État de Géorgie à offrir une récompense de 10 000 dollars à quiconque pourrait livrer David Walker vivant, et de 3 000 dollars à toute personne qui ramèneraient son cadavre[701]. Offre publique et légale ! Appel officiel au meurtre !

Considérés pourtant comme tenant des positions extrémistes, les historiens et les abolitionnistes, à une plus grande majorité, qualifieraient toutefois l'*Appel* de David Walker de document politique et social influent du XIXe siècle. De plus, l'activiste Walker avait envisagé, sans aucune distinction, un avenir commun qui inclurait l'autonomie des Noirs américains au même titre que celle des Blancs.

> « Nos souffrances prendront fin, malgré tous les Américains qui vivent de ce côté de l'éternité. Alors, nous aurons besoin de tous les talents et de toute l'instruction que nous possédons, et peut-être même plus, pour nous gouverner nous-mêmes. »[702]

Il était donc question de la conscience noire car, d'après l'historien Sterling Stuckey, dans *The Ideological Origins of Black Nationalism,* cet *Appel* « deviendrait un fondement idéologique… »[703] non négligeable.

---

[700] In *To Awaken My Afflicted Brethren : David Walker and the Problem of Antebellum Slave Resistance, op. cit.*, pp. 139-140.

[701] In *A People's History of the American States : 1492 to the Present*, Howard Zinn, Harper Collins Publishers, New York, 2003, p. 180.

[702] In *Walker's Appeal, op. cit.*, p. 26.

[703] In *The All-Embracing Black Nationalist Theories of David Walker's Appeal*, Thabiti Asukile, *The Black Scholar*, Vol. 29, n° 4, 1999, p. 16 ; article publié en ligne le 14 avril 2015 et consulté le 6 mai 2020. Voir le lien ci-dessous.

« Bien que les universitaires continuent d'en débattre, il semble difficile de réfuter le fait que les derniers défenseurs du nationalisme noir en Amérique, qui ont préconisé un État-nation séparé basé sur des frontières géographiques au cours des XIXe et XXe siècles, n'auraient pas été en mesure de faire remonter certains concepts idéologiques aux écrits de Walker. L'interprétation de [Sterling] Stuckey de l'*Appel* comme un document théorique sur le nationalisme noir est un sujet de polémique pour certains universitaires qui [ont affirmé] que David Walker souhaitait vivre dans une Amérique multiculturelle. Ceux qui partagent ce point de vue doivent considérer que Stuckey [n'a pas limité] son discours sur l'*Appel* à un nationalisme noir étroitement défini, mais plutôt à une série de sentiments et de préoccupations. Le concept de Stuckey d'une théorie nationaliste noire ancrée dans le folklore des esclaves africains en Amérique est original et pionnier, et ses intuitions intellectuelles sont précieuses pour une réécriture progressive de l'histoire et de la culture afro-américaines. »[704]

Force est néanmoins de constater que l'*Appel* avait exercé une grande influence sur les mouvements abolitionnistes du XIXe siècle. Ses effets inspireraient les futurs dirigeants et militants noirs comme Henry Highland Garnet, Frederick Douglass, William Edward Burghardt Du Bois, Booker Taliaferro Washington, Ida Bell Wells, Malcolm Little (dit Malcolm X), Marcus Mosiah Garvey, Rosa Parks, Stokely Carmichael (dit Kwamé Touré)…

Même si l'*Appel* de David Walker n'obtint pas l'unanimité auprès de la plupart des abolitionnistes, ou des Noirs libres, il radicalisa toutefois une poignée d'avocats blancs anti-esclavagistes. Ces derniers avaient saisi, sans pour autant l'avouer, la portée philosophique du discours de David Walker et ses conséquences sur le devenir, donc l'avenir des Noirs. Le *Boston Evening Transcript* nota d'ailleurs, en 1830, que certains Noirs le considéraient déjà comme « une étoile de l'Est les guidant vers la liberté et l'émancipation »[705]. Les ondes sonores du *Walker Appeal* atteindraient et feraient vibrer une année plus tard, après

---

https://www.tandfonline.com/doi/abs/10.1080/00064246.1999.11430981.

[704] *Ibidem*, p. 22.

[705] In *Forgotten Readers : Recovering the Lost History of African American Literary Societies*, Elizabeth McHenry, Duke University Press, Durham, N. C., 2002, p. 38.

moult ricochets, l'État de Virginie où sévirait la rébellion de Nat Turner[706]. Son fils, Edward Garrison Walker, qui naîtrait après le décès de son père, deviendrait l'un des premiers avocats inscrits au barreau du Massachusett et, en 1866, serait l'un des deux premiers Noirs, avec Charles Lewis Mitchell, à parvenir à se faire élire aux législatives dans cet État[707].

L'influent abolitionniste William Lloyd Garrison, qui publiait *The Liberator* en janvier 1831, reconnut que :

> « chaque phrase qu'ils [écrivaient], chaque mot qu'ils [prononçaient], chaque résistance qu'ils [opposaient] à l'oppression étrangère, [était] un appel à leurs esclaves pour les détruire. »[708]

L'*Appel* de David Walker resterait, pour l'historien marxiste et militant politique Herbert Aptheker,

> « la première agression écrite soutenue contre l'esclavage et le racisme à provenir d'un Noir aux États-Unis. Ce fut la principale source de sa puissance écrasante en son temps ; [ce fut] la source de la grande pertinence et de l'énorme impact qui y [demeurèrent], aussi profond qu'au XXᵉ siècle. Jamais auparavant ni depuis, il n'y [avait] eu de dénonciation plus passionnée de l'hypocrisie de la nation dans son ensemble – démocratique et fraternelle et égalitaire et tous les autres qualificatifs. Et Walker [l'avait] fait non pas comme quelqu'un qui [détestait] le pays mais plutôt comme quelqu'un qui [haïssait] les institutions qui le [défiguraient] et en [faisaient] un écho dans le monde. »[709]

Pourtant averti que sa vie était en danger, David Walker refusa de fuir au Canada. Il décéda le 28 juin 1830, cinq années seulement après

---

[706] In *The Influence of Garrisonian Abolitionists' Fears of Slave Violence on the Antislavery Argument, 1829-40*, Robert H. Abzug, *The Journal of Negro History*, Vol. 55, n° 1, le 1ᵉʳ janvier 1970, pp. 15-26.

[707] In *Black America : A State-by-State Historical Encyclopedia*, Alton Hornsby Jr, Vol. 1 : A-M, Alton Hornsby, Jr Editor, ABC-CLIO, 2011, p. 385.

[708] In *Walker's Appeal*, William Lloyd Garrison, *The Liberator*, le 8 janvier 1831.

[709] In *"One Continual Cry" : David Walker's Appeal to the Coloured Citizens of the World (1829-1830) : Its Setting and Its Meaning, op. cit.*, p. 54.

son installation à Boston, deux années après la publication de la troisième édition de son *Appel* et une semaine après la mort de sa fille Lydia Ann[710]. Son corps fut retrouvé, peu de temps après l'acte fatidique, non loin de l'un de ses magasins. Son décès fut l'œuvre d'un empoisonnement, selon les uns, de la tuberculose d'après le dossier médical. David Walker fut inhumé dans un cimetière de South Boston réservé aux Noirs. Faute d'argent, son épouse Eliza, née Butler, ne put continuer à verser les paiements annuels au promoteur immobilier George Parkman pour conserver leur maison. Elle fut donc expropriée, une éventualité que David Walker, lui-même, n'avait pas exclue de son vivant. Il avait observé que :

> « dans cette même ville, lorsqu'un homme de couleur [mourait], s'il possédait un bien immobilier, celui-ci [tombait] le plus souvent entre les mains de quelques personnes blanches. La femme et les enfants du défunt [pouvaient] pleurer et se lamenter s'ils le [souhaitaient], mais la succession [serait] suffisamment gardée par son possesseur blanc. »[711]

La Bibliothèque du Congrès américain a organisé en 2013 une exposition, *Free Blacks in the Antebellum Period*, laquelle a souligné l'importance de David Walker, ainsi qu'en l'honneur d'autres abolitionnistes noirs importants :

> « Des gens libres de couleur comme Richard Allen, Frederick Douglass, Sojourner Truth, David Walker et Prince Hall [s'étaient] forgés une réputation nationale en [ayant écrit, parlé, organisé et agi] au nom de leurs compatriotes asservis. »[712]

Le *National Park Service* a mis au point des circuits pédestres pour le *Boston African American National Historic Site*, y compris pour les

[710] Cf. *Index of Deaths and Interments in Boston*, Massachusetts, 1810-1840, vol. P-Z, p. 139. MS. Massachusetts Archives, Columbia Point, Boston, Massachusetts.

[711] In *To Awaken My Afflicted Brethren : David Walker and the Problem of Antebellum Slave Resistance, op. cit.*, p. 77.

[712] In *Free Blacks in the Antebellum Period*, Library of Congress, article mis en ligne le 22 avril 2013 et consulté le 6 mai 2020. Voir le lien ci-dessous. http://lcweb2.loc.gov/ammem/aaohtml/exhibit/aopart2.html.

populations noires de Beacon Hill. Les récits complets comprennent une discussion autour de David Walker, qui avait fait partie intégrante du quartier noir et participé aux activités de la ville. Une version en ligne de la visite est également disponible[713].

---

[713] Cf. *Boston African American National Historic Site*, National Park Service, article consulté le 6 mai 2020 – https://www.nps.gov/boaf/index.htm.

XXXIV – Sojourner Truth : Était-elle une femme ?

Isabella Baumfree, c'était le nom d'une abolitionniste noire américaine. Elle naquit en 1797 dans le domaine du colonel Johannes G. Hardenbergh Jr à Swartekill, dans la ville d'Hurley dans l'ancienne colonie hollandaise du comté d'Ulster dans l'État de New York. Elle vit le jour au sein d'une famille de treize enfants, de parents vraisemblablement esclaves en la personne d'Elizabeth (dite Betsy) et de James Baumfree. Elle ne parlait que le néerlandais lorsqu'à l'âge de 9 ans, à la suite du décès en 1808 de son deuxième maître Charles Hardenbergh, le fils du colonel, elle fut vendue aux enchères, avec un troupeau de moutons, à John Neely pour la somme de cent dollars, près de Kingston à New York[714]. À cause du traitement cruel qu'elle subirait de la part de son nouveau maître, elle parlerait rapidement anglais, mais avec un fort accent néerlandais. Peu après, Martinus Schryver, propriétaire d'une taverne, l'acheta pour cent cinq dollars. En 1810, elle fut à nouveau vendue à John Dumont de la municipalité de New Paltz, dans le comté d'Ulster dans l'État de New York. Elle subirait de nombreuses épreuves de la part de Mme Dumont, qu'elle décrirait plus tard comme très épouvantable et très sévère. Les historiens supposeraient qu'elle aurait été victime d'abus ou de harcèlements sexuels de la part de John Dumont, que dénoncerait aussi, dans un autre cas similaire, Harriet

[714] In *Women in History – Sojourner Truth*, dans *Women in History*, Ohio, le 27 février 2013, article consulté le 8 mai 2020. Voir le lien ci-dessous. https://en.wikipedia.org/wiki/Sojourner_Truth#cite_note-WiH-7.

Robinson Scott (voir le chapitre XXXV) dans *A Life on Slavery's Frontier* de Lea VanderVelde, ou alors d'humiliations quotidiennes que les esclaves enduraient tout le temps.

Vers 1815, Isabella Baumfree tomba amoureuse d'un compagnon d'esclavage prénommé Robert, qui appartenait à un certain Catlin ou Catton[715]. Le maître de Robert s'opposa à ce que son esclave puisse avoir des enfants avec une personne non affranchie dont il n'était pas le propriétaire. Par conséquent, après avoir été sauvagement battu et ligoté par son maître et son fils, on ne reverrait plus jamais cet esclave. Isabella Baumfree eut une fille peu après, qu'elle appela Diana. En 1817, contrainte de se soumettre au testament de son propriétaire le sieur Dumont, elle fut unie en 1817 contre son gré à Thomas Jeffrey Harvey, un esclave plus âgé. De cette union non souhaitée naquirent quatre enfants : Peter en 1822, James qui mourut jeune, Elizabeth en 1825 et Sophia en 1826. Un de ces enfants, Peter, fut illégalement vendu à l'âge de 5 ans à un homme qui habitait dans l'Alabama, un État du Sud-Est des États-Unis.

En 1827, en compagnie de sa plus jeune de fille en bas âge que l'on avait appelée Sophia Harvey, madame Isabella Baumfree Harvey s'enfuit de la ferme de son troisième propriétaire John Dumont. Elle agit de la sorte puisque son maître avait refusé de la libérer, après le vote de la loi sur l'abolition de l'esclavage dans l'État de New York. Elle erra longtemps, puis se réfugia chez Isaac et Maria Van Wagener dans l'Ulster, l'un des soixante-deux comtés de l'État de New York. Peu après, John Dumont débarqua et Isaac lui proposa d'acheter les services de la fugitive pour le reste de l'année, c'est-à-dire jusqu'à ce que l'émancipation légalisée par l'État de New York prenne effet. L'ancien propriétaire accepta le marché pour vingt dollars.

Isaac et Maria Van Wagener insistèrent pour qu'Isabella n'utilise pas les qualificatifs « maître » et « maîtresse », mais plutôt leurs prénoms. Les gens l'appelleraient désormais Isabella Van Wagener. À la suite des démarches infructueuses pour récupérer ses enfants qui étaient restés dans la propriété de John Dumont, puis dans celui de l'autre esclavagiste d'Alabama, un ami l'orienta vers les militants quakers.

---

[715] *Ibidem.*

Ces derniers l'aidèrent à déposer une plainte officielle auprès du tribunal. Après des mois de procédures judiciaires, son fils Peter Harvey revint à ses côtés, très marqué moralement.

Le séjour d'Isabella chez Isaac et Maria Van Wagener changea sa vie du point de vue religieux, « submergée » qu'elle le fut « par la grandeur de la présence divine » et par l'inspiration pour le prêche. En 1829, elle quitta le comté d'Ulster avec une enseignante évangéliste blanche nommée Miss Gear. Très connue comme une remarquable prédicatrice dont l'influence « était miraculeuse », Isabelle Van Wagener rencontra Elijah Pierson, un réformateur religieux qui prônait le strict respect des lois de l'Ancien Testament pour le salut. Peu de temps après, Robert Matthias prit la tête du groupe et, en 1834, Pierson mourut en présence des seuls membres du groupe. Celui-ci fit long feu, puisqu'il cessa d'exister dans les mois qui suivirent. L'institution, connue désormais sous la dénomination de *Royaume de Matthias*, fut effectivement impliquée dans un scandale de meurtre et d'adultère[716]. Entre-temps, la famille Folger, laquelle avait hébergé le reste de la bande dans sa maison, accusa Robert Matthias et Isabella Van Wagener d'avoir volé leur argent et empoisonné Elijah Pierson. Ils seraient finalement acquittés. Blanchie par la justice, Isabella Van Wagener retournerait à New York. Elle y travaillerait pendant une décennie, en tant que servante au sein de nombreuses communautés religieuses.

En 1841, Isabella Van Wagener s'établit dans le village de Florence dans la partie Nord-Ouest de la ville de Northampton dans le Massachusetts. Le 1er juin 1843, elle fut soudain inspirée par une révélation spirituelle. Elle changea alors son nom en Sojourner Truth. Dès lors, elle fit des prêches à Long Island et dans le Connecticut, en annonçant la « vérité divine du salut de l'âme ». La même année, elle intégra une petite communauté, la *Northampton Association of Education and Industry*. Les deux cent dix membres de cette structure vivaient sur cinq cents hectares de terres agricoles. Ils élevaient du bétail, exploitaient des moulins à grains, ainsi qu'à scie, et une fabrique de soie. L'association fonctionnait selon des principes utopistes. Sojourner

---

[716] In *The Kingdom of Matthias, a Story of Sex and Salvation in 19th-Century America*, Paul E. Johnson et Sean Wilentz, Oxford University Press, 1994.

Truth y rencontra beaucoup de monde et travailla avec des abolitionnistes tels que William Lloyd Garrison, Frederick Douglass (voir le chapitre XXXVIII) et David Ruggles. Lorsque cette association fut dissoute en 1846, Sojourner Truth resta à Florence avec l'un de ses fondateurs, George Benson, qui avait installé une filature de coton dans le comté de Hampshire dans le Commonwealth du Massachusetts. Avec l'aide d'un de ses voisins nommé Olive Gilbert, elle écrivit son autobiographie, *Narrative of Sojourner Truth : A Northern Slave*[717], laquelle serait publiée en 1850 par William Lloyd Garrison.

Devenue une fervente défenseuse de la cause abolitionniste et du mouvement des droits des femmes, Sojourner Truth prononça son fameux discours[718], en 1851 à Akron dans l'Ohio, à l'occasion de la convention des droits de la femme : la *Ohio Woman's Rights Convention*. Bien que court, ce texte résuma avec justesse les revendications de la cause féministe. Les premiers comptes rendus du discours parurent dans les colonnes du *New York Tribune* le 6 juin 1851 et, cinq jours plus tard, par *The Liberator*. La première transcription complète fut publiée le 21 juin dans l'*Anti-Slavery Bugle* par Marius Robinson, un abolitionniste et rédacteur en chef du journal qu'il avait créé en tant que secrétaire de la convention[719]. La question *Ain't I a Woman* ne figura pas dans son article[720]. Mais le texte recevrait une plus grande audience en 1863 pendant la guerre civile américaine[721], soit douze années plus tard, lorsque Frances Dana Barker Gage publia une version

---

[717] Cf. *The Narrative of Sojourner Truth*, édité par Olive Gilbert et imprimé par Theodore D. Weld, Boston, 1850, *A Celebration of Women Writers*, article consulté le 7 mai 2020 – http://digital.library.upenn.edu/women/truth/1850/1850.html.

[718] In *Sojourner Truth Quotes About Abolition and Women's Rights*, sur *womenshistory.about.com*, article consulté le 7 mai 2020. Voir le lien ci-dessous. https://www.thoughtco.com/sojourner-truth-quotes-3530178.

[719] In *Sojourner Truth's "Ain't I a woman ?" speech : a primary source investigation*, Corona Brezina, *The Rosen Publishing Group*, 2004, p. 32.

[720] In *Sojourner Truth : Slave, Prophet*, Legend, Carleton Mabee & Susan Mabee, NYU Press, 1995, Newhouse, pp. 67-82.

[721] La guerre civile avait été le conflit le plus sanglant et le plus conflictuel de l'Amérique, ayant opposé l'armée de l'*Union* aux États confédérés d'Amérique. La guerre avait fait plus de 620 000 morts, des millions de blessés supplémentaires. Les États Sud furent ruinés.

différente, connue sous le titre *Ain't I a Woman?* Elle aurait recours à cette accroche en raison de la répétition constante de cette question[722] dans le propos de l'auteure. Cette dernière version deviendrait la référence pour la plupart des historiens.

Le 3 septembre 1857, Sojourner Truth vendit sa maison de Northampton. Elle réussit à en acheter une autre pour la somme de trois cents dollars à Harmonia, dans le Michigan dans le Midwest, afin de vivre avec une communauté religieuse du spiritisme populaire de l'époque. Elle y rejoignit donc d'anciens membres du mouvement millérite[723] qui avaient été à l'origine de la formation de l'Église adventiste du septième jour.

En 1858, lors d'une réunion à Silver Lake, dans l'Indiana, quelqu'un dans le public accusa Sojourner Truth d'être un homme car elle était très grande, mesurait environ 1,82 mètre. Réfutant l'accusation, sans éprouver de la gêne, elle déboutonna son chemisier et exhiba ses seins. Sacrée Truth! Dans le Michigan, elle continua à militer pour la cause féministe. Durant la Guerre de Sécession, son petit-fils James Caldwell s'étant enrôlé dans le *54th Regiment* dans le Massachusetts, elle organisa des collectes de vivres pour les soldats noirs qui combattaient au sein de l'*Union Army*. Elle s'installa ensuite à Washington, dans le District de Columbia, après la promulgation de la Proclamation d'émancipation, où elle fut employée par la *National Freedman's Relief Association*. Elle travailla avec d'anciens esclaves et s'entretint avec le président Abraham Lincoln en 1864. Cette rencontre serait illustrée par le célèbre tableau baptisé « La Bible de Lincoln », en référence au document religieux qui avait été offert au Commandant en chef par les Noirs de Baltimore dans le Maryland. En 1870, elle échangea à la Maison Blanche avec le dix-huitième président des États-Unis d'Amérique, Ulysses S. Grant, que d'aucuns pourraient volontiers qualifier, par assimilation, de mythique architecte Hiram de Tyr.

---

[722] In *Ain't I A Beauty Queen: Black Women, Beauty, and the Politics of Race*, Maxine Leeds Craig, Oxford University Press USA, 2002, p. 7.

[723] Le Millérisme est un mouvement religieux issu du message du prédicateur baptiste américain William Miller, qui prédisait en particulier le retour du Christ pour 1844. Après la grande déception, ce courant continua toutefois d'avoir une certaine importance. La plupart des millerites deviendraient des adventistes.

Après la guerre civile, Sojourner Truth œuvra dans l'aide à la recherche d'emploi au profit des réfugiés noirs. Elle fit aussi de nombreuses apparitions publiques, au cours desquelles elle s'adressait en majorité à un public blanc. Dans ses discours, teintés de religion et de féminisme, elle défendait l'idée de la création d'un État noir dans l'Ouest des États-Unis. De retour à Battle Creek dans le Michigan en 1867, elle transforma la « grange » ayant appartenu à William Merritt en maison, pour laquelle ce dernier lui remettrait l'acte de propriétaire quatre années plus tard.

En 1870, Sojourner Truth s'engagea sans grand succès dans une campagne qui dura sept années pour que le gouvernement fédéral fournisse aux anciens esclaves des terres dans le « nouvel Ouest ». En 1874, après une tournée avec son petit-fils Sammy Banks, ce dernier décéderait lors d'une intervention chirurgicale. Soignée avec succès par le docteur Orville Guiteau, vétérinaire de formation, elle repartit en tournée pour des conférences, mais dut rebrousser chemin. Elle retourna au bercail en raison du mauvais état de santé. En juillet 1883, confrontée aux problèmes d'ulcères aux jambes, elle fut soignée par le docteur John Harvey Kellogg qui pratiquait au *Battle Creek Sanitarium*. Après le traitement, elle rentra à la maison avec ses filles Diana et Elizabeth Harvey, ainsi que leurs maris, Banks et Caldwell, sans oublier leurs enfants. Elle mourut le 26 novembre 1883 à son domicile, à l'âge de 86 ans, et fut enterrée dans le cimetière d'Oak Hill à proximité de son petit-fils. En 1890, Frances Titus, qui avait publié en 1875 la troisième édition du *Sojourner's Narrative* et était devenu son compagnon de voyage après la mort de Sammy Banks, collecta des fonds et fit ériger un monument tombal sur lequel fut inscrite par inadvertance la mention « environ 105 ans ». Il demanda à l'artiste Frank Courter d'y graver la scène de la rencontre entre Sojourner Truth et le président Abraham Lincoln.

N'ayant su ni lire, ni écrire, seulement épeler comme certains humanistes, Sojourner Truth était connue de son vivant pour ses talents d'oratrice et de chanteuse hors pair. Elle faisait lire les gens, en particulier la Bible, et, à la suite de ces lectures, elle décrivait vocalement le fonctionnement du monde et la façon dont il pourrait être amélioré.

Dans bon nombre de ses discours, elle avait l'air d'un prédicateur terre à terre.

> « Tout au long de sa rhétorique, elle [avait] utilisé son esprit vif caractéristique et son style narratif engageant alors qu'elle cherchait à influencer ses auditeurs.
> » [...] En tant que l'une des rares femmes afro-américaines à s'exprimer publiquement à l'époque, la renommée et le respect de Truth atteints pour elle-même étaient vraiment remarquables. »[724]

Il n'existe aucune version officielle, unique et incontestée du discours de Sojourner Truth. Marius Robinson et Truth étaient des amis qui avaient travaillé ensemble à propos de l'abolition de l'esclavage et des droits des femmes. Mais le rapport final sur le discours publié dans l'*Anti-Slavery Bugle* relevait strictement d'un souvenir sans commentaire. Cela avait incité le public à se préoccuper davantage des droits des Afro-Américains, plutôt que de ceux des femmes. La collaboration de Truth au travail de Marius Robinson n'avait eu aucune influence sur la plume du rédacteur[725]. La version historiquement acceptée de son discours avait été écrite par Frances Dana Barker Gage. Cette dernière avait redonné du sens au discours ayant été prononcé lors de la Convention des droits de la femme à Akron. Elle avait donc su délivrer la Vérité, comme Truth, à l'aide d'un dialecte du Sud, à savoir le néerlandais du New Jersey, contrairement aux premiers comptes rendus de ladite plaidoirie[726].

Sojourner Truth avait reçu une grande partie de son éducation en ayant vécu avec sa grand-mère africaine, à Mount Wollaston dans le Massachusetts. *Ain't I a Woman* avait en fait été une critique, ou alors une analyse, de la domination sur un seul axe, par rapport à la façon dont les identités imbriquées avaient été ignorées au point d'avoir

---

[724] In *Sojourner Truth as Orator : Wit, Story and Song (Great American Orators)*, Suzanne Pullon Fitch et Roseann M. Mandziuk, Greenwood Press, 1997, p. 89.

[725] In *Far from the Truth : Teaching the Politics of Sojourner Truth's "Ain't I a Woman ?"*, Kay Siebler, *Project Muse, Pedagogy*, Vol. 10, n° 3, pp. 511-533, automne 2010, document PDF consulté 7 mai 2020 – https://muse.jhu.edu/article/395564.

[726] In *Sojourner Truth : A Biography*, Larry Murphy, Greenwood Press, Santa Barbara, Californie, 2001, p. XIV.

empêché l'affranchissement. Pour les universitaires Avtar Brah et Ann Phoenix, appréhendée sous l'angle d'une critique intersectionnelle d'organisations militantes homogènes, cette allocution avait « décons-truit chaque grande affirmation de vérité sur le genre dans une forma-tion sociale patriarcale esclavagiste »[727].

> « Les revendications identitaires de Sojourner Truth étaient donc relationnelles, construites en relation avec les femmes blanches et tous les hommes et avaient clairement démontré que ce [qu'on appelle] "identités" ne sont pas des objets mais des processus constitués dans et par des relations de pouvoir. »[728]

Une pierre commémorative dans la *Stone History Tower* à *Monument Park*, au centre de Battle Creek, a été érigée en 1935 en mémoire de Sojourner Truth. En 1946, une nouvelle pierre tombale historique a été posée par la *Sojourner Truth Memorial Association*. Il en fut de même, en 1961, en souvenir des membres de sa famille enterrés avec elle. En 1976, une portion de la route M-66 de l'État du Michigan a été débaptisée *Sojourner Truth Memorial Highway*. Truth a été intro-nisée en 1981 au Panthéon national des femmes à Seneca Falls, à New York. Le nom de Sojourner Truth est inscrit au *National Women's Hall of Fame* à Lansing depuis 1983, année pendant laquelle elle a finale-ment été intégrée au tableau d'honneur des femmes les plus importan-tes du Michigan.

En 1986, une effigie représentait Sojourner Truth sur un timbre-poste commémoratif et, en 1987, une plaque a été posée au barreau de l'État du Michigan pour sa contribution, sur la base des trois pro-cès gagnés, au système judiciaire étatique. La même année, une autre plaque en son honneur a été érigée par le *Battle Creek Club* de la *National Association of Negro Business and Professional Women's Club*s. Une sculpture en bronze de Sojourner Truth plus grande que nature (3,6 mètres de hauteur), œuvre de Tina Allen, lui a été consa-crée en 1999, à l'occasion du bicentenaire dédié à sa naissance, dans

---

[727] In *Ain't I A Woman? Revisiting Intersectionality*, Ann Phoenix & Avtar Brah, *Journal of International Women's Studies*, Vol. 5, n° 3, pp. 75-86, 2004.
[728] *Ibidem.*

le *Monument Park de Battle Creek*.

En 1997, le robot de la sonde spatiale *Mars Pathfinder* – une mission d'exploration de la planète Mars développée par la NASA – a été baptisé *Sojourner*, en la mémoire de l'abolitionniste Truth. *(249521) Truth*, rappelons-le, est un astéroïde de la ceinture principale d'astéroïdes découvert le 6 février 2010 à partir des États-Unis par le programme *Wide-field Infrared Survey Explorer* (WISE).

Le concept d'une statue commémorative était le premier projet du *Comité de la statue commémorative Sojourner Truth*. Après une campagne de 1993 à 2002, le comité a réussi à amasser des fonds pour son placement dans un ancien petit parc du village de Florence, dans le comté de Hampshire, au coin des rues Pine et Park pour honorer l'héritage de Sojourner Truth. La statue, œuvre de Thomas Jay Warren, a été dévoilée le dimanche 6 octobre 2002. Une autre statue lui rendant hommage, également en bronze, a été élevée cette même année sur le campus de l'Université de Californie, à San Diego, par le sculpteur Manuelita Brown. Depuis 2009, un buste en bronze de Sojourner Truth, création d'Artis Shreve, dit Artis Lane, trône majestueusement au Capitole à Washington dans le district de Columbia.

Enfin, le 19 septembre 2016, le secrétaire américain à la Marine dans l'administration Obama, l'Honorable Raymond Edwin Mabus Jr (dit Ray), a révélé l'appellation du dernier navire de six unités, en construction, sous le nom d'*USNS Sojourner Truth (T-AO 210)*[729].

---

[729] In *US Navy names two fleet tankers after civil and human rights icons,* sur le blog *Naval Today*, article consulté le 8 mai 2020 – https://navaltoday.com/2016/09/20/us-navy-names-two-fleet-tankers-after-civil-and-human-rights-icons.
Consulter aussi *A catalyst for Civil War after suing for freedom, slave Dred Scott once lived in Huntsville*, Paul Gattis, sur le *Blog.al.com*, dans la rubrique *Alabama*, consulté 8 mai 2020. Voir le lien ci-dessous.
https://www.al.com/breaking/2011/04/a_catalyst_for_civil_war_after.html.

XXXV – Dred Scott : l'homme de son temps

Esclave afro-américain né vers 1799 à Southampton en Virginie dans le Sud-Est des États-Unis, Dred Scott décéda le 17 septembre 1858 à Saint-Louis dans l'État du Missouri. Il était l'une des figures de l'anti-esclavagisme qui avait intenté un procès en 1846, sans succès, en vue de l'obtention de sa liberté et celle de sa femme, ainsi que de leurs deux filles, dans l'*affaire Dred Scott contre Sanford* de 1857, mondialement connue comme l'*affaire Dred Scott.*

Rien ne confirme si Dred était son vrai prénom ou bien une forme abrégée d'Etheldred[730]. En 1818, Scott fut emmené par le sieur Peter Blow et sa famille, avec leurs cinq autres esclaves, dans la région des Appalaches du Nord de l'Alabama dans les Sud-Est des États-Unis. Peter Blow et son épouse Elizabeth, née Taylor, y dirigeaient une ferme déficitaire dans un endroit près de Huntsville, dans l'actuel site de l'Université d'Oakwood[731]. Avant d'abandonner définitivement l'activité agricole en 1830 dans le but de s'occuper d'une pension à Saint-Louis dans le Missouri [732], ils préférèrent se débarrasser de Dred Scott.

---

[730] In *Mrs. Dred Scott : A Life on Slavery's Frontier*, Lea VanderVelde, Oxford University Press, 2009.

[731] In *Dred Scott, And Oakwood University*, Deep Fried Kudzu, blog *Kudzu Frit* consulté le 8 mai 2020 – https://deepfriedkudzu.com/2011/02/dred-scott-and-oakwood-university.html.

[732] In *Missouri's Dred Scott Case, 1846-1857*, Missouri Digital Heritage, article consulté le 8 mai 2020. Voir le lien ci-dessous.

Ils le vendirent en fin de compte au docteur John Emerson[733], un chirurgien de l'armée américaine. Ce dernier avait prévu d'emménager à Rock Island dans l'Illinois.

En sa qualité d'officier de l'armée des États-Unis, le docteur Emerson déménageait très souvent, trimballant *de facto* Dred Scott avec lui à chaque nouveau poste : Fort Armstrong dans l'Illinois en 1836, Fort Snelling dans l'actuel État du Minnesota en 1837, alors sur le territoire libre du Wisconsin, où Dred Scott fit la connaissance d'Harriet Robinson, une esclave qui appartenait à l'homme de loi Lawrence Taliaferro. Leur union fut officialisée à l'issue d'une cérémonie civile présidée par Taliaferro lui-même, en sa qualité de juge de paix. Les mariages d'esclaves n'ayant aucune sanction légale, les défenseurs de Dred Scott feraient néanmoins observer plus tard que cette célébration faite de manière officielle constituait la preuve de la considération de leur client comme un homme libre. Mais Lawrence Taliaferro avait transféré la propriété de son esclave Harriet Robinson à John Emerson, qui avait traité les époux Scott comme ses biens[734]. « En fait de meubles, possession vaut titre », aurait argué un spécialiste du Code civil français.

Le docteur John Emerson ayant emménagé en 1837 à *Jefferson Barracks Military Post* sur le fleuve Mississippi à Lemay Township dans l'État du Missouri, surnommé *Mother of the West* ou *Cave State*, il laissa la famille Scott dans le Wisconsin en location à d'autres officiers. En février 1838, le docteur Emerson rencontra Eliza Irene Sanford à Fort Jesup, à trente-cinq kilomètres à l'Ouest de Natchitoches,

---

https://www.sos.mo.gov/archives/resources/africanamerican/scott/scott.asp.

[733] Peter Blow étant décédé en 1832, les historiens se sont demandé si Dred Scott avait été vendu à John Emerson avant ou après la mort du propriétaire. Pour quelques sources, la vente de Dred Scott eut lieu en 1831, tandis que d'autres ont indiqué l'existence d'un certain nombre d'esclaves dans la succession de John Blow qui avaient été vendus à John Emerson après le décès du maître, dont un prénommé Sam, ce denier n'ayant aucun rapport avec le fameux Oncle américain, qui pourrait bien être la même personne que Dred Scott.

Pour plus d'informations, voir *They Have No Rights : Dred Scott's Struggle for Freedom*, Walter Ehrlich, chapitre 1, n° 9 de *Contributions in legal studies*, Greenwood Press, 1979 ; ou alors, *Dred et Harriet Scott : A Family's Struggle for Freedom*, Gwenyth Swain, Borealis Books, 2004, p. 91.

[734] In *Missouri's Dred Scott Case, 1846-1857, op. cit.*

en Louisiane. Il tomba sous son charme. Dépendant du coup de foudre, avec tout ce que cela représenta comme effets bienfaiteurs, il l'épousa et s'établit dans cette contrée appelée *The Pelican State*. Il enjoignit ensuite le couple Scott à le rejoindre. Dans le bateau à vapeur sur le fleuve Mississippi, entre l'État libre de l'Illinois et le district de l'Iowa du territoire du Wisconsin, Harriet Robinson Scott donna naissance à leur premier enfant. Ils la prénommèrent Eliza, d'après leur maîtresse qu'ils allaient bientôt connaître. Plus tard, ils auraient une autre fille, Lizzie, et deux fils qui ne survivraient pas à la petite enfance[735].

Après que les époux Emerson et Scott furent retournés en 1840 dans le Missouri, un État esclavagiste, le docteur John Emerson souhaita mener une autre vie. Il quitta donc l'armée en 1842. Mais, il rendit l'âme en 1843 dans le territoire de l'Iowa. Sa veuve Eliza Irene Sanford Emerson hérita de son domaine et de ses biens, y compris Dred et Harriet Scott. Elle continua de les louer, pendant trois années, en tant qu'esclaves salariés. En 1846, Dred Scott proposa la somme de trois cents dollars à leur propriétaire pour le rachat de sa liberté et celle de sa famille, soit environ 8 000 euros en valeur actuelle[736]. À la suite du refus d'Eliza Irene Sanford Emerson, Dred Scott et sa femme Harriet, née Robinson prirent la résolution de faire évoluer leur statut social. Ils intentèrent séparément une action en justice en vue de l'obtention de leur affranchissement. Les deux affaires furent ensuite regroupées par les tribunaux. Le jugement durerait onze années. Le couple Scott avança l'argument selon lequel leur liberté découlait du fait que tous les deux avaient vécu pendant quatre années dans l'Illinois, dans le territoire du Wisconsin, où l'esclavage était illégal. Les lois y stipulaient, noir sur blanc, que les propriétaires devraient céder leurs droits aux esclaves s'ils les maintenaient durant une longue période dans l'asservissement. D'ailleurs, lorsque le philosophe français Alexis de Tocqueville avait visité les États-Unis au début des années 1830, il avait bel et bien réalisé dans *De la démocratique en Amérique* que :

---

[735] *Ibidem.* Voir aussi *Life*, George D. Johnson, *Profile In Hue*, Xlibris Corporation, le 17 janvier 2011, pp. 34-36.

[736] In *Dred Scott's fight for freedom : 1846-1857, Africans in America*, article mis en ligne sur le site Internet de la *PBS*, consulté le 9 mai 2040. Voir le lien ci-contre. https://www.pbs.org/wgbh/aia/part4/4p2932.html.

« Dans presque tous les États où l'esclavage [était] aboli, on [avait] donné au Nègre des droits électoraux; mais s'il se [présentait] pour voter, il [courrait] le risque de la vie. Opprimé, il [pouvait] se plaindre, mais il ne [trouvait] que des Blancs parmi ses juges. La loi cependant lui [ouvrait] le banc des jurés, mais le préjugé l'en [repoussait]. Son fils [était] exclu de l'école où [venait] s'instruire le descendant des Européens. Dans les théâtres, il ne saurait, au prix de l'or, acheter le droit de se placer à côté de celui qui fut son maître; dans les hôpitaux, il [gisait] à part. On [permettait] au Noir d'implorer le même Dieu que les Blancs, mais non de le prier au même autel. Il [avait] ses prêtres et ses temples. On ne lui [fermait] point les portes du Ciel: à peine cependant si l'inégalité [s'arrêtait] au bord de l'autre monde. Quand le Nègre [n'était] plus, on [jetait] ses os à l'écart, et la différence des conditions se [retrouvait] jusque dans l'égalité de la mort. [...]
» Au Sud, le maître ne [craignait] pas d'élever jusqu'à lui son esclave, parce qu'il [savait] qu'il [pourrait] toujours, s'il le [voulait], le rejeter dans la poussière. Au Nord, le Blanc [n'apercevait] plus distinctement la barrière qui [devait] le séparer d'une race avilie, et il [s'éloignait] du Nègre avec d'autant plus de soin qu'il [craignait] d'arriver un jour à se confondre avec lui. »

L'*affaire Scott contre Emerson* serait jugée en 1847 au tribunal fédéral de l'État de Saint-Louis. La défense de Dred et Harriet Scott fut d'abord assurée par l'avocat Francis B. Murdoch, ensuite par son confrère Charles Daniel Drake. Mais, entre le dépôt de la requête initiale et le déroulement du procès, période qui dura à peu près une année, Charles D. Drake s'éloigna de la juridiction. L'avocat Samuel Mansfield Bay prit le relais[737]. Le verdict fut défavorable à la famille Scott, mais le juge demanda un nouveau procès qui se déroula en janvier 1850. Le jury se prononça en faveur de la libération de Dred Scott et son épouse Harriet Robinson. Eliza Irene Sanford Emerson interjeta appel du jugement. En 1852, la Cour suprême du Missouri, un État du Midwest, annula la décision de la juridiction inférieure, arguant qu'en raison du sentiment anti-esclavagiste croissant qui régnait depuis peu dans les États libres, le Missouri n'avait plus à s'en remettre à leurs législations[738]. Ainsi la Cour annula-t-elle, d'un simple coup de maillet,

---

[737] In *They Have No Rights: Dred Scott's Struggle for Freedom, op. cit.*
[738] In *Scott v Emerson, 15 Missouri Reports 576 (1852)*, publié par Nolu Chan sur

vingt-huit années de précédent judiciaire dans l'État du Missouri. Bien que propriétaire d'esclaves, le juge Hamilton Rowan Gamble, qui serait nommé plus tard gouverneur dudit État, exprima son profond désaccord par rapport à cette décision. De plus, Dred Scott et sa femme Harriet Robinson étaient libres du fait qu'il avait été détenu dans l'illégalité comme esclave alors qu'il vivait dans un État libre.

En 1853, Dred et Harriet Scott poursuivirent à nouveau, en vertu d'une loi fédérale, Eliza Irene Sanford Emerson qui avait déménagé dans l'État du Massachusetts – les époux Scott et leurs filles ayant été, entre-temps, transférés au frère d'Irene Emerson, John Francis Alexander Sanford. Cet homme était un pionnier de l'Ouest américain qui avait travaillé avec des tribus amérindiennes en tant qu'agent indien. Ce dernier était citoyen de New York, alors que Dred Scott l'aurait été pour l'État du Missouri s'il avait été un citoyen libre. Il existait, en quelque sorte, un conflit de compétence entre les deux juridictions fédérales[739]. Après avoir encore perdu le procès devant le tribunal fédéral de district, Dred Scott et Harriet Robinson firent appel auprès de la Cour suprême des États-Unis dans l'*affaire Dred Scott contre Sanford*.

À la suite de plusieurs rebondissements, alors que les Scott étaient soutenus par de nombreuses personnalités des États du Nord, la Cour suprême des États-Unis d'Amérique leur refusa le 6 mars 1857 le droit à la liberté. Le *Lord Chief of Justice* Roger Brooke Taney déclara d'une voix ferme que :

> « les esclaves et les descendants d'esclaves libérés n'étaient pas des citoyens parce qu'au moment où la Constitution [était] rédigée, les Noirs avaient été considérés depuis plus d'un siècle comme des êtres inférieurs. »

---

scribd.com, consulté le 9 mai 2020. Voir le lien ci-dessous.
https://web.archive.org/web/20131213000335/http://www.scribd.com/doc/101464
818/Scott-v-Emerson-15-Missouri-Reports-576-1852.
[739] In *A House Divided. The Civil War and Reconstruction*, J. G. Randall & David Donald, 2nd ed., Heath and Company, Boston, D. C., 1961, pp. 107-114.

Selon le verdict qui venait d'être rendu, les descendants d'esclaves africains n'étaient donc pas des citoyens américains. La Cour suprême des États-Unis invalida *de facto* les décisions des tribunaux inférieurs, lesquelles, d'après la doctrine « une fois libre, toujours libre » dans *Winny vs. Whitesides*, avaient précédemment confirmé deux années d'affranchissement au profit de la famille Scott[740]. Ainsi le cinquième juge en chef des États-Unis d'Amérique en la personne de l'Honorable Roger Brooke Taney, qui avait repris l'affaire, officialisa-t-il l'arrêt Scott, dans lequel il accrédita la non-citoyenneté des Noirs. Pourtant, l'État du Missouri avait souvent respecté les lois des États et territoires libres, lesquels avaient reconnu le fait d'avoir renoncé à ses droits sur un esclave à propos de toute personne ayant conduit volontairement ledit esclave dans cette juridiction et y ayant séjourné pendant une période prolongée. Et si l'esclave avait obtenu l'affranchissement dans un État libre, cette liberté pourrait être confirmée par le tribunal après son retour dans un État esclavagiste. Mais la décision du plus haut tribunal de la magistrature fédérale des États-Unis spécifia que la résidence temporaire hors de l'État du Missouri, laquelle était inconstitutionnelle, « priverait indûment la propriétaire des Scott de ses biens légaux ». En conséquence, l'ordonnance de 1787 ne pouvait conférer ni liberté ni citoyenneté dans les territoires du Nord-Ouest à des personnes non blanches. Pour le juge en chef Roger B. Taney, qui avait exercé cette fonction du 28 mars 1836 au 12 octobre 1864 (soit 28 ans, 6 mois et 14 jours), le verdict était évident. Dred Scott ayant été considéré comme le bien privé de ses maîtres, il était soumis au Cinquième amendement[741] à la Constitution des États-Unis d'Amérique. Ce

---

[740] In *Scott v. Sandford : The Court's Most Dreadful Case and How It Changed History*, Paul Finkelman, Vol. 82, article 2, pp. 3-48, document PDF consulté le 9 mai 2040. Voir le lien ci-dessous.
https://scholarship.kentlaw.iit.edu/cgi/viewcontent.cgi?referer=https://en.wikipedia.org/&httpsredir=1&article=3570&context=cklawreview.

[741] Le Cinquième amendement (*amendement V*) à la Constitution des États-Unis d'Amérique traite de la procédure pénale et d'autres aspects d'ordre constitutionnel. Il avait été ratifié en 1791 dans le cadre de la Déclaration des droits. Ce dispositif s'applique à tous les niveaux du gouvernement, y compris aux échelles fédérale, étatique et locale, ainsi qu'à toute société, entreprise privée, groupe ou particulier, ou à tout gouvernement étranger en ce qui concerne un citoyen

dispositif interdit la prise de propriété de quelqu'un « sans procédure régulière ». Cette sentence constitua une victoire des Sudistes dans la lutte pour le maintien de l'esclavage.

Toutefois, la décision rendue en défaveur de Dred Scott et de son épouse Harriet Robinson suscita sur le plan national une très vive émotion. Celle-ci généra une forte tension entre les partisans de l'affranchissement des esclaves et ceux qui étaient favorables à leur asservissement à perpétuité. Ledit jugement ayant validé la non-citoyenneté des Noirs, fut donc la cause de l'indignation du public, ainsi que des discordances qui aboutiraient à la Guerre de Sécession, de 1861 à 1865, entre les États du Nord et ceux du Sud.

Pour quelques démocrates,

> « l'opinion du juge Taney était l'oraison funèbre du républicanisme noir [... ayant écrasé et annihilé...] d'un seul coup [...] le programme anti-esclavage ».

Ayant donc accéléré la rupture entre les États esclavagistes et les États non esclavagistes, ce verdict avait rendu impossible un éventuel compromis à court terme. Soudés davantage contre l'extension de l'esclavage, les républicains dénoncèrent l'usurpation du pouvoir politique judiciaire et qualifièrent comme extrajudiciaire l'invalidation du compromis du Missouri. L'impossibilité d'un consensus occasionna donc la division des démocrates en deux camps et permit l'élection à la présidence des États-Unis du candidat républicain Abraham Lincoln.

Le procès pour l'affranchissement de la famille Scott devant les tribunaux avait été financièrement soutenu par les enfants de Peter Blow, qui s'étaient finalement opposés à l'esclavage dans la décennie ayant suivi la vente de Dred Scott. Henry Taylor Blow siégeait entre-temps, comme membre du Parti républicain, au Congrès des États-Unis après la guerre civile, tandis que sa sœur Charlotte Taylor Blow avait épousé le fils d'un rédacteur en chef de journal abolitionniste, nommé Joseph Charless, et Martha Ella Taylor Blow s'était mariée avec Charles Daniel Drake, l'un des avocats de Dred Scott et de son

américain ou un résident en Amérique.

épouse Harriet Robinson qui, lui aussi, était élu sénateur républicain. Les Blow avaient également pris en charge les frais juridiques et les services d'avocats locaux. Mais, après la négative décision de justice, la famille Blow avait surtout conclu que l'affaire était désespérée et décidé de ne plus payer, pour les Scott, les frais appropriés. Par conséquent, Roswell Field avait accepté de les représenter *pro bono publico* devant les tribunaux fédéraux.

Dred Scott était défendu devant la Cour suprême des États-Unis d'Amérique par Montgomery Blair, un abolitionniste qui rejoindrait plus tard le cabinet d'Abraham Lincoln en tant que ministre des Postes, et par George Curtis, dont le frère Benjamin Robbins Curtis avait siégé à la Cour suprême et écrit l'un des deux mémoires contradictoires dans l'*affaire Dred Scott contre Sanford*.

La famille Scott aurait pu faire appel de cette décision. Mais le juge en chef Robert B. Taney, ancien secrétaire du Trésor des États-Unis du 23 septembre 1833 au 25 juin 1834, et ses confrères ne leur laissèrent aucune possibilité d'agir de la sorte, dans la mesure où ils avaient aussi déclaré inconstitutionnel le compromis du Missouri[742] de 1820. Plus explicitement, le Congrès n'ayant pas le pouvoir d'interdire l'esclavage dans certains territoires, les maîtres avaient la garantie du droit de propriété dans le cadre du Cinquième amendement dès lors que les esclaves étaient une propriété. Par conséquent, ni le Congrès, ni une législation territoriale, ne pourrait priver un citoyen américain de ses biens sans procédure légale.

Pendant tout ce temps, Elizabeth Irene Sanford Emerson s'était remariée en 1850 avec le docteur Calvin Clifford Chaffee, un abolitionniste qui serait élu en 1854 au Congrès américain. Après la décision de la Cour suprême des États-Unis d'Amérique, un arrangement permit au bout du compte aux époux Chaffee de céder Dred Scott et son épouse Harriet Robinson, ainsi que leurs deux filles, à Henry Taylor Blow, le fils de Peter Blow, l'ancien propriétaire de Dred Scott. Finale-

---

[742] En 1820, en pleines tensions sur la question de l'esclavage, le Congrès américain adopta une loi qui admit l'État du Missouri dans l'Union en tant qu'État esclavagiste et le Maine en tant qu'État libre, tout en ayant interdit l'esclavage dans quelques terres de la Louisiane situées au Nord du 36° 30' de latitude.

ment, une année avant la mort de Dred de tuberculose[743], le fils de Peter Blow leur accorda la liberté le 26 mai 1857.

À toutes fins utiles, les tribunaux et les politiciens des États du Nord considérèrent l'*affaire Scott contre Sanford* comme un verdict contraignant. Dans un avis consultatif, la Haute Cour de l'État du Maine, dans l'extrême Nord-Est des États-Unis, déclara que les Afro-Américains pouvaient voter aux élections tant au niveau des États qu'à l'échelle fédérale. La Cour suprême de l'Ohio statua que tout esclave entrant dans l'État avec le consentement de son maître, même en tant que résident, devenait libre et ne pouvait en aucun cas redevenir un individu asservi à son retour dans un État esclavagiste. Quant à la Cour d'appel de l'État de New York, elle rendit un jugement similaire dans l'*affaire Lemmon vs The People*[744] en 1860. Dans plusieurs États, les législateurs décidèrent d'interdire l'esclavage dans leurs territoires, sous quelque forme que ce soit, et promulguèrent une législation libérant les personnes asservies qui en fouleraient le sol.

Force est de constater que, à l'avenir, l'on ne se souviendrait du juge en chef Roger Brooke Taney que pour la décision ouvertement pro-esclavagiste qu'il avait rendue et pour ses propos humiliants sur les Afro-Américains. D'ailleurs, à son décès en 1864, il fut vivement critiqué et vilipendé dans les États du Nord. Le sénateur républicain du

---

[743] In *Harriet Robinson Scott (1815 ?-1876)*, Carlyn Trout, *Historic Missourians, The State Historical Society of Missouri*, consulté le 9 mai 2020. Voir le lien ci-dessous.
https://historicmissourians.shsmo.org/historicmissourians/name/s/scotth.

[744] Jonathan et Juliet Lemmon (défendeurs) possédaient des esclaves. Résidaient en Virginie, où l'esclavage était légal, les Lemmon et huit esclaves devaient se rendre au Texas, un État esclavagiste, en passant par New York, État dont une loi spécifiait que tout esclave amené dans son territoire à quelque fin que ce soit serait libéré automatiquement. Pendant que leur navire était amarré dans le port de New York, les Lemmon faisaient garder la nuit leurs esclaves sur terre à New York. Un citoyen de cet État du Nord-Est, Louis Napoléon (demandeur), a demandé un bref d'*habeas corpus*, arguant que les esclaves, sur terre à New York, étaient libres. Les Lemmon avaient fait valoir que leur présence temporaire à New York l'était dans le cadre d'une simple escale en vue du passage au Texas. La Cour suprême de New York avait fini par juger que les esclaves étaient libres. Verdict que confirmerait la cour supérieure. Les Lemmon feraient appel.

Massachusetts, Charles Sumner, osa même stipuler que « le nom de Taney [devrait] être hué dans les pages de l'histoire »[745]. En tout cas, le patronyme de l'ancien procureur général des États-Unis, poste qu'il avait occupé du 20 juillet 1831 au 14 novembre 1833, serait toujours associé à celui d'un esclave qui ne voulait rien d'autre que sa liberté.

John McLean, ayant fait écho à Benjamin Robbins Curtis qui avait reproché à l'Honorable Robert B. Taney d'avoir traité le fond de la demande à propos de l'incompétence de la Cour, avait estimé que, effectivement, la décision aurait dû être limitée à la seule procédure. Sur le plan juridique *stricto sensu*, en s'étant prononcée sur la validité du compromis du Missouri, la Cour suprême des États-Unis avait déclaré pour la toute première fois l'inconstitutionnalité d'une loi ayant été adoptée par le Congrès en 1830. John McLean avait aussi fait valoir que les hommes d'ascendance africaine pouvaient bénéficier de la citoyenneté, dès lors qu'ils jouissaient déjà du droit de vote dans cinq États[746].

La Proclamation d'émancipation par le président Abraham Lincoln en 1863 et les amendements de reconstruction après la guerre civile – les Treizième, Quatorzième et Quinzième amendements – annuleraient de manière pacifique la décision de la Cour suprême des États-Unis d'Amérique qui avait été rendue lors de l'*affaire Scott contre Stanford*. Le Quatorzième amendement à la Constitution réglerait en même temps la question de la citoyenneté des Noirs par le truchement de sa première section :

> « Toutes les personnes nées ou naturalisées aux États-Unis et soumises à leur juridiction sont des citoyens des États-Unis et de l'État dans lequel ils résident [...] »[747]

---

[745] In *Dred Scott decision*, Melvin I. Urofsky, dans la rubrique *Law case*, sur le site Internet de l'*Enclyclopædia Britannica*, consulté le 9 mai 2020. Voir le lien ci-contre. https://www.britannica.com/event/Dred-Scott-decision.

[746] In *Dred Scott v. Sanford, sur le site Oyez*, article consulté le 9 mai 2020. Voir le lien ci-contre. https://www.oyez.org/cases/1850-1900/60us393.

[747] In *Political Atheism : Dred Scott, Roger Brooke Taney, et Orestes A. Brownson*, Patrick W. Carey, *The Catholic Historical Review*, The Catholic University of America Press, avril 2002, Vol. 88, n° 2, 207-229, doi : 10.1353 / cat.2002.0072.

Le corps de Dred Scott fut d'abord inhumé au *Wesleyan Cemetery* à Saint-Louis. Suite à sa fermeture neuf années plus tard, Henry Taylor Blow ferait transférer son cercueil sur un terrain non indiqué dans le catholique *Calvary Cemetery*, toujours à Saint-Louis, cette ville indépendante de l'État du Missouri. Cette nécropole acceptait l'enterrement d'esclaves non catholiques à la simple demande de leurs propriétaires élevés dans la religion catholique[748].

Décédée le 17 juin 1876, ayant survécu dix-huit années à son cher époux et travaillé comme blanchisseuse, Harriet Robinson Scott, qui était propriétaire de sa maison, fut enterrée au cimetière de Greenwood à Hillsdale dans le Missouri[749].

On a enfin découvert, en 1957, l'emplacement de la sépulture de Dred Scott. Des fleurs y ont été déposées lors d'une cérémonie qui a marqué le centenaire de l'*affaire Scott*[750]. Pour s'attirer la bonne fortune, les gens placent des pièces à l'effigie d'Abraham Lincoln sur la pierre tombale de Dred Scott[751].

L'arrière-petit-fils de Dred Scott et de son épouse Harriet Robinson, en l'occurrence John Alexander Madison Jr, serait diplômé en droit de la *Lincoln University Law School* à Saint-Louis. Il consacrerait de nombreuses années à la recherche sur la vie et le combat juridique de ses arrière-grands-parents qui s'étaient battus pour se libérer de l'esclavage dans les années qui avaient précédé la guerre civile aux États-Unis.

En 1997, Dred et Harriet Scott ont été intronisés au *Saint Louis Walk of Fame*. Un cénotaphe a été installé, en 1999, pour Harriet Robinson Scott sur la tombe de son mari afin de commémorer son rôle dans la lutte pour leur liberté, ainsi que celle de leurs enfants. En

---

[748] In *Dred Scott : Heirs to History*, Tim O'Neil, St. Louis Post-Dispatch, le 3 mai 2007, document PDF le 9 mai 2020. Voir le lien ci-dessous.
https://web.archive.org/web/20110728142350/http://www.ulstl.org/Microsoft%20Word%20-%20Dred%20Scot%20Heirs%20to%20History%2003-06-07.pdf.

[749] In *Dred Scott Case, 1846-1857, op. cit.*

[750] In *Dred Scott versus the Dred Scott Case : The History and Memory of a Signal Moment in American Slavery, 1857-2007*, Adam Arenson, dans *The Dred Scott Case : Historical and Contemporary Perspectives on Race and Law*, David Thomas Konig, Paul Finkelman & Christopher Alan Bracey, Ohio University Press, Athens, 2010, pp. 25-46.

[751] *Ibidem.*

2006, une nouvelle plaque commémorative a été posée à l'ancien palais de justice pour honorer les rôles de Dred et Harriet Scott en faveur de l'affranchissement et dans l'histoire des États-Unis d'Amérique. Le 9 mai 2012, Dred Scott a été intronisé au *Hall of Famous Missourians*, et un buste en bronze, œuvre du sculpteur Edward Spencer Schubert, est désormais exposé dans le *Missouri State Capitol Building*. Le 8 juin 2012, une statue en bronze représentant Dred et Harriet Scott a été érigée à l'extérieur de l'ancien palais de justice au centre-ville de Saint-Louis. En 1971, la ville de Bloomington, dans le Minnesota, a consacré un terrain de quarante-huit hectares au *Dred Scott Playfield* au 10820 Bloomington Ferry Rd 55438.

La statue du couple Scott est une sculpture publique en bronze, dressée à Saint-Louis dans le Missouri, représentant Dred Scott et son épouse Harriet, née Robinson. Œuvre du sculpteur Harry Weber, elle a été dévoilée le 8 juin 2012 sur la pelouse Sud-Ouest de la *Old Courthouse*. Le regard des deux esclaves représentés, se tenant la main, est orienté vers le parc national de *Gateway Arch*, par-delà le Luther Ely Smith Square.

En juillet 2013, avec le soutien du militant des droits de l'Homme Frank White, la ville de Bloomington a posé quatre plaques en l'honneur de l'époux d'Harriet Robinson et en mémoire de l'impact de la « décision Dred Scott » par rapport à l'abolition de l'esclavage.

Le 6 mars 2017, à l'occasion du cent soixantième anniversaire de ladite « décision Dred Scott », lequel était célébré sur les marches de la *Maryland State House* à côté d'une statue du juge en chef de la Cour suprême des États-Unis d'Amérique Roger Brooke Taney, son arrière-arrière-arrière-petit-neveu Charlie Taney s'est excusé en son nom auprès d'une descendante de Dred Scott et Harriet Robinson, Lynne Jackson et de son arrière-petite-fille, ainsi que de tous les Afro-Américains « pour la terrible injustice de la décision Dred Scott ». Pendant la cérémonie, Kate Taney Billingsley, la fille de Charlie Taney, a lu des extraits de la décision du tribunal ayant été reprise dans la pièce *A Man of His Time*.

XXXVI – Nat Turner : le génial concepteur

Nathaniel Turner, Nat pour les intimes ou alors *Ol' Prophet Nat*, naquit le 2 octobre 1800 dans le comté de Southampton en Virginie, où il vivrait durant toute sa vie. Cette même année, sous la présidence d'Andrew Jackson et pendant le séjour américain du jeune philosophe et politiste français Alexis de Tocqueville[752], Gabriel Prosser projeta la mise sur pied de sa rébellion (voir le chapitre XXIX) et Denmark Vesey fut libérée[753]. Cet esclave, qui devait son nom à son propriétaire, Benjamin Turner, mourrait plus tard pendu à l'âge de trente et un ans, un mois et neuf jours.

Ayant travaillé comme charpentier qu'on louait dans les plantations, Nat Turner fut vendu à deux reprises, en 1820 et vers 1830, alors qu'il avait espéré être libéré. De son mariage avec Cherry (également orthographié Chary), une jeune Indienne asservie à Southampton qui appartenait à une autre plantation que lui, naîtrait Riddick Turner.

Nathaniel Turner se sauva en 1820 et se cacha pendant un mois dans les marais. En fin de compte, il réintégra la plantation de Samuel Turner qui était le frère de son ancien propriétaire, poussé, selon les propres

---

[752] Alexis de Tocqueville publierait en 1835, à son retour en France, le chef-d'œuvre intitulé *De la démocratie en Amérique*, lequel comporterait quelques chapitres critiques et lucides sur l'immoralité et l'inefficacité de l'esclavage.

[753] In *Incidents in the Life of a Slave Girl*, Harriet A. Jacobs, dans *Cliffs Notes*, article consulté le 9 mai 2020 – https://www.cliffsnotes.com/literature/i/incidents-in-the-life-of-a-slave-girl/critical-essays/slave-rebellions-and-runaway-slaves.

déclarations de ce fugueur éphémère, par une inspiration divine. Il commença à répandre les idées, très à la mode à cette période, qui étaient défendues d'ailleurs par le sénateur du Parti fédéraliste et l'un des pères fondateurs des États-Unis, en la personne de Rufus King de New York, ainsi que par les Quakers, selon lesquelles l'esclavage allait à l'encontre des lois de la nature, donc contre les lois de Dieu.

> « En 1825, il se [mit] à prêcher ; il [était doté] d'un magnétisme certain, et son mysticisme lui [avait] fait identifier la condition des esclaves avec le sort des Israélites de l'Ancien Testament. Il [montra] Dieu exerçant sa vengeance et faisant passer sa justice contre les oppresseurs. Devant l'attitude des Blancs, il [pensa] que seules les armes [pouvaient] sauver les Noirs, et, [ayant allégué] une instruction divine, il [décida] en mai 1828 de lancer son insurrection. »[754]

En réalité, dans la vie quotidienne, tout contrastait entre les esclavagistes et les esclaves. Outre la couleur de la peau, même la religion, pourtant commune qu'ils pratiquaient, différait dans sa finalité. Elle montrait, dans l'absolu, la condition des uns par rapport aux autres.

> « Esclaves et maîtres avaient en effet la même religion : ils étaient majoritairement chrétiens. Mais leurs pratiques religieuses étaient très différentes. Le dimanche, par exemple, il n'était pas rare que les esclaves assistent à deux messes : celle du jour, sous l'autorité de leur maître, et celle de la nuit, entre eux. Les esclaves privilégiaient d'ailleurs une forme de syncrétisme : les chants et les danses venus d'Afrique étaient un aspect important de leur pratique religieuse. Le rapport à la religion était lui aussi différent. Les esclaves lisaient surtout l'Ancien Testament, qui est structuré autour de la sortie d'Égypte, c'est-à-dire autour du récit d'esclaves se libérant de leur joug. De plus, pour les esclaves, Dieu était considéré comme un ami, pas comme un maître. À l'inverse, les propriétaires d'esclaves insistaient sur la notion d'autorité divine, pour promouvoir l'ordre. »[755]

---

[754] In *Turner Nat (1800-1831)*, article mis en ligne sur le site *universalisé.fr* et consulté le 9 mai 2020 – https://www.universalis.fr/encyclopedie/nat-turner.
[755] In *La révolte de Turner a semé un vent de panique dans tout le Sud esclavagiste*, entretien sur *The birth of a Nation* accordé par Pap Ndiaye au blog *Zéro de conduite*, consulté le -9 mai 2020 – https://www.zerodeconduite.net/ressources/3451.

Après le décès de Samuel Turner, Nat devint l'esclave d'un autre homme qui s'appelait Thomas Moore puis, ce dernier étant mort, la propriété de sa veuve. Lorsque cette dernière épousa Joseph Travis, Nathaniel Turner fut évidemment obligé d'aller travailler sur les terres du tout nouveau mari de sa propriétaire.

En 1831, cet esclave afro-américain, qui aurait souvent perçu des signaux divins, organiserait une révolte dans le comté de Southampton en Virginie. Contre toute attente et à la grande surprise des esclavagistes, cette insurrection sanglante ne bénéficierait d'aucune aide hors communauté noire. Elle serait discrètement planifiée et intensivement menée par des esclaves. Elle entraînerait en guise de riposte de la part des autorités locales, une répression à la fois légale et illégale, encore plus sanglante, ainsi que l'adoption de nouvelles lois dans les États du Sud des États-Unis d'Amérique. Elles seraient plus contraignantes cependant pour les esclaves.

> « Quand son cadavre se [balança] enfin au bout d'une corde, une féroce clameur s'[éleva] de la foule blanche. Des enfants s'[approchèrent] pour [lancer] des bananes… Des hommes surexcités [décrochèrent] le cadavre. Ils lui [arrachèrent] ses haillons. Certains [commencèrent] à l'écorcher. D'autres [arrachèrent] des lambeaux de chair qu'ils [mirent] à fondre dans un chaudron pour en tirer de la graisse. Au moyen d'un grand couteau, un homme [découpa] la tête avec laquelle il [repartit], fier comme Artaban. Pourquoi tant de haine ? »[756]

Son père s'était échappé de la plantation du propriétaire lorsque Nat était encore enfant. Le petit Turner, qui avait été élevé par sa mère, s'était beaucoup attaché à sa grand-mère paternelle. Cette dernière, issue de la communauté Kormantin[757], avait été enlevée plusieurs

[756] In *11 novembre 1831. Le jour où l'esclave rebelle Nat Turner est pendu en Virginie*, Frédéric Lewino et Gwendoline Dos Santos, *Le point*, article mis en ligne le 11 novembre 2012 et consulté le 9 mai 2020 – https://www.lepoint.fr/c-est-arrive-aujourd-hui/11-novembre-1831-pendu-ecorche-et-decapite-nat-turner-paie-la-premiere-revolte-d-esclaves-aux-usa-11-11-2012-1527581_494.php.
[757] Kormantin était un fort anglais ayant été construit par la *Guinea Company*, à l'extrême Ouest de l'actuelle République du Ghana, non loin de la frontière de la Côte d'Ivoire, sur la Côte-de-l'Or. Ce lieu était vite devenu le point de départ des esclaves, en partance pour la Caraïbe où ils seraient vite catalogués, en particulier en Jamaïque,

années plus tôt en Afrique dans l'actuel Ghana et déportée en Amérique à l'âge de 13 ans. Gamin précoce, Nat Turner apprit à lire très tôt et fut très vite attiré par la religion[758]. Il parcourait la Bible avec beaucoup de ferveur, et était convaincu de son grand destin sous la bénédiction céleste. Ce mysticisme était-il dû à ses propres convictions, ou en grande partie à son entourage ? Quelle avait été la véritable part de l'influence environnementale dans l'acte orchestré par ce génial rebelle ? Telles sont les diverses questions que se sont posées le professeur Adam Rothman[759] et un bon nombre de chercheurs.

Le 11 février 1831, il y eut une éclipse annulaire[760] de soleil. Nathaniel Turner vit à travers ce phénomène naturel le signe suprême qu'il attendait. *De facto*, il prit la résolution de mener une action punitive contre les propriétaires d'esclaves. Initialement prévu pour le 4 juillet, jour de fête nationale, le déroulement de la révolte fut repoussé pour des raisons d'organisation. Un second phénomène stellaire se produisit le 13 août 1831, jour où le soleil se teinta d'une ombre verdâtre, sans doute due à une éruption volcanique géante du mont Saint Helens[761] situé dans le comté de Skamania dans le Nord-Est des États-Unis. Nat Turner, âgé de 31 ans, y vit le présage déclencheur du soulèvement qui se déroulerait une semaine plus tard, le 21 août 1831.

L'insurrection de Nat Turner dura deux interminables journées. Ses partisans, au nombre de soixante-dix, massacrèrent une soixantaine de Blancs, hommes, femmes et enfants[762]. Alors que la révolte progressait,

---

dans la communauté dite Kormantin.

[758] In *Nat Turner : Slave Revolt Leader*, Terry Bisson, Chelsea House Publishers, Philadelphie, 2005, p. 76.

[759] In *Slavery, Adam Rothman,* article mis en linge sur le blog *Teachinghistory,* consulté le 9 mai 2020 – https://teachinghistory.org/history-content/beyond-the-textbook/23905.

[760] Un cas particulier d'éclipse partielle (de fait, puisque non totale) où les trois objets concernés sont parfaitement alignés (éclipse centrale), alors que l'objet éclipsant est trop petit (ou l'objet éclipsé trop gros) pour bloquer complètement la source de lumière : il reste, dans ce cas, un anneau lumineux encore visible.

[761] In *11 novembre 1831. Le jour où l'esclave rebelle Nat Turner est pendu en Virginie, op. cit.*

[762] In *The fires of jubilee : Nat Turner's fierce rebellion*, Stephen B. Oates, Harper Perennial, New York, 1975.

« la bande » de Turner n'avait cessé de croître. La panique s'amplifiait au fur et à mesure que les exécuteurs se déplaçaient. L'avancée des mutins serait finalement stoppée sur le chemin de Jérusalem, siège du comté de Southampton et ville de Virginie nommée Courtland depuis 1888, où ils devaient recevoir un soutien supplémentaire et approvisionner leur stock en munitions. Effectivement, une milice deux fois plus puissante que la faction d'esclaves à l'origine de l'émeute s'organisa. Elle parvint à mettre fin aux agissements des personnes révoltées. L'insurrection fut enfin définitivement maîtrisée à la plantation *Balmont*, dans la matinée du 23 août 1831. Toutefois, Nat Turner ne serait capturé que, deux mois et sept jours plus tard, le 30 octobre 1831. Jugé le 5 novembre dans la ville de Jerusalem en Virginie, il serait pendu avec dix-huit de ses compagnons le 11 novembre 1831. Son corps ferait ensuite l'objet d'une mutilation[763].

Nat Turner, prédicateur et esclave de Joseph Travis, avait en effet eu plusieurs visions. S'étant divinement senti inspiré pour conduire son peuple vers la liberté, il avait planifié les étapes de sa minuterie pendant six mois et pris toutes les précautions possibles. Il avait partagé son plan avec seulement quatre autres complices afin d'éviter les échecs qu'avaient connus Gabriel Prosser, toujours en Virginie mais dans la ville de Richmond en octobre 1800 (cf. le chapitre XXIX), ainsi que Denmark Vesey en Caroline du Sud en 1822. Le jour où la révolte devait avoir lieu, lui et ses acolytes s'étaient rassemblés dans un bois, puis ils avaient commencé leur raid en ayant attaqué la plantation de Joseph Travis et tué tous les membres de sa famille.

Dans la nuit du 21 au 22 août 1831, dans le domicile de son maître Joseph Travis et de sa famille :

> « Armé d'une hachette, accompagné de Will, je suis entré dans la chambre de mon maître. On ne voyait rien. Je ne pus le tuer d'un seul coup, la hachette ricocha sur sa tête. Il bondit hors du lit et appela sa femme. Ce fut son dernier mot. Will l'abattit d'un coup de hache, et madame Travis, couchée, partagea son sort. »[764]

---

[763] In *11 novembre 1831. Le jour où l'esclave rebelle Nat Turner est pendu en Virginie, op. cit.*

[764] In *Moi, Nat Turner...*, Pap Ndiaye, *L'Histoire*, n° 415, septembre 2015.

Le lendemain matin, le groupe dirigé par Turner avait parcouru le comté, ayant massacré au passage des personnes à la peau blanche.

Avant l'exécution de Nathaniel Turner, l'homme de loi et propriétaire d'une plantation, Thomas Ruffin Gray, l'avait interrogé et recueilli ses déclarations qui feraient, avant la fin de l'année 1831, l'objet d'un livre. Ce document serait publié à Baltimore dans le Maryland sous le titre de *The Confessions of Nat Turner, the Leader of the Late Insurrection in Southampton, Va.* Cet ouvrage constituerait-il un support historique essentiel, ou alors fiable, pour mieux comprendre le personnage de Nathaniel Turner, les préparatifs de son projet, les craintes des Blancs esclavagistes d'une révolte des esclaves comme celle de Saint-Domingue et les relations inter-raciales de plus en plus tendues ?

« Publiée comme le récit définitif de l'insurrection et de ses motivations, la "The Confession" reste entourée de controverses. Thomas R. Gray, un avocat, [avait] publié le compte rendu, [ayant affirmé] que Turner lui avait dicté les aveux et qu'il n'y avait que peu ou pas de variation par rapport au témoignage réel du prisonnier. Cependant, en tant que propriétaire d'esclaves en difficulté financière, Gray avait probablement vu un énorme potentiel de profit et de propagande pour satisfaire la soif de connaissances du public sur un personnage aussi énigmatique. De plus, les critiques littéraires ont constamment souligné les divergences de langage et de ton de Turner tout au long du document. Ils ont suggéré que les programmes de Turner et de Gray s'opposaient constamment dans le texte et créaient ainsi l'ambiguïté qui a caractérisé le document depuis plus d'un siècle et demi. »[765]

Cette rébellion d'esclaves dirigée dans le comté de Southampton, par Nat Turner, fut de loin, aux dires des historiens, la plus connue et la mieux réussie[766] par rapport aux précédents soulèvements ayant été imaginés ou menés par des personnes noires aux États-Unis. Brève et violente, elle reste de loin la plus importante manifestation de haine recensée en Amérique du Nord[767].

---

[765] In *A Rebellion to Remember: The Legacy of Nat Turner*, Jennifer Larson, *Documenting the American South*, collections Highlights, consulté le 9 mai 2020 – https://docsouth.unc.edu/highlights/turner.html.

[766] In *Incidents in the Life of a Slave Girl, op. cit.*

[767] In *L'esclave Nat Turner est pendu en Virginie pour s'être révolté*, André

De toute évidence, en cette période, les autorités des États du Sud des États-Unis se montrèrent davantage réticentes aux doctrines plus libérales en cours dans les États du Nord au regard de l'esclavage. Ils gouverneraient ainsi dans la peur de la *turnerence*, cette sorte de démence à la Nat Turner qui risquait de faire tache d'huile si elle n'était pas sévèrement réprimée. S'agissant de l'insurrection de Southampton, l'État de Virginie remboursa les esclavagistes pour leurs esclaves tués et les autres pertes subies. Mais, dans l'ambiance complètement hystérique qui suivit ce macabre événement avec lequel beaucoup de Noirs innocents, au moins deux cents, furent assassinés par des foules blanches surexcitées, tout à fait en proie à la frénésie. Des esclaves, même en Caroline du Nord, furent accusés d'avoir été impliqués, de près ou de loin, à cette révolte et furent ensuite froidement exécutés. Sans jugement. De nouvelles lois furent votées : interdiction de l'éducation des esclaves et des Noirs libres, restriction des droits de réunion et autres droits civils pour les Noirs affranchis, exigence de la présence d'hommes blancs lors de tous les services religieux…

Outre l'aspect fictif, sur le plan de la procédure strictement judiciaire, en tant qu'avocat de la défense, Thomas R. Gray n'essaya même pas de faire comparaître un témoin à décharge. En conséquence, sa défense ayant été très mal assurée, voire bâclée, le client perdit le procès. Même si certains l'avaient présenté comme un dangereux criminel, Nat Turner incarnerait l'exemple d'un Afro-Américain debout contre l'oppression de l'Homme blanc. Il deviendrait une icône de la conscience des Noirs dans les années 1960. D'autres personnes le critiqueraient toutefois pour avoir utilisé la violence, recouru aux massacres aveugles comme moyen de parvenir à un changement sociopolitique. D'ailleurs, pour l'historien Scot French, dans une déclaration qui a été publiée dans les colonnes du *New York Times* :

> « accepter Nat Turner et le placer dans le panthéon des héros révolutionnaires américains, c'est reconnaître la violence comme moyen de changement social. Il [avait] une sorte de conscience radicale qui

Larané, article mis en ligne sur le site *herodote.net*, consulté le 9 mai 2020. Voir le lien ci-dessous.
(https://www.herodote.net/11_novembre_1831-evenement-18311111.php).

trouble encore aujourd'hui les partisans d'une société racialement réconciliée. L'histoire vit parce qu'elle est pertinente aujourd'hui pour les questions de l'organisation du changement. »[768]

Héros de la lutte contre l'esclavage ? Meurtrier sanguinaire ? Fou illuminé ? Prophète peu orthodoxe ? Martyr ? Justicier exécuteur ? Bourreau à la solde du Bon Dieu ? Plus de cent quatre-vingt-cinq années après une expédition punitive ayant abouti à l'exécution de son auteur, survenue le 11 novembre 1831 à Jerusalem en Virginie aux États-Unis d'Amérique, Nat Turner demeure-t-il encore un inconnu célèbre à la personnalité insaisissable ? Telles ont été les questions que se sont posées Nicolas Michel et d'autres observateurs des problématiques états-uniennes[769].

Il faudrait quand même avoir à l'esprit le fait que, en ce temps, l'économie du Grand Sud-américain était en plein essor. Cette activité avait besoin de plus de travailleurs pour la soutenir, de sorte que les esclavagistes qui vivaient plus au Nord fournissaient davantage la main-d'œuvre. Les propriétaires de plantations de Virginie pouvaient gagner de l'argent, en vendant leurs esclaves aux grands planteurs de sucre et de coton de la région concernée. Ce « deuxième passage du milieu » avait hypothéqué le devenir des familles de victimes. Il avait servi de stratégie sur la base de peur psychologique pour maintenir les gens et les réduire en servitude, mais aussi pour briser toute résistance. La vente des milliers d'individus, hors du comté de Southampton au début du XIXe siècle, pourrait laisser supposer que le fait de vivre, en sachant que sa famille pourrait être détruite à chaque instant, était une situation terrifiante pour les individus à l'épiderme noir et les mulâtres. C'était une torture morale en permanence. Cela avait sans doute façonné les convictions de Nat Turner, ainsi que celles de ses compagnons de militantisme. Ainsi l'avenir paraissait-il sombre pour de nombreuses

---

[768] In *Nat Turner in History's Multiple Mirrors*, Felicia R. Lee, *The New York Times*, le 7 février 2004.

[769] In *Nat Turner, l'esclave rebelle si célèbre et pourtant si mal connu*, Nicolas Michel, *Jeune Afrique*, article mis en ligne le 12 janvier 2017, consulté le 9 mai 2020 – https://www.jeuneafrique.com/mag/390695/culture/litterature-nat-turner-leclave-rebelle-celebre-pourtant-mal-connu.

personnes concernées par l'asservissement[770].

William Styron a sorti en 1967 un roman, *The Confessions of Nat Turner*[771], lequel lui vaudrait le Prix Pulitzer de la fiction en 1968. Cet ouvrage a suscité beaucoup de polémiques de la part des Noirs qui ont dénoncé sa perception totalement déformée.

L'Américain Kyle Bake a publié en 2005 une biographie de Nat Turner en bande dessinée, laquelle a été plusieurs fois primée. En 2016, est sorti aux États-Unis le film dramatique et historique *The Birth of a Nation*, lequel a été écrit, produit et réalisé par Nate Parker. Le réalisateur scénariste a interprété le rôle de l'esclave afro-américain Nat Turner qui avait génialement planifié et dirigé la révolte d'esclaves de 1831 dans le comté de Southampton en Virginie. Le film a remporté en 2016 le Grand prix du jury dans la catégorie *U.S. Dramatic Competition* au Festival de film indépendant de Sundance qui se déroule chaque année à Park City et Salt Lake City dans l'Utah. Cette même année, ce qui pourrait être le crâne de Nat Turner était en la possession de Richard Hatcher, ancien maire de Gary dans l'Indiana. Récemment, il l'a remis aux descendants de Nathaniel Turner. La vérification s'imposant d'emblée dans pareille circonstance, ces derniers ont fait appel à des experts médico-légaux pour des tests[772] susceptibles de confirmer son appartenance ou non à leur ancêtre qui avait été pendu le 11 novembre 1831.

---

[770] In *Finding the Bones of Nat Turner, American Rebel*, Kelly Fanto Deetzl, *History Magazine*, article consulté sur le site Internet de *National Geographic* le 9 mai 2020 – https://www.nationalgeographic.com/history/magazine/2017/01-02/nat-turner-slave-rebellion-southampton-virginia.

[771] Voir aussi, du même auteur, *Les Confessions de Nat Turner*, roman publié par Gallimard en France en 1969.

[772] *Ibidem.*

XXXVII – Solomon Northup : une mystérieuse disparition

Solomon Northup naquit le 10 juillet de l'année 1807[773] ou 1808[774], à Schroon, actuellement Minerva, dans le comté d'Essex dans l'État de New York[775]. Il mourut après 1857 ou 1863[776], à une date inconnue[777]. Ce Noir afro-américain, fils d'une quarteronne esclave affranchie, était donc venu libre au monde. En effet, son père, Mintus Northup, était né esclave dans une propriété à Rhode Island. Il avait passé la première partie de sa vie au service de la famille Northup. Originaire de l'État de Rhode Island, il avait par la suite vécu avec les Northup à Hoosick dans le comté de Rensselaer dans l'État de New York. Le maître de Mintus, le capitaine Henry Northup, un arrière-petit-fils de Stephen Northup, l'un des premiers colons de la colonie de Rhode Island et Providence Plantations, avait mentionné Mintus dans son testament.

---

[773] In *Solomon Northup*, Hugh Chisholm, *Encyclopædia Britannica* (11th ed.), Cambridge University Press, article consulté le 10 mai 2020. Voir le lien ci-dessous. https://www.britannica.com/biography/Solomon-Northup.

[774] In *Solomon Northup (1808-1863 ?)*, Emmanuel Sampath Nelson, dans *African American Autobiographers : A Sourcebook*, Elizabeth Marsden, Greenwood Press, Wespoint, Connecticut – London, 2002, p. 290.

[775] In *Solomon Northup : The Complete Story of the Author of « Twelve Years a Slave »*, David Fiske, Clifford W. Brown & Rachel Seligman, Praeger Publishers Inc, 2013, p. 175.

[776] In *Solomon Northup : The Complete Story of the Author of « Twelve Years a Slave »*, op. cit.

[777] *Ibidem*, pp. 151-153.

Mintus avait épousé une métisse de condition libre[778]. À la mort de son maître Henry Northup, sa dernière volonté testamentaire l'avait d'office affranchi. Ainsi, lui et son épouse, avaient-ils déménagé à Schroon et adopté, par reconnaissance, Northup comme nom de famille. Ils auraient deux fils : Solomon et Joseph. Solomon Northup passerait la grande partie de sa jeunesse à jouer du violon du vivant de Mintus Northup. Ce dernier mourrait le 22 novembre 1829 près de Fort Edward, dans le comté de Washington dans l'État de New York, et serait enterré au cimetière de Hudson Falls Baker.

En 1828 ou 1829, le jour de Noël[779], Solomon Northup épousa Anne Hampton, une « femme de couleur » d'origine à la fois africaine, européenne et amérindienne[780]. Ils auraient trois enfants : Elizabeth, Margaret et Alonzo[781]. Entre 1830 et 1834, le couple vécut tout d'abord à Fort Edward, ensuite à Kingsbury. Agriculteur, raftier, charpentier qualifié, violoniste qui se produisait dans plusieurs hôtels bien connus à Saratoga Springs, Solomon Northup possédait une propriété à Hebron dans l'État de New York. Son épouse était cuisinière. Elle travaillait pour des tavernes locales, qui servaient de la nourriture et des boissons, et aussi au *United States Hotel*, sans oublier le *Sherrill's Coffee House* à Sandy Hill, actuellement Hudson Falls[782]. Après avoir vendu leur ferme en 1834, ils emménagèrent à trente-deux kilomètres de Saratoga Springs, toujours dans l'État de New York, pour des raisons professionnelles.

En avril 1841, à l'âge de 32 ans[783], Solomon Northup fut abordé par deux marchands d'esclaves de Charlotte en Caroline du Nord, qui s'étaient présentés comme des artistes nommés Merrill Brown et

---

[778] *Ibid.*, pp. 20 et 95.

[779] In *Solomon Northup : The Complete Story of the Author of « Twelve Years a Slave »*, *op. cit.*

[780] In *Twelve Years a Slave,* Solomon Northup, Derby & Miller of Auburn, New York, p. 21.

[781] In *Solomon Northup : The Complete Story of the Author of « Twelve Years a Slave »*, *op. cit.*, p. 27.
Voir aussi *African American Autobiographers : A Sourcebook, op. cit.*, p. 291.

[782] In *Twelve Years a Slave, op. cit.*, pp. 25 et 28.
Voir aussi *Solomon Northup and the Sly Philosophy of the Slave Pen*, Sam Worley, *Callaloo*, Vol. 20, n° 1, John Hopkins University Press, hiver 1997, p. 245.

[783] *Ibid.*, p. 4.

Abram Hamilton, concernant une offre d'emploi pour le poste de violoniste. Ils lui proposèrent un salaire très alléchant et le prix de son voyage de retour. Alors que, sans avoir averti son épouse partant du principe que le voyage ne durerait pas longtemps, il accompagna ses soi-disant éventuels employeurs à Washington où l'esclavage était encore légal. Cette ville fut l'un des plus grands marchés de personnes asserviés, ou libres mais capturées. Les chasseurs d'esclaves y enlevaient parfois des Noirs affranchis.

En cours de route, lors d'un arrêt en vue d'une supposée vérification de sa qualité d'homme libre, Solomon Northup fut drogué à l'aide de la belladone, ou du laudanum, et vendu comme esclave de la Géorgie pour six cent cinquante dollars à un homme portant le nom de James H. Birch, un marchand d'esclaves de Washington DC. Après que Birch et son complice Ebenezer Radburn eurent dissuadé Solomon de ne rien révéler de son statut d'individu libre au risque de l'éliminer physiquement, ils l'enfermèrent dans la cave de la *Yellow House*, l'un de nombreux sites dans la ville de Washington où étaient vendus les esclaves, le plus connu ayant été la négrerie Williams qui appartenait au marchand d'esclaves William H. Williams du Fort Edward[784]. Finalement, James H. Birch se chargea de l'expédition de Solomon. Il le convoya, avec d'autres esclaves, par la voie maritime jusqu'à la Nouvelle Orléans, d'où son partenaire Théophile Freeman les vendrait. Pendant le voyage, Solomon Northup et les personnes ayant été capturées attrapèrent la variole, dont un nommé Robert qui mourut en route. Il essaya de persuader John Manning, un marin anglais, d'envoyer une lettre à Henry Bliss Northup afin de le tenir au courant de son enlèvement et du caractère illégal de cet acte. Henry B. Northup, avocat de son état, était un membre de la famille de l'ancien propriétaire de son père Mintus, à savoir le petit-neveu de Henry Northup, et un ami d'enfance de Solomon. Henry Bliss Northup pourrait l'aider. De plus, la législature de New York avait adopté une loi en 1840 en vue de la protection de ses résidents afro-américains grâce à une assistance juridique et finan-

---

[784] In *Black Men Built the Capitol*, Jesse J. Holland, Globe Pequot, 2007, 1853, p. 28.

cière, dans le but de faciliter la récupération de tous ceux qui seraient éventuellement enlevés et emmenés hors de l'État. Mais il ne pouvait pas agir sans savoir où se trouvait exactement Solomon Northup.

Solomon Northup fit l'objet d'une transaction financière au marché aux esclaves de la Nouvelle-Orléans au profit de William Ford, un prêcheur d'obédience baptiste et un propriétaire de plantation durant l'époque qui avait précédé la Guerre de Sécession en Louisiane. Ce dernier l'acquit pour sa propriété, le domaine de *Pine Woods* situé en Louisiane. Au cours de l'hiver de l'année 1842, William Ford vendit Solomon Northup à John M. Tibeats, un charpentier qui avait travaillé dans l'une des filatures de la région et dans une minoterie sur la plantation de W. Ford à Bayou Bœuf. Tibeats ne détenait pas la totalité du montant pour l'achat, ainsi Ford tint-il une hypothèque de quatre cents dollars sur la marchandise. Cela signifiait que l'acheteur devait cet argent au vendeur. Ainsi Solomon devint-il la garantie de l'emprunt.

En tant qu'esclave, de surcroît homme noir, Solomon Northup était victime des traitements impitoyables de la part du nouveau maître. Un jour, après que Tibeats eut décidé de le punir, Solomon se saisit du fouet et lui administra la correction idoine. À la suite de cette offense, le surveillant Chapin Ford sauva Solomon du lynchage dont la sentence de mise en exécution était déjà prononcée par John M. Tibeats et ses amis. C. Ford rappela au méchant Tibeats qu'il était débiteur de la somme de quatre cents dollars pour l'achat de Solomon. Voilà comment la dette sauva la vie au captif qui avait osé fouetter son propriétaire. Selon l'historien Walter Johnson, l'attitude excessivement possessive, voire tyrannique, de Tibeats révéla un fait très éclairant : Solomon fut le premier et seul esclave que cet homme blanc avait acheté et détenu.

N'ayant pas accepté l'humiliation qui lui avait été infligée quelques jours plus tôt devant d'autres esclaves, John M. Tibeats tenta de tuer Solomon Northup à l'aide d'une hache. Mais, par réflexe de légitime défense, Solomon se défendit en étranglant l'esclavagiste jusqu'à ce que ce dernier eût perdu connaissance. N'ayant plus d'alternative possible, il s'enfuit à travers les marécages pour que les chiens ne puissent pas le pister, et retourna chez William Ford. Il s'y installa pendant quatre jours. Le prêcheur méthodiste convainquit finalement Tibeats de louer son esclave afin d'apaiser la tension entre eux. En fin de compte, Solomon fut embauché par M. Eldret qui vivait à une soixantaine de kilomètres au Sud de la Rivière Rouge. Pour ce qu'il appelait *The Big Cane Brake*, Eldret disposait de Solomon Northup et d'autres esclaves, comme bêtes de somme, Ces durs labeurs concernaient la coupe de la canne, ainsi que le débroussaillage, en vue du développement de la culture des champs de coton. Alors que les travaux n'étaient pas terminés, après environ cinq semaines, Tibeats vendit son esclave à un certain Edwin Epps. Ce dernier, un maître à la cruauté inégalée, qui punissait très souvent ses esclaves et les traitait férocement s'ils ne respectaient pas le quota de besogne prévue, le garda pendant près de dix années jusqu'en 1853. Solomon Northup écrirait plus tard que les bruits de coups de fouet étaient entendus tous les jours à la ferme d'Edwin Epps, du coucher du soleil jusqu'à l'extinction des feux.

En 1852, un menuisier canadien itinérant, Samuel Bass, vint travailler pour Edwin Epps. En entendant le nouveau venu exprimer son point de vue abolitionniste, Solomon Northup lui confia son secret : ce fut la première personne à qui il révéla son vrai nom et son état d'homme libre depuis qu'il était esclave. Samuel Bass adressa un courrier de Solomon à qui de droit. Il informa, à ses risques et périls, les amis du captif sur l'emplacement du lieu d'asservissement dans l'agglomération de Bayou Bœuf. Parmi les lettres que Bass rédigea, l'une fut envoyée à Céphas Parker et une autre à William Perry, des commerçants du comté de Saratoga dans l'État de New York, au bord du fleuve Hudson. Il y joignit le plus d'éléments possibles à l'attention de l'avocat Henry B. Northup, le fils de l'ancien maître de Mintus Northup. Le juriste contacta le gouverneur de New York, Washington Hunt. Ce dernier se saisit de l'affaire en nommant le procureur général comme représentant légal dans le cadre de la loi sur l'aide aux habitants kidnappés qu'avait adoptée en 1840 l'État de New York.

Travailleur itinérant et sans famille, Samuel Bass quitta la région avant que les amis de Solomon Northup ne se présentent avec les documents administratifs pouvant révéler à Edwin Epps la véritable identité et le statut juridique de son esclave avant la vente. Le menuisier canadien devait à tout prix partir dans un autre État, bien avant le déclenchement des procédures appropriées en vue de la libération du captif. En collaboration avec le sénateur américain Pierre Soulé et les autorités locales de la Louisiane, Henry B. Northup arriva à Marksville le 1er janvier 1853. Solomon n'étant connu localement que sous son nom d'esclave, c'est-à-dire Platt, l'avocat eut beaucoup de mal à le retrouver. Lorsqu'il le localisa, il s'assura que Solomon était un homme libre et qu'il avait une femme, ainsi que des enfants. L'horrible Edwin Epps s'étonna, une fois au courant de la situation, que l'intéressé ait tu ces faits au moment de l'achat. Il regretta surtout de ne pas avoir pris des mesures idoines. S'il avait su ce qu'il venait d'apprendre de la bouche du procureur général, Platt n'aurait pas été repris vivant. Ainsi maudit-il l'inconnu qui avait aidé le captif dans cette démarche et menaça de le tuer si jamais il découvrait son identité. Après avoir été dissuadé par Henry B. Northup de contester les documents de citoyenneté concernant Solomon Northup, Edwin Epps renonça à tout droit sur le bien illégalement acquis. Enfin, le 4 janvier 1853, quatre mois après la rencontre avec Samuel Bass, Solomon fut à nouveau un individu non asservi.

Pendant douze années, Solomon Northup avait donc été mis à la disposition de plusieurs propriétaires de la région de la Rivière Rouge en Louisiane, période pendant laquelle ses amis et sa famille étaient restés sans nouvelles de lui. L'un des rares Noirs non asservis à avoir retrouvé la liberté dans de telles circonstances, il intenta un procès contre les trafiquants d'esclaves, James H. Birch et ses acolytes, dont Ebenezer Radburn, auprès du tribunal de Washington. Mais, la loi du district de Columbia interdisant aux Noirs de témoigner contre les Blancs, il fut débouté. Ce constat étant fait, il ne sut plus quelle action intenter. Impuissant, il ne fut pas en mesure de les poursuivre pour dommages et intérêts sans son témoignage. Un des accusés eut même l'intention de porter plainte contre Solomon Northup, mais il se ravisa.

Plus tard, dans l'État de New York, deux hommes blancs seraient interpellés pour enlèvement et séquestration mais les accusations seraient retirées au bout de deux ans. L'*affaire Northup* fut en fin de compte publiée par le *New York Times* grâce au procès du 20 janvier 1853, l'accent étant mis sur les pratiques illégales.

Ne pouvant donc pas ester en justice contre ses ravisseurs blancs, Solomon Northup publia en 1853 ses mémoires, *Twelve Years a Slave*, lesquels deviendraient un best-seller[785] et contribueraient à l'avancement du débat sur l'abolition de l'esclavage. Le livre fut écrit en trois mois avec l'aide de David Wilson, un écrivain local. Publié alors que le roman *Uncle Tom's Cabin* d'Harriet Beecher Stowe caracolait dans les ventes en librairie, l'ouvrage de Solomon Northup fut écoulé à hauteur de 30 000 exemplaires en trois années. Sa commercialisation permit d'identifier les ravisseurs, à savoir Alexander Merrill et Joseph Russell, alias Brown et Hamilton. Bien entendu, Thaddeus Saint John, un juge de la cour de Fonda dans le comté de Montgomery dans l'État de New York, se rappela avoir vu ces deux vieux compères, Alexander Merrill et Joseph Russell, qui voyageaient en compagnie d'un homme Noir en direction de Washington au moment des funérailles de l'ancien président William Henry Harrison. Lorsqu'il les avait revus en revenant de Washington, sans l'homme Noir, un petit détail lui revint à l'esprit. Il s'était remémoré que, lors du premier voyage, les deux hommes lui avaient demandé de les appeler « Brown » et « Hamilton ». Saint John contacta les autorités locales, et rencontra Solomon Northup. Les deux hommes se reconnurent. Merrill et Russell seraient bientôt localisés et arrêtés.

À l'ouverture du procès relatif à cette affaire, le 4 octobre 1854, Solomon Northup et Thaddeus Saint John témoignèrent contre Alexander Merrill et John Russell. Le débat entre les avocats concerna avant tout le lieu du kidnapping : à New York, où la victime pourrait témoigner, ou à Washington, en dehors de la juridiction new yorkaise. Après plus de deux années sur la procédure et la compétence juridictionnelle, un nouveau procureur du district de New York hérita du dossier. Il préféra ne pas poursuivre l'affaire qui fut abandonnée en mai 1857. Aucune autre action judiciaire ne fut intentée contre les ravisseurs de Solomon Northup.

En 1855, exerçant le métier de charpentier, Solomon Northup vivait avec la famille de sa fille, Margaret Northup Stanton, à Glens Falls

---

[785] In *Solomon Northup : The Complete Story of the Author of « Twelve Years a Slave »*, *op. cit.*, p. 115.

dans le comté de Warren dans l'État de New York. Devenu militant abolitionniste, il donna des dizaines de conférences à travers le Nord-Est des États-Unis d'Amérique dans les périodes ayant précédé la Guerre de Sécession. Mais il disparut dans des circonstances non élucidées, quelques années après avoir retrouvé sa condition d'homme libre.

Le lieu et les circonstances du décès de Solomon Northup restèrent inconnus. Néanmoins, plusieurs rumeurs avaient circulé, entre autres en 1858, lorsqu'un journal local avait rapporté que l'ancien captif avait été « une nouvelle fois enlevé dans le Sud, et était à nouveau esclave »[786].

Son bienfaiteur et ami Henry Bliss Northup aurait même pensé qu'il avait été capturé en état d'ébriété au Canada, où il s'était rendu à l'été 1857 pour donner une conférence. En 1879, dans *The Bench and Bar of Saratoga County*, Enos R. Mann indiqua le rejet de l'affaire de l'enlèvement du comté de Saratoga contre Alexander Merrill et John Russell à cause de la disparition de Solomon Northup. Il rappela que son sort restait incertain vis-à-vis du public, mais les impitoyables ravisseurs le savaient sans doute[787]. En tout cas, en 1909, John Henry Northup, le neveu du procureur général Henry B. Northup, écrivit ceci :

> « La dernière fois que j'ai entendu des nouvelles de lui, Sol donnait une conférence à Boston pour vendre son livre. Tout à coup, il disparut. Nous croyons qu'il a été enlevé et emmené, ou tué... »[788]

Dans des lettres rédigées et échangées au cours des années 1930, John R. Smith indiqua que Solomon Northup avait visité son père le révérend John L. Smith, un pasteur méthodiste du Vermont avec qui Solomon Northup et l'ancien esclave Tabbs Gross avaient travaillé au début des années 1860. Dans le passé, tous les deux voulaient aider les esclaves fugitifs à emprunter le chemin de fer clandestin[789]. John

---

[786] *Ibidem.*

[787] *Ibid.*, pp. 20 et 95.

[788] *Ibid.*, p. 175.

[789] En 1839, un journal de Washington avait rapporté qu'un esclave évadé du nom de Jim avait révélé, sous la torture, son plan d'aller vers le Nord à travers un « chemin

R. Smith situa la visite après la Proclamation d'émancipation par le président des États-Unis Abraham Lincoln : c'est-à-dire au-delà du mois de janvier de l'année 1863. Mais cela sembla peu probable.

Les recherches pour retrouver Solomon Northup furent vaines. Aucune preuve le concernant n'existait donc après 1857, seulement les coordonnées de son épouse Anne Hampton Northup qui vivait avec sa fille et son beau-fils, Margaret Northup et Philip Stanton, dans les environs de Moreau dans le comté de Saratoga, lors du recensement de 1865 dans l'État de New York ; ainsi que celles de la même Anne Hampton Northup qui, administrativement, était domiciliée dans Kingsbury à Sandy Hill dans le comté de Washington en 1875. Quand cette dernière mourut en 1876, quelques journaux la présentèrent comme veuve. Dans une rubrique nécrologique, il fut même mentionné que, après s'être exhibé dans tout le pays, Solomon Northup devint un vulgaire vagabond[790]. Sa disparation était en effet restée un mystère. Pour Rachel Seligman, qui a coécrit avec David Fiske et Clifford W. Brown l'essai intitulé *Solomon Northup : The Complete Story of the Author of Twelve Years a Slave*,

> « c'est comme un grand trou dans l'histoire. [...] C'est ce qui pousse les historiens à poursuivre leurs recherches. C'est une énigme à résoudre. »[791]

---

de fer clandestin vers Boston ». Les comités de vigilance – créés pour protéger les esclaves qui fuyaient des chasseurs de primes à New York en 1835 et à Philadelphie en 1838 – avaient très vite étendu leurs activités pour guider les fugitifs. Dans les années 1840, le terme de chemin de fer clandestin faisait partie de la langue vernaculaire américaine. Il existait de nombreuses routes vers l'Ouest à travers l'Ohio jusqu'à l'Indiana et l'Iowa. D'autres s'étaient dirigés vers le Nord, en passant par la Pennsylvanie et la Nouvelle-Angleterre ou par Détroit en route vers le Canada.

[790] In *Solomon Northup : The Complete Story of the Author of « Twelve Years a Slave »*, op. cit., p. 27.

[791] In *Décès de l'auteur de 12 Years a Slave : un mystère*, Chris Carola, article de l'*Associated Press* mis en ligne le 17 mars 2014 par *La Presse*, consulté le 10 mai 2020 – https://www.lapresse.ca/arts/livres/201403/17/01-4748597-deces-de-lauteur-de-12-years-a-slave-un-mystere.php.

De nombreux historiens spécialisés dans l'esclavage se réfèrent à l'ouvrage de Solomon Northup. La description que cet auteur et abolitionniste avait faite de la « Maison Jaune », ayant une vue sur le Capitole, a aidé les chercheurs sur l'histoire de l'esclavage dans le district de Columbia. Dans son ouvrage *Black Men Built the Capitol*, sorti en 2007, Jesse J. Holland a fait part du recours au récit de Solomon Northup, tout comme le spécialiste Kenneth M. Stampp, en 1962, pour son livre sur l'esclavage intitulé *The Peculiar Institution*.

Dans son ouvrage, Solomon Northup avait aussi abordé la condition des femmes esclaves, notamment à travers le sort de Patsey que ne se gênait pas de violer sans arrêt Edwin Epps. L'auteur avait surtout démontré que les femmes étaient doublement asservies puisque, après avoir travaillé toute la journée, certaines devenaient en plus les esclaves sexuelles de leurs maîtres.

En 1980, l'ancienne poétesse américaine et lauréate du prix Pulitzer, Rita Dove, a écrit le poème *The Abduction* relatif à Northup, dans son premier recueil, *The Yellow House on the Corner*. En 1998, sous la direction de leur professeur de sciences politiques Clifford W. Brown, une équipe d'étudiants de l'*Union College*, à Schenectady dans l'État de New York, ont entrepris un projet pédagogique afin de documenter le récit à la fois historique et biographique de Solomon Northup. Ils ont rassemblé des photographies, arbres généalogiques, actes de vente, cartes et dossiers hospitaliers à travers New York, Washington et la Louisiane. Leur exposition a eu lieu dans le bâtiment du *Nott Memorial* de l'université.

L'ouvrage de Solomon Northup a été adapté et produit sous la forme d'un téléfilm en 1984, *Solomon Northup's Odyssey*, et d'un long métrage en 2013 par le réalisateur britannique Steven Rodney, dit Steve McQueen. Ce dernier a été récompensé par trois Oscars, dont celui du meilleur film, lors de la quatre-vingt-sixième cérémonie des Oscars.

XXXVIII – Frederick Douglass : le lion d'Anacostia

Frederick Douglass, naquit en février 1817 ou 1818 dans la zone de Tuckahoe, dans une plantation située entre Hillsboro et Cordova, sur la côte orientale de la baie de Chesapeake dans le comté de Talbot dans l'État du Maryland[792]. Il décéda le 20 février 1895 à Washington, dans le district de Columbia.

> « Sa mère était d'origine amérindienne et son père [était] d'origine africaine et européenne. Il était en fait né Frederick Bailey (nom de sa mère), et n'avait pris le nom de Douglass qu'après son évasion. Son nom complet à la naissance était "Frederick Augustus Washington Bailey". »[793]

La mère de Frederick, qui s'appelait Harriet Bailey, était réputée pour sa grande intelligence. Selon ses propres déclarations[794], son géniteur « était un blanc »[795], à savoir le propriétaire de sa mère, probable-

---

[792] In *The Life and Times of Frederick Douglass : From 1817-1882, Frederick Douglass*, John Lobb, Christian Age Office, London, 1882, p. 2. Voir également *The Encyclopaedia Britannica*, New York, *The Encyclopaedia Britannica Company* (11th Ed.), 1910, Vol. VIII, p. 448.
Lire aussi *Mon éducation*, Frederick Douglass, Mille et une nuits, Paris, 2003, p. 8.
[793] In *Frederick Douglass*, article mis en ligne sur le blog *history.com*, consulté le 11 mai 2020 – https://www.history.com/topics/black-history/frederick-douglass.
[794] In *Frederick Douglass, 1818-1895*, Charles Reagan Wilson & William Ferris, *Encyclopedia of Southern Culture*, University of North Carolina Press, 1999.

ment le capitaine Aaron Anthony. Il était séparé de sa mère alors qu'il n'était encore qu'un nourrisson[796]. Frederick Augustus Washington Bailey ne la verrait que quatre ou cinq fois puisqu'elle mourrait quand il aurait sept ans. Il aurait deux sœurs et un frère, mais,

> « la disparition prématurée de [sa] mère effacerait presque de [leur] mémoire la réalité de [leur] parenté »[797].

Élevé par sa grand-mère Betty Bailey, esclave qui était mariée à un homme libre prénommé Isaac[798], Frederick Bailey fut envoyé à 6 ans à *Wye House*, une plantation qui était gérée par le capitaine Aaron Anthony, et dont le propriétaire était le colonel Edward Lloyd. Cet homme, l'un des plus riches de l'État, possédait quelques milliers d'esclaves. La violence des rapports entre Blancs et esclaves noirs, ainsi que le châtiment corporel qui y étaient courants, marquèrent à jamais le jeune homme. Sa tante Hester fut un jour suspendue par les bras et fouettée à de nombreuses reprises par le régisseur, sans doute le capitaine Anthony, pour avoir été aperçue avec un homme dont il lui avait interdit la fréquentation.

Vers l'âge de 12 ans, le jeune Frederick Augustus Washington Bailey fut envoyé à Baltimore chez Hugh Auld, dont le frère, Thomas Auld, qui était en fait devenu son nouveau propriétaire, était le gendre du capitaine Aaron Anthony. Son séjour s'avéra une bénédiction, sans laquelle il n'aurait peut-être jamais pu espérer devenir un homme libre[799]. En effet, madame Sophia Auld se montra très gentille avec lui. À l'insu de son époux, et au mépris de la loi qui, générant des injustices, privait les personnes asservies de certains droits pourtant fondamentaux, elle lui apprit les rudiments de lecture[800] alors que, pour son cher époux Hugh Auld :

---

[795] *Ibidem*, p. 8.

[796] In *Frederick Douglass*, extrait de *The Inhumanity of Slavery*, conférence donnée à Rochester dans l'État de New York en décembre 1850, réimprimé en 1994 dans *Autobiographies*.

[797] *Ibidem*, p. 44.

[798] In *Frederick Douglass*, William McFeely, WW Norton, New York, 1991, pp. 3-5.

[799] In *Frederick Douglass*, extrait de *The Inhumanity of Slavery, op. cit.*, pp. 46-47.

« le savoir gâterait le meilleur nègre du monde. Si [sa femme enseignait] à ce nègre à lire, il n'y [aurait] plus moyen de le tenir. Cela le [rendrait] à jamais inapte à l'esclavage »[801].

Sophia Auld se conforma finalement aux injonctions de son mari, mais Frederick Augustus Washington Bailey poursuivit, en toute discrétion, son instruction avec des jeunes enfants blancs des familles pauvres en échange du pain. Il lisait en secret les documents qu'il trouvait chez ses maîtres. Grâce à l'argent gagné en vendant des bottes au marché noir, il réussit à acheter son premier livre, *Columbian Orator*. Ce recueil de discours, paru à Boston en 1797, était utilisé pour l'enseignement de la rhétorique. Le jeune lecteur y prit connaissance d'un dialogue entre un maître et son esclave dans lequel étaient démontrés tous les arguments possibles des esclavagistes, ainsi qu'un discours de l'homme politique et dramaturge irlandais Richard Brinsley Sheridan traitant du catholicisme qui était à l'origine de sa conversion religieuse[802]. Il s'adonna aussi, toujours en cachette, à l'écriture et au façonnage des laissez-passer pour les esclaves fugitifs. Persévérant dans son auto-formation, il se forgea peu à peu une opinion sur l'esclavage du point de vue institutionnel, conforta sa propre idée au regard des préjugés liés à l'épiderme, ainsi que sa conception de la liberté et des droits de l'Homme.

En 1836, son audacieuse tentative de s'échapper échoua puisque le projet fut révélé par quelqu'un qui en avait eu vent ou l'avait découvert par simple hasard. Frederick Augustus Washington Bailey se retrouva en prison pendant une semaine. Faute de preuve contre lui, les juges le relaxèrent et recommandèrent son renvoi de la propriété de William Freeland, à qui il était loué par Thomas Auld, près de Saint Michael dans le Maryland. Le sieur Freeland accepta de s'en séparer, n'ayant aucune intention d'assumer les inconvénients d'un départ non consenti. En conséquence, Bailey retourna chez Hugh Auld, abandonnant les autres esclaves à qui il apprenait à lire le Nouveau Testament dans une école improvisée du dimanche. Lors de ce second séjour à Baltimore,

---

[800] *Ibid.*, p. 50.

[801] *Ibid.*, pp. 50-51.

[802] *Ibid.*, p. 59.

pendant une année, il se forma au métier de calfat ayant consisté à étancher les joints de navire. Il fit la connaissance d'Anna Murray, une Afro-américaine affranchie de cinq années son aînée qui, plus tard, deviendrait sa femme.

En 1833, en matière de sous-traitance, sa situation personnelle changea. Thomas Auld, ayant eu d'autres projets en cours, reprit Frederick Augustus Washington Bailey à son frère Hugh Auld et l'envoya travailler chez Edward Covey. Ce pauvre fermier avait la réputation d'être un « briseur d'esclaves ». Il fouettait avec une délectation malsaine, comme à son habitude, le jeune esclave. Il le faisait si régulièrement que les blessures mettaient beaucoup de temps à cicatriser. Les fréquents coups de fouet avaient brisé son corps, martyrisé son âme et son esprit, écrirait-il plus tard[803]. La patience ayant des limites, le Douglass d'à peine 16 ans finit par se rebeller. Il se décida à rendre systématiquement coup pour coup. La confrontation physique tourna très vite à son avantage, et le maître ne recourut plus jamais à la violence à son encontre :

> « Vous avez vu comment un homme a été fait esclave ; vous verrez comment un esclave [deviendrait] homme. »[804]

Le 3 septembre 1838, déguisé en matelot et muni de documents d'identité obtenus d'un marin noir non asservi, Frederick Augustus Washington Bailey s'enfuit de Baltimore par le train et se rendit à Havre de Grace, toujours dans le Maryland. Il franchit à bord du traversier le Susquehanna, le long fleuve de la côte orientale des États-Unis et le seizième plus long cours d'eau américain. Il poursuivit son escapade en train jusqu'à Wilmington en Caroline du Nord. Il prolongea son périple et rejoignit le Delaware. Il atteignit Philadelphie par bateau et parvint, au bout de vingt-quatre heures, à New York[805] où il se réfugia au domicile du célèbre abolitionniste David Ruggles. Il

---

[803] In *Forged in crisis : the power of courageous leadership in turbulent times*, Nancy Koehn, Scribner Book Company, 15 mai 2018, p. 222.
[804] In *Narrative of the Life of Frederick Douglass*, Frederick Douglass, *An American Slave*, Anti-Slavery Office, Boston, 1845, p. 63.
[805] In *Frederick Douglass*, extrait de *The Inhumanity of Slavery*, *op. cit.*, p. 75.

envoya chercher Anna Murray pour qu'elle le retrouve au Nord de New York. La dulcinée emporta les nécessaires afin de se vêtir et emménager. Ils furent mariés le 15 septembre 1838 par un ministre presbytérien noir, onze jours seulement après l'arrivée de Frederick Bailey à New York[806]. Au début, ils préférèrent adopter Johnson comme nom de famille dans le but de détourner l'attention d'un éventuel curieux[807]. Pour des raisons de sécurité, Frederick et Anna Johnson s'établirent à New Bedford dans le comté de Bristol dans le Massachusetts. Frederick Johnson travailla dans cette ville, de manière clandestine, comme ouvrier agricole pendant trois années. Le couple s'installa ensuite à Lynn, toujours dans l'État du Massachusetts. En 1841, Frederick et Anna rencontrèrent Nathan Johnson et son épouse Mary Polly. Sur la suggestion de Nathan Johnson, qui adorait l'ouvrage intitulé *Lady of the Lake*, écrit par Sir Walter Scott, ils se firent appeler Douglass.

Frederick Douglass se mit à fréquenter des membres de la communauté noire et abolitionniste de New Bedford dans le comté de Bristol. Sa conscience politique se développa avec la lecture du journal édité par William Lloyd Garrison, *The Liberator*, qui « occupait dans son cœur la seconde place, juste après la Bible »[808]. William Coffin, un libraire qui appartenait aux cercles quakers, l'incita un jour à raconter son histoire lors d'une convention interraciale d'hommes et de femmes abolitionnistes sur l'île de Nantucket, à vingt et un kilomètres au Sud de la presqu'île du cap Cod, dans l'océan Atlantique. Le public fut fasciné, charmé et ému à l'issue de sa prestation. Il intégrerait, comme agent, la *Massachusetts Anti-Slavery Society*[809].

Au cours d'un déplacement en train en septembre 1841, Fredcrick Douglass, en présence de John Anderson Collins, un fervent adepte de l'utopisme du philosophe français François Marie Charles Fourier, fut victime de ségrégation et de violence du fait de la couleur de sa peau.

---

[806] In *The Frederick Douglass Encyclopedia*, Julius E. Thompson, James L. Conyers Jr, & Nancy J. Dawson, dans *Murray-Douglass, Anna (1813-1882)*, Greenwood Press, p. 124.

[807] *Ibidem.*

[808] In *All On Fire: William Lloyd Garrison and the abolition of slavery*, Henry Mayer, W. W. Norton & Company, New York, 1998, p. 248.

[809] *Ibidem*, pp. 305-306.

Cela poussa les abolitionnistes à enquêter sur le respect des droits fondamentaux des Noirs dans les véhicules et espaces appartenant aux compagnies de chemin de fer. Ils publièrent les résultats de cette consultation dans *The Liberator*, tout en réévaluant de façon régulière la situation relative aux injustices et discriminations à l'encontre des Noirs dans les transports en commun. Confrontées aux effets de la mauvaise publicité, les quelques compagnies qui pratiquaient des politiques ségrégationnistes firent profil bas. Elles adoptèrent une ligne politiquement correcte pour ne pas pâtir de la concurrence[810].

En 1843, toujours en compagnie de John Anderson Collins, Frederick Douglass effectua une tournée de six mois, dans le cadre du projet dit des « Cents conventions ». Celle-ci avait été organisée par l'*American Anti-Slavery Society*, à travers l'Est et le Midwest américain, à Syracuse dans le comté d'Onondaga dans l'État de New York… Il donna, dans un tel contexte, une conférence historique au parc de Fayette.

Communicateur éloquent, Frederick Douglass écrivit et publia en 1845 son autobiographie : *Narrative of the Life of Frederick Douglass, an American Slave*. Imprimé sur les presses du *Liberator*, son livre se vendit à 4 500 exemplaires les cinq premiers mois, puis à 30 000 exemplaires en cinq années. Il serait réimprimé neuf fois dans les trois années qui suivraient sa publication, et, également, traduit en français et en néerlandais. Malgré les critiques des esclavagistes, le récit de sa vie éclaira beaucoup de gens, et donc humanisa une partie de l'opinion publique américaine par rapport aux conditions d'existence des esclaves. Dans le domaine de la conscientisation graduelle des masses, son autobiographie eut tout compte fait un impact considérable à partir de 1851, au point d'inspirer presque Harriet Beecher Stowe dans l'écriture de son roman *Uncle Tom's Cabin (La Case de l'Oncle Tom)*, ouvrage qui la ferait connaître au-delà des frontières des États-Unis d'Amérique. Frederick Douglass publia son autobiographie en trois versions, à travers une mise à jour progressive. Le récit de 1845, le plus vendu, serait suivi en 1855 de *My bondage and my freedom*, puis, en 1881, de *Life and times of Frederick Dou-*

---

[810] *Ibid.*, p. 307.

glass. La publication serait actualisée au cours de l'année 1892.

« À ces ouvrages s'[étaient ajoutés] les centaines de discours qu'il [avait] donnés tout au long de sa vie, son œuvre journalistique, sa correspondance et quelques écrits de facture plus littéraire, dont la nouvelle "The Heroic Slave". »[811]

Devenu donc indésirable dans les États esclavagistes à cause du succès de son livre, Frederick Douglass risquait de redevenir, même dans les États favorables à l'affranchissement, la propriété de son ancien maître de Baltimore, en l'occurrence Thomas Auld, en vertu de la loi sur les esclaves fugitifs. Pour éviter un tel sort, il se réfugia en Europe, où ses nouveaux amis essaieraient d'obtenir sa libération, et, éventuellement, un financement pour qu'il puisse fonder le journal *The North Star* à son retour en Amérique. Il rencontra au cours de son exil en Grande-Bretagne Thomas Clarkson, l'un des derniers abolitionnistes britanniques encore vivants, qui avait persuadé le Parlement d'abolir l'esclavage dans les colonies anglaises[812]. Il se lia d'amitié avec une famille quaker de Newcastle, les Richardson[813], ainsi que le nationaliste irlandais Daniel O'Connell, dit le « Libérateur ». Une réception eut lieu en son honneur à Londres, en mai 1846. Grâce aux fonds collectés en Angleterre par les partisans à l'initiative d'Anna Richardson, née Atkins, et de sa belle-sœur Ellen Richardson de Newcastle upon Tyne, Frederick Douglass fut racheté pour cent cinquante livres (soit sept cents dollars de l'époque), à la suite d'une négociation entre les dirigeants de l'*American Anti-Slavery Society* et Hugh Auld, qui, pour cent dollars, avait acquis de son frère Thomas Auld tous les droits légaux sur l'existence de Frederick Douglass. Ce dernier fut officiellement

---

[811] In *Frederick Douglass : Temps, lieux et disciplines*, conférence organisée par Hélène Quanquin et Hélène Le Dantec-Lowry du 11 au 13 octobre 2018 à l'université Sorbonne Nouvelle Paris 3…, article consulté le 12 mai 2020. Voir le lien ci-dessous.
http://www.univ-paris3.fr/frederick-douglass-temps-lieux-et-disciplines-504631.kjsp.
[812] In *Rough Crossings : Britain, the Slaves, and the American Revolution*, Simon Schama, Harper Collins, New York, 2006, pp. 415-21.
[813] In *Frederick Douglass : rising up from slavery*, Frances E. Ruffin, Sterling Publishing Company, New York, 2008, p. 56.

affranchi de l'esclavage le 12 décembre 1846, après huit années de liberté en toute illégalité[814].

De retour à Boston le 20 avril 1847, en tant qu'homme libre, Frederick Douglass fit le choix de s'investir dans des activités pouvant faire avancer en toute efficacité la cause des Noirs. Ainsi devint-il un acteur politique[815]. En août et septembre 1847, en compagnie de William Lloyd Garrison[816], il donna une série de conférences dans l'Ouest du pays, juste avant la formation de la *Western Anti-Slavery Society* par Abby Kelley Foster et d'autres abolitionnistes.

Avec l'aide de ses amis britanniques, de qui il reçut une aide financière s'élevant à cinq cents livres[817], et le soutien stratégique de Gerrit Smith, Frederick Douglass fonda à Rochester *The North Star*, dénommé ainsi en hommage au journal chartiste *The Northern Star* de l'Irlandais Feargus O'Connor. Le premier numéro, contenant quatre pages, fut publié le 3 décembre 1847, avec comme accroche en guise de devise : « Le droit n'a pas de sexe – La vérité n'a pas de couleur – Dieu est notre père à tous et nous sommes tous frères ». Le prix de l'abonnement annuel fut fixé à deux dollars[818]. Dans sa nouvelle tâche, Douglass fut secondé à partir de 1848 par l'activiste afro-américain Martin Robinson Delany. Cet homme avait déjà coédité avec lui un journal. Delany avait dirigé dans le temps à Pittsburgh sa propre publication, *The Mystery*. Ce collaborateur, qui se chargea de la collecte des fonds dans le Nord et l'Ouest du pays, alimenterait aussi les colonnes du journal des nouvelles de ses différentes tournées[819].

Frederick Douglass prendrait finalement ses distances avec les dirigeants de l'*American Anti-Slavery Society*, notamment de son mentor

---

[814] *Ibidem*, p. 59.

[815] In *All On Fire : William Lloyd Garrison and the abolition of slavery, op. cit.*, pp. 350-351.

[816] In *Frederick Douglass*, John R. Vile, article mis en ligne sur le blog *must.edu*, consulté le 11 mai 2020. Voir le lien ci-dessus.
https://www.mtsu.edu/first-amendment/article/1763/frederick-douglass.

[817] In *Frederick Douglass : rising up from slavery, op. cit.*, p. 60.

[818] *Ibidem*, p. 62.

[819] In *L'abolition française de 1848 et l'abolitionnisme noir aux États-Unis*, Françoise Charras, p. 206, note 9, dans *Esclavage et abolitions : Mémoires et systèmes de représentation*, Marie-Christine Rochmann (dir.), Karthala, Paris, 2000.

William Lloyd Garrison et de l'abolitionniste Wendell Phillips[820], à la suite de l'évolution positive de son point de vue sur les principes de la Constitution des États-Unis d'Amérique. Après la rupture avec ces leaders, il se rallia aux abolitionnistes plus conservateurs, plus enclins au combat politique plutôt qu'essentiellement aux actions de sensibilisation de l'opinion publique en faveur de la réforme morale. Son rapprochement avec Gerrit Smith, un important contributeur du *Liberty Party*[821] fondé par le juriste et homme politique abolitionniste James Gillespie Birney, déboucha sur la fusion de leurs journaux en *Frederick Douglass' Paper*. Celui-ci serait publié jusqu'en 1860.

Le peu d'audience du cercle des abolitionnistes autour de Gerrit Smith poussa Frederick Douglass à s'allier aux abolitionnistes évangélistes. Ces derniers étaient restés longtemps en froid avec William Lloyd Garrison. Douglass se rapprocha davantage d'une Anglaise, qu'il avait rencontrée en Grande-Bretagne, Julia Griffiths. Elle devint sa proche collaboratrice, pour des questions relatives au secrétariat et à la correspondance. La création par Griffiths d'une nouvelle association de femmes anti-esclavagistes fut perçue, du côté de l'association nationale, comme « un autre schisme sectaire » après celui qui était survenu lors de la reconnaissance de l'égalité des femmes[822].

En 1848, Frederick Douglass fut le seul Afro-Américain à assister à la convention de Seneca Falls, en vue de la première résolution sur les droits des femmes. Celle-ci se déroula dans le Nord de l'État de New York[823]. Elizabeth Cady Stanton proposa à l'assemblée d'adopter une disposition en faveur du suffrage des femmes[824]. Beaucoup de per-

---

[820] *In All On Fire : William Lloyd Garrison and the abolition of slavery, op. cit.*, p. 428.

[821] *Ibidem*, p. 374.

[822] *Ibid.*, p. 430.

[823] In *Report of the Seneca Falls Convention with the "Déclaration of sentiments"*, le 19 et 20 juillet 1848, article consulté le 11 mai 2020. Voir le lien ci-dessous. https://edu.lva.virginia.gov/online_classroom/shaping_the_constitution/doc/seneca_falls.
Voir aussi *As Revealed in Her Letters, Diary and Reminiscences*, Elizabeth Cady Stanton, édité par Theodore Stanton & Harriot Stanton Blatch, Harper & Brothers, 1922, p. 85.

[824] In *The Declaration of Sentiments, U.S. Constitution*, article consulté le 11

sonnes présentes s'opposèrent à cette idée, y compris les très influents Quakers James et Lucretia Mott[825]. Douglass prit alors la défense de ce protocole ; il déclara qu'il ne pouvait pas accepter le droit de vote en tant qu'homme noir, si les femmes ne pouvaient pas également revendiquer la même chose pour elles. Il argumenta avec conviction que le monde serait meilleur si elles étaient impliquées dans la sphère politique. Douglass affirma, haut et fort, que :

> « dans ce déni du droit de participer au gouvernement, il ne se [produisit] pas seulement la dégradation de la femme et la perpétuation d'une grande injustice, mais la mutilation et la répudiation de la moitié du pouvoir moral et intellectuel du gouvernement du monde. »[826]

Après la brillante intervention de Frederick Douglass, l'assemblée adopta ladite résolution[827]. Avec l'abolitionniste et féministe Elizabeth Cady Stanton, Douglass signa la Déclaration des sentiments qui deviendrait le manifeste du mouvement.

Pourtant partisan convaincu de la non-violence, à la suite de l'adoption en 1850 par le Congrès américain d'une loi sur les esclaves fugitifs, Frederick Douglass changea progressivement d'avis sur l'usage de la violence comme moyen de libération. Il se rapprocha peu à peu de l'abolitionniste aux idées radicales John Brown, tout en restant réticent concernant son projet d'armer une rébellion d'esclaves dans le Sud des Appalaches. Une attaque contre une propriété du gouvernement fédéral ne pourrait qu'irriter l'opinion publique. Mais John Brown prit l'initiative de mener, en 1859, un raid contre l'arsenal fédéral d'*Harper's Ferry*[828]. En conséquence, par crainte d'être arrêté en tant que conspirateur, Frederick Douglass disparut de l'espace public. La peur n'est-

---

mai 2020 – https://www.usconstitution.net/sentiments.html.

[825] In *Seneca Falls and the Origins of the Women's Rights Movement*, Sally Gregory McMillen, Oxford University Press, 2009, pp. 93-94.

[826] *Ibidem.*

[827] In *Report of the Woman's Rights Convention*, Women's Right, *National Park Service*, article consulté le 11 mai 2020. Voir le lien ci-dessous. https://www.nps.gov/wori/learn/historyculture/report-of-the-womans-rights-convention.htm.

[828] In *Frederick Douglass, op. cit.*, p. 433.

elle pas, dans certaines circonstances, le début de la sagesse ? En tout cas, il se réfugia au Canada. En fait, Gerrit Smith, philanthrope et associé de Douglass avait engagé John Brown dans le but d'une action armée. Frederick Douglass, qui ignorait cette donnée, était considéré par les services gouvernementaux comme le septième homme du « Secret Six » [829].

Durant la Guerre de Sécession, Frederick Douglass entreprit une campagne active en vue de l'engagement des personnes noires dans le *54th Massachusetts Infantry Regiment.* Les Noirs devaient donc prendre part aux côtés des combattants de l'*Union Army,* pensa-t-il, dans la lutte qui devrait aboutir à leur émancipation. Leur enrôlement dans l'armée, espéra-t-il, pourrait aussi faciliter l'obtention des droits civils indispensables à leur libération.

> « Que le Noir parvienne seulement à porter sur sa personne les lettres de cuivres U.S., qu'il arrive à mettre un aigle sur ses boutons, un fusil sur son épaule et des balles dans sa poche, et aucun pouvoir au monde ne pourra plus nier qu'il a gagné le droit de devenir un citoyen. »[830]

Pendant la guerre, Frederick Douglass s'opposa à l'idée d'expatriation des esclaves libérés, un temps reprise par Abraham Lincoln, vers des colonies extérieures aux États-Unis d'Amérique[831], notamment en Afrique de l'Ouest. De plus, les Noirs se trouvaient sur leurs terres. Dans l'absolu, le pays ne devait compter que sur ses propres ressources pour faire face à un problème dont il portait l'entière responsabilité. La solution viendrait donc de la libération immédiate des esclaves

---

[829] Le *Secret Six,* ou le *Secret Committee of Six,* était composé de Thomas Wentworth Higginson, Samuel Gridley Howe, Theodore Parker, Franklin Benjamin Sanborn, Gerrit Smith et George Luther Stearns, à qui l'on avait ajouté Frederick Douglass comme septième homme. Ils fournirent secrètement des fonds, destinés à la lutte armée, menée par l'abolitionniste John Brown. Ces six hommes avaient rejoint la cause abolitionniste bien avant leur rencontre avec John Brown et étaient convaincus que l'esclavage ne disparaîtrait pas sans combat.

[830] In *La Guerre de Sécession,* James M. McPherson, Robert Laffont, Paris, 1991, p. 615.

[831] In *Histoire de l'esclavage aux États-Unis,* Claude Fohlen, Perrin, Paris, 2007, p. 293.

vivant dans le territoire national, qu'ils fussent tenus par les sudistes ou par les unionistes.

Le 5 juillet 1852, Frederick Douglass prononça un discours devant les dames de l'*Anti-Slavery Sewing Society* de Rochester. Il rappela en toute franchise que :

> « nulle part au monde il n'y [avait] une nation qui [fût] coupable de crimes aussi sanglants et aussi ignobles que ceux qu'[avaient commis…] les citoyens des États-Unis ».

Ce discours d'une pertinence absolue serait finalement connu sous le nom de *What to the Slave Is the Fourth of July?* Un biographe n'hésiterait pas à le qualifier de « peut-être la plus grande oraison anti-esclavagiste jamais prononcée »[832].

Dans la nuit du 31 décembre 1862, le président Abraham Lincoln prononça la Proclamation de l'émancipation, laquelle libérerait les esclaves de la Confédération à son entrée en vigueur le 1er janvier 1833, tout en les maintenant dans l'*Union*[833].

Croyant fermement à l'égalité de tous les peuples et partisan du dialogue, ainsi que des alliances à travers les clivages raciaux et idéologiques, et des valeurs libérales de la Constitution américaine[834], Frederick Douglass répondit aux abolitionnistes radicaux, qui refusaient l'union « avec les esclavagistes », concernant la possibilité d'engager un dialogue sans aucune compromission :

> « Je m'unirais à quiconque pour faire le bien et à personne pour faire le mal. »[835]

---

[832] In *Frederick Douglass, op. cit.*, p. 189.

[833] *Ibidem*, pp. 280-289.

[834] In *Frederick Douglass : Selected Speeches and Writings*, Philip S. Foner & Yuval Taylor, Lawrence Hill Books, 1999, p. 629.

[835] In *The Anti-Slavery Movement : A Lecture by Frederick Douglass before the "Rochester Ladie" Anti-Slavery Society*, Press of Lee, Mann & Company, *Daily American Office*. 1855, p. 33.

Une fois la Guerre de Sécession finie, Frederick Douglass occupa plusieurs postes politiques importants dans l'administration américaine. Il devint président de la *Freedman's Savings Bank*, un organisme gouvernemental qui était chargé de favoriser l'intégration des anciens esclaves durant la période de reconstruction qui suivit la guerre. Puis il serait successivement marshal du district de Columbia, dénommé ainsi en l'honneur à Christophe Colomb, ensuite, entre 1889 et 1891, ministre résident et consul-général des États-Unis auprès de la République d'Haïti, ainsi que chargé d'affaires à la représentation américaine en République dominicaine. Au bout de deux années, il démissionna de ses fonctions diplomatiques à cause des désaccords avec la politique gouvernementale. En 1872, à la suite de l'incendie de sa maison de Rochester dans l'État de New York, il s'installa à Washington.

Après avoir soutenu quatre années plus tôt John Charles Frémont, le candidat du parti abolitionniste *Radical Democracy*, Frederick Douglass apporta son soutien, en 1868, à la campagne présidentielle d'Ulysses S. Grant, né Hiram Ulysses Grant. Au cours de ses deux années à la présidence, Ulysses Grant signa le *Civil Rights Act* de 1871, appelé aussi *Ku Klux Klan Act*, et fit adopter par le Sénat les second et troisième *Enforcement Acts*. Il déclara la loi martiale dans neuf comtés de la Caroline du Sud. Plus de 5 000 membres de l'organisation ethniciste furent arrêtés. Après leur libération, faute de preuve, l'organisation fit complètement démanteler. Mais elle renaîtrait, tel le Phénix de ses cendres, au début du XXe siècle.

En 1872, à son insu, Frederick Douglass devint le premier Noir à être candidat à la vice-présidence des États-Unis d'Amérique lors de l'élection présidentielle. Sans s'être porté candidat, il fut en effet désigné d'office par l'*Equal Rights Party* comme colistier de Victoria Claflin Woodhull, la première femme candidate à la magistrature suprême. Mais Douglass, celui que l'on avait surnommé le « sage d'Anacostia » ou le « lion d'Anacostia », ne participerait pas à la campagne électorale aux côtés de ladite candidate.

Au cours de son existence terrestre, Frederick Douglass avait eu cinq enfants – Rosetta, Lewis Henry, Frederick Jr, Charles Remond et Annie – dont l'une, en l'occurrence Annie, était décédée à l'âge de 10 ans alors qu'il s'était exilé en Grande-Bretagne. Deux d'entre eux, Charles et Rosetta, l'assistèrent beaucoup dans la rédaction et la réalisation de ses différents journaux.

En 1877, Frederick Douglass s'installa à *Cedar Hill*, domaine de 61 000 mètres carrés qui deviendrait son dernier domicile dans le district de Columbia, sur les bords de la rivière Anacostia qui inspirerait son surnom de « lion d'Anacostia ». Cette propriété accueille, de nos jours, le site historique national Frederick Douglass.

À la suite du décès de son épouse Anna Murray en 1882, Frederick Douglass se remaria en 1884 avec Helen Pitts, une suffragette et abolitionniste blanche d'Honeoye, un hameau de la ville de Richmond dans le comté de l'Ontario dans l'État de New York. De vingt années plus jeune que lui, elle était la fille de Gideon Pitts Jr, un collègue abolitionniste et ami de Douglass. Diplômée du *Mount Holyoke College*, à l'époque *Mount Holyoke Female Seminary*, Helen Pitts avait travaillé pour une publication féministe radicale nommée *Alpha* alors qu'elle vivait à Washington dans le district de Columbia. Elle devint ensuite la secrétaire de Douglass[836]. Aux critiques des uns et des autres sur son mariage, à part les compliments de la féministe Elizabeth Cady Stanton, Frederick Douglass répondit que son premier mariage avait été avec quelqu'un de la couleur de sa mère et son second avec quelqu'un de la couleur de son père[837].

Le « lion d'Anacostia » mourut à l'âge de 77 ans, d'une crise cardiaque à son retour à *Cedar Hill*, peu de temps après avoir assisté le 20 février 1895 aux travaux du *National Council of Women* à Washington. Il fut enterré, à côté d'Anna Murray, dans le caveau familial au cimetière du Mont Hope à Rochester dans l'État de New York. Helen Pitts Douglass les rejoindrait en 1903.

Considéré comme le père du *Black Protest Movement*, organisation de libération des Noirs aux États-Unis d'Amérique, ainsi que des Droits Civils, l'Église épiscopale américaine se souvient chaque année de Frederick Douglass dans son calendrier liturgique du 20

---

[836] In *Prophète américain : les cadeaux de Frederick Douglass*, Adam Gopnik, *The New Yorker*, 15 octobre 2018, p. 81-82.

[837] In *The Frederick Douglass Encyclopedia, op. cit.*, p. 46.

février, date anniversaire de son décès. De nombreuses écoles publiques ont également été nommées en son honneur. Parmi ses descendants vivants en ce troisième millénaire, on peut citer Ken Morris, qui est aussi un descendant de Booker Taliaferro Washington (voir le chapitre XL)[838]. Nombreux sont les hommages rendus aux États-Unis d'Amérique à Frederick Douglass, cette figure de proue de l'anti-esclavagisme qui avait été le soutien inconditionnel des femmes dans leur quête du droit de vote à la fin du XIXe siècle et membre d'honneur de la fraternité *Alpha Phi Alpha*, lieu historique national[839]. Figurant sur le timbre postal, des places publiques et des ponts, un prix littéraire portent son nom. L'un des cent plus grands Afro-Américains, des statues et mémorial, sans compter des portraits et tableaux, l'honorent. Le DC comme *District of Columbia* deviendrait *Douglass Commonwealth*. À cette liste impressionnante, il faudrait ajouter l'effigie sur la monnaie, le diplôme honorifique d'université, le programme universitaire, des livres (romans, essais, etc.), des films, des documentaires…

Au début du vingt et unième siècle, des plaques historiques ont été placardées sur des bâtiments à Cork et Waterford, en Irlande et à Londres, pour célébrer la visite de Frederick Douglass. Effectivement, la première se trouve à l'hôtel *Imperial* de Cork et a été dévoilée le 31 août 2012. La seconde, affichée le 7 octobre 2013, est visible sur la façade de l'hôtel de ville de Waterford. Elle commémore son discours du 9 octobre 1845[840]. La troisième plaque orne la maison *Nell Gwynn*, à South Kensington à Londres, où Frederick Douglass était resté avec l'abolitionniste britannique George Thompson[841]. Une plaque sur *Gil-*

---

[838] In *Family of abolitionist Frederick Douglass continues his legacy*, Jim Axelrod, *CBS News*, le 19 juin 2013, article consulté le 11 mai 2020. Voir le lien ci-dessous. https://www.cbsnews.com/news/family-of-abolitionist-frederick-douglass-continues-his-legacy.

[839] *Alpha Phi Alpha* est, aux États-Unis d'Amérique, la première fraternité interuniversitaire à avoir été créée par des Afro-Américains. Fondée le 4 décembre 1906 sur le campus de l'université Cornell à Ithaca, dans l'État de New York, l'organisation utilise en guise de présentation des symboles et des icônes empruntés à l'Égypte antique.

[840] In *Frederick Douglass in Ireland: the "black O'Connell"*, Laurence Fenton, Collins Press, Cork, 2014, pp. 131 et 151.

more Place, à Édimbourg, marque son séjour en Écosse en 1846.

Comme l'avait toujours conseillé le « lion d'Anacostia », croyez en vous, profitez de chaque opportunité et utilisez le pouvoir du langage parlé, ainsi qu'écrit, pour effectuer des changements positifs pour vous-même et la société.

---

[841] In *Remarks at the unveiling of the Frederick Douglass Plaque*, Barbara J. Stephenson, *Embassy of the United States*, Londres, le 20 février 2013, consulté le 11 mai 2020. Voir le lien ci-dessous.
https://web.archive.org/web/20131015095716/http://london.usembassy.gov/dcm-speeches/stephenson006.html.

XXXIX – Harriet Tubman : Moïse du peuple noir

Harriet Tubman naquit en 1821 ou 1822 des parents esclaves dans le comté de Dorchester dans le Sud-Est de l'État du Maryland. Elle décéda le 10 mars 1913 à Auburn, dans le comté de Cayuga dans l'État de New York. Militante afro-américaine de l'abolition de l'esclavage, ses actions, lesquelles permettraient l'évasion de nombreux esclaves, lui vaudraient – longtemps avant Marcus Mosiah Garvey – le surnom de Moïse noire, ou alors Grand-Mère Moïse, ou encore Moïse du peuple noir. De son nom de naissance Araminta « Minty » Ross, elle était la fille d'Harriet Green, alias Rit, et de Ben Ross. Harriet Green appartenait à Mary Pattison Brodess et, plus tard, à son fils Edward Brodess, tandis que Ben Ross était le bien du second époux de Mary Pattison, Anthony Thompson. Cet homme dirigeait une grande plantation à proximité de la rivière Blackwater à Madison, toujours dans le Maryland[842]. Les deux propriétaires étant devenus mari et femme, leur cheptel humain avait *de facto* fusionné.

Araminta Ross fut une personnalité difficilement cernable, à commencer par sa date de naissance que les historiens ont située entre 1820 et 1825. Elle l'était aussi au regard du flou statutaire, s'agissant de sa condition sociale dans ses rapports avec sa famille dès lors que son père Ben Ross avait été libéré de l'esclavage à l'âge de 45 ans,

---

[842] In *Bound for the promised land : Harriet Tubman, portrait of an American hero*, Kate Clifford Larson, Ballantine, 2004, p. 16.

comme cela avait été stipulé dans le testament d'un ancien propriétaire. Mais il n'avait d'autre choix que de continuer à travailler comme estimateur et contremaître dans le domaine du bois pour le sieur Anthony Thompson, puisque les conditions financières et les pesanteurs institutionnelles lui étaient très défavorables. Cela renforçait davantage, de manière tacite, son maintien en esclavage. Sur le plan matériel, paradoxalement, Ben Ross était plus en sécurité comme individu asservi qu'affranchi. Quoi qu'il en fût, le statut d'esclave dont relevait Harriet Green maintenait sa fille dans l'asservissement au regard du *partus sequitur ventrem*.

À propos de la naissance d'Araminta, Kate Clifford Larson a suggéré l'année 1822, en s'étant appuyée sur un paiement de sage-femme, ainsi que plusieurs autres documents historiques et administratifs. Quant à Jean McMahon Humez, il a affirmé que Minty était « née en 1820 mais cela aurait pu être un an ou deux années plus tard »[843]. Catherine Clinton a estimé l'année de sa naissance à 1825, tandis que son certificat de décès indiquait l'année 1815 et sa tombe confirmait 1820[844]. Un véritable rebus ! Casse-tête pour les historiens et les biographes.

Sa grand-mère maternelle Modesty était arrivée aux États-Unis sur un navire négrier en provenance d'Afrique subsaharienne. Si aucune information n'était disponible sur ses autres ancêtres[845], on sait toutefois que, dans son enfance, on avait appris à Araminta l'existence de sa lignée Ashanti, celle d'une population d'Afrique de l'Ouest vivant au Ghana. Ce groupe ethnique a toujours fait partie du grand groupe des Akans et se subdivise en de nombreux sous-groupes. Par conséquent, en l'absence d'élément probant quant à l'affirmation ou à l'infirmation de son origine, on pourrait situer géographiquement son ascendance maternelle vers l'actuelle République du Ghana[846]. Ses

---

[843] In *Harriet Tubman : the life and the life stories*, Jean McMahon Humez, University of Wisconsin Press, 2003, p. 12.

[844] In *Harriet Tubman : the road to freedom*, Catherine Clinton, Brown and Company, Little, 2004, p. 4.

[845] *Ibidem*, p. 5.

[846] In *Bound for the promised land : Harriet Tubman, portrait of an American hero*, *op. cit.*, p. 10.

parents – Harriet Green, la cuisinière de la famille Brodess[847], et Ben Ross, le superviseur et l'estimateur dans le domaine du bois à la plantation[848] – s'étaient mariés vers 1808. Selon les dossiers relatifs à l'état civil, ils avaient eu ensemble neuf enfants : Linah en 1808, Mariah Ritty en 1811, Soph en 1813, Robert en 1816, Minty (Harriet) vers 1820, Ben en 1823, Rachel en 1825, Henry en 1830 et Moïse en 1832[849]. Famille nombreuse, forcément cellule heureuse ?

La famille Ross fut brutalement séparée par Edward Brodess, le fils de Mary Pattison, qui vendit trois des sœurs d'Araminta, en l'occurrence Linah, Mariah Ritty, et Soph[850]. Harriet Green Ross cacha son plus jeune fils Moïse pendant un mois, aidée par d'autres esclaves et des personnes libres de la communauté noire, pour empêcher leur maître de le vendre à un commerçant de Géorgie[851] dans le Sud-Est des États-Unis. La mère protectrice osa même s'opposer à Edward Brodess quand ce dernier, accompagné de « l'homme de Géorgie », vint prendre possession de l'enfant. Confronté à la menace maternelle consistant à fracasser la tête de quiconque franchirait le seuil de la porte de sa maison[852], le propriétaire n'insista pas. Mieux, il renonça à la vente. Pour plusieurs biographes, cet acte héroïque guiderait à jamais les convictions d'Araminta Ross en matière de résistance[853].

Dès l'âge de 5 ou 6 ans, Araminta Ross fut louée à « Miss Susan » pour veiller sur un bébé et, surtout, empêcher qu'il pleure la nuit. Elle y subirait tous les jours des mauvais traitements. Une fois, craignant des représailles pour avoir mangé un morceau de sucre sans l'autorisation de son employeur, Araminta Ross se cacha dans la porcherie d'un voisin pendant cinq jours, bataillant presque contre les animaux pour manger les restes de pitance. Affamée, elle retourna en fin de compte

---

[847] In *Harriet Tubman : the life and the life stories, op. cit.*

[848] In *Bound for the promised land : Harriet Tubman, portrait of an American hero, op. cit.*, p. 10.

[849] *Ibidem*, pp. 311-312.

[850] In *Harriet Tubman : the road to freedom, op. cit.*, p. 10.

[851] In *Bound for the promised land : Harriet Tubman, portrait of an American hero, op. cit.*, p. 34.

[852] *Ibidem*, p. 33.

[853] In *Harriet Tubman : the road to freedom, op. cit.*, p. 13. Voir aussi *Harriet Tubman : the life and the life stories, op. cit.*, p. 14.

chez Miss Susan où elle fut sévèrement frappée[854] avec comme conséquence des cicatrices et des contrecoups fâcheux à vie[855]. Elle travaillait
aussi, dans la journée, au domicile d'un planteur nommé James Cook.
Elle vérifiait surtout pour le compte de cet homme, en plus des tâches
ménagères, les pièges à rats musqués dans les marais avoisinants.

Araminta Ross était aussi victime, pendant des années, de traitements inhumains de la part d'autres esclavagistes qui recourraient de
temps à autre à ses services. Adolescente, elle fut déjà déclarée inapte
à la suite d'un choc violent à la tête dû à l'acte volontaire d'un individu
leucoderme dans une mercerie. Miss Susan décréta que, à la suite de
cet acte, la pauvre esclave « ne valait pas un sou ». Elle la renvoya
recta au domicile de son maître Edward Brodess. Ce dernier essaya,
en vain, de la vendre[856]. Des séquelles provoquées par cet accident,
probablement des crises éphémères d'épilepsie dues à des commotions
cérébrales, perdureraient durant toute son existence[857]. Le traumatisme
crânien était survenu au moment où Araminta Ross commençait à être
passionnément en phase avec la foi en l'Éternel. Elle avait de plus en
plus des visions et faisait des rêves qu'elle interprétait, à l'instar de
Nat Turner, comme des signes divins. Cette perspective religieuse la
guiderait à jamais[858]. Elle s'entretiendrait désormais sans intermédiaire
avec les anges et pourrait entrer en contact, en cas d'extrême urgence,
avec Dieu le Père. Elle comprendrait les différentes attitudes des
animaux et saisirait leurs perceptions.

Vers 1844, en tout cas, Araminta Ross épousa un homme noir libre
qui s'appelait John Tubman[859]. Jeune adulte, Araminta Ross adopta le
prénom d'Harriet, certainement par rapport à la bravoure de sa mère,
pour qui elle avait de l'admiration, ou alors à une conviction religieuse,

---

[854] In *Bound for the promised land : Harriet Tubman, portrait of an American hero,
op. cit.*, p. 40.

[855] In *Harriet Tubman : the road to freedom, op. cit.*, p. 18.

[856] *Ibidem*, p. 22.

[857] In *Bound for the promised land : Harriet Tubman, portrait of an American hero,
op. cit.*, pp. 42-43.

[858] *Ibidem*, p. 47.

[859] In *Bound for the promised land : Harriet Tubman, portrait of an American hero,
op. cit.*, p. 62.

ou bien pour honorer un parent très apprécié. D'après Kate Clifford Larson, le changement de prénom d'Araminta s'était fait juste après son mariage[860] tandis que Catherine Clinton a situé ce fait en fonction des plans d'Araminta Ross pour s'affranchir[861].

En 1849, après être tombée sérieusement malade, le sieur Edward Brodess estima à la baisse la valeur marchande de son esclave Harriet Ross Tubman. Il fallait s'en débarrasser moyennant finance dans un délai le plus court possible, avant que le produit ne se déprécie davantage. En conséquence, il essaya de la vendre, sans toutefois parvenir à trouver un acquéreur[862]. En plus, l'interlocutrice des anges et des saints s'était connectée en permanence avec l'au-delà pour que son maître renonce à son mercantile projet.

> « Je priais chaque nuit pour mon maître, jusqu'au premier mars ; et durant toute cette période, il continua d'amener des acheteurs pour me jauger et tenter de me vendre. »[863].

Quand il apparut inéluctable que la vente finirait par avoir lieu, Harriet Ross Tubman préféra changer la nature de sa demande. Disposant d'un registre très étendu en matière d'invocation et de fréquence céleste, elle passa sans attendre à la phase hautement supérieure, grâce à une sorte de haut débit de nos jours, en comparaison à l'*Assytmetric Digital Subscriber Line* (ADSL). Ainsi s'adressa-t-elle directement à Dieu, par le biais d'un ensemble de protocoles de communication sans fil régi par les normes d'un groupe puissamment spirituel n'ayant rien à avoir avec l'IEEE 802.11 (ISO/CEI 8802-11). Ce réseau, s'apparentant au Wi-Fi, lui permit de relier par ondes cérébrales plusieurs neurones au sein d'un canal immatériel afin de permettre la transmission de données à Dieu plutôt qu'à ses saints. « Demandez, et l'on vous donnera ; cherchez, et vous trouverez ; frappez et l'on vous ouvrira… »

---

[860] In *Bound for the promised land : Harriet Tubman, portrait of an American hero*, *op. cit.*, p. 47.

[861] In *Harriet Tubman : the road to freedom, op. cit., p. 33.*

[862] *Ibid.*, p. 72.

[863] In *Scenes in the Life of Harriet Tubman*, Sarah Bradford, Books for Libraries Press, Freeport, 1971, pp. 14-15.

Le Nouveau Testament. Mathieu, chapitre 7, versets 7 à 11.

> « Le premier mars, je commençai à prier : "Mon Dieu, si vous ne comptez pas changer le cœur de cet homme, tuez-le, et ôtez-le de mon chemin". »[864]

Le message fut reçu cinq sur cinq, et la réaction divine ne se ferait pas attendre longtemps. En effet, conformément à la demande de la mystique Harriet Ross Tubman, l'offensive serait foudroyante. Le bon Dieu avait entendu et pris en compte les lamentations de l'être mortel. Il se montrerait très compréhensif.

Une semaine plus tard, au début du mois de mars 1849, Edward Brodess décéda, laissant une veuve, Eliza Brodess, et huit enfants. Mais ce fait mortuaire n'écarta toujours pas l'éventualité d'une transaction financière concernant Harriet R. Tubman. Pis encore, pour payer les dettes de son défunt mari et éviter la saisie de sa ferme, Eliza Brodess se montra pragmatique. Elle prit la résolution de vendre, en plus de madame Tubman, quelques esclaves de la famille.

Même si le bon Dieu veillait sur son troupeau, il était temps, pour Harriet Ross Tubman, de le confier à un berger. Elle devait faire la part de la situation, sachant dissocier l'emprise de César à celle de Dieu. Craignant une éventuelle séparation d'avec ses frères, elle envisagea sérieusement l'émancipation de son propre chef. Accompagnée de ses frères Ben et Henry Ross, elle s'échappa une première fois le 17 septembre 1849. Son mari, John Tubman, qui était un homme pourtant libre, n'avait pas voulu prendre un tel risque. Il privilégia l'option consistant à rester dans la propriété d'Eliza Brodess. Toutefois son esprit, lequel était pourtant libre, préféra rester prisonnier, tandis que son corps, privé de toute liberté, souhaita s'en aller.

Pendant cette période, compte tenu de la fusion des biens – mobiliers, immobiliers et humains –, Harriet Ross Tubman était affectée au service du docteur Anthony Thompson, qui, outre le fait d'avoir été le deuxième mari de feue Mary Pattison, possédait dans le voisinage de Caroline County une très grande plantation appelée *Poplar Neck*. Les esclaves ayant été prêtés ou mutés à court ou moyen

---

[864] *Ibidem.*

terme, Eliza Brodess ne s'aperçut sans doute pas immédiatement de leur disparition. Deux semaines plus tard, elle fit toutefois publier un avis de recherche dans le journal local, *Cambridge Democrat Newspaper*, offrant une récompense de cent dollars pour chaque esclave qu'on lui ramènerait[865]. Une fois loin de leur lieu d'asservissement, les frères Ross furent cependant pris de remords. Ben avait dû laisser son tout jeune fils dans la propriété d'Eliza Brodess. Effrayés par les dangers et les conséquences de la vie de fugitif, les deux hommes jugèrent bon de rebrousser chemin. Cela mit leur sœur Harriet dans une position délicate. Un choix cornélien. Elle se décida à rentrer avec eux[866]. Recula-t-elle pour mieux sauter ?

Peu de temps après la première tentative, cette fois sans ses deux frères qui étaient en proie aux états d'âme, Harriet Ross Tubman, âgée de 27 ans, récidiva. Elle s'échappa à nouveau. Elle fut assistée dans cette entreprise par des sympathisants quakers et d'autres membres du mouvement abolitionniste, Noirs comme Blancs. Ces derniers avaient organisé un vaste réseau d'évasion connu sous le nom d'*Underground Railroad*[867]. De la zone de Preston proche de *Poplar Neck* dans le comté de Caroline dans le Maryland, le siège d'une importante communauté quaker et sans doute l'étape initiale de son parcours vers la liberté, elle aurait emprunté la nuit le chemin long de près de cent quarante-cinq kilomètres en direction du Nord-Est par la rivière Choptank, à travers le Delaware, et s'orienta ensuite vers le Nord jusqu'à Philadelphie. Lors de l'un de ses premiers arrêts, la femme qui l'accueillit lui fit balayer la cour pour donner l'impression qu'elle était au service de sa famille. Dès la nuit tombée, on la cacha dans une charrette pour la conduire à la prochaine étape du parcours[868].

---

[865] In *Bound for the promised land : Harriet Tubman, portrait of an American hero*, *op. cit.*, p. 78.

[866] *Ibidem*, pp. 78-79.

[867] Un réseau de routes clandestines qui, avec l'aide des abolitionnistes qui adhéraient à leur cause, étaient utilisées par les esclaves noirs américains pour tenter de se réfugier au-delà de la ligne Mason-Dixon et jusqu'au Canada. Pour Natsha L. Henry, le chemin de fer clandestin était le plus important mouvement anti-esclavagiste pour la liberté. Entre 30 000 à 40 000 fugitifs, qui avaient trouvé refuge en Amérique du Nord britannique, c'est-à-dire dans l'actuel Canada, l'avaient emprunté.

[868] In *Bound for the promised land : Harriet Tubman, portrait of an American hero*,

Harriet Ross Tubman réalisa donc son rêve. Elle atteignit, en fin de compte, la Pennsylvanie avec un sentiment mêlé d'émerveillement et de terreur. Ce fut donc l'exploit. Pari gagné !

> « Quand je découvris que j'avais franchi cette ligne, je regardai mes mains pour voir si j'étais la même personne. Il y avait une telle gloire sur tout : le soleil est apparu comme l'or à travers les arbres et sur les champs, et je me sentais comme si j'étais au Paradis. »[869]

Loin des yeux, mais tout près du cœur. À peine était-elle arrivée dans la ville de Philadelphie dans l'État de Pennsylvanie, sa première pensée fut pour sa famille.

> « J'étais une étrangère dans un monde étrange [...] Mon père, ma mère, mes frères et sœurs et amis étaient [restés dans le Maryland]. Mais j'étais libre, et ils devaient être libres eux aussi. »[870]

Très soulagée de s'être enfin affranchie, Harriet Ross Tubman s'inquiétait toutefois pour les membres de sa famille qui étaient restés dans le comté de Dorchester. Elle accepta n'importe quel travail pour vivre et économiser de l'argent[871]. Entre-temps, elle effectua de nombreux allers et retours à travers le Maryland pour aider d'autres esclaves à s'enfuir. Cela lui valut le surnom de « Moïse ». Sa véritable carrière de guide de fugitifs commencerait d'ailleurs par la libération des membres de sa propre famille.

En 1850, le Congrès américain adopta le *Fugitive Slave Act*. En conséquence, tous les États, même ceux qui avaient interdit l'esclavage, furent contraints de collaborer, de faciliter les opérations relatives à la capture des esclaves fugitifs et d'infliger de lourdes peines à leurs complices.

En décembre 1850, depuis Cambridge dans l'État du Massachusetts, Harriet Ross Tubman reçut une nouvelle bouleversante. Celle-

---

op. cit., p. 83.

[869] In *Scenes in the Life of Harriet Tubman, op. cit.*, p. 19.

[870] *Ibidem*, p. 20.

[871] In *Bound for the promised land : Harriet Tubman, portrait of an American hero*, *op. cit.*, p. 88.

ci l'alerta sur la vente prochaine de sa nièce Kessiah Bowley et de ses deux enfants, James Alfred, âgé de 6 ans, et son homonyme Araminta, encore nourrisson. Horrifiée, elle partit pour la terre de son asservissement. Elle emprunta le chemin jusqu'à Baltimore dans le Maryland où son beau-frère, Tom Tubman, la cacha jusqu'au moment de la vente. Le mari de Kessiah, un homme noir libre nommé John Bowley, se rendit à l'endroit où se déroulerait la vente de sa femme. Sur place, au moment des tractations, il fit en sorte de remporter l'enchère. Tandis qu'il feignait de prendre ses dispositions pour payer, Kessiah Bowley et ses enfants s'enfuirent. Ils finirent par atteindre un refuge situé à proximité et s'y abritèrent. Dans la nuit, John Bowley convoya sa famille à l'aide d'un canot jusqu'à Baltimore, à cent kilomètres du lieu du refuge. Harriet Ross Tubman les prit en charge. Ils se dirigèrent vers Philadelphie[872].

À l'automne 1851, très déterminée, Harriet R. Tubman s'apprêta à retourner dans le comté de Dorchester pour la première fois depuis sa fuite de la propriété de la famille Brodess. Elle avait tenu à retrouver son mari John. Avec l'argent épargné sur ses maigres salaires, elle lui acheta un costume et fit route vers le Sud. Mais, aussitôt à destination, John Tubman refusa de suivre son épouse. De plus, il était heureux de son sort et avait épousé une autre femme prénommée Caroline. Devant le fait accompli, tant qu'à faire, Harriet Ross Tubman mit son voyage à profit en emmenant quelques esclaves à Philadelphie[873]. Elle réussit par la suite à ramener en toute sûreté ses quatre frères, Ben, Robert, Henry, et Moïse Ross, ainsi que leurs enfants. Malheureusement, elle échoua dans l'exfiltration de sa sœur adorée, Rachel Ross, et de ses deux enfants : Ben et Angerine. Harriet ne pourrait pas la libérer puisqu'elle mourrait en 1859.

Harriet Ross Tubman s'activa davantage dans toute entreprise. Elle embarquait aussi des esclaves vers le Canada, désormais le seul endroit sûr d'Amérique du Nord pour les esclaves en fuite. D'après certaines sources, avec onze fugitifs en partance pour le Nord, elle avait fait un jour une halte, en 1851, au domicile de l'abolitionniste

---

[872] *Ibidem*, pp. 89-90
[873] *Ibld.*, p. 90-91.

et ancien esclave Frederick Douglass (voir le chapitre XXXVIII)[874].
D'ailleurs à propos de ce fait, dans la troisième édition de son autobiographie, le « lion d'Anacostia » avait écrit :

> « Une fois, j'eus onze fugitifs à la fois sous mon toit, et il était néces-
> saire pour eux de rester avec moi jusqu'à ce que j'aie pu recueillir suf-
> fisamment d'argent pour les conduire au Canada. Ce fut le plus grand
> nombre que j'aie jamais abrité et j'eus quelques difficultés à fournir
> la nourriture et un toit à tant de monde. »[875]

En dix-neuf expéditions, estima-t-on, Harriet Tubman avait personnellement guidé, au bout de dix années, à peu près trois cents esclaves
vers la liberté en direction des lieux sûrs : les États libres ou le Canada.
Cette évaluation serait confirmée par ses proches collaborateurs. Beaucoup de ces fugitifs s'enrôleraient d'ailleurs dans l'*Union Army*. Elle
avait déclaré, sur un ton mi-sérieux mi-plaisant :

> « J'ai été la conductrice du chemin de fer clandestin pendant huit
> années, et je peux dire, contrairement à la plupart des conducteurs, que
> mon train n'a jamais déraillé et que je n'ai jamais perdu de passager ».

Effectivement, s'agissant de l'utilisation de ce salutaire « chemin
de fer » sans voies ferrées, le recours aux mots codés, comme *stations*
(gares) et *conductors* (conducteurs), permettait de brouiller les pistes.
Il fallait en fait dissimuler les activités qui devaient rester à tout prix
clandestines – l'implication dans l'*Underground Railroad* ayant été
l'une des premières formes de désobéissance civile aux États-Unis
d'Amérique. De toute évidence, les opérations qu'avait menées Harriet
Ross Tubman furent de belles réussites. Pourtant, sa propriétaire Eliza
Brodess avait promis une prime de cent dollars, et non mille ou plus
comme avaient laissé entendre certaines sources, pour sa capture. Elle
ne s'imaginerait jamais que l'innocente fugitive était en réalité la
redoutable responsable d'autant de fuites d'esclaves des propriétés

---

[874] In *Harriet Tubman : the road to freedom, op. cit.*, p. 84.
[875] In *Life and times of Frederick Douglass : his early life as a slave, his escape from
bondage, and his complete history, written by himself*, Frederick Douglass, Collier-
Macmillan, Londres, 1969, p. 266.

voisines dans le comté du Maryland.

Ayant souhaité mettre son savoir-faire et son expérience de « conductrice du chemin de fer clandestin » au service de l'*Union Army* pendant la Guerre de Sécession, Harriet Ross Tubman intégra un groupe d'abolitionnistes de Boston et de Philadelphie basé sur l'Île de Hilton-Head en Caroline du Sud. Par son aide aux esclaves fugitifs, elle devint en très peu de temps une figure importante des camps du Port-Royal dans le comté de Beaufort[876], où avait sévi en 1822 Denmark Vesey dont le nom servirait notamment de cri de ralliement aux régiments noirs pendant la Guerre de Sécession. Elle s'impliqua comme cuisinière et infirmière, préparant des remèdes à base de plantes médicinales et aidant les soldats qui souffraient de dysenterie. Elle soigna même des hommes atteints de variole. Le fait de ne pas avoir contracté de maladie fit d'elle la protégée de Dieu[877] dont la foi, selon l'historienne Kate Clifford Larson, avait efficacement fusionné les croyances chrétiennes et africaines.

> « Sa conviction qu'il n'y avait pas de séparation entre les mondes physique et spirituel était le résultat direct des pratiques religieuses africaines. Tubman croyait littéralement qu'elle se déplaçait entre une existence physique et une expérience spirituelle où elle survolait parfois la terre. »[878]

Dans l'univers non mystique, sous la responsabilité du Secrétaire à la Guerre des États-Unis, Edwin McMasters Stanton, les marais et les rivières de Caroline du Sud étant similaires au paysage de la rive orientale du Maryland, le groupe d'éclaireurs pouvait profiter de l'expérience d'Harriet R. Tubman en voyage clandestin et de sa connaissance du terrain. Cela leur permettrait de réaliser un travail appréciable, en

---

[876] In *Bound for the promised land: Harriet Tubman, portrait of an American hero, op. cit.*, p. 204.

[877] In *Harriet Tubman: the road to freedom, op. cit.*, p. 157.

[878] In *Faith made Harriet Tubman fearless*, Robert Gudmestad, *The Conversation*. Article mis en ligne le 3 décembre 2019, consulté le 13 mai 2020. Voir le lien ci-dessous.
https://theconversation.com/faith-made-harriet-tubman-fearless-as-she-rescued-slaves-127592

matière des repérages et de cartographie. Elle travailla ensuite aux côtés d'un abolitionniste reconnu, le colonel James Montgomery, à partir du 1ᵉʳ juin 1863. Comme éclaireur, elle avait fourni des renseignements précieux qui permettraient la prise de Jacksonville en Floride[879].

Au début du mois de juin 1863, Harriet Ross Tubman participa en effet à une série de raids que menèrent les troupes du colonel controversé James Montgomery dans des plantations situées le long de la rivière Combahee, dans le comté de Colleton en Caroline du Sud. Lors de l'assaut, en tant que guide, Harriet fit partie des personnes qui embarquèrent à bord de l'*USS John Adams* – l'objectif ayant consisté à faire passer entre les mines les trois bateaux à vapeur qui transportèrent les trois cents soldats de l'opération[880]. En tant que chef de réseau de l'*Underground Railroad Bicycle Route* (UGRR), en suivant l'étoile polaire, elle connaissait toutes les routes du territoire libre et avait prêté le serment à propos du droit de réserve pour que le secret de ce mythique réseau soit bien gardé. Sa grande intelligence, son audace et son caractère lui valurent donc la réussite dans les tâches qui lui avaient été assignées au cours de ces dangereuses expéditions. Elle s'était appuyée sur la communauté noire, parallèlement à ces diverses missions dans le Maryland, afin de ramener les membres de sa famille qui étaient restés à Dorchester.

Au cours du *River Raid Cambahee*, cette opération militaire ayant été menée les 1ᵉʳ et 2 juin 1863 par les éléments de l'*Union Army*, Harriet Ross Tubman dirigea une expédition de cent cinquante soldats afro-américains du *54ᵗʰ Massachusetts Infantery Regiment*. Au moins sept cent cinquante esclaves seraient libérés lors de cette périlleuse entreprise.

Après la Guerre de Sécession et l'abolition de l'esclavage aux États-Unis d'Amérique en 1865, Harriet Ross Tubman consacra ses actions à la lutte contre le racisme et au mouvement en faveur du droit de vote des femmes, d'abord dans les réunions des organisations suffragistes, ensuite aux côtés des femmes comme Susan Brownell Anthony et Emily Howland[881]. À une dame blanche qui, en proie au scepticisme

---

[879] In *Harriet Tubman : the road to freedom, op. cit.*, p. 164.

[880] *Ibidem*, p. 165.

[881] *Ibid.*, p. 192. Voir également *Bound for the promised land : Harriet Tubman, por-*

défaitiste, lui demanda si elle croyait que les femmes devraient avoir le droit de vote, elle répondit qu'elle avait « assez souffert pour le croire »[882]. Lors de ses déplacements à New York, Boston et Washington pour des conférences, Harriet R. Tubman essayait de démontrer que le droit de vote des femmes passait avant tout par l'accès aux droits politiques. L'illustration de son propos s'appuyait sur sa propre action pendant et après la Guerre de Sécession, tout en évoquant le sacrifice d'innombrables personnes du sexe féminin qui avaient œuvré en faveur de la nation américaine[883].

Avec l'aide de Sarah Bradford, sa biographie fut publiée en 1869 sous le titre de *Scenes in the Life of Harriet Tubman*. La même année, elle épousa Nelson Davis, un vétéran de la Guerre de Sécession de vingt-deux années son cadet. Ils vécurent ensemble, pendant dix-neuf années, à Auburn dans l'État de New York, dans une maison qu'elle avait rachetée à son ami William Henry Seward, secrétaire d'État sous la présidence d'Abraham Lincoln. Elle y vécut entourée de membres de sa famille et d'amis. Après une longue campagne – une trentaine d'années – pour bénéficier d'une pension militaire, elle eut droit en fin de compte en 1895 à huit dollars par mois, en tant que veuve de Nelson Davis qui était mort en 1888, et vingt dollars mensuels en 1899 pour les services rendus à la Nation américaine. Elle vendrait finalement de la tarte et de la bière à base de racine pour vivre, plutôt que de continuer de percevoir les rations du gouvernement ayant suscité la jalousie de certains esclaves fugitifs qui voyaient dans l'attribution de ces allocations le signe d'un traitement spécial[884].

À cause de l'arthrite et de sa santé de plus en plus fragile, Harriet Ross Davis, celle que l'abolitionniste John Brown avait surnommée « Général Tubman », emménagea dans l'hospice pour Afro-Américains âgés et malades, *Harriet Tubman Home for the Aged*, qu'elle avait elle-même contribué à fonder. Il était construit sur un terrain qu'elle avait acheté, jouxtant sa propriété d'Auburn. Elle raconta ses mémoires

trait of an American hero, *op. cit.*, p. 1287.

[882] In *Harriet Tubman : the road to freedom*, *op. cit.*, p. 191.

[883] In *Bound for the promised land : Harriet Tubman, portrait of an American hero*, *op. cit.*, p. 273.

[884] In *Harriet Tubman : the road to freedom*, *op. cit.*, pp. 156-157.

jusqu'au dernier jour, puis mourut le 10 mars 1913 – l'année de la naissance de l'activiste Rosa Parks. Cette dernière décéderait au sommet de la célébrité en 2005, après avoir fait avancer la cause des Noirs en ayant refusé de se lever de son siège dans un autobus neuf mois après qu'une gamine de 15 ans, nommée Claudette Austin, la future Claudette Colvin, eut fait exactement la même chose à Montgomery dans l'Alabama en violation des lois Jim Crow des États du Sud qui imposaient la ségrégation raciale dans les transports publics. Harriet Ross Davis, anciennement Harriet Tubman, reçut les honneurs militaires au cours de son inhumation, et une plaque à sa mémoire fut posée au tribunal du comté de Cayuga, à Auburn.

En 1944, la première dame des États-Unis Anna Eleanor Roosevelt a baptisé le *Liberty Ship Harriet Tubman*, et, en 1995, l'*US Postal Service* a plébiscité sa vie par un timbre-poste.

Harriet Tubman est officiellement valorisée aux États-Unis d'Amérique depuis une directive présidentielle du 10 mars 1990[885]. Rétrospectivement, le 20 février 1990, le sénateur Joseph Robinette Biden Jr (dit Joe Biden), le futur vice-président des États-Unis pendant les deux mandats de Barack Obama et candidat du Parti démocrate à l'élection présidentielle de 2020, a fait déposer une résolution, la S.J.Res.257, à la commission de justice de commémoration d'Harriet Tubman. Le 6 mars 1990, elle a été adoptée par la commission à l'unanimité pour être soumise au Sénat. Le 7 mars 1990, elle a été votée au Sénat et envoyée à la Maison-Blanche pour soumission auprès du président des États-Unis d'Amérique. Le 9 mars 1990, le président George Herbert Walker Bush a signé la proclamation 6107 par laquelle, après avoir rendu hommage à Harriet Tubman, il a « proclamé le 10 mars 1990, la *Journée Harriet Tubman*, et appelé le peuple des États-Unis à la célébrer en organisant des cérémonies et des activités appropriées ». Le 13 mars 1990, la directive a été signée par le président George H. W. Bush Sr, devenant ainsi la *Public law*

---

[885] Effectivement, le *Harriet Tubman Day* est une loi américaine, *Public Law* 101-252, du 13 mars 1990 qui a été promulguée lors de la cent unième session du Congrès des États-Unis d'Amérique. Elle a fait du 10 mars de chaque année, une journée célébrant Harriet Tubman, une occasion d'étudier et de réfléchir à la portée de son action pour l'abolition de l'esclavage.

n° 101-252 à laquelle a été adjointe une résolution rappelant le motif.

À Saint Catharines, à Ontario au Canada, au numéro 92 de la rue Geneva, le promeneur le plus curieux peut prendre connaissance de l'inscription sur une plaque portant cette éclairante inscription :

> « Née dans une plantation du Maryland, Harriet Tubman a fui l'esclavage pour devenir l'une des grandes héroïnes du XIXᵉ siècle. Au prix de périlleuses traversées secrètes, la plus célèbre figure du chemin de fer clandestin a conduit bon nombre de personnes qu'elle a arrachées à l'esclavage aux États-Unis vers la sécurité et la liberté au Canada. Elle les a aidées à s'y établir tout en jouant un rôle clé dans la campagne anti-esclavagiste. Elle devint l'image publique du chemin de fer clandestin en Amérique du Nord britannique, attirant l'attention et de nombreux dons en faveur du mouvement abolitionniste. »

Cette plaque a été posée à la suite d'une loi canadienne sur les lieux et monuments historiques (L.R.C., 1985, ch. h-4).

Le portrait de la militante Harriet Tubman aurait dû initialement figurer, d'après l'annonce de l'ancien secrétaire au Trésor Joseph Jacob Lew (dit Jack) dans l'administration du président Obama, sur le billet de vingt dollars américains à partir de 2020, devant faire d'elle l'une des premières personnalités noires ainsi distinguée[886]. Alors que Barack Obama avait annoncé en 2016 que son portrait remplacerait en 2020 celui du président esclavagiste Andrew Jackson[887], cette décision ne serait pas du tout appliquée par l'administration Donald John Trump. Dans une déclaration qu'il a faite sur la chaîne *CNBC*, Steven Mnuchin, le secrétaire américain au Trésor, a expliqué qu'il y avait « d'autres sujets plus importants sur lesquels travailler »[888]. Il faudrait attendre

---

[886] In *USA : une femme noire sur un billet américain*, article de l'*Agence France Presse* (AFP) repris et mis en ligne le 20 avril 2016 par *Le Figaro*, consulté le 12 mai 2020. Voir le lien ci-dessous.
https://www.lefigaro.fr/flash-actu/2016/04/20/97001-20160420FILWWW00298-usa-une-femme-noire-sur-un-billet-americain.php.

[887] Andrew Jackson était le septième président des États-Unis. Il est connu pour avoir détruit la deuxième Banque américaine, fondé le Parti démocrate, ainsi que pour son soutien à la liberté individuelle. Il a également institué des politiques qui avaient abouti à la migration forcée des autochtones.

[888] In *L'administration Trump refuse d'apposer le portrait de la militante abolition-*

peut-être plusieurs années pour que cela devienne réalité[889]. Cette attitude de l'administration Trump n'avait rien de surprenant dès lors que, en octobre 1994, Lynne Ann Vincent Cheney, l'épouse de Richard Bruce Cheney (dit Dick), le futur vice-président de George Walker Bush Jr, avait dénoncé le « politiquement correct » qui aurait donné trop d'importance à Harriet Tubman dans les manuels d'histoire[890].

Toutefois, d'ores et déjà, un mémorial est édifié dans l'État du Maryland dans le Mid-Atlantic, le *Harriet Tubman Underground Railroad National Monument*. Un astéroïde découvert en 2010 a été nommé *Harriet* en l'honneur d'Harriet Ross Tubman, tout comme elle est inscrite au *National Women's Hall of Fame*. Le peintre américain Jacob Lawrence a consacré entre 1938 et 1940 une série d'œuvres sur la vie de l'intrépide Harriet R. Tubman, puis repris ce thème en 1967 dans son livre pour enfants *Harriet and the Promised Land*.

Le 10 janvier 2017 à Auburn, dans l'État de New York, le parc historique national Harriet Tubman a été créé sur le site où elle avait vécu et s'était occupée des membres de sa famille, ainsi que d'autres personnes, anciennement asservies, qui étaient à la recherche d'un refuge sûr dans le Nord.

---

niste Harriet Tubman sur le billet de 20 dollars, article mis en ligne sur le site Internet de *France info*, consulté le 12 mai 2020. Voir le lien ci-dessous.
https://www.francetvinfo.fr/monde/usa/presidentielle/donald-trump/l-administration-trump-refuse-d-apposer-le-portrait-de-la-militante-abolitionniste-harriet-tubman-sur-le-billet-de-20-dollars_2352666.html.

[889] In *La militante noire antiesclavagiste Harriet Tubman ne sera pas sur le billet de 20 dollars avant 2028*, article de l'*AFP* mis en ligne sur *lemonde.fr*, consulté le 12 mai 2020 – https://www.lemonde.fr/international/article/2019/05/24/harriet-tubman-ne-sera-pas-sur-le-billet-de-20-dollars-avant-2028_5466757_3210.html.

[890] In *Qui est Harriet Tubman, première femme noire à figurer sur un billet américain ?*, Philippe Boulet-Gercourt, article mis en ligne le 20 avril 2016 sur le site Internet *nouvelobs.com* et consulté le 13 mai 2040. Voir le lien ci-dessous.
https://www.nouvelobs.com/monde/20160420.OBS8937/qui-est-harriet-tubman-premiere-femme-noire-a-figurer-sur-un-billet-americain.html.

XL – Booker Taliaferro Washington : le militant réformiste

Booker Taliaferro Washington vint au monde le 5 avril 1856, d'un père probablement blanc et d'une esclave afro-américaine prénommée Jane[891], dans une petite plantation de tabac connue sous la dénomination *Hale's Ford*. Celle-ci avait appartenu à un petit fermier, qui s'appelait James Burroughs, et était située dans le comté de Franklin dans le Sud-Ouest de la Virginie. Dès ses premières années, il était connu comme « Booker », sans nom de famille. Cette pratique était tout à fait courante à l'époque[892], la vie d'esclave, axée en plus grande majorité sur la chosification, ou alors l'animalisation de l'être humain, ayant été vraiment humiliante.

> « Je ne me rappelle pas un seul cas durant mon enfance, ou ma jeune enfance, où toute notre famille s'est assise à table ensemble, et la bénédiction de Dieu a été demandée, et la famille a mangé un repas de manière civilisée. Dans la plantation de Virginie, et même plus tard, les enfants recevaient beaucoup de repas comme les bêtes. C'était un morceau de pain ici et un morceau de viande là-bas. C'était une tasse de lait à un moment donné et des pommes de terre à un autre. »[893]

---

[891] In *The Education of Booker T. Washington : American democracy and the idea of race relations*, Michael Rudolph West, Columbia University Press, New York, 2006, p. 84.

[892] In *Up from Slavery : An Autobiography*, Booker T. Washington, *Double Daye, Page & C°*, New York, 1906, p. 34.

[893] *Ibidem*, p. 9.

Aussitôt délivrés de l'asservissement au début de 1865, grâce à la Proclamation d'émancipation alors que les troupes américaines occupaient la région couvrant la Virginie, Jane et ses enfants projetèrent de déménager. C'était un désir ardent !

> « Un homme qui semblait être un étranger (un officier américain, je présume) a prononcé un petit discours puis a lu un article assez long – la Proclamation d'émancipation, je pense. Après la lecture, on nous a dit que nous étions tous libres et que nous pouvions aller quand et où nous voulions. Ma mère, qui se tenait à mes côtés, se pencha et embrassa ses enfants, tandis que des larmes de joie coulaient sur ses joues. Elle nous a expliqué ce que cela signifiait, que c'était le jour pour lequel elle avait prié si longtemps, mais craignant de ne jamais vivre pour voir [ça]. »[894]

Les membres composant la petite famille de Jane emménagèrent finalement en Virginie Occidentale, celle-ci s'étant désormais séparée de la Virginie et ayant *de facto* rejoint l'*Union* pendant la guerre civile en tant qu'État libre. Jane épousa, dans ce nouvel État, l'affranchi Ferguson Washington. À l'école, devant fournir un nom de famille pour l'inscription, le petit Booker donna celui de son beau-père Washington[895]. Sa mère lui apprendrait plus tard qu'il s'appelait en réalité à sa naissance Booker Taliaferro, mais leur propriétaire n'avait pas jugé utile l'usage de son second nom[896]. Booker adopta pour l'avenir son identité d'origine, enrichie de celle du tout nouveau mari de Jane. Ainsi devint-il à jamais Booker Taliaferro Washington.

Avant de s'installer à Hampton, Booker Taliaferro Washington avait travaillé plusieurs années dans des fours à charbon et des mines de sel en Virginie Occidentale pour gagner de l'argent. Tout en étant ouvrier occasionnel dans le but de s'acquitter des frais de ses études, il fréquenterait le *Hampton Normal and Agricultural Institute*, un collège réservé uniquement aux Noirs. Cet établissement deviendrait, plus tard, l'université de Hampton. Il suivrait aussi des cours au *Wayland Seminary*,

---

[894] *Ibid.*, pp. 19-21
[895] *Ibid.*, p. 34.
[896] *Ibid.*, p. 35.

la future *Virginia Union University*[897]. Il enseignerait ensuite à Hampton. Enseignant, écrivain américain et conseiller de plusieurs présidents des États-Unis – notamment Theodore Roosevelt Jr et William Howard Taft –[898], Booket T. Washington serait surtout un discret mais efficace défenseur des droits des Afro-Américains, co-fondateur et premier président du *Tuskegee Institute*, la *Tuskegee University* de nos jours.

Booker T. Washington exerça effectivement divers travaux manuels avant de poursuivre des études à l'université de Hampton. Il fut admis en 1872 dans cet établissement d'enseignement supérieur, malgré son apparence particulière, en raison de la capacité dont il fit preuve en ayant balayé et nettoyé une pièce. Dès le premier jour, Booker Taliaferro Washington comprit vite le programme de *Hampton Institute* et saisit sa philosophie. Il se mit en conformité avec la conception de Samuel Chapman Armstrong, le président dudit établissement, sur l'éducation des Noirs[899].

Booker Taliaferro Washington était peut-être, sur le plan éducatif, l'un des meilleurs étudiants. Très séduit par le style de Samuel Chapman Armstrong[900], le jeune étudiant le décrirait comme :

> « le spécimen le plus parfait de l'homme, physiquement, mentalement et spirituellement le plus semblable à Christ… ».

Booker Taliaferro avait en effet aperçu, chez cet homme, « l'être humain le plus noble et le plus rare » qu'il n'eût « jamais eu le privilège de rencontrer ».

> « On aurait pu retirer de Hampton tous les bâtiments, les salles de classe, les enseignants et les industries, et donner aux hommes et aux femmes […] la possibilité d'entrer en contact quotidien avec le géné-

---

[897] In *Booker T. Washington.*, dans *Contemporary Black Biography*, Vol. 4, Gale, 1993.

[898] In *Up from History: The Life of Booker T. Washington*, Robert Jefferson Norrell, Belknap Press/Harvard University Press, 2009, pp. 3 et 130.

[899] In *The Story of My Life and Work*, Booker T. Washington, Vol. 1, Smock, and Kraft, Harlan, p. 21.

[900] In *West from Appomattox: the Recoonstruction of America after the Civil War*, Heather Cox Richardson, Yale University Press, 2007, p. 202.

ral Armstrong, et cela seul aurait été une éducation libérale. »[901]

À la suite du *Wayland Seminary*, dans le district de Columbia, Booker T. Washington retourna à Hampton pour enseigner à la faculté de Samuel C. Armstrong. Sur la recommandation de ce dernier au banquier et ancien esclavagiste George W. Campbell, à l'ex-ferblantier esclave africain Thomas Dryer, au chef de communauté Lewis Adams et à Mirabeau B. Swanson, le conseil de commissaires composé de ces quatre membres nommés par la législature de l'Alabama se prononça sur un projet, dans le domaine de l'enseignement, qui était encore en cours de réflexion. Leur décision en 1881 déboucha sur la nomination de Booker T. Washington comme le premier directeur de la nouvelle école normale de l'Alabama, la future Université de Tuskegee. Plusieurs organisations religieuses, des anciens officiers et soldats de l'*Union Army*, ainsi que des riches philanthropes, appréciaient le travail d'éducateurs pionniers qui avait été initié en amont. Celui-ci avait consisté à créer et financer des efforts éducatifs spécifiquement pour l'amélioration intellectuelle et professionnelle des Afro-Américains dans le Sud des États-Unis.

Le 18 septembre 1895, en bon humaniste de surcroît membre d'une Loge maçonnique[902], Booker T. Washington prononça, lors de l'inauguration à Atlanta en Géorgie de la *Cotton States and International Exposition*, un discours historique[903], plus connu sous l'appellation de « compromis d'Atlanta ». Cette allocution constitua le tournant qui marquerait sa carrière. Devant une assemblée composée de personnes blanches et noires, il exposa ses convictions sur l'émancipation de son peuple, trente années après la fin de l'esclavage.

---

[901] In *Up From Slavery*, Booker T. Washington, (*Republication of Doubleday* 1901 ed.), Dover Publications, Inc, Mineola, New York, 1995, pp. 26.

[902] Voir *Le petit abécédaire des Francs-Maçons afro-descendants, op. cit.*, pp. 45-48.

[903] In *Booker T. Washington*, Joseph Bundy, e-WV, *The West Virginia Encyclopedia*. Article mis en ligne le 9 décembre 2015, consulté le 13 mai 2020. Voir le lien ci-contre. https://www.wvencyclopedia.org/articles/890.

> « Nous pouvons, sous toutes les facettes de notre existence sociale, être séparés comme les doigts, mais nous unir en une main pour toute chose essentielle à notre progrès mutuel. »[904].

Ces paroles resteraient longtemps gravées dans les esprits d'un bon nombre de personnes blanches et noires. Elles le seraient auprès de la plus grande majorité de la communauté blanche. Elles le seraient aussi, surtout négativement, au sein d'une partie de l'élite noire, dans la mesure où des possibles positions de soumission à l'égard des Blancs et une impression d'incapacité à sortir par la brutalité de la ségrégation semblaient encore perceptibles, au premier abord, dans l'idéologie de Booker Taliaferro Washington. Cela lui attira le courroux de quelques représentants des Noirs de l'époque. Mais sa volonté de cohésion des deux communautés, leucoderme et noire, ainsi que sa foi dans une convergence des intérêts des deux « races » lui permirent de se faire entendre des plus hautes instances blanches du Sud comme du Nord. Ayant en plus, en ce temps, soutenu dans la discrétion les contestations judiciaires en rapport avec la ségrégation et les restrictions sur l'inscription des électeurs, Booker T. Washington avait réussi à mobiliser une coalition nationale de Noirs de classe moyenne, de chefs d'Église, de philanthropes et politiciens blancs. Il fallait renforcer davantage, à moyen et long terme, le secteur économique, la fierté de la communauté noire par le biais de l'auto-assistance et de la scolarisation. Par ses propres apports au profit des Noirs, il était indéniable que Booker T. Washington était un excellent réformiste doublé d'un partisan, timide peut-être, de l'élévation humaine, condition *sine qua non* de l'égalité ethnique[905].

Booker Taliaferro Washington publia en 1901 *Up From Slavery*, ouvrage qu'il dédia à son épouse Margaret James et à son frère John H. Washington. Le livre ne tarderait pas à devenir un best-seller. En

---

[904] In *Up from Slavery, ascension d'un esclave émancipé*, Booker T. Washington, tradition de Jeanne-Marie Vazelle, Nouveaux Horizons, Paris, 2008.

[905] In *Democracy, Anti-Democracy, and the Canon*, Richard H. Pildes, *Constitutional Commentary*, Vol. 17, New York University School of Law, 2000, issn : 0742-7115. Article mis en ligne le 13 juillet 2000, actualisé le 18 octobre 201 et consulté le 13 mai 2020 – https://papers.ssrn.com/sol3/papers.cfm?abstract_id=224731.

octobre de cette même année, il fut le premier Afro-Américain invité, par un président des États-Unis, en l'occurrence Theodore Roosevelt, à un dîner officiel à la Maison-Blanche. D'ailleurs, dans *Ragtime*, le film réalisé par Miloš Forman qui sortirait en 1981, il serait présenté comme « le premier Noir à la Maison-Blanche ». Cette visite fit grand bruit à l'époque, puisque les journaux commentèrent des réactions outrancières et des propos insultants de personnes blanches.

En plus de ses différentes contributions particulièrement dans le domaine de l'éducation, Booker Taliaferro Washington publia en tout quatorze livres : *The Future of the American Negro* (1899) ; *Up from Slavery* (1901) ; *Character Building* (1902) ; *Working with the Hands* (1904) ; *Tuskegee & Its People* (éditeur) (1905) ; *The Negro in the South* (coécrit avec WEB Du Bois en 1907).

Dès 1909, Booker Taliaferro Washington fut l'objet de nombreuses critiques de la part des dirigeants de la toute récente *National Association for the Advancement of Colored People* (NAACP), surtout de la part de William Edward Burghardt Du Bois (dit WEB). Ce dernier fustigea d'emblée le projet défendu par Booker T. Washington, au prétexte qu'il était impossible de s'accommoder du système ségrégationniste. En réalité, WEB Du Bois s'inquiétait du soutien financier et médiatique d'hommes d'affaires blancs qui voyaient dans cette institution, c'est-à-dire l'école normale d'Alabama, seulement l'instrument d'un système pouvant acter ou cautionner de manière tacite le maintien des Noirs à un rang subalterne et le contrôle de cette main-d'œuvre. WEB Du Bois, alors chercheur à l'Université d'Atlanta, s'en prit donc à la philosophie de Booker T. Washington, par le truchement du livre *The souls of black folk*. Mais la majorité des Noirs des classes moyenne et ouvrière ne le suivit pas forcément dans une polémique non constructive. De plus, si Booker ne pouvait pas critiquer en public l'injustice en raison de son image de conciliateur, il s'impliquait davantage sur le plan financier, en toute circonspection, à la cause des Noirs dans le combat pour l'égalité des droits. Il essayait surtout d'en atténuer, en toute diplomatie, certains de ses excès.

S'agissant de sa vie privée, Booker Taliaferro Washington avait vécu successivement avec trois femmes. En 1882, il avait épousé l'éducatrice Fannie Virginie Norton Smith, Fanny pour les intimes, qui mourut en 1884. Ils auraient une fille. Il s'était ensuite remarié en 1884 avec Olivia America Davidson. De cette union naîtrait deux fils : Booker T. Jr et Ernest Davidson. Sa deuxième épouse décéderait en 1889. En 1892, le veuf s'était maritalement uni avec Margaret James Murray, une diplômée de la *Fisk University*. Le couple adopterait Laura Murray, une nièce orpheline de Margaret.

Ayant fait partie de la toute dernière génération de dirigeants afro-américains nés en pleine période esclavagiste, Booker T. Washington était devenu la principale voix des anciennes personnes asservies. Il le serait aussi, entre autres, pour leurs descendants au regard des lois discriminatoires de Jim Crow[906]. Celles-ci avaient été promulguées dans les États du Sud après la reconstruction à la fin du XIXe siècle et au début du XXe siècle. Des décennies après le décès de Booker Taliaferro, le mouvement des droits civiques des années 1950 a adopté

---

[906] Les lois Jim Crow étaient des lois d'État, ainsi que locales, qui officialisaient la ségrégation raciale dans le Sud des États-Unis. Elles avaient toutes été promulguées par les parlements d'États dominés par les démocrates blancs, après la période de reconstruction et appliquées jusqu'en 1965. Dans le fait, les lois Jim Crow imposaient la ségrégation ethnique dans tous les établissements publics dans les anciens États confédérés d'Amérique et d'autres États, à partir des années 1870 et 1880. Ces lois avaient été maintenues en 1896 dans l'*affaire Plessy contre Ferguson,* dans laquelle la Cour suprême américaine avait exposé sa doctrine juridique « séparée mais égale » pour les installations destinées aux Afro-Américains. En outre, l'éducation publique avait essentiellement été ségréguée depuis sa création dans la plupart des pays du Sud après la guerre de Sécession (1861-1865).
L'*affaire Plessy vs. Ferguson*, ou tout simplement *Plessy*, est un arrêt de la Cour suprême des États-Unis d'Amérique (arrêt N° 163 U.S. 537) concernant le cas d'Homer Plessy qui avait été entendu par le juge John Howard Ferguson sur la violation de la loi relative aux voitures séparées, dont le verdict avait été rendu le 18 mai 1896. Cette décision judiciaire avait autorisé les États qui le souhaitaient à imposer par la loi des mesures de ségrégation ethnique, pourvu que les conditions offertes aux divers groupes « raciaux par cette ségrégation soient égales ». La doctrine qui découlait dudit arrêt était appelée « *separate but equal* » (séparés mais égaux).
Cette doctrine a imposé pour longtemps (jusqu'aux années 1950 et 1960) une interprétation très restrictive du XIVe amendement à la Constitution américaine, censé garantir à chacun l'égale protection de la loi. Pendant cette période, l'égalité imposée par l'amendement et par l'*affaire Plessy vs. Ferguson* resterait très théorique.

une approche plus active et progressiste, laquelle est aussi axée sur de nouvelles organisations de base dans le Sud, telles que le *Congress of Racial Equality* (CORE), le *Student Nonviolent Coordinating Committee* (SNCC) et la *Southern Christian Leadership Conference* (SCLC). En effet, bien qu'ayant été fortement critiqué après sa mort pour son prétendu accommodement à la suprématie blanche, la tendance s'est inversée depuis la fin du XXe siècle. Une vision plus équilibrée de son très large éventail d'activités, a-t-on constaté, s'est affirmée. Cela s'est manifesté par la défense et la célébration, comme en 2010, de « ses réalisations, son héritage et son leadership »[907].

Considéré comme l'éducateur noir le plus influent de la fin du XIXe siècle et du début du XXe siècle dans la mesure où il avait su contrôler le flux de fonds au profit des écoles et des collèges réservés aux Noirs, Booker Taliaferro Washington était devenu sans conteste l'Afro-Américain le plus célèbre des États-Unis d'Amérique entre 1895 et 1915.

En guise de reconnaissance pour son humaniste contribution à la nation américaine, Booker T. Washington avait obtenu à la fois, à titre honorifique, une maîtrise de l'université de Harvard en 1896 et un doctorat du *Dartmouth College* en 1901. Jusqu'à son décès à l'âge de 59 ans, survenu le 14 novembre 1915 dans la ville de Tuskegee dans l'Alabama des suites de la maladie de Bright, il avait fait figure de représentant majeur de la communauté afro-américaine au pays de l'Oncle Sam. Son corps repose au cimetière du campus de l'université de Tuskegee, aux côtés de ses épouses et de ses enfants, dans le comté de Macon dans l'Alabama. Force est de reconnaître que l'engagement de Booker T. Washington avait beaucoup aidé les Noirs sur les plans de l'éducation, du pouvoir financier et de la compréhension du système judiciaire américain par l'acquisition des compétences nécessaires. Son militantisme avait servi à la création et au soutien du mouvement des droits civiques, lequel prendrait, à la fin du XXe siècle, d'importantes résolutions et obtiendrait l'adoption d'un bon nombre de lois fédérales sur les droits civils[908].

---

[907] In *African American history reconsidered*, Pero Gaglo Dagbovie, *Collection New Black studies series*, University of Illinois Press, Urbana, 2010, p. 145.

[908] In *Booker T. Washington : Understanding the Wizard of Tuskegee*, Robert Jeffer-

En 1922, au centre de l'université de Tuskegee, le monument Booker T. Washington, appelé *Lifting the Veil*, a été inauguré. Une inscription rappelle à juste titre qu'il avait levé le voile de l'ignorance de son peuple et montré la voie à suivre afin de progresser dans les domaines de l'éducation et de l'industrie. En 1934, Robert Russa Moton, son successeur à la présidence de l'université de Tuskegee, a organisé une tournée aérienne pour deux aviateurs afro-américains. Par la suite, cet avion serait renommé le *Booker T. Washington*[909].

Le 7 avril 1940, Booker Taliaferro Washington est devenu l'un des premiers Afro-Américains à être représentés sur un timbre-poste américain. En 1942, le *Liberty Ship Booker T. Washington* a été nommé en son honneur. Également pour la toute première fois, un grand navire océanique a porté le nom d'un Américain à l'épiderme noir. Ce bateau a été baptisé par la célèbre chanteuse de musique classique et spirituelle Marian Anderson. Fait tout à fait nouveau, en 1946, une pièce de monnaie a représenté un Afro-Américain. En effet, le demi-dollar commémoratif Booker Taliaferro Washington a été frappé par les États-Unis jusqu'en 1951. Le 5 avril 1956, à l'occasion du centième anniversaire de la naissance de Booker T. Washington, la maison où il était né dans le comté de Franklin, en Virginie, a été désignée monument national Booker Taliaferro Washington. Un parc d'État à Chattanooga, dans le Tennessee, a été ainsi nommé pour son exemplarité, tout comme un pont enjambant la rivière Hampton à côté de son *alma mater*, l'université de Hampton.

En 1984, cette même université de Hampton a consacré un mémorial à Booker T. Washington sur le campus près de l'historique *Emancipation Oak*, ayant établi « une relation entre l'un des grands éducateurs et activistes sociaux américains, et le symbole de la réussite des Noirs dans l'éducation. » Beaucoup de lycées, collèges et écoles élémentaires à travers les États-Unis doivent leur appellation à Booker Taliaferro Washington.

---

son Norell, *The Journal of Blacks in Higher Education*, n° 42, printemps 2003-2004, pp. 96-109.

[909] In *Father of the Tuskegee Airmen*, John C. Robinson, Phillip Thomas Tucker, Potomac Books Inc., 2012, p. 58.

En 2000, la *West Virginia State University* (WVSU), ensuite *West Va. State College*, en étroite collaboration avec d'autres organisations, notamment la *Booker T. Washington Association*, a créé le *Booker T. Washington Institute* afin d'honorer sa maison d'enfance située dans la ville de Washington, également ses idéaux et la vieille ville de Malden. La *WVSU* a dédié, le 19 octobre 2009, un monument à Booker Taliaferro Washington. L'événement a eu lieu au *Booker T. Washington Park de WVSU* à Malden, en Virginie Occidentale. Ce monument rend également hommage aux familles d'ascendance africaine, ayant vécu dans Old Malden au début du XXe siècle, qui connaissaient et encourageaient Booker T. Washington dans ses multiples activités militantes.

À la fin de l'élection présidentielle de 2008, le malheureux candidat républicain, le sénateur John Sidney McCain III, a rappelé l'agitation qui avait été générée un siècle auparavant par l'invitation à la Maison Blanche du président Theodore Roosevelt à Booker Taliaferro Washington. John S. McCain a noté, justement, les progrès évidents ayant été faits avec l'accession à la magistrature suprême du sénateur démocrate Barack Hussein Obama en tant que premier président afro-américain de l'Histoire des États-Unis d'Amérique.

XLI – Ida Bell Wells-Barnett :
première journaliste noire professionnelle

Ida Bell Wells-Barnett, plus connue sous le nom d'Ida B. Wells, naquit le 16 juillet 1862 à Holly Springs dans l'État du Mississippi. Morte à Chicago dans l'Illinois le 25 mars 1931, elle était une journaliste afro-américaine, rédactrice en chef et, avec son mari Ferdinand Lee Barnett, propriétaire d'un journal. L'un des chefs de file au début du mouvement des droits civiques, elle documenterait l'ampleur du lynchage aux États-Unis d'Amérique et serait active dans le mouvement des droits des femmes. L'une des fondatrices de la NAACP, elle créerait en 1913 ce qui deviendrait le premier groupe de suffrage des femmes noires, l'*Alpha Suffrage Club* de Chicago.

Venue au monde dans le contexte de l'esclavage pendant la Guerre de Sécession, Ida Bell Wells était l'aînée d'une couvée de huit enfants. Son père mulâtre, James Wells, était le fils de son maître et d'Elizabeth « Lizzie » Warrenton. Cette dernière était aussi l'une des esclaves du géniteur et propriétaire de son mari. Individu asservi et loué en ville comme menuisier et maçon de formation, James Wells s'était investi dans le mouvement des droits des Noirs. Ses parents lui ayant inculqué l'importance de l'instruction, James Wells, qui était devenu un affranchi grâce à la Proclamation d'émancipation pendant la guerre civile américaine, s'était inscrit à l'établissement scolaire pour les personnes noires, le *Shaw College* qui, plus tard, serait renommé Université Shaw. Malheureusement, il en serait expulsé à cause d'un litige avec le président[910] dudit établissement scolaire. Cet incident n'avait pas du tout empêché James Wells de siéger comme administrateur du *Rust College*. Son refus de voter pour les candidats démocrates pendant la période de reconstruction[911] l'incita à adhérer à l'*Union League*[912]. Ainsi serait-il connu de tout le monde comme un « homme de course » pour son implication dans la politique, et son engagement envers le Parti républicain[913]. Il avait réussi à créer une entreprise de menuiserie à Holly Springs en 1867, et sa femme Lizzie Warrenton, également militante des mouvements des droits civiques, était devenue une « cuisinière célèbre »[914].

Aînée de huit enfants, Ida Wells s'inscrivit au collège des arts libéraux, le *Rust College* historiquement connu comme institution des Noirs et anciennement appelé *Shaw College*, à Holly Springs. En 1878, une épidémie de fièvre jaune emporta son père et sa mère, ainsi que son petit frère. « La vie est devenue une réalité », écrirait-elle plus tard dans son autobiographie *Crusade for Justice* qu'éditerait et publierait, à titre posthume, sa fille Alfreda Barnett Duster. Elle éleva seule, à l'âge de 16 ans, ses frères et sa sœur. À cet effet, elle arrêta prématurément ses études. Pour assurer les besoins de sa famille, elle accepta un poste

---

[910] In *Ida B. Wells: Suffragist, Feminist, and Leader*, Dasha Matthews, *UMKC Women's Center*, article mis en ligne le 21 février 2018 et consulté le 14 mai 2020 – https://info.umkc.edu/womenc/2018/02/21/ida-b-wells-suffragist-feminist-and-leader.

[911] La Reconstruction (*Reconstruction Era*, en anglais) est la période de l'histoire des États-Unis ayant succédé à la guerre de Sécession (1861-1865). De 1865 à 1877, la fin du régime esclavagiste de la Confédération fut consolidée par le retour des États du Sud dans l'*Union* mais constitua un échec de l'intégration des affranchis afro-américains dans les anciens États du Sud, que ce soit du point de vue juridique, politique, économique ou social. La période de reconstruction débuta dès 1863 avec la Proclamation d'émancipation par le président Abraham Lincoln et prit fin au niveau fédéral par le Compromis de 1877 aussi connu comme « La grande trahison ».

[912] Structure quasi secrète. C'était un club d'hommes ayant été créé pendant la guerre civile américaine (1861-1865), pour promouvoir la loyauté envers l'Union des États-Unis d'Amérique.

[913] In *To Keep the Waters Troubled: The Life of Ida B. Wells*, Linda O. McMurry, Chap. 1, Oxford University Press, 1998.

[914] In *Ida: A Sword Among Lions: Ida B. Wells and the Campaign Against Lynching*, Paula J. Giddings, Amistad (réimpression), 3 mars 2009, pp. 5-10.

d'institutrice dans une école élémentaire exclusivement réservée aux personnes noires.

> « Parallèlement à l'influence de ses parents, son travail d'enseignante avait suscité un intérêt pour la politique de la race. Dans le système scolaire séparé, les enseignants blancs étaient payés 80 dollars par mois, tandis que les enseignants noirs [...] 30 dollars [seulement]. »[915]

Durant la semaine, quand Ida Bell Wells enseignait, sa grand-mère Peggy Wells, ainsi que d'autres amis noirs et parents, s'occupaient de ses frères et sœurs en toute solidarité à la fois familiale et communautaire. Mais, après les décès de sa grand-mère Peggy Wells d'un accident vasculaire cérébral et de sa petite sœur Eugenia, Ida accepta l'invitation de sa tante Fanny et emménagea dans le Sud-Est en 1883 avec ses deux plus jeunes sœurs à Memphis dans l'État du Tennessee. Travaillant à Woodstock dans l'enseignement scolaire du comté de Shelby, elle assistait pendant les vacances à des sessions d'été à la *Fisk University*, un collège pour les Noirs situé à Nashville. Elle fréquentait aussi le *Lemoyne-Owen College*, un autre établissement pour personnes noires ayant été construit à Memphis.

Le 4 mai 1884, sur une ligne de chemin de fer de classe I de la *Chesapeake and Ohio Railroad Company* (C&O, ou CO) construit en 1869 en Virginie, le conducteur du train ordonna à Ida Bell Wells d'abandonner *illico presto* sa place dans le compartiment non-fumeurs pour s'installer dans l'un de ceux qui étaient réservés aux fumeurs, dans lesquels étaient confinés les passagers afro-américains. Pour la meilleure compréhension du contexte politique et social au moment de ce fait précis, il est important de rappeler que, l'année précédente, la Cour suprême de l'État du Tennessee avait statué contre la loi fédérale sur les droits civils de 1875 qui avait carrément interdit la discrimination sur la base des ethnies dans les lieux publics. Ce verdict avait donc encouragé plusieurs compagnies ferroviaires du Sud à maintenir la ségrégation ethnique, voire à la renforcer, au détriment des passagers de couleur.

Bien avant Claudette Colvin, née Austin, et Rosa Louise McCauley Parks (dite Rosa Parks), Ida Wells s'opposa à cet acte discriminatoire

---

[915] In *Ida B. Wells : Suffragist, Feminist, and Leader*, op. cit.

dans le transport public. Ainsi refusa-t-elle de quitter son siège, mordant au passage le conducteur qui avait tenté de la déloger par la force. De retour à Memphis, sa ville de résidence dans le comté de Shelby dans l'État du Tennessee, elle engagea sans tarder une procédure judiciaire contre la compagnie ferroviaire.

À la suite de l'incident survenu dans le train, Ida Wells ne resta pas inactive. Elle rédigea un article pour *The Living Way*, un hebdomadaire qui était publié par une église que fréquentait la majorité de la communauté noire de Memphis. Cette première collaboration avec la publication religieuse rencontra un large écho et se transforma en une chronique, signée du nom de plume Lola.

À l'issue du procès, Ida Bell Wells obtint gain de cause, la partie adverse ayant été condamnée à lui verser la somme de cinq cents dollars et à payer les frais de justice. Au franc succès qu'avait eu son percutant éditorial, s'ajouta la décision judiciaire qui lui était favorable. Celle-ci fut largement relayée dans la presse. Cela lui assura à une notoriété locale, et lui permit de faire ses premiers pas, sans aucun complexe, dans le journalisme.

Mais, au cours de l'année 1887, la juridiction suprême du Tennessee annulerait cette décision et condamnerait Ida Wells aux dépens. Pour la Cour,

> « il [était] évident que la défenderesse, par erreur, avait pour but de harceler en vue de cette poursuite, et que sa persistance n'était pas de bonne foi pour obtenir un siège confortable pour le court trajet »[916].

Peu de temps après, Ida Wells se vit offrir un poste dans un journal local, le *Evening Star*. Sa réputation commença à prendre une dimension dépassant les frontières étatiques. En 1889, elle devint copropriétaire et éditrice du *Memphis Free Speech and Headlight*, une publication antiségrégationniste qui était soutenue par l'Église méthodiste de Beale Street à Memphis.

En mars 1892, dans un contexte de tensions ethniques qui étaient attisées par le *Ku Klux Klan*, une émeute nocturne cibla en toute pré-

---

[916] Cf. *Southwestern Reporter*, Vol. 4, n° 5, *West Publishing Company* du 6 mai au 1er août 1887.

méditation l'épicerie *People's Grocery Company*. Cette boutique prospère, laquelle était tenue par des Noirs, faisait sans cesse l'objet d'accusations non fondées. On reprochait à leurs gérants de faire de l'ombre à un commerce similaire, mais qui appartenait à des Blancs. Lors de cet incident, par malheur, trois hommes blancs furent blessés par balle et les trois propriétaires du commerce – Thomas Moss, Calvin McDowell et Henry Stuart – furent emprisonnés. Dans la nuit, la foule en colère prit d'assaut la prison et tua, sans aucune autre forme de procès, les trois détenus noirs. L'argument de la majorité blanche était-il injustement le meilleur?

En ayant appris la mauvaise nouvelle, c'est-à-dire le meurtre qui venait d'être perpétré alors qu'elle était occupée à vendre des souscriptions pour son journal dans le comté de Natchez dans l'État du Mississippi, Ida Wells s'exprima à travers le *Free Speech* dans un article au vitriol. Elle incita ses concitoyens noirs à retirer leur argent de la banque et à quitter carrément une ville qui ne protégerait jamais leurs vies et leurs biens, ni ne leur rendrait justice devant les tribunaux, mais, bien au contraire, confisquerait ce qu'ils possédaient et les ferait condamner à mort. Il était évident que, insista-t-elle, on les tuerait de sang-froid quand des personnes leucodermes les traduiraient en justice[917].

Ce triple meurtre mit Ida Wells dans une colère terrible, au point de mener une investigation sur les lynchages trop souvent pratiqués à l'encontre des Afro-Américains dans le Sud des États-Unis d'Amérique. Après trois mois de recherches, son premier article sur le sujet conclut que l'accusation de viol, souvent avancée comme justification du lynchage, n'était en réalité qu'un prétexte utilisé pour punir les Noirs qui s'adonnaient aux rapports sexuels librement consentis avec des Blanches[918]. En réaction à la publication de cet article, le 27 mai 1892, pendant qu'Ida Wells se trouvait à Philadelphie, les locaux de

---

[917] In *Ida B. Wells : A founder who never knew her place*, Samuel L. Adams, *Crisis*, janvier 1994, p. 43.

[918] In *Wells-Barnett, Ida Bell*, Linda O. McMurry, *American National Biography Online*, article mis en ligne en février 2000 et consulté le 14 mai 2020. Voir le lien ci-dessous.
https://www.anb.org/view/10.1093/anb/9780198606697.001.0001/anb-9780198606697-e 1500924.

son journal furent saccagés. On chassa son assistant de la ville, à défaut de le tuer. Prise de panique, elle ne remit plus jamais les pieds à Memphis. Elle s'installa donc à New York, où le *New York Age* de Timothy Thomas Fortune accepta de publier ses articles sur le lynchage. Elle consacrerait, en tout, deux brochures à cette criminelle problématique : *Southern Horrors : Lynch Law in All Its Phases* en 1882 et *The Red Record* en 1895.

Ses qualités oratoires finirent par valoir à Ida Bell Wells une intervention publique, par le biais d'un discours lors d'une rencontre sur la dénonciation de la pendaison. Elle s'affirma, désormais, comme l'une des protagonistes en la matière. En compagnie du vétéran de la lutte contre l'esclavage, Frederick Douglass, elle organisa un boycott de l'exposition universelle de 1893 qui devait se tenir à Chicago. En aucun cas, le programme de ladite manifestation ne mentionna l'histoire des Afro-Américains dans les pavillons officiels. Ida Wells, Frederick Douglass, Irvine Garland Peen et Ferdinand Lee Barnett rédigèrent, pour la circonstance, un pamphlet qui fut distribué à l'entrée de l'exposition. « Les raisons pour lesquelles l'Américain de couleur n'[était] pas [présent] à l'exposition universelle », pouvait-on lire dans ce document qui détailla le parcours des Noirs depuis leur arrivée en Amérique. Vingt mille copies de ce fascicule furent distribuées. À l'issue de l'exposition, Ida Wells resta à Chicago et fut recrutée par la rédaction du *Chicago Conservator*, la plus ancienne publication afro-américaine de la ville que dirigeait Ferdinand Lee Barnett. Il en était le fondateur en 1878.

Ida Wells effectua un premier voyage en Angleterre en 1893, à l'invitation de Catherine Impey, une Quaker abolitionniste qui avait pendant un moment publié la revue *Anti-Caste*, et la romancière Isabella Fyvie Mayo, connue par son nom de plume Edward Garrett. Lors de sa seconde tournée en Grande-Bretagne en 1894, William Penn Nixon, le rédacteur en chef du *Daily Inter-Ocean*, une publication républicaine de Chicago qui dénonçait constamment le lynchage, lui demanda d'écrire pour le journal pendant son séjour. Ainsi deviendrait-elle la première femme afro-américaine correspondante payée par un grand journal dirigé par un Blanc pour un lectorat blanc[919]. Ces deux tournées

---

[919] In *Color-Blind Justice : Albion Tourgée and the Quest for Racial Equality from*

de conférences hors des États-Unis lui valurent une importante couverture médiatique en Grande-Bretagne et en Amérique, mais incitèrent aussi, seulement dans son propre pays, des critiques hostiles à sa personne. Le *New York Times*, par exemple, la qualifia de « mulâtresse calomnieuse et méchante »[920]. Malgré ces attaques dans la presse blanche, Ida Wells acquit néanmoins une reconnaissance et une crédibilité nationales, et un public international composé de partisans blancs réceptifs à la cause pour laquelle elle militait.

Ida Wells publia deux ouvrages sur le lynchage, dont *Southern Horrors : Lynch Law in all its phases*, une longue diatribe, la reprise et le développement d'un article qui était paru le 25 juin 1892 dans le *New York Age*, ainsi que *The Red Record (1892-1894)*, ouvrage s'appuyant sur un travail de compilation statistique. À ce propos, selon le *Tuskegee Institute*, 4 743 personnes avaient été lynchées entre 1882 et 1968 aux États-Unis, dont 3 446 Afro-Américains et 1 297 Blancs. Plus de 73 % des lynchages de l'après-guerre civile ont eu lieu dans les États du Sud. En effet, pour l'*Equal Justice Initiative* (EJI), 4 084 Afro-Américains ont été lynchés entre 1877 et 1950 dans le Sud. D'ailleurs, le 26 avril 2018, à Montgomery en Alabama, *The National Memorial for Peace and Justice* ouvrirait ses portes. Fondé par l'*Equal Justice Initiative* de cette ville, ce serait le premier grand mémorial à documenter les lynchages d'Afro-Américains aux États-Unis.

En 1895, Ida Bell Wells épousa le journaliste et juriste Ferdinand Lee Barnett. Veuf qui élevait tout seul deux fils, Ferdinand et Albert, il avait été pendant quatorze années procureur adjoint. Ida Bell et Ferdinand Lee défendaient également la cause contre les lynchages et pour les droits civils des Afro-Américains. Ils s'étaient connus en 1893, lorsqu'ils avaient travaillé ensemble sur la brochure contre l'absence de représentation des Noirs à l'Exposition universelle de Chicago.

<hr>

the Civil War to Plessy v. Ferguson, Mark Elliott, Oxford University Press., New York, 2006, p. 242.

[920] In *Ida B Wells : the unsung heroine of the civil rights movement*, David Smith, *The Guardian*. Article mis en ligne le 27 avril 20218, consulté le 14 mai 2020 – https://www.theguardian.com/world/2018/apr/27/ida-b-wells-civil-rights-movement-reporter.

De 1898 à 1902, Ida Wells-Barnett fut secrétaire du *National Afro-American Council*. En 1909, Ferdinand Lee Barnett fut invité à siéger comme membre du *Committe of "40"*, tout comme son épouse. Cette structure établirait le programme préparatoire en vue de la création de l'organisation qui serait désormais connue sous le sigle NAACP et deviendrait la plus ancienne institution des droits civils des États-Unis. Féministe déterminée, Ida Wells-Barnett avait été l'une des premières femmes américaines mariées à avoir accolé son nom de famille à celui de son époux[921].

Pour Michael H. Hoffheimer, Ida Bell Wells-Barnett s'était opposée à « l'amnésie » de Booker Taliaferro Washington. Rien de tout à fait étonnant de la part d'une femme qui avait participé à la formation de nombreuses organisations de défense des droits civiques, notamment en 1910 concernant *The National Association for the Advancement of Colored People*. Les préjugés sexistes et son refus de faire des compromis auraient concouru, à plusieurs reprises, à l'empêchement d'assumer des postes de direction[922].

Pendant la Première Guerre mondiale, le gouvernement américain plaça Ida Bell Wells-Barnett sous surveillance policière par divers moyens possibles. On la considéra comme une dangereuse « agitatrice raciale »[923]. Ayant fait fi de cette menace, elle poursuivit son travail sur les droits civiques avec des personnalités telles que Marcus Mosiah Garvey, William Monroe Trotter et la millionnaire Madame C. J. Walker, née Sarah Breedlove. Mais les suspicions administratives n'empêcheraient pas la ville de Chicago de la reconnaître, en 1950, comme l'une des vingt-cinq femmes les plus remarquables de son histoire.

---

[921] In *Ida Bell Wells-Barnett July 16 1862 – March 25 1931*, article mis en ligne par *Harlem World Magazine* le 7 juin 2015, consulté le 14 mai 2020. Voir le lien ci-dessous.
https://www.harlemworldmagazine.com/ida-bell-wells-barnett-july-16-1862-march-25-1931.

[922] In *Ida Wells-Barnett (1862-1931)*, Michael H. Hoffheimer, *Civil libertés in the United States*, article mis en ligne le 28 septembre 2012 et consulté le 14 mai 2020 – https://uscivilliberties.org/biography/4700-wells-barnett-ida-bell-18621931.html.

[923] In *A Sword Among Lions : Ida B. Wells and the Campaign Against Lynching*, *op. cit.*

Ida Bell Wells-Barnett décéda le 25 mars 1931 des suites d'une maladie rénale (urémie), à l'âge de 65 ans, quelques jours seulement après la mort de son mari et compagnon de lutte Ferdinand Lee Barnett. Enterrée au *Oak Woods Cemetery* de Chicago, elle laissa quatre enfants et un héritage social tout à fait considérable.

Les thématiques propres à Ida Wells concernèrent, entre autres, une critique de la masculinité des hommes blancs du Sud des États-Unis, en particulier la focalisation sur la question du soi-disant viol des femmes blanches comme une manifestation de leur insécurité. En réalité, les mâles leucodermes étaient traumatisés par les relations consenties des Noirs et des Blanches. Cette obsession matérialisait à la fois leur volonté de régenter les femmes blanches, dans tous les domaines et plus particulièrement celui de la sexualité, et leur impuissance à exercer ce contrôle avec succès. Mais les reproches de la journaliste s'adressaient aussi aux Blanches, qui préféraient laisser leurs amants à la peau couleur ébène être accusés de viol, et parfois d'être tués. Elles auraient dû assumer, leur avait-elle fait comprendre, leur désir ardent d'un homme sacrément noir[924]…

Ida Wells-Barnett est inscrite au *National Women's Hall of Fame*. Depuis son décès, avec la montée de l'activisme pour les droits civiques au milieu du XXᵉ siècle et la publication posthume de son autobiographie *Crusade of Justice* en 1971, sa vie a intéressé davantage les humanistes et, à travers le monde, consolidé l'héritage pour les personnes noires. Des prix ont été conçus, parmi beaucoup d'autres manifestations, en son nom par la *National Association of Black Journalists*, la *Medill School of Journalism de la Northwestern University*, le *Coordinating Council for Women in History*, l'*Investigative Fund* et la *New York County Lawyers' Association*… La *Ida B. Wells Memorial Foundation* et les *Ida B. Wells-Barnett Museums* ont également été créés dans le but de protéger, préserver et promouvoir ses espérances. Dans sa ville natale de Holly Springs, la structure appelée *Ida B Wells-Barnett Museum* agit comme un centre culturel de l'histoire afro-américaine.

---

[924] In *Antilynching movement*, Galadriel Mehera Gerardo, dans *Encyclopedia of African American history, 1896 to the present : from the age of segregation to the twenty-first century*, Paul Finkelman (dir.), Oxford university press, 2009, Vol. 1, p. 80.

La *Public works administration* (PWA) a mis sur pied, en 1941, un *Chicago Housing Authority public project* dans le quartier de Bronzeville sur la partie Sud de Chicago : *Ida B. Wells Homes*. Le 1ᵉʳ février 1990, le *United States Postal Service* a émis un timbre de vingt-cinq centimes à son effigie. En 1988, elle a été honorée par le *National Women's Hall of Fame* et par le *Chicago Women's Hall of Fame*. En 2011, Ida Wells a été plébiscitée au *Chicago Literary Hall of Fame* pour ses écrits. Elle a aussi rejoint, en 2002, la liste des cent *Greatest African Americans* du professeur et philosophe Molefi Kete Asante, né Arthur Lee Smith Jr.

En 2006, l'école *Harvard Kennedy* a commandé un portrait d'Ida Bell Wells tandis que, en 2007, *Ida B. Wells Association* a été fondée par des étudiants diplômés en philosophie de l'université de Memphis. Cette structure a vocation à promouvoir l'échange sur des questions philosophiques découlant de l'expérience afro-américaine et fournir un contexte en vue de l'encadrement des étudiants de premier cycle. Le Département de philosophie de l'université de Memphis parraine annuellement, depuis 2007, la conférence Ida B. Wells.

Le 16 juillet 2015, pour le cent cinquante-troisième anniversaire de sa naissance, Ida Bell Wells-Barnett a été honorée d'un *Google Doodle*.

En 2018, le *National Memorial for Peace and Justice*, lequel comprend un espace de réflexion dédié à Ida Bell Wells, une sélection de ses citations et une pierre portant son nom, a exceptionnellement ouvert ses portes au public. Le 8 mars de la même année, à l'occasion de la *Journée internationale de la femme*, le *New York Times* a publié une nécrologie tardive la concernant. Intitulée *Overlooked*, elle a consisté à remédier au fait que, depuis 1851, leurs colonnes nécrologiques ont seulement mentionné les hommes blancs, alors que les femmes importantes – y compris Ida Wells-Barnett et tant d'autres – avaient été tout simplement ignorées. Au mois de juillet, toujours de la même année, le conseil municipal de Chicago a renommé de manière officielle la voie *Congress Parkway* en *Ida B. Wells Drive*. Cette artère est devenue, désormais, la première rue du centre-ville de Chicago à porter le nom d'une femme de couleur.

Le 12 février 2019, une plaque bleue, fournie par le *Nubian Jak Community Trust*, a été dévoilée au *Edgbaston Community Centre*, à Birmingham en Angleterre, commémorant le séjour d'Ida Wells dans l'une des maisons du site concerné lors de sa tournée de conférences dans les îles britanniques en 1893. Le 13 juillet de la même année, une plaque lui a été dédiée dans le Mississippi, à l'angle Nord-Est de la place du palais du tribunal de Holly Springs.

The Extra Mile National Monument de Washington, dans le district de Columbia, a sélectionné Ida Wells-Barnett parmi ses trente-sept lauréats. Cette institution rend hommage aux citoyens américains qui, au détriment de leur propre intérêt, ont aidé les autres personnes et ont réussi à apporter un changement social positif aux États-Unis.

En 2019, un nouveau collège à Washington, la capitale des États-Unis d'Amérique, a été baptisé en l'honneur d'Ida Wells-Barnett. Le 4 mai 2020, à titre posthume, elle a été honorée d'une citation spéciale du prix Pulitzer pour ses reportages exceptionnels et courageux sur les violences horribles et vicieuses contre les Afro-Américains pendant l'ère du lynchage.

Épilogue

La révolution de Saint-Domingue en 1791 avait déstabilisé la colonie la plus rentable au monde. Ses répercussions avaient eu des conséquences historiques à l'échelle planétaire. Cela avait fini par reconfigurer complètement l'économie transatlantique. L'esclavage ayant été le contraire de la liberté individuelle, la colonisation serait conçue sur la base d'une nouvelle stratégie en vue du prolongement du système esclavagiste non seulement sur le plan individuel, mais, cette fois, au regard des États à travers l'occupation territoriale. Le dispositif concernant l'asservissement individuel ayant été à l'origine du premier crime contre l'Humanité, il fallait désormais contrôler des pays et assurer la production des marchandises par le travail forcé. La finalité serait la même, seul le procédé ayant changé. La couleur du chat importe peu dès lors qu'il peut attraper la souris, a compris l'ancien président de la Commission militaire centrale de l'État chinois en la personne de Deng Xiaoping.

Dans le prolongement de la période esclavagiste, les États européens s'étaient donc octroyés par la force, au XIXᵉ siècle, de vastes territoires coloniaux à travers le monde. Il n'était plus question d'être servi, mais de se servir. Partout, la présence de l'Europe s'imposait par le biais de ses empires : en Amérique du Nord, en Afrique et dans l'hémisphère Sud. L'Europe dominait dans l'unique but de satisfaire l'orgueil propre à l'homme blanc qui tenait à tout prix à démontrer la suprématie de sa civilisation, à s'approvisionner gracieusement en matières premières et à trouver des débouchés à ses produits. L'Église et l'armée étaient dans un tel contexte, à n'en pas douter, des instruments au service de l'impérialisme européen. La raison des plus forts était, sans cesse, la meilleure. La prédation étatique justifiait donc l'aventure colonisatrice, et non le progrès que l'on devait apporter aux indigènes à la culture prétendue inférieure. Les chiffres ne pourront nullement contredire cette hypothèse, concernant les deux premières puissances coloniales du monde. En guise d'illustration, rien que pour l'année 1914, 23 millions de kilomètres carrés et 400 millions d'habitants équivalaient à la surface et à la population de l'empire britannique, tandis que 11 millions de kilomètres carrés et 48 millions d'habitants à l'empire français. Le nombre de forçats anglais qui étaient employés en Australie s'élevait à 150 000 en 1850. C'était la part des lions très affamés, ou alors des forbans sans scrupule, qui opéraient en territoires bien délimités pour éviter de s'entre-dévorer.

Dans *Quand la France colonisait l'Afrique pour mettre fin à l'esclavage*, article mis en ligne le 18 juillet 2020 sur le site Internet *nouvelobs.com*, François Reynaert a rappelé que :

> « pour justifier la conquête du continent, les colonisateurs ont invoqué leur "mission civilisatrice" et leur volonté de combattre l'oppression des Noirs.
> » Victor Hugo [était] un grand homme. Un grand homme de son temps, lesté comme chacun des préjugés de son siècle. Vers la fin de sa vie, alors que la pénétration du continent noir ne [faisait] que commencer, le sénateur inamovible devenu l'idole de la République [exhorta] ses contemporains à accélérer la colonisation de l'Afrique. Elle [était] nécessaire, elle [était] impérieuse, elle [serait] facile : *"Allez, Peuples ! Emparez-vous de cette terre. Prenez-la. À qui ? à personne. Prenez cette terre à Dieu. Dieu donne la terre aux hommes. Dieu offre l'Afrique à l'Europe. Prenez-la."*
> » Où [lança-t-il] cette curieuse harangue ? Devant un corps expéditionnaire en partance ? Face à des industriels et des marchands se réjouissant du festin à venir ? Pas du tout. Ce "discours sur l'Afrique" [fut] prononcé en 1879, en présence et en l'honneur de Victor Schœlcher, lors d'un banquet commémorant l'abolition de l'esclavage que cet autre grand homme avait fait aboutir, trente et un ans plus tôt. Pour

l'orateur, comme pour celui qu'il [célébrait], l'articulation entre ce magnifique acte émancipateur et la colonisation n'[avait] rien de choquant. Elle [était] une évidence. Hugo s'en [expliqua] ce soir-là dans un de ces balancements dont il [avait] le secret : *"Au XIXᵉ siècle le Blanc a fait du Noir un homme. Au XXᵉ siècle, l'Europe fera de l'Afrique un monde."* Hommes de progrès, humanistes sincères, les deux Victor [étaient] abolitionnistes et colonialistes. Mieux. Ils [étaient] colonialistes *parce que* ils [étaient] abolitionnistes. »

L'héritage étant la somme de l'actif et du passif, ces deux éléments restent à jamais indissociables au moment de la transmission. Le fait de restituer l'Histoire en occultant sciemment les zones d'ombre au profit des seuls événements glorieux équivaut, ni plus ni moins, à de la falsification. L'héritage, comme en amour, aurait dit la chanteuse lyrique espagnole de tessiture *mezzo-soprano* Teresa Berganza, c'est tout ou rien. C'est à la fois le meilleur et le pire. S'agissant de la traite négrière, osons le rappeler, le crime contre l'Humanité fait tout à fait corps avec l'enrichissement économique des puissances esclavagistes.

Il est judicieusement compréhensible que l'on puisse renier la responsabilité des crimes dont on n'est pas l'auteur. *A contrario*, il est incompréhensible, voire malsain, d'essayer de les justifier, ou d'accorder chaque fois des circonstances atténuantes à leurs auteurs. Cela s'apparente à de la mauvaise foi, à du cautionnement ou de la banalisation des crimes imprescriptibles. L'argument consistant à réfuter la responsabilité de tout le monde au regard de l'esclavage prouve, dans l'absolu, une évolution dans la reconnaissance, ne serait-ce que partiellement, de la traite négrière. S'impose alors quelque question. Est-ce l'Homme noir qui s'est rendu en Europe dans le but de développer tout un réseau relatif au trafic humain ? La transaction commerciale sur les côtes africaines était-elle l'objet d'un accord librement consenti, ou d'un rapport de force par les armes ?

« L'esclavage est *stricto sensu* la condition d'un individu privé de sa liberté, devenant *de facto* la propriété exploitable et négociable comme un bien matériel d'une autre personne. Dans ce cas, il est nécessaire de préciser que les traites négrières orientales, dont la transsaharienne (dite "traite arabe") et la traite négrière transatlantique, avaient été la plus importante des pratiques esclavagistes. Ils l'étaient du fait de leur durée[925], de leur ampleur[926], de leur impact sociologique, culturel et économique dans les régions concernées par l'esclavagisme – notamment en Afrique, où se trouvaient les trois principaux lieux du trafic d'esclaves : Gao, Tombouctou et Zanzibar. »[927]

Les Africains étaient-ils comptables des traitements inhumains ayant été infligés aux esclaves dans les navires négriers et dans les domaines de leurs propriétaires outre-Atlantique ? Nul n'ignore que la colonisation n'a été que de l'esclavage à l'échelle des États.

Voulant vivre mieux, au XIXe siècle, les pionniers s'étaient aventurés plus à l'Ouest du territoire actuel des États-Unis d'Amérique où, rejoints par le flot d'immigrants ayant fui la misère en Europe, ils avaient occupé les terres des autochtones. Nul n'ignore les épopées sur les Cow-boys et les Indiens, le Far West[928], la ruée vers l'or, la grande bataille du rail à la suite de la loi promulguée par Abraham Lincoln ayant autorisé la construction d'une ligne de chemin de fer qui devait relier Sacramento en Californie, sur la côte Pacifique, à Council Bluffs dans l'Iowa située à plus de 2 500 kilomètres à l'Est…

En Afrique centrale et australe, à la recherche des sources du Nil, l'explorateur écossais David Livingstone avait fini par découvrir les chutes du fleuve Zambèze qu'il baptiserait *Victoria Falls*. Le journaliste britannique John Rowlands, communément appelé Henry Morton Stanley, avait dirigé une expédition en 1871 pour retrouver les traces de David Livingstone que tout le monde croyait disparu. Cela bénéficierait au monarque Belge, le roi Léopold II, qui ferait main basse sur

---

[925] Notamment du nombre de victimes au bout des quatre siècles de traite négrière, des méthodes d'asservissement et des multiples opérations de transports sur de longues distances.

[926] Plusieurs dizaines de millions d'esclaves en tout.

[927] In *Le regard africain sur l'Europe*, Gaspard-Hubert Lonsi Koko, L'Atelier de l'Égrégore, Paris, 2019, p. 19.

[928] La conquête de l'Ouest a trait à la colonisation par des populations essentiellement d'origine européenne et le gouvernement des États-Unis, au XIXe siècle, de l'immense territoire s'étendant, en Amérique du Nord, entre le Mississippi et l'océan Pacifique, habité jadis par les peuples amérindiens.

les scandaleuses richesses du très vaste État indépendant du Congo[929] dont la capitale était d'abord dans l'actuelle province du Kongo central à Vivi de 1885 à 1886, puis à Boma de 1886 à 1908.

« Dès sa création, la colonie [avait] un but essentiellement commercial. Il ne s'[agissait] en rien d'en faire une colonie de peuplement, c'est-à-dire d'y envoyer des colons pour y rester à long terme et y fonder une société pérenne. La rentabilité [devint] l'objectif à atteindre, et elle [passa] par l'exploitation de diverses matières premières : l'ivoire et le caoutchouc d'abord, les minerais et les produits agricoles par la suite. Le territoire [était] fragmenté en concessions allouées aux grandes entreprises, et le roi souverain [jouissait] lui-même d'un vaste domaine de la Couronne qu'il [pouvait] faire exploiter à sa guise. Les terres jugées "vacantes" y [étaient] incorporées, même si elles [étaient] en réalité occupées par les Africains. Une série de sociétés [fut] créée par l'intermédiaire du roi ou le [compta] parmi leurs actionnaires. Grâce à leurs revenus, Léopold II [pouvait] augmenter le capital de sa "Fondation de la couronne" qui [acheta] de nombreux terrains et bâtiments en Belgique et à l'étranger.

» Pourtant, la raison d'être affichée par la propagande officielle de l'ÉIC[930] [était] la "mission civilisatrice" : on [voulait] amener le pays et sa population, jugée inférieure à "l'Homme blanc", au prétendu niveau de développement culturel, religieux, intellectuel et économique de celui-ci. Un certain nombre de colons [pensaient] réellement, de bonne foi, qu'ils [participaient] avant tout à une aventure humanitaire et de progrès. L'exploitation économique n'[était] qu'un moyen comme les autres, alors qu'elle [paraissait] actuellement comme [ayant été] la raison principale de cette colonisation. Pour les Européens en pleine révolution industrielle, l'activité économique et l'exploitation à grande échelle [apparaissaient] donc comme des signes de modernité et de civilisation qu'il [fallait] importer dans les colonies. L'obtention de profits financiers [était] bel et bien le but premier des colonisateurs, des autorités politiques et des grandes entreprises, également après la fin de l'ÉIC, et les améliorations soi-disant civilisationnelles pour la population locale [allaient] devenir, dans le discours des entrepreneurs et des autorités, des prétextes ou des excuses légitimant l'exploitation économique et sociale. »[931]

---

[929] Lire *Le regard africain sur l'Europe, op. cit.*

[930] État indépendant du Congo. Le roi des Belges Léopold II y exerça une souveraineté de fait de 1885 à 1908.

En Afrique du Sud, entre les années 1899 et 1902, les Britanniques avaient livré une guerre sanglante aux colons protestants d'origine hollandaise, les Boers, dans la ferme intention d'annexer les États que ces derniers occupaient : à savoir le Transvaal et l'Orange, territoires riches en or et en diamant. On pourrait citer moult exemples sur la colonisation et ses conséquences : les Pères Blancs en Algérie ; les Français en Indochine ; la présence européenne en Australie ; les Portugais en Angola, au Mozambique, à Macao et au Brésil ; les Espagnols en Amérique latine, l'holocauste oublié pendant la gestion léopoldienne du Congo, le génocide des Héréros et des Namas par les Allemands en Namibie[932], le massacre de Thiaroye[933], la guerre du Biafra, la *Françafrique*… La politique européenne dans les territoires colonisés reposait avant tout sur le crime, ainsi que l'exploitation à outrance des ressources naturelles en remplacement de la traite négrière. « Après avoir pressé le citron, on jette la peau », a dit un jour Mamadou.

---

[931] In *La colonisation belge en Afrique centrale*, Belvue Muséum, *Dossier pédagogique*, décembre 2019, pp. 24-25, document PDF consulté le 8 juillet 2020. Voir le lien ci-dessous.
https://belvue.be/sites/default/files/documentation/files/2019-12/Dossier%20histoire%20coloniale.pdf.

[932] Le massacre des Héréros et des Namas avait été perpétré sous les ordres du général Lothar von Trotha dans le Sud-Ouest africain allemand (*Deutsch-Südwestafrika*, l'actuelle Namibie) à partir de 1904. Considéré comme le premier génocide du XXe siècle, ce programme d'extermination, lequel s'était inscrit dans un processus de conquête territorial par les troupes coloniales allemandes entre 1884 et 1911, avait occasionné la mort de 80 % des autochtones insurgés et de leurs familles (65 000 Héréros et près de 20 000 Namas).
Les faits ont été consignés pour la première fois dans un rapport ayant été commandé en 1917 dans un but politique par le gouvernement britannique au juge Thomas O'Reilly et connu sous le nom de « *The Blue Book* ». Réévalué à partir des années 1990, ce crime de masse suscite depuis un important travail de mémoire, que ce soit en Namibie, ou au sein de la communauté des historiens.

[933] Un massacre qui s'est déroulé le 1er décembre 1944, dans un camp militaire de la périphérie de Dakar au Sénégal, lorsque des troupes coloniales et des gendarmes français ont tiré sur des tirailleurs sénégalais, anciens prisonniers de la Seconde Guerre mondiale récemment rapatriés. Ces derniers manifestaient pour le paiement de leurs indemnités et le versement du pécule qui leur était promis depuis des mois. Crime contre l'Humanité.

De nos jours, le principal objectif du néocolonialisme concerne avant tout l'exploitation, voire l'appropriation, à moindre coût des ressources minières, ainsi que forestières, et leur exportation du continent africain. Il faudrait faire accepter, par tous les moyens, l'infériorité des uns au profit des autres sur une base naturelle, donc relative à la couleur de l'épiderme, et non à cause du rapport de force survenu à un moment donné de l'histoire. Raison pour laquelle, depuis la nuit des temps, les Européens n'ont sans cesse eu, consciemment et par instinct de survie, qu'un regard hypocrite, voire condescendant, envers les bons Noirs. Dans son fameux discours de Dakar, qu'il avait prononcé le 26 juillet 2007 devant des étudiants, des enseignants et des personnalités politiques à l'université Cheikh Anta Diop au Sénégal, l'ancien président de la République Française, Nicolas Sarkozy, n'a pas du tout dérogé à cette règle. Emboîtant le pas à ses illustres prédécesseurs – les présidents Charles de Gaulle, Georges Pompidou, Valéry Giscard d'Estaing, François Mitterrand et Jacques Chirac –, sa déclaration avait une connotation typiquement colonialiste :

> « Le drame de l'Afrique, c'est que l'homme africain n'est pas assez entré dans l'histoire. Le paysan africain, qui depuis des millénaires, vit avec les saisons, dont l'idéal de vie est d'être en harmonie avec la nature, ne connaît que l'éternel recommencement du temps rythmé par la répétition sans fin des mêmes gestes et des mêmes paroles.
> » Dans cet imaginaire où tout recommence toujours, il n'y a de place ni pour l'aventure humaine, ni pour l'idée de progrès.
> » Dans cet univers où la nature commande tout, l'homme échappe à l'angoisse de l'histoire qui tenaille l'homme moderne mais l'homme reste immobile au milieu d'un ordre immuable où tout semble être écrit d'avance.
> » Jamais l'homme ne s'élance vers l'avenir. Jamais il ne lui vient à l'idée de sortir de la répétition pour s'inventer un destin.
> » Le problème de l'Afrique […], il est là. Le défi de l'Afrique, c'est d'entrer davantage dans l'histoire. C'est de puiser en elle l'énergie, la force, l'envie, la volonté d'écouter et d'épouser sa propre histoire.
> » Le problème de l'Afrique, c'est de cesser de toujours répéter, de toujours ressasser, de se libérer du mythe de l'éternel retour, c'est de prendre conscience que l'âge d'or qu'elle ne cesse de regretter, ne reviendra pas pour la raison qu'il n'a jamais existé.

» Le problème de l'Afrique, c'est qu'elle vit trop le présent dans la nostalgie du paradis perdu de l'enfance.

» Le problème de l'Afrique, c'est que trop souvent elle juge le présent par rapport à une pureté des origines totalement imaginaire et que personne ne peut espérer ressusciter. »

Vouloir systématiquement noircir un Noir, c'est manquer d'imagination. La résistance à l'humiliation n'est-elle pas, tout compte fait, l'un des droits du Citoyen ?

Emmanuel Macron, un autre président français, n'a en aucun cas fait exception au paternalisme condescendant. En effet, il ne s'est pas du tout privé de donner des leçons publiquement à son homologue burkinabè Roch Marc Christian Kaboré en novembre 2017 dans l'amphithéâtre « Kadhafi » de l'université de Ouagadougou. Il ne s'est pas non plus empêché de s'en prendre, avec beaucoup d'insouciance, aux femmes africaines enclines à une natalité soi-disant instinctive, voire bestiale. Et l'expression « le bruit et l'odeur »[934], popularisée par le président Jacques Chirac, prononcé avec écœurement le 19 juin 1991, après une visite quelque jour plus tôt dans le quartier de la Goutte-d'or dans le XVIIIᵉ arrondissement de Paris, et connu comme *Le Discours d'Orléans* ? Culpabiliser sans cesse les victimes ou les faibles, ce n'est pas la manière la plus appropriée quant à la consolidation de la cohabitation nationale indispensable à la France du troisième millénaire.

Depuis des lustres, dans l'optique de s'enraciner davantage dans leurs anciennes colonies, ou alors de tirer les ficelles *ad vitam aeternam*, pour des raisons économiques et stratégiques d'ordre géopolitique, les Occidentaux n'ont cessé de pratiquer la machiavélique stratégie consistant à diviser davantage pour mieux régner. Ils ont toujours agi de la sorte sur la base du sempiternel paternalisme. Il faudrait asseoir longtemps la dépendance et banaliser l'irresponsabilité, n'ont-ils cessé

---

[934] Cette expression a été utilisée par Jacques Chirac, le cinquième président de la Vᵉ République Française, lors d'un dîner-débat du Rassemblement pour la République (RPR) à Orléans, pour mentionner des désagréments supposément causés par certaines personnes immigrées en France, en particulier les Noirs d'Afrique subsaharienne. L'expression est restée célèbre en tant que mise en évidence des conceptions racistes qui imprégneraient le discours de nombre de personnalités politiques refusant en public de partager les idées de l'extrême droite.

de penser. Ainsi continuent-ils de jouer aux pyromanes et aux pompiers. L'éminence rose, en l'occurrence l'impérial François Mitterrand, a agi en colon paternaliste, en ayant expliqué sa position, du moins celle de la France, le 11 décembre 1984 en marge du sommet franco-africain de Bujumbura au Burundi, lors d'une discussion très tendue sur le Tchad. Ainsi a-t-il rappelé que :

> « la question du 16ème parallèle [relevait] de la même problématique que celle de la dissuasion : la frontière française [devait] être défendue et son franchissement [impliquait] riposte [...] Le franchissement du 16ème parallèle [constituait] une attaque directe de l'Afrique noire impliquant [une] réaction immédiate. »[935]

François Mitterrand déclarait la main sur le cœur en France et en Europe être socialiste, mais il ne se gênait pas, dès lors qu'il s'agissait des intérêts de la France, de se comporter en capitaliste en Afrique. Un paradoxe digne de Janus, ce dieu romain des commencements et des fins, des choix, du passage et des portes ! Dans ses *Réflexions sur la politique étrangère de la France*, le patelin et très rusé François Mitterrand, absolument convaincu de sa présence en terrain conquis, voire de la supériorité de son pays sur tout un continent, n'a pas du tout hésité à préciser sa pensée. Celle-ci était conforme à la politique africaine de son pays :

> « Depuis 1976, aucun accord de coopération, d'assistance ou de sécurité ne [liait plus la France] au Tchad. J'[avais estimé] cependant que nous y [avions] deux sortes d'obligations. La première [était] qu'en dépit des difficultés rencontrées dans ce pays, nous ne [pouvions] tirer un trait sur trois quarts de la vie commune avec le Tchad. La seconde [était] que la France, sans se prévaloir d'aucune mission particulière, [représentait] économiquement, politiquement, culturellement, pour une grande partie du continent africain, un facteur incomparable d'équilibre et de progrès, et que de véritables traités d'alliance militaire l'[unissaient] à plusieurs États francophones. Tous ou presque [s'inquiétaient] des ambitions de M. Kadhafi. Et tous ou presque

---

[935] In *Mitterrand l'Africain ?*, Gaspard-Hubert Lonsi Koko, 2ème édition, L'Atelier de l'Égrégore, Paris, 2017, p. 77.

[attendaient] de la France qu'elle les en [protégeât]. »[936]

L'administration américaine du président William Jefferson Clinton (dit Bill) ne s'était pas non plus gênée, avec l'appui du gouvernement travailliste d'Anthony Charles Lynton Blair (dit Tony), de se servir du génocide commis au Rwanda en 1994 en ayant cautionné, après avoir contraint la France à se mettre hors-jeu, la déstabilisation de la région des Grands Lacs africains. Résultat? Plus de dix millions de morts congolais, l'assassinat par des éléments du Front patriotiques rwandais (FPR) d'au moins 190 000 réfugiés hutus rwandais à Tingi-Tingi dans le Maniema, des violences sexuelles à l'encontre des femmes de la région du Kivu, les minerais de sang, le pillage des ressources naturelles de la République Démocratique du Congo en présence des forces onusiennes mises au pas, voire consentantes du fait de leur silence ou de leur flagrante inaction, de la complicité des chefs d'États des pays africains, encore en activité ou non, directement concernés par les crimes contre l'Humanité en cours dans la région. Bref, le génocide congolais que d'aucuns, aussi bien en Afrique qu'ailleurs, n'osent reconnaître pour des raisons individuellement sécuritaires et collectivement économiques[937]. La vérité ne finit-elle pas par rattraper le mensonge? L'avenir le pourra le confirmer.

Combien de fois le Conseil de sécurité des Nations Unies a-t-il cédé aux pressions du président rwandais Paul Kagamé sur les différents rapports des experts onusiens au regard du rôle hyperactif du Rwanda dans le génocide congolais et la déstabilisation de la région du Kivu? Seul le président Laurent-Désiré Kabila a eu le courage patriotique de dénoncer les implications de quelques pays régionaux dans les diverses tentatives de balkanisation du pays de ses ancêtres. On sait comment il a dramatiquement fini. Qui est le commanditaire de son meurtre? À qui cet assassinat a-t-il profité? Personne n'est dupe! Et les enjeux à venir finiraient par éclairer un bon nombre de zones d'ombre et permettraient enfin aux Congolais de reprendre, définitivement, le contrôle de leur pays et d'orienter, enfin, de

---

[936] *Ibidem*, pp. 77-78.

[937] Lire *Mais quelle crédibilité pour les Nations Unies au Kivu?*, Gaspard-Hubert Lonsi Koko, L'Atelier de l'Égrégore, Paris, 2019.

manière constructive son destin ! « Le buffle est lent, mais la terre est patiente. » Un vieux proverbe chinois.

En ce troisième millénaire, le paternalisme condescendant à l'égard des populations africaines et l'incessante ingérence dans les affaires intérieures des pays pourtant décolonisés, jouissant d'une reconnaissance internationale, ne doivent plus être de mise. Les Africains à la peau noire doivent sortir des schémas imposés de l'extérieur de leur continent et se défaire de la fausse image, celle des grands enfants naïfs, qu'on leur a toujours accolée. Le règne des esclavagistes et des négriers, ainsi que la vision coloniale, a sournoisement cédé la place au néocolonialisme et à l'exploitation criminelle des matières premières. Bref, la politique du *statu quo ante* s'est poursuivie sous différentes formes, toujours sur la base de l'impérialisme capitalistique.

S'impose donc une rupture du schéma obsolète ayant déjà éhontément désigné les dominants et les dominés. L'Afrique doit enfin assumer ses différentes identités et parvenir à les transformer en une sorte d'osmose constructive. Il est en plus évident que la négritude, rien que dans sa vision culturelle, peut et doit permettre l'émergence du panafricanisme à dimension à la fois économique et politique, culturelle et stratégique. Cela évitera de tomber bêtement dans le piège tendant à vouloir isoler l'Afrique subsaharienne de l'Afrique du Nord – le Maghreb ne devant servir que, dans l'esprit de certaines puissances extra-continentales, de barrière européenne en guise de poste avancé sur le plan migratoire.

Un proverbe bantou explique que l'on ne pourrait plus faire l'éloge du chasseur après que l'antilope a raconté son histoire. Il est très important de marcher sur les traces des aînés qui ont su l'importance non seulement de posséder un territoire indépendant et d'assurer à tout prix son indépendance, mais surtout de l'aimer et de le défendre à chaque instant, par tous les moyens, contre vents et marées. La dignité humaine ne s'obtient que par la souveraineté étatique, nationale, régionale, ou continentale. La quête du bonheur ne doit pas forcément conduire vers un ailleurs aux multiples facettes, une sorte de miroir aux alouettes. Ce qui a manqué au héros du Danois Henrik Ibsen, en l'occurrence Peer Gynt, c'était d'avoir une profession et de l'aimer, quelle qu'elle fût… De plus, on ne pourrait que difficilement mieux entreprendre ailleurs ce que l'on n'a pas su réaliser chez soi. De plus, rappelle un autre vieux proverbe bantou, plus précisément kongo, « le ciel touche la terre à l'horizon ». Enfin, le respect de soi-même conditionne l'attitude de l'interlocuteur.

Barack Hussein Obama n'est pas devenu président des États-Unis d'Amérique par l'opération du Saint-Esprit. Martin Luther King, Marcus Mosiah Garvey, John Robert Lewis, Jesse Louis Burns (dit Jesse Jackson), Malcolm X, Colin Powell, Condoleeza Rice… n'ont pas agi, ni réagi, par le fait d'un banal concours de circonstances. Ils n'ont fait qu'emprunter les sillons ayant été tracés par des vaillantes personnalités comme Frederick Douglass, Sojourner Truth, Harriet Tubman, Gabriel Prosser, Phillis Wheatley, Dred Scott, David Walker, Booker Taliaferro Washington, Ida Bell Wells-Barnett… L'Afrique subsaharienne n'a pas failli, elle non plus, en personnalités très intrépides et tout à fait entreprenantes : Kimpa Vita, Mbuya Nehanda, Manthatisi, Simon Kimbangu, Harris Wade, Chaka Zulu, Sundiata Keïta, Samory Touré, Lat Dior, Bokar Biro, Msiri, Ntebogang Ratshosa, Labotsibeni Gwamile Mdluli, Haïlé Sélassié Ier, Jomo Kenyatta, Kwame Nkrumah, Bernardin Gantin, Patrice Lumumba, Samora Moises Machel, Kenneth Kaunda, Julius Nyerere, Nelson Mandela, Thomas Sankara, Kofi Annan…, la liste étant tellement longue[938].

Pour l'historien et écrivain anglais Marcus Rediker,

> « il est important que tout le monde comprenne que les personnes réduites en esclavage étaient les premiers abolitionnistes, ils luttaient chaque jour contre cette institution, ils luttaient pour la survie. Et, au cours de cette lutte, ils trouvaient des alliés, des gens comme Benjamin Lay, ils [avaient] mis énormément de temps à avoir des alliés réellement engagés à leurs côtés. Mais [...] ce qui [était] crucial dans l'expérience de Benjamin Lay ça [avait] été le moment où il [avait] vécu à la Barbade, le fait qu'il [eût] connu, rencontré, discuté avec des personnes réduites en esclavage dans la petite boutique qu'il avait sur le port avec sa compagne Sarah Lay. »[939]

---

[938] Cf. *Les figures marquantes de l'Afrique subsaharienne, op. cit.*

[939] In *Épisode 3 : Le destin d'un abolitionniste à l'époque des Lumières*, Xavier Mauduit, *Le cours de l'Histoire*, émission de *France Culture* du 8 juillet 2020

Dans la chanson écrite en 1972, *Nakomitunaka* (*Je me suis toujours interrogé*), le musicien congolais (à l'époque Zaïrois) Georges Kiamuangana Mateta (dit Verckys) a soulevé, en tant que compositeur, une problématique qui pourrait éclairer le regard d'un certain Homme blanc sur l'Homme noir, et vice-versa. Au-delà du contexte politique, à savoir la discorde entre le président Mobutu Sese Seko et le cardinal Joseph-Albert Malula, donc entre le régime mobutiste et la puissante Église catholique, il était plutôt question de la dénonciation d'une volonté non assumée par les Européens ayant sans cesse consisté à faire croire à l'Homme noir sa négativité, ainsi que son infériorité, par rapport à l'Homme blanc doté par Dieu d'une intelligence positive.

> *Je me suis toujours interrogé,*
> *Mon Dieu, je me suis toujours interrogé.*
> *D'où vient la peau noire ?*
> *Mais qui est donc notre ancêtre ?*
> *Jésus, le Fils de Dieu, est un Blanc.*
> *Adam et Ève sont des Blancs.*
> *Tous les Saints sont des Blancs.*
> *Pourquoi donc ?*
>
> *À l'Église, nous constatons ceci :*
> *Tous les Saints sont illustrés en personnes blanches ;*
> *Tous les Anges sont blancs.*
> *Quand il s'agit du Diable,*
> *Il est illustré par un homme noir.*
>
> *Les colons belges nous ont menti,*
> *Nos statuettes ancestrales,*
> *Ils les ont jetées.*
> *Nos médicaments ancestraux,*
> *Ils les ont rejetés.*
>
> *Mais à l'église nous constatons,*
> *Que nous prions, le chapelet à la main.*
> *Nous prions dans une église pleine de statuettes.*

–https://www.franceculture.fr/emissions/le-cours-de-lhistoire/le-travail-contre-la-liberte-34-le-destin-dun-abolitionniste-a-lepoque-des-lumieres-0.

Si l'Afrique est réellement le berceau de l'Humanité, comment expliquer le fait qu'Adam et Ève avaient été des Blancs et que le jardin d'Éden puisse être situé hors du continent africain ? Falsification des faits ou simple mensonge ? Dans l'affirmative, pour quelle finalité ? Devons-nous continuer à prendre la Bible au pied de la lettre ? À chacun d'envisager la problématique en son âme et conscience, la question étant posée en toute liberté absolue de conscience.

Jusqu'à quand les Noirs devraient-ils s'interroger ? Trêve d'interrogation et de plaisanterie. Il est temps de passer aux actes en vue du développement économique et de l'autonomie politique, les réponses aux questions étant déjà connues. L'entretien du complexe d'infériorité, ou de supériorité, a toujours reposé sur la volonté de faire accepter aux uns leur domination par les autres. En tout cas, aucune société ne s'est indépendamment développée en ayant adopté une culture autre que la sienne. L'acculturation a sans arrêt renforcé la dépendance à des valeurs importées d'ailleurs : d'où la colonisation dans ses aspects mental, culturel, économique, politique, mesquin…

« On ne peut pas porter indéfiniment les bagages de quelqu'un d'autre dans sa propre propriété », dit à juste titre un vieux proverbe bantou, de surcroît kongo. Si leurs aînés avaient pu tenir la tête haute, dans des conditions pourtant très défavorables, voire épouvantables, et davantage inhumaines, rien n'empêche de nos jours les personnes à la peau noire de s'émanciper définitivement, de s'affranchir une fois pour toutes d'une quelconque tutelle, de s'assumer, de se responsabiliser et de se donner une image glorieuse qui inspirera de la considération à leur égard. Puisse l'exemple de ces « Noirs lumineux » revaloriser l'image de leurs semblables. Puissent leur lucidité et leur bravoure éveiller à jamais l'esprit d'émulation auprès de celles et ceux qui, à travers la diaspora africaine et en Afrique *intramuros*, ont dorénavant la charge de poursuivre le combat pour la dignité humaine. Puisse, enfin, leurs salutaires actions éveiller la conscience noire : à l'intérieur comme à l'extérieur du continent.

Faisant sienne la conception stoïcienne du philosophe, écrivain et empereur romain Marc Aurèle, l'auteur conclut cette réflexion en espérant que la force vous sera donnée de supporter ce qui ne peut être changé et le courage de changer ce qui peut l'être mais aussi la sagesse de distinguer l'un de l'autre.

Paris XVe, le 21 août 2020

Remerciements

L'écriture de cet ouvrage est née de l'oisiveté intellectuelle, ou alors de la curiosité oisive, en plein confinement dans notre appartement parisien du XVe arrondissement à cause de la COVID-19. Une lecture en rapport avec la vie d'Angelo Soliman, par un heureux ou malheureux hasard, m'a révolté quant au caractère inhumain relatif au sort ayant été réservé à la dépouille de cette personnalité à l'intelligence pure.

À travers cet essai, m'est venu le besoin de reconnaissance et de respect envers mes ascendants bantous, plus précisément des Ne Kongo des clans Nlasa Ngandu, Vuzi di Nkuwa, Muakasa et Nsala Nkanga, ainsi que d'autres forces spirituelles ayant toujours guidé mes pas, balisé mon parcours, inspiré ma vision et assuré ma protection. Je les remercie du fond du cœur.

Je remercie surtout mes enfants, en l'occurrence ma fille Syrine Wumba Mélanie et mon fils Lorens Baptiste Bisengu, pour leur compréhension. En effet, entre leurs cours à travers Internet et des visioconférences, sans compter les devoirs qui s'ensuivaient, ils n'ont pas tenu rigueur (je l'espère) à leur père qui, complètement indisponible, était sans arrêt occupé par des recherches en vue de la valorisation du parcours ayant émaillé l'existence des « Noirs lumineux ».

Un grand merci à ma femme Françoise Marie Pierrette pour son appréciable aide à travers les informations en rapport avec l'épineux sujet sur lequel je me suis égoïstement épanché. Elles m'ont permis de recadrer certaines visions et d'apporter des précisions qui obscurcissaient quelques faits ayant illustré cette étude.

Je n'oublie pas non plus la très discrète Suzie Figuin de Suresnes. Elle m'a ouvert un pan de l'histoire de l'esclavage en île de la Réunion. De plus, elle m'a appris l'existence d'Edmond Albius, le petit génie ayant été à l'origine de la pollinisation de la vanille.

Mes remerciements s'adressent également à Marie-José Freling. Après avoir appris ce qui était arrivé à la dépouille d'Angelo Soliman, elle a poussé un coup de gueule par le biais des ondes de *Radio Delta* dans l'émission *Pierres de touche* de la *Grande Loge Mixte de France*. Elle m'a aussi alerté sur toutes les émissions qu'a diffusées la chaîne de télévision franco-allemande, *Arte*, sur l'esclavage et la colonisation.

Je n'oublie pas non plus mes voisins Olfa et Guillaume Nevoux, qui, pendant deux semaines après le déconfinement en période estivale, ont quotidiennement arrosé mes plantes et se sont occupés de mes perruches ondulées en notre absence.

Je dis un grand merci à Marie-Jeanne et Jean-Marc Trehoret, ainsi qu'à mon amie Sylvie Faure. En nous ayant respectivement accueillis au mois de juillet à leurs domiciles en Ille-et-Vilaine en Bretagne et en Touraine dans la région Centre-Val de Loire, ils ont permis à ma femme et à mes enfants de vivre autre chose que le monotone spectacle d'un mari et père devant l'écran de son ordinateur. Ils m'ont donné, *de facto*, l'occasion de relire et d'agencer, ainsi que de corriger, en toute tranquillité le fruit de mes recherches.

Croyant beaucoup aux forces de l'esprit, le bantouphone que je suis ne peut que remercier tous les « Noirs lumineux » dont la vie est brièvement rappelée à travers les quarante et un chapitres de cet essai. J'éprouve donc le même sentiment envers tous ceux, et toutes celles, qui ont été subrepticement évoqués dans le prologue.

Les morts n'étant pas forcément décédés, les initiés connaissent le lien existant entre le visible et l'invisible, le ciel et la terre, le cours d'eau et la savane, le Nord et le Sud, l'Orient et l'Occident… *Alpha et Oméga !* En cette période ternie par l'*affaire Floyd*[940] et les manifesta-

---

[940] Une affaire de violence policière ayant abouti au décès de George Floyd, un Afro-

tions relatives à la mort d'Adama Traoré[941], d'aucuns doivent veiller à l'avènement du « vivre ensemble ». La personne qui oserait enfreindre les règles établies qu'avait farouchement défendues Antigone, l'intrépide fille d'Œdipe et de Jocaste dans l'œuvre des dramaturges Sophocle et Jean Anouilh, signerait sans doute sa fin de la même façon que « le criquet creuse sa propre tombe ».

Un petit clin d'œil à mon cher ami camerounais Engelbert Endomba qui a éveillé en moi les souvenirs musicaux à propos de Georges Kiamuangana Mateta (dit Verckys), plus précisément la chanson *Nakomitunaka* (*Je me suis toujours interrogé*).

Enfin, un grand merci à tous les contributeurs dont les souscriptions, par voie postale ou par *Ulule*, ont permis la réalisation de ce projet.

Américain de 47 ans, à l'issue d'une interpellation par le policier blanc Derek Chauvin le 25 mai 2020 à Powderhorn, une communauté de Minneapolis aux États-Unis.
[941] Une affaire judiciaire française sur la mort à 24 ans d'un Afro-Français, Adama Traoré, intervenue le 19 janvier 2016 à la gendarmerie de Persan dans le département du Val-d'oise en région parisienne.

Index des noms

- Cheney, Richard Bruce (dit Dick) : 434.
- Chengiz Khan : 30.
- Chéruel, Adolphe : 40*n*, 43*n*.
- Chevé, Joëlle : 38*n*.
- Childs, Mary Wells : 120.
- Childs, Timothy : 119-120.
- Chinmay, Tumbe : 30*n*.
- Chirac, Jacques : 268, 463-464, 464*n*.
- Chisholm, Hugh : 393*n*.
- Choppin, Henri : 205.
- Choucoutou, Lydie Ho-Fong-Choy : 251*n*.
- Chowdhuri, Jogindra Narji : 35*n*.
- Christie, Agatha : 9.
- Christophe, Henri (roi) : 167-168, 172.
- Churchill, Mary (duchesse de Montagu) : 87, 136, 138.
- Clarkson, Thomas : 181, 249, 409.
- Claude (empereur) : 11*n*.
- Clay, Cassius (voir Muhammed Ali) : 25, 293.
- Clay, Henry : 279-281.
- Clement, Franz Joseph : 321.
- Cliff, Jimmy : 129.
- Clinton, Catherine : 238*n*, 420, 420*n*, 423.
- Clinton, William Jefferson (dit Bill) : 466.
- Coclès, Publius Horatius : 262, 262*n*, 265.
- Coffin, William : 407.
- Colbert, Jean-Baptiste : 51*n*, 146*n*-147*n*.
- Colbert, Jean-Baptiste Antoine (marquis de Seignelay) : 51*n*.
- Coleman, Emma Lewis : 118*n*.
- Collins, John Anderson : 407-408.
- Colomb, Christophe : 338, 415.
- Colvin, Claudette : 432, 447.
- Comeau Denis, Magali : 174.
- Conyers Jr, James L. : 407*n*.
- Cook, James : 422.
- Cooper, Barry : 321*n*.
- Cosway, Maria : 248, 251.
- Cosway, Richard : 248, 251.
- Couchi (voir Adolf Ludvig Gustav Fredrik Albert Badin) : 211.
- Couderc, Frédéric : 54*n*, 58.
- Courter, Frank : 366.
- Courtin : 56*n*.
- Cousin de Courchamps, Pierre-Marie-Jean : 193*n*.
- Covey, Edward : 406.
- Cox, John : 278-279.
- Craig, Maxine Leeds : 365*n*.
- Crassus, Marcus Licinius : 170.
- Cribb, Tom : 287-290, 292.
- Crow, Jim : 331-432, 441, 441*n*.
- Cruikshanken, George : 330.
- Cseppentö, István : 130, 131*n*.
- Cullen, Susannah : 183.
- Cunningham, William : 292.
- Curtis, Benjamin Robbins : 378, 380.
- Curtis, Edward E. : 83*n*.

- Curtis, George : 378.
- Czerny, Carl : 324.

D

- D'Amon (chevalier) : 47, 51*n*, 52-53, 58.
- D'Aubigné, Françoise (voir Françoise de Maintenon) : 40.
- D'Autriche, Marie-Antoinette (reine, voir Marie-Antoinette de Habsbourg-Lorraine) : 126, 198, 217*n*.
- D'Autriche, Marie-Thérèse : 38, 38*n*, 41, 43, 125.
- Dabrowski, Jan Henryk : 296.
- Dabydeen, David : 138*n*.
- Dagbovie, Pero Gaglo : 442*n*.
- Dalton, Thomas : 349.
- Damis, Christine : 92*n*.
- Danger, Eustache (voir Nabo) : 39.
- Daniel, Marlon : 208.
- Dannevau, Anne (voir Nanon) : 189*n*, 190*n*.
- Danton, Georges Jacques : 269.
- Daphné : 215.
- Darity Jr, William : 11.
- Darrell, Richard : 331, 334-335.
- Darrell, Robert : 335-336, 338.
- Daudu, Yves : 16.
- Daumas, Philippe : 189*n*.
- Davinier, Charles : 274.
- Davinier, Edward Henry : 274.
- Davinier, John : 274.
- Davinier Jr, John : 274.

- Davinier, Lavinia : 274.
- Davinier, William Thomas : 274.
- Davis, Harriet Ross (voir Araminta Tubman) : 431-432.
- Davis, Jack : 289.
- Davis, Mark : 110.
- Davis, Nelson : 431.
- Davout, Louis Nicolas : 69*n*, 262.
- Davy de La Pailleterie, Alexandre Antoine : 255-257.
- Davy de La Pailleterie, Thomas Alexandre (dit le général Dumas) : 255-256, 266.
- Dawson, Nancy J. : 407*n*.
- D'Éon de Beaumont, Charles : 192-193.
- De Balzac, Honoré : 200.
- De Barbé-Marbois, François : 155*n*.
- De Beaumont, Eugène : 207.
- De Beauvoir, Roger (voir Édouard Roger de Bully) : 186, 194, 200, 207*n*.
- De Berry (duchesse) : 12*n*.
- De Bologne, Christine (vicomtesse de Thibault) : 189*n*.
- De Bologne de Saint-George, Élisabeth (marquise de Clairefontaine) : 189*n*.
- De Bologne de Saint-George, Georges : 186*n*, 187-188, 189*n*.
- De Bologne, Pierre : 189*n*.
- De Boulogne, Jean Nicolas : 186.

- Massé (geôlier) : 113.
- Masséna, André : 297.
- Massin, Brigitte : 322*n*.
- Massin Jean : 322*n*.
- Matthews, Dasha : 446*n*.
- Matthias, Robert : 363.
- Mauduit, Xavier : 468*n*.
- Maurepas, Jacques : 168.
- May, Cedrick : 101, 104, 106.
- Mayer, Henry : 407*n*.
- Maynaud de Bizefranc de Laveaux, Étienne : 162-164.
- Mayo, Fyvie (voir Edward Garrett) : 450.
- Mayombe : 111.
- Mbatha-Raw, Gugu : 275.
- Mbow, Amadou-Mahtmar : 25.
- McCabe, J. M. : 123.
- McCain III, John Sidney : 444.
- McCown, Julie : 104-106.
- McDowell, Calvin : 449.
- McFeely, William : 404*n*.
- McGowan, Susan Robeson : 119*n*.
- McHenry, Elizabeth : 356*n*.
- McLean, John : 380.
- McLeod, John : 27*n*.
- McMillen, Sally Gregory : 412*n*.
- McMurry, Linda O. : 446*n*, 449*n*.
- McPherson, James M. : 413*n*.
- McQueen, Steve (voir Steven Rodney) : 402.
- Mdluli, Labotsibeni Gwamile : 468.

- Menard de Marsainvilliers, Denis : 189*n*.
- Menier, Marie-Antoinette : 157, 157*n*.
- Menissier (fils), Philibert : 206.
- Merican, Elizabeth : 187.
- Merrill, Alexander : 399-400.
- Merritt, William : 366.
- Métral, Antoine Marie Thérèse : 156, 156*n*.
- Mfoumou-Arthur, Régine : 179*n*.
- Michael : 179.
- Michaud, Louis-Gabriel : 190.
- Michel, Nicolas : 117*n*, 329*n*, 390, 390*n*.
- Michell, George : 28*n*.
- Mickiewicz, Adam : 299, 299*n*.
- Migne, Jacques-Paul : 57*n*-58*n*.
- Mihr un-Nisâ (voir Nûr Jahân) : 31.
- Miller, Agatha Mary Clarissa (voir Agatha Christie) : 9.
- Miller, William : 365*n*.
- Mills, Clark : 21.
- Milton, John : 237-238.
- Mirren, Simon : 43.
- Mitchell, Charles Lewis : 357.
- Mitterrand, François : 96, 463, 465, 465*n*.
- Mnuchin, Steven : 433.
- Mobutu Sese Seko : 469.
- Modesty : 420.
- Moliko : 18.
- Moline, Pierre-Louis : 195,

195*n*, 207.
- Molineaux, Tom : 287-289.
- Moncrieff, Thomas : 327.
- Monroe, James : 280, 310, 312-313.
- Montagu (famille) : 138-139.
- Montagu, Elizabeth : 137.
- Montagu, George (1er duc de Montagu, comte de Cardigan) : 137.
- Montagu, John (2ème duc de Montagu) : 75, 87, 136-137.
- Montagu, Mary (voir Mary Churchill) : 87, 136, 138-139.
- Montaignac : 203.
- Montesquieu : 11*n*.
- Montgomery, James : 430.
- Moodie, Susanna Strickland : 342.
- Moon, Jennifer : 120*n*.
- Moore, Francis : 81.
- Moore, George (Dockey) ; 286.
- Moore, Keith : 128.
- Moore, Thomas : 385.
- Moreau de Saint-Méry, Louis-Élie : 111, 111*n*, 114.
- Morren, Charles : 21.
- Morris, Ken : 243, 417.
- Morrison, Chloe Ardelia Wofford (dite Toni Morrison) : 103*n*.
- Mortimer, John Hamilton : 141.
- Mosley, Walter : 101*n*.
- Moss, Thomas : 449.
- Moton, Robert Russa : 443.
- Mott, James : 412.

- Mott, Lucretia : 412.
- Moufle d'Angerville, Barthélemy François Joseph : 194*n*.
- Mougnol, Simon : 99.
- Mountbatten, Philip (duc d'Édimbourg) : 24.
- Moussa, Sarga : 342*n*.
- Moustapha II : 61.
- Mozart, Leopold : 196, 319.
- Mozart, Wolfgang Amadeus : 126, 128, 187, 188*n*, 196, 196*n*, 198, 208.
- Mozin, Dominique-Joseph : 56*n*.
- Msiri : 468.
- Muakasa (clan) : 473.
- Muhammad Khurram, Shahal-ud-din (prince, voir Shâh Jahân) : 31.
- Muhi-ud-Din Muhammad (dit Aurangzeb) : 31, 35.
- Mullin, Michael : 115*n*.
- Mumford, Bob : 303.
- Muqarrab Khan (dit, Khan-Zaman Fath Jang, voir Rustam Khan Bahadur Firauz Jang) : 33.
- Murat, Joachim : 262-263, 297.
- Murdoch, Francis B. : 374.
- Murphy, Larry : 367*n*.
- Murray (famille) : 273.
- Murray, Anna : 406, 407, 407*n*, 416.
- Murray, David : 273.
- Murray, Elizabeth : 273-275.
- Murray, Laura : 441.

O

P

Bibliographie

– *La conscience bantoue*, Gaspard-Hubert Lonsi Koko, L'Atelier de l'Égrégore ; Paris, 2020 ;

– *Les figures marquantes de l'Afrique subsaharienne – 3*, Gaspard-Hubert Lonsi Koko, L'Atelier de l'Égrégore, 3ème édition, Paris, 2020 ;

– *Un activiste des Lumières. Le destin singulier de Benjamin Lay*, Marcus Rediker, Seuil, Paris, 2019 ;

– *Le regard africain sur l'Europe*, Gaspard-Hubert Lonsi Koko, L'Atelier de l'Égrégore, Paris, 2019 ;

– *Le petit abécédaire des Francs-Maçons afro-descendants*, Kwamé Maherpa, Mon Petit Éditeur, 2018 ;

– *Les énigmes de l'Histoire de France*, Jean-Christian (dir.), Le Figaro Histoire/Perrin, Paris, 2018 ;

– *Harriet et la Terre promise*, Jacob Lawrence, Ypsilon éditeur, Paris, 2017 ;

– *La Sonate à Bridgetower (sonata mulattica)*, Emmanuel Dongala, Actes Sud, Arles, 2017 ;

– *Mitterrand l'Africain ?* Gaspard-Hubert Lonsi Koko, L'Atelier de l'Égrégore, 2ème édition, Paris, 2017 ;

– *Mémoires*, Général Toussaint Louverture, Mercure de France, col. Le Temps retrouvé, Paris, 2016 ;

– *Les Horreurs du Sud*, Ida B. Wells, préface de Nicole Bacharan, traduction d'Alexandre Fachard, Markus Haller, Genève, 2016 ;

– *Le grand livre de la franc-maçonnerie : Un panorama chrono-thématique, des origines à nos jours, en France et à l'étranger*, Alain Quéruel, Eyrolles, 2016 ;
– *Une autre histoire*, Claude Ribbe, Le Cherche Midi, Paris, 2016 ;
– *Anthony William Ami, sa vie et son œuvre*, Yoporeka Somet, Teham Éditions, Le Plessis-Trévise, 2016 ;
– *Les Voix du marronnage dans la littérature française du XVIIIe siècle*, Rachel Danon, Paris, Classiques Garnier, L'Europe des Lumières, 2015 ;
– *Douze ans d'esclavage*, Solomon Northup, col. *La Rupture*, éd. Entremonde, Genève-Paris, novembre 2013 ;
– *Traité de l'art de philosopher avec précision et sans fioritures*, Anton Wilhelm Amo, textes originaux traduits, annotés et commentés par Simon Mougnol, L'Harmattan, Paris, 2013 ;
– *La Mauresse de Moret : la religieuse au sang bleu*, Serge Bilé, Saint-Malo, Pascal Galodé éditeurs, 2012 ;
– *Mémoires du général Toussaint Louverture*, Daniel Désormeaux, Paris, Garnier, 2011 ;
– *Nanon et moi, chevalier de Saint-George*, Jeanne Romana, Dagan éditions, Paris, 2010 ;
– *Amo Afer : un Noir, professeur d'université en Allemagne au XVIIIe siècle*, Simon Mougnol, L'Harmattan, Paris, 2010 ;
– *Up from Slavery, ascension d'un esclave émancipé*, Booker T. Washington, traduction Jeanne-Marie Vazelle, Nouveaux Horizons, Paris, 2008 ;
– *Le Diable noir. Biographie du général Dumas*, Claude Ribbe, éditions Alphée-Jean-Paul Bertrand, Paris, 2008 ;
– *Marie-Thérèse d'Autriche : Épouse de Louis XIV, Souverains et Souveraines de France*, Joëlle Chevé, département Flammarion, Éditions Pygmalion-Gérard Watelet, Paris, 2008 ;
– *Histoire de l'esclavage aux États-Unis*, Claude Fohlen, Perrin, Paris, 2007 ;
– *Les officiers de couleur dans les armées de la République et de l'Empire (1792-1815) : De l'esclavage à la condition militaire dans les Antilles françaises*, Bernard Gainot dans, Karthala, 2007 ;

– *La France et ses esclaves*, Frédéric Régent, Grasset, Paris, 2007 ;
– *Toussaint Louverture*, Alain Foix, Collection Folio biographies (n° 29), Gallimard, Paris, 2007 ;
– *Alexandre Dumas ou le don de l'enthousiasme*, Raphaël Lahlou, collection Biographies Express, Bernard Giovanangeli Éditeur, Paris, 2006 ;
– *Joseph de Saint George*, Pierre Bardin, Guénégaud, 2006 ;
– *L'Abolition de l'esclavage. Cinq siècles de combats XVIe-XXe siècle*, Nelly Schmidt, Fayard, Paris, 2005 ;
– *Les Traites négrières : essai d'histoire globale*, Olivier Pétré-Grenouilleau, Gallimard, 2004 ;
– *Le Chevalier de Saint-George*, Claude Ribbe, Paris, Perrin, 2004 ;
– *La colonie française de Saint-Domingue : de l'esclavage à l'indépendance*, François Blancpain, Karthala, 2004 ;
– *Toussaint Louverture et l'indépendance d'Haïti : témoignages pour un bicentenaire*, Jacques de Cauna, Paris, éditions Karthala, 2004 ;
– *Beethoven, Maynard Solomon*, (trad. de l'anglais par Hans Hildenbrand et Jean Nithart), Fayard, Paris, 2003 ;
– *Marc-René, marquis de Montalembert, 1714-1800 : Les Illusions perdues*, Yvon Pierron, Arléa, Paris, 2003 ;
– *Mon éducation*, Frederick Douglass, Mille et une nuits, Paris, 2003 ;
– *Prince Ébène*, Frédéric Couderc, Presses de la Renaissance, Paris, 2003 ;
– *La treizième mort du chevalier*, Daniel Picouly, Grasset et Fasquelle, Paris, 2003 ;
– *Alexandre Dumas, le dragon de la Reine*, Claude Ribbe, éditions du Rocher, Paris, 2002 ;
– *Bordeaux, port négrier XVII-XIXe siècle*, Éric Saugera, Karthala, Paris, 2002 ;
– *François-Joseph Gossec (1734-1829) : un musicien à Paris de l'Ancien Régime à Charles X*, Claude Role, Éditions L'Harmattan, Paris, 2000 ;
– *Les esclaves aux Antilles françaises*, Gabriel Debien, Gourbeyre, 2000 ;
– *Esclavage et abolitions : Mémoires et systèmes de représentation*,

Marie-Christine Rochmann (dir.), Karthala, Paris, 2000 ;

– *Monsieur de Saint-George, le nègre des Lumières*, Alain Guédé, Acte Sud, Arles, 1999 ;

– *La Chaîne et le lien : une vision de la traite négrière*, Doudou Diène, Éditions Unesco, Paris, 1998 ;

– *L'eldorado des Aquitains*, Jacques de Cauna, Atlantica, Biarritz, 1998 ;

– *Traité du tout-monde*, Édouard Glissant, Gallimard, Paris, 1997 ;

– *Joseph Boulogne, nommé Chevalier de Saint-George*, Émile Smidak, Fondation Averina, Lucerne, 1996 ;

– *Dictionnaire des colonels de Napoléon*, Bernard et Danielle Quintin, SPM-Lettrage, Paris, 1996 ;

– *Abraham Hanibal, l'aïeul noir du Pouchkine*, Dieudonné Gnamman-kou, Présence africaine, Paris, 1996 ;

– *Naissance et vie des Quartiers de Bordeaux : mille ans de vie quoti-dienne*, Albert Rèche, l'Horizon chimérique, 1991 ;

– *Le Chevalier de Saint-Georges*, Roland Brival, Lattès, Paris, 1991 ;

– *La Guerre de Sécession*, James M. McPherson, Robert Laffont, Paris, 1991 ;

– *Dictionnaire Beethoven*, Barry Cooper, J.C. Lattès, Oaris, 1991 ;

– *Wolfgang Amadeus Mozart*, Brigitte et Jean Massin, Fayard, Paris, 1990 ;

– *La Réunion île de Vanille*, Raoul Lucas, Océan Éditions, 1990 ;

– *Toussaint Louverture – Un révolutionnaire noir d'Ancien Régime*, Pierre Pluchon, Fayard, Paris, 1989 ;

– *La Loge des Neuf sœurs - Une loge maçonnique d'avant 1789*, Louis Amiable et Charles Porset, Collection *Encyclopédie Maçonnique*, EDIMAF, Paris, 1989 ;

– *Naissance et vies des quartiers de Bordeaux*, Albert Rèche, préface du Pr Robert Étienne, L'Horizon chimérique, Bordeaux, 1988 ;

– *La Guadeloupe 1492-1848, ou l'Histoire de la colonisation de l'île liée à l'esclavage noir de ses débuts à sa disparition*, Henri Bangou, Éditions L'Harmattan, Paris, 1987 ;

– *Toussaint Louverture, La Révolution française et le problème colonial*, Aimé Césaire, Présence africaine, Paris, 1981 ;

– *Nabo ou le Masque de fer*, Pierre-Marie Dijol, France-Empire, 1978 ;

– *Le mythe de Don Juan*, Jean Rousset, Armand Colin, Paris, 1978 ;

– *La résistance africaine à la romanisation*, Marcel Bénabou, Maspero, Paris, 1976 ;

– *Histoire du Concert Spirituel : 1725-1790*, Pierre Constant, Société française de musicologie, Paris, 1975 ;

– *Aniaba, un Assinien à la cour de Louis XIV*, Henriette Diabaté et Gilles Lambert, C.L.E, coll. Grandes Figures africaines, 1975 ;

– *Histoires secrètes de l'histoire*, Alain Decaux, J. Tallandier, Paris, 1973 ;

– *Les Confessions de Nat Turner*, William Styron, Gallimard, 1969 ;

– *Ludwig van Beethoven*, Jean et Brigitte Massin, Fayard, 1967 ;

– *Le Noir, lieutenant de police, 1732-1807*, Comte Maxime de Sars, Hachette et Cie, Paris, 1948 ;

– *Les Vrais Chefs de l'Empire*, Robert Delavignette, Gallimard, Paris, 1938 ;

– *Duels et duellistes*, Roger de Beauvoir, Michel Lévy Frères, Paris, 1864 ;

– *Le Chevalier de Saint-George*, Roger de Beauvoir, vol. 4, Dumont, Paris, 1840 ;

– *Le Génie du christianisme*, Chateaubriand, Migneret, Paris, 1802 ;

– *Essai sur les règnes de Claude et Néron*, Denis Diderot, vol. II, frère De Bure, Paris, 1778 ;

– *Qui était le chevalier de Saint-George ?*, Odet Denys, Le Pavillon, Paris, 1772 ;

– *Histoire naturelle de l'homme*, Buffon, tome X, Quadrup. VII, Paris, 1763 ;

– *Histoire naturelle de l'homme*, Buffon, tome V, Quadrup. II, Paris, 1755 ;

– *De l'esprit des lois*, Montesquieu, XV, Genève, 1748.

Table des matières

Ouvrages déjà parus chez le même éditeur

LE DEMANDEUR D'ASILE

Léopold Mwana Malamu est membre, dans son pays d'origine situé au cœur de l'Afrique centrale, d'un mouvement clandestin qui s'oppose de la manière la plus efficace et la plus habile possible à la dictature du régime en place. Il est arrêté, torturé. Il finit par gagner l'Europe: l'Italie d'abord, ensuite la Suisse; puis la France où l'accueille à bras ouverts une charmante dame de la meilleure société. Reste pour lui à obtenir le statut de réfugié politique. Toutes les démarches du jeune homme échouent et trouver un travail lui est également impossible. *Refoulé administratif* dans son pays d'origine, il est à nouveau torturé.
ISBN: 979-10-91580-00-7 – EAN: 979-1091580007 – *Collection Roman*

DROSERA CAPENSIS

Sous le choc d'une déception amoureuse, le narrateur se remémore la tragédie qui a frappé l'un de ses amis victime d'une femme mystérieuse que d'aucuns ont surnommée *drosera capensis*. Combien de proies humaines, évoluant dans le sillage de son environnement immédiat, cette belle plante carnivore capturera et digérera-t-elle?
ISBN: 979-10-91580-01-4 – EAN: 9791091580014 – *Collection Roman*

MITTERRAND L'AFRICAIN?

La complexité des relations franco-africaines ne cesse de donner le tournis à bon nombre d'observateurs. À l'heure où l'actualité africaine est entre autres dominée par les conflits, l'exode de nombreux jeunes et la lente « colonisation » de ce continent par la Chine, d'aucuns ne cessent de s'interroger sur le devenir des relations franco-africaines après François Mitterrand, Jacques Chirac et Nicolas Sarkozy. Cet ouvrage donne quelques pistes très utiles à la compréhension des futures relations entre la France et l'Afrique. On y évoque surtout un lien de près de quarante-cinq ans entre un homme – que l'on qualifie

de *mythe errant* – et tout un continent, des méandres et des écueils qui ont enseveli des tas de secrets dans des marigots africains...
ISBN : 979-10-91580-02-1 – EAN : 9791091580021 – *Collection Démocratie & Histoire*

LA VIE PARISIENNE D'UN NÉGROPOLITAIN

Il est des écrivains qui, avec beaucoup d'habileté, recourent parfois à la fiction pour raconter des histoires réelles. À travers cet ouvrage, l'auteur s'intéresse à la problématique de l'immigration. Ainsi ose-t-il développer, sans aucun détour, des thèmes capitaux qui ressurgissent toujours à l'approche de chaque enjeu électoral dans les sociétés occidentales.
« La vie est comme un jeu d'échecs : nous esquissons un plan, mais celui-ci est tributaire de ce que daigne faire l'adversaire aux échecs et le destin dans la vie. » Cette pensée du philosophe allemand Schopenhauer, ce champion de l'art d'avoir toujours raison, résume à merveille la *Vie parisienne d'un Négropolitain*.
ISBN : 979-10-91580-06-9 – EAN : 9791091580069 – *Collection Roman*

DANS L'ŒIL DU LÉOPARD

Les séides du maréchal Mobutu Sese Seko placèrent la chambre occupée par maître Patrick de Lavigerie, l'avocat porté disparu que le détective devait retrouver, sous très haute surveillance. Les instructions furent données au directeur de l'hôtel Intercontinental de signaler la présence de tout ressortissant français qui y descendrait à l'avenir. Le responsable du complexe hôtelier perdrait son emploi, voire sa vie, au cas où il ne se conformerait pas aux directives et aux exigences d'agents des services de renseignements. Le détective était, dorénavant, dans l'œil du léopard.
ISBN : 979-10-91580-03-8 – EAN : 9791091580038 – *Collection Crime & Suspense*

AU PAYS DES MILLE COLLINES

Dans toutes les officines occidentales, le général rwandais Paul

Kagamé, cet ex-chef des services secrets ougandais et proche conseiller du très cynique président ougandais Yoweri Kaguta Museveni, était considéré comme le vainqueur et le probable futur homme fort du Rwanda. Pourtant, il avait gardé un mauvais souvenir à cause de la spectaculaire débandade, en 1990, des rebelles rwandais basés en Ouganda face aux éléments des Forces armées zaïroises conduits par le général Mahele Lieko Bokungu. Ce dernier, en l'occurrence Donatien, était un ancien gamin de la zone de Ngiri-Ngiri que les Zaïrois avaient affectueusement surnommé « le tigre ».

ISBN : 979-10-91580-05-2 – EAN : 9791091580052 – *Collection Roman*

LA CHASSE AU LÉOPARD

Certes, le renard est un animal très rusé. Pour mener à bien l'expédition que le Quai d'Orsay envisageait sur le sol zaïrois, il fallait un chasseur expérimenté. De plus, il n'était nullement question de s'introduire dans un poulailler, mais d'opérer dans la jungle africaine. Il s'agissait plutôt de la chasse au léopard. Ainsi fallait-il recourir aux services d'un spécialiste de l'enlèvement dans le but de capturer le maréchal Mobutu vivant et de l'exfiltrer vers la France. Il devait neutraliser le léopard dès la première tentative, au risque de s'exposer aux pires représailles de la part de ses zélateurs. L'opération que s'apprêtait à mettre en place la France comportait, à n'en pas douter, beaucoup de risques.

ISBN : 979-10-91580-05-2 – EAN : 9791091580052 – *Collection Crime & Suspense*

LA TRILOGIE DES GRANDS LACS

L'élimination de Jean-Luc Mélenchon et de Benoît Amont, dès le premier tour de l'élection présidentielle de 2017, et la cuisante défaite de la gauche aux législatives prouvent plus que jamais la nécessité de l'union des forces progressistes et d'un éventuel Bad-Godesberg pour les socialistes. L'union aurait permis de franchir au moins le cap du premier tour. Elle aurait dû éviter l'éparpillement de voix en se rassemblant davantage. Cela laisse supposer que les dernières défaites de la gauche sont surtout le fruit amer de l'inconscience et du manque de solidarité, voire de pragmatisme. « Il faut aller à l'idéal et comprendre le réel », disait Jean Jaurès. Deuxième édition, revue et augmentée.

ISBN : 979-1091580229 – EAN : 9791091580229 – *Collection Démocratie & Histoire*

SOCIALISME : UN COMBAT PERMANENT – tome I – NAISSANCE ET RÉALITÉS DU SOCIALISME

La trilogie des Grands Lacs est un ensemble de trois ouvrages relatifs aux investigations du détective privé Cicéron Boku Ngoi dans deux pays d'Afrique, plus précisément la République du Zaïre, de nos jours la République Démocratique du Congo, ainsi que le Rwanda. Ces enquêtes – à savoir *Dans l'œil du léopard*, *La chasse au léopard* et *Au pays des mille collines* – sont donc connectées et peuvent être considérées comme une œuvre unique ou bien comme trois œuvres distinctes. Sans conteste, au-delà de l'aspect imaginaire soutenant la trame de différentes investigations de Cicéron Boku Ngoi dans ces deux pays, le lecteur éveillé peut aisément percevoir la géopolitique en cours en Afrique centrale et dans la région des Grands Lacs africains. Ainsi la stratégie interplanétaire se développe-t-elle en Afrique, au détriment des autochtones, dans l'optique – surtout pour les Occidentaux, la Russie et la Chine – de s'imposer comme la puissance militaire et économique du vingt et unième siècle.

ISBN : 979-1091580205 – EAN : 9791091580205 – *Collection Crime & Suspense*

LE CONGO-KINSHASA EN QUELQUES LETTRES

Que représente stratégiquement et économiquement la République Démocratique du Congo à l'échelle à la fois locale, régionale, continentale et mondiale ? Pourquoi, depuis le 30 juin 1960, date de son accession à la souveraineté internationale, ce pays est toujours déstabilisé ? Pourquoi les étrangers, qu'ils soient Africains ou non, s'arrangent-ils sans cesse pour que cet État ne soit pas du tout dirigé par des Congolais d'origine ?
Militant contre des forces à la fois centripètes et centrifuges, quelques Congo-

lais essaient d'impulser un nouvel élan en vue d'une République Démocratique du Congo politiquement éclairée et économiquement viable. L'auteur de cet ouvrage est sans conteste l'un d'eux.

Que pense-t-il, s'agissant surtout de l'avenir des populations congolais et du devenir de son pays ? Quelle vérité recèlent les mots qu'il égrène patriotiquement ? Cherche-t-il à tracer des sillons que suivront les Congolais éveillés et les forces vives de ce géant assailli, presque agressé, de toutes parts ? Veut-il façonner un moule dans lequel coulera en toute conscience le Congolais de demain ? A-t-on affaire à un acteur politique habile et avisé, *condottiere* pétri d'ambition constructive ? Forban de la politique ou fin stratège ? Quelle part jouera-t-il dans la IVᵉ République, qui plus est en gestation, d'un pays qui a forcément besoin d'un véritable homme, ou femme, d'État en vue de l'ancrage de manière positive dans le troisième millénaire ?

ISBN : 979-10-91580-27-4 – EAN : 9791091580274 – *Collection Démocratie & Histoire*

DANGEREUSE COMÉDIE À BAMAKO

La charmante Malienne vida d'une traite, la tristesse dans l'âme, le verre de whisky que l'on venait de lui tendre. Elle remercia ensuite l'employé de l'*Évasion*, l'un des dancings mythiques de la capitale malienne, et sortit après avoir posé le contenant sur le comptoir. Une fois dehors, l'air chaud fouetta brutalement le visage de la Bamakoise qui eut l'impression d'avoir la tête lourde. Le malaise s'accentuait au fur et à mesure qu'elle marchait. À un moment donné, elle fut en proie au vertige. La nausée l'indisposa. Le whisky était-il empoisonné ? Tout à coup, le vide s'installa dans son esprit et ses jambes la lâchèrent. Elle s'écroula. Non loin de là, les derniers fêtards eurent l'impression qu'une très forte lumière s'extirpa de la masse corporelle qui était allongée à même le sol et se dirigea, en tourbillonnant, vers le haut pour disparaître dans le ciel noir et très étoilé. Ainsi Aïssata Camara rendit-elle l'âme. Elle ne danserait plus jamais au *Calao*, au *Mandingo* ou au *Yanga*. Adieu l'artiste !

Pendant ce temps, dans la villa du quartier huppé de l'Hippodrome, François Piantoni et Aminata Dembélé furent très surpris de revoir l'Homme Noir, en pleine forme, et l'un de ses acolytes que l'on avait pourtant enfermés, bien ligotés, dans la cave. La Malienne et le Corse tentèrent de s'enfuir, mais ils n'eurent pas le temps d'ouvrir la porte…

Quelque chose lui avait échappé, se dit Roger Dercky. La danseuse de Bamako était-elle l'un des maillons de cette chaîne infernale? Était-il manipulé, depuis le début? Dans l'affirmative, pour quelle finalité? Mamadou Diawoura était-il réellement kidnappé?

ISBN: 979-10-91580-30-4 – EAN: 9791091580304 – *Collection Crime & Suspense*

PAGAILLE À MAVOULA!

Pourquoi cherchait-il à rendre justice lui-même? Cette triste affaire ne concernait que le département des affaires criminelles de la police congolaise. Pourquoi un Zaïrois devait-il s'occuper de l'investigation relative au meurtre d'un ministre d'un pays qui n'était même pas le sien? La famille de la victime n'avait-elle pas confiance aux autorités policières nationales? La justice congolaise était-elle partiale, donc partisane? Pourquoi Roger Dercky devait-il entreprendre une opération périlleuse, au risque de braver quelques intouchables du régime local? Agirait-il avec une intrépidité ingénieuse pour ranimer la rage de vaincre qui l'habitait? Avait-il besoin de l'exaltation que le jeu procurait passionnément en lui: à savoir le divertissement? Dans la vie quotidienne, ce détective privé ne s'amusait pas pour le bonheur de l'ennemi ou de l'adversaire.

L'enveloppe vide, que la réceptionniste du luxueux hôtel situé à la corniche de Bacongo venait de remettre au détective privé, le conforta dans sa vision. Par conséquent, le Zaïrois sortit le revolver dissimulé sous sa veste: un Colt Detective Special. Il ouvrit donc la porte, se pointa tout de suite dans la première pièce et vit un individu emmitouflé dans un trench-coat. L'investigateur pointa l'arme à feu en direction du visiteur inattendu.

– Vous avez des manières inhabituelles de rentrer chez vous…

– Qui êtes-vous? questionna derechef le citoyen zaïrois.

– Je suis Moukila André, inspecteur de la police nationale congolaise.

ISBN: 979-10-91580-25-0 – EAN: 9791091580250 – *Collection Crime & Suspense*

LE CORBEAU DE ZURICH

À la fin des années 1980, en pleine affaire Kopp et dans le contexte d'un probable trafic d'or entre la Turquie et la Suisse, le détective natif de Kinshasa débarqua dans la capitale du canton de Zurich. Ainsi devait-il assurer l'intérim de la direction de l'entreprise familiale *AD Finanzen und Treuhänd* à la suite de l'hospitalisation de son frère qui, après avoir été empoisonné, luttait entre la vie et la mort dans l'un des services du Kantonsspital à Winterthur.

Mais le ressortissant zaïrois se rendrait compte, très vite, que les montagnes suisses cachaient des bunkers bourrés d'armes de guerre. Des voyous en costard et cravate, ainsi que des hommes d'affaires en col blanc mais mafieux, agissaient en toute impunité. Les banques helvétiques n'étaient pas aussi respectueuses de la législation internationale que dans certains pays en voie d'industrialisation. Dans ce pays d'Europe centrale, le chocolat ne contiendrait pas que du lait. Quant aux lacs, ils seraient pleins de cadavres humains. Pis encore, ils serviraient de bases, d'immersion et d'émersion, pour des créatures venues d'autres univers. Vortex vers des mondes parallèles ?

La neutralité de la Confédération helvétique arrangerait-elle quelques puissances, aussi bien terrestres qu'extraterrestres ? Mystère absolu !

ISBN : 979-10-91580-32-8 – EAN : 979109158032 – *Collection Crime & Suspense*

LES FIGURES MARQUANTES DE L'AFRIQUE SUBSAHARIENNE

Il est une évidence : l'histoire de l'Afrique constitue le plus gros mensonge civilisationnel des plus criminogènes qui ait existé. Elle avait été sciemment falsifiée pour des raisons économiques et culturelles, philosophiques et religieuses, dès l'exploration européenne du continent africain commencée par les Grecs anciens et les Romains.

Certes, l'histoire de l'Afrique est faite de personnalités fortes mais sanguinaires et souvent au service des puissances extra-continentales dont les actes, meurtriers et inhumains, doivent inciter à refuser de sombrer dans l'obscurantisme et dans l'asservissement. Ils doivent plutôt pousser les futures générations à souhaiter davantage une Afrique meilleure et plus éclairée sur les plans matériel, économique, social, spirituel, politique…

Mais l'histoire de l'Afrique est avant tout l'œuvre des personnalités exceptionnelles dont les actions, les convictions et les principes, ainsi que les rêves, ont respectivement façonné les différentes époques dans le but de baliser le chemin qu'emprunteraient les futures générations. Gens d'armes, guerriers, conquérants et résistants à la colonisation, messianistes, prophètes et hommes d'Église, panafricanistes et acteurs politiques en vue des indépendances, intellectuels et militants révolutionnaires…, ils ont souvent connu une mort tragique. Mais, passés à la postérité, ils représentent des modèles auxquels doivent se référer les Africains – l'objectif consistant à renouer avec les gloires étatiques de jadis afin de faire triompher un autre modèle de société.

Du point de vue culturel, l'Afrique subsaharienne ne doit en principe avoir aucun complexe au regard d'autres continents de la planète. Encore faut-il que les Africains et leurs descendants s'imprègnent davantage de la diversité de leurs philosophies et cultures, les assument et les intègrent dans les politiques relatives au développement de leurs pays.

ISBN : 979-10-91580-23-6 – EAN : 9791091580236 – *Collection Démocratie & Histoire*

LES FIGURES MARQUANTES DE L'AFRIQUE SUBSAHARIENNE - 2

Il est une évidence : l'histoire de l'Afrique constitue le plus gros mensonge civilisationnel des plus criminogènes qui ait existé. Elle avait été sciemment falsifiée pour des raisons économiques et culturelles, philosophiques et religieuses, dès l'exploration européenne du continent africain commencée par les Grecs anciens et les Romains.

Certes, l'histoire de l'Afrique est faite de personnalités fortes mais sanguinaires et souvent au service des puissances extra-continentales dont les actes, meurtriers et inhumains, doivent inciter à refuser de sombrer dans l'obscurantisme et dans l'asservissement. Ils doivent plutôt pousser les futures générations à souhaiter davantage une Afrique meilleure et plus éclairée sur les plans matériel, économique, social, spirituel, politique…

Mais l'histoire de l'Afrique est avant tout l'œuvre des personnalités exceptionnelles dont les actions, les convictions et les principes, ainsi que les rêves, ont respectivement façonné les différentes époques dans le but de baliser le chemin qu'emprunteraient les futures générations. Gens d'armes, guerriers, conquérants et résistants à la colonisation, messianistes, prophètes et hommes d'Église, panafricanistes et acteurs politiques en vue des indépendances, intellectuels et militants révolutionnaires…, ils ont souvent connu une mort tragique. Mais, passés à la postérité, ils représentent des modèles auxquels doivent se référer les Africains – l'objectif consistant à renouer avec les gloires étatiques de jadis afin de faire triompher un autre modèle de société.

Du point de vue culturel, l'Afrique subsaharienne ne doit en principe avoir aucun complexe au regard d'autres continents de la planète. Encore faut-il que les Africains et leurs descendants s'imprègnent davantage de la diversité de leurs philosophies et cultures, les assument et les intègrent dans les politiques relatives au développement de leurs pays.

ISBN : 979-10-91580-34-2 – EAN : 9791091580342 – *Collection Démocratie & Histoire*

LE REGARD AFRICAIN SUR L'EUROPE

Aujourd'hui, l'Europe et l'Afrique peuvent-elles envisager une nouvelle relation sur des bases saines ? Peut-on changer leur rapport, en ayant à l'esprit l'immigration et le co-développement ? S'agissant de la France, oserait-on encourager la suppression de la cellule africaine de l'Élysée au profit de l'intervention parlementaire en amont dans certaines missions, notamment les actions militaires dans les pays du « pré carré » ? S'agissant de l'Union européenne, doit-elle systématiquement financer l'Union africaine dans le but de maintenir ses États membres dans la dépendance ? Multilatéralisme ou bilatéralisme dans les relations entre les pays africains et ceux d'Europe ? Aurait-on enfin l'intelligence, compte tenu du poids colonial, de dépasser le paternalisme et le bilatéralisme pour mettre l'être humain au cœur de la politique africaine de l'Europe ? Que faire pour que le destin commun profite réellement aux peuples ? Comment les jeunes Africains perçoivent-ils l'avenir de leur continent ? Le panafricanisme, est-ce une voie à développer à tout prix ? Transfert de techniques et de technologie, en échange des matières premières et d'autres marchés ? Assistance matérielle ou aide financière ? Exigence de la protection du bassin du Congo, en contrepartie d'une contribution à l'éducation et à la santé? Alignement des monnaies africaines, pourquoi pas de la monnaie unique africaine, sur la valeur des ressources naturelles, et non sur le dollar américain, ni sur l'euro? Indexation automatique du franc CFA sur les critères de la Banque de France, ou alors dépendance ou non à la Banque centrale européenne? Retrait des troupes militaires étrangères du territoire africain?

Voilà les questions dont les réponses permettront de sortir, en principe, des rapports dominants-dominés, d'envisager des relations responsables, respectueuses, justes, pérennes et davantage constructives entre les deux continents.

ISBN: 979-10-91580-36-6 – EAN: 9791091580366 – *Collection Démocratie & Histoire*

MAIS QUELLE CRÉDIBILITÉ POUR LES NATIONS UNIES AU KIVU !

Conseil d'insécurité pour les faibles, ou syndicat des nations les plus puissantes? En tout cas, beaucoup de rapports de l'Organisation des Nations Unies sont catégoriques. Les crimes commis dans la région du Kivu, en présence des militaires de la Monusco, pourraient officiellement constituer une assise solide en vue des poursuites devant la Cour pénale internationale (CPI). La déstabilisation de la partie orientale de la République Démocratique du Congo relèverait-elle d'une guerre économique, que l'on ne souhaiterait surtout pas assumer publiquement? S'agirait-il d'une sorte de recolonisation que l'on n'oserait pas reconnaître comme telle? Le colonialisme serait-il de retour, sous d'autres aspects et dans des habits tout neufs? Serait-il tout simplement question d'occupation?

Est-on en train d'assister, s'agissant de l'exploitation des enfants dans les mines du Kivu et des violences sexuelles, à une nouvelle forme d'esclavage? Dans l'affirmative, pourrait-on évoquer l'irresponsabilité des Congolais, en particulier, et la complicité des Africains, en général, au même titre que celles de quelques-uns de leurs aînés durant la traite négrière?

La tentative de balkanisation de la République Démocratique du Congo ne pourrait qu'inciter plus d'un observateur à s'interroger sérieusement sur le véritable rôle, voire l'efficacité, des troupes onusiennes dans la région des Grands Lacs africains. Pour éviter la transformation du Kivu et de

l'Ituri en une zone de non-droit, où tout le monde pourrait se procurer les minerais de sang à moindres frais, l'autorité de l'État congolais devrait être rétablie dans le plus court délai sur l'ensemble du territoire national.
ISBN : 979-10-91580-40-3 – EAN : 9791091580403 – *Collection Démocratie & Histoire*

LES FIGURES MARQUANTES DE L'AFRIQUE SUBSAHARIENNE - 3

Dans cet ouvrage, le passé éclaire le présent dans l'optique de dessiner les lignes du futur. De plus, la compréhension de l'Histoire est un facteur déterminant en vue de la construction en toute connaissance de cause. S'appuyant à juste titre sur le symbolique miroir indispensable à l'introspection, l'auteur déterre avec parcimonie une immense richesse. Ce patrimoine culturel et historique est composé d'une grande diversité de héros, de guerriers, de résistants, d'artistes, d'auteurs, de sportifs ayant marqué l'Afrique par leur courage, leur plume, leur action politique, leur prouesse musicale, leur engagement sociétal, leur capacité intellectuelle, leur apport culturel, leur exploit sportif… Des hommes vaillants et des femmes ingénieuses qui, à n'en pas douter, serviront des modèles en vue d'une extrospection sur la base d'une vision non pessimiste.

De Soundiata Keïta à Nelson Mandela sans oublier Chaka Zulu, de Seydou Badian à Cheikh Anta Diop, d'Eusebio à Pierre Ndaye Mutumbula Mulamba en passant par Robert Mensah, du Grand Maître Franco Luambo Makiadi à Anikulapo Fela Kuti, de Kimpa Vita à la reine Pokou, de Miriam Makeba à Abeti Masikini en s'attardant sur Bella Bellow et Cesária Évora, de la reine Ranavalona Ière à Wangari Maathai, de Nzinga Mbandi à Manthatisi via Ntebogang Ratshosa et Labotsibeni Gwamile Mdluli, ainsi que Mbuya Nehanda, de Jomo Kenyatta à Samora Machel, en s'attardant sur Patrice Lumumba…, cet ouvrage est une invitation à la vraie découverte d'un continent aux immenses potentialités, ainsi qu'à l'avenir vivable et viable.
ISBN : 979-10-91580-38-0 – EAN : 9791091580380 – *Collection Démocratie & Histoire*

LA CONSCIENCE BANTOUE

Les enjeux fonciers et miniers sont considérables, surtout dans la région des Grands

Lacs. Au moment où des forces négatives, vraisemblablement continentales mais bénéficiant du soutien invisible des puissances extra-continentales, excellent en Afrique subsaharienne en vue de la balkanisation d'un bon nombre d'États bantouphones, les réactions patriotiques s'avèrent plus que jamais appropriées. En effet, la gravité de la situation nécessite une prise de conscience commune et une coalition interétatique. Celles-ci ne pourraient qu'être salutaires.

La conscience étant la perception chez l'homme de sa propre existence et du monde qui l'entoure, un peuple qui ignore d'où il vient ne saura jamais où il va. Un peuple qui fait fi de son passé aura beaucoup de mal à maîtriser son présent. Un peuple qui méprise son Histoire sera incapable d'orienter son avenir sur des bases objectives et solides. Un peuple amnésique restera toujours crédule. Ayant été commercialisées, exportées comme des marchandises, réduites en esclavage, colonisées, les populations bantoues en Afrique et à travers le monde doivent enfin prendre conscience que la malédiction de Canaan, ce fils de Cham, n'est qu'une pure invention pour justifier à dessein leur infériorité intellectuelle et leur dépendance vis-à-vis d'une quelconque civilisation naturellement prédatrice.

C'est en montant sur les épaules de Soundiata Keïta et de Chaka Zulu que les Bantous et leurs descendants resteraient à jamais libres. C'est en s'inspirant de Kimpa Vita et de Mbuya Nehanda Charwe Nyakasikana, ainsi que de Manthatisi, qu'ils se feront respecter. C'est en ayant comme modèles les prophètes Simon Kimbangu, André Matsoua et William Wade Harris qu'ils deviendront spirituellement affranchis. C'est en prenant exemple sur Patrice Lumumba et Nelson Mandela, animés d'une vision tout à fait panafricaniste, qu'ils resteront enfin libres et réellement indépendants.

ISBN : 979-10-91580-42-7 – EAN : 9791091580427 – *Collection Démocratie & Histoire*